中国特色高水平高职学校和专业建设计划建设成果
浙江省高职院校重点暨优质校建设成果
浙江省高校"十三五"优势专业保险专业建设成果
浙江省普通高校"十三五"新形态教材项目

风险管理

RISK MANAGEMENT

主 编 毛 通

ZHEJIANG UNIVERSITY PRESS
浙江大学出版社

图书在版编目（ＣＩＰ）数据

风险管理 / 毛通主编. -- 杭州：浙江大学出版社，
2021.7（2025.7重印）
　ISBN 978-7-308-20684-6

　Ⅰ.①风… Ⅱ.①毛… Ⅲ.①风险管理—教材 Ⅳ.
①F272.35

　中国版本图书馆CIP数据核字（2020）第204484号

风险管理

毛　通　主编

责任编辑　赵　静
责任校对　董雯兰
封面设计　林智广告
出版发行　浙江大学出版社
　　　　　（杭州市天目山路148号　　邮政编码　310007）
　　　　　（网址：http://www.zjupress.com）
排　　版　杭州林智广告有限公司
印　　刷　浙江新华数码印务有限公司
开　　本　787mm×1092mm　1/16
印　　张　21.75
字　　数　544千
版 印 次　2021年7月第1版　2025年7月第4次印刷
书　　号　ISBN 978-7-308-20684-6
定　　价　59.00元

序　言

党和国家高度重视风险和风险管理工作。党的二十大报告中共提及"风险"一词16次，其中，在"一、过去五年的工作和新时代十年的伟大变革"中提及6次，在"十一、推进国家安全体系和能力现代化，坚决维护国家安全和社会稳定"中提及4次，在"三、新时代新征程中国共产党的使命任务"和"十五、坚定不移全面从严治党，深入推进新时代党的建设新的伟大工程"中各提及2次，在"四、加快构建新发展格局，着力推动高质量发展"和"十、推动绿色发展，促进人与自然和谐共生"各提及1次，相关表述分别为：

一、"团结带领全党全军全国各族人民有效应对严峻复杂的国际形势和接踵而至的巨大风险挑战"；

二、"防范化解重大风险，保持社会大局稳定"；

三、"应对各种重大风险能力不强"；

四、"经受住了来自政治、经济、意识形态、自然界等方面的风险挑战考验"；

五、"确保粮食、能源、产业链供应链可靠安全和防范金融风险还须解决许多重大问题"；

六、"在应对国内外各种风险和考验的历史进程中始终成为全国人民的主心骨"；

七、"我国发展进入战略机遇和风险挑战并存、不确定难预料因素增多的时期，各种'黑天鹅'、'灰犀牛'事件随时可能发生。我们必须增强忧患意识，坚持底线思维，做到居安思危、未雨绸缪，准备经受风高浪急甚至惊涛骇浪的重大考验"；

八、"全党必须坚定信心、锐意进取，主动识变应变求变，主动防范化解风险，不断夺取全面建设社会主义现代化国家新胜利"；

九、"强化金融稳定保障体系，依法将各类金融活动全部纳入监管，守住不发生系统性风险底线"；

十、"严密防控环境风险"；

十一、"完善国家安全法治体系、战略体系、政策体系、风险监测预警体系、国家应急管理体系"；

十二、"提高防范化解重大风险能力"；

十三、"严密防范系统性安全风险"；

十四、"推进安全生产风险专项整治，加强重点行业、重点领域安全监管"；

十五、"增强干部推动高质量发展本领、服务群众本领、防范化解风险本领"；

十六、"加强干部斗争精神和斗争本领养成，着力增强防风险、迎挑战、抗打压能力"。

这些表述，既包含了党和国家对当前国际和国内风险环境的全面评估，又提出了对下一阶段风险管理工作的前瞻性部署。它是党和国家对我国当前以及今后相当长时间内"风险管理观"的最权威、最科学阐述,为我们提供了理解和应对风险、做好风险管理工作的关键指导。

我们每天都需要和各式各样的风险打交道,我们的生命和财产,无时,无刻,无处不面临风险。大到一起自然灾害,一场经济危机或金融海啸,小到一场交通事故、一起意外伤害或者一次投资亏损,"风险",就像潜伏在我们身边的幽灵,它给我们带来了恐惧、痛苦、灾难和损失。但与此同时,风险中又孕育着"机遇"。风险和机遇就像一对孪生兄弟,它们相伴而生,我们有时选择去主动承担一些风险,为了博取机遇可能带来的诱人回报。可以想象,一个既充满风险又处处可见机遇的世界,是多么的丰富多彩。

"风险管理"就是一门研究风险和风险管理方法,来更好地服务于我们的生产和生活的科学。小到个人和家庭,大到一个国家,都需要学习和掌握管理风险的技巧。我们的企业,尤其像银行、保险公司这一类金融机构,是直面风险的。对它们来说,进行风险管理就更显得必要了。通过该课程的学习:第一,可以培养我们的风险意识,获得对风险的科学认知,达到必要的风险教育目的;第二,学习和了解相关行业企业的风险特点及风险管理现状;第三,掌握相关行业企业风险管理工作的内容和方法;第四,开展风险管理专业技能训练,更好地满足相关岗位工作的需求。

作为长期从事高等职业院校风险管理一线教学的教育工作者,为行业和社会培养一批具有风险和风险管理意识、能从事风险管理一线工作岗位的有用人才,是我们孜孜以求的目标。人才的培养、教育质量的提升,需要一批优秀的教材作为理论指导。在过去的一段时间内,国内外出现了一大批适合于本科及研究生阶段的风险管理方面的优秀教材,它们为我们国家的本科和研究生阶段教育做出了巨大的贡献。高职教育作为我们国家近几年兴起的一种新的教育类型,正越来越受到人们的关注。然而,高职教育有着不同于本科和研究生教育的自身特征及发展规律。高职教育如此,高职风险管理学科的教学亦然。但是从目前情况来看,市面上仅有为数不多的可适用于高职风险管理教学的教材,且这些教材的内容和体系设计在很大程度上并未摆脱本科和研究生教材的模式,很难适应目前高职教育强调的实用性、可操作性、够用性等特点。因此,编写一本适合于高职风险管理教学特点的项目化教材显得尤为必要。

风险管理这门学科,当前主要有两个分支:一个分支主要介绍金融机构的风险管理;另一个分支则介绍一般企业的风险管理。从教学对象上来看,前者以金融风险为主,主要为从事金融岗位的群体服务;后者则以财产风险、人身风险和责任风险为主,主要为专门经营风险的保险公司,以及一般企业中从事风险管理、内部控制、安全管理等岗位的群体服务。

本教材融合了上述两个分支的教学内容,将全部教学内容分为原理篇、专题篇和监管篇三大篇章。

原理篇主要以风险管理活动流程为主线设计,分为认识风险、风险与回报的关系、为何需要风险管理、如何识别风险、如何评估风险、如何应对风险、如何进行风险管理决策、如何组织实施风险管理八章,这部分内容适用于全部教学对象。

专题篇分为金融风险管理专题和可保风险管理专题。前者包含市场风险管理、利率风险管理、汇率风险管理、信用风险管理四个专题,适用于金融相关岗位从业人员;后者包括财产风险管理、责任风险管理、人身风险管理三个专题,适用于保险相关岗位从业人员及一般非金融类企业风险管理从业人员。

监管篇主要设金融监管一章,适用对象为金融行业相关岗位从业人员。如果我们将风险管理理解为是为了满足组织内部管理的需求,那么金融监管则是外部强加于组织的风险管理活动。同时,金融监管风险本身也对金融机构及其从业人员构成一类风险。

从教材编写特色上来讲,本教材采用新形态教材编写的基本思路,不仅传承了传统教材编写过程中较为严密完整的框架体系架构特点,同时整合了现代信息化教学过程中微课、微视频、在线教学平台等大量线上教学新元素,配套教学资源丰富。教材组在编写教材的过程中,梳理各章核心知识点和重难点,将其拍摄成5~10分钟的微课短视频,目前累计完成拍摄制作70余个,基本实现教材内容全覆盖。学生可登录浙江省高等学校在线开放课程共享平台(https://www.zjooc.cn/)或在手机端下载"在浙学App",搜索并加入"风险管理"课程平台在线MOOC学习,从中可免费获得更多、更新的教学资源。该课程平台当前包括70余个总时长约700分钟的教学微课、与教材配套的1200余道习题、100余个经典案例,课程组还在持续不断地更新和提供更丰富的素材。对于教学人员,该课程平台提供了教学授课建议、完整的教学讲义、配套的教学课件,包括课堂实验数据、实验软件资料等。在编写新形态教材时,教材组充分照顾和满足了不同类型、不同层次教学对象的自主学习和使用需求,每个教学视频短而精练,每部分教学内容既自成一个独立的知识点,同时又相辅相成,形成了一个完整的教学体系。学生不仅可以结合自身专业方向进行系统学习,也可以出于兴趣爱好,利用闲余时间进行碎片化学习,同时还可以用配套的习题等辅助资料来提升学习效果。

本教材既关注学科理论前沿,也注重一线操作的实务性。教学内容中收录了当前企业风险管理、金融机构风险管理最新的、最前沿的行业标准、研究成果、研究焦点,同时摘录并剖析了各行各业不同领域中与风险管理有关的数十个经典案例。此外,还介绍了从事风险管理一线工作必须具备的识别风险、评估风险、应对风险、进行风险管理决策、组织实施风险管理、撰写风险管理报告等诸多实用技巧,对其中较为深奥又较复杂的风险计量模型等问题,结合简单实用的教学软件,进行计算和操作演示,具有很强的实务性和实用性。

全书由浙江金融职业学院保险专业毛通副教授主编,浙江金融职业学院的多位专任教师以及金融行业的多位专家共同参编。全书编写分工为:第一至十二章由毛通老师负责编写,第十三、十四章由高雪岩老师负责编写,第十五章由朱佳老师负责编写,第十六章由谢朝德老师负责编写。全书部分章节的教材资源(包括大量行业案例、课外延伸阅读资料等)由来自行业一线的专家共同参与整理和编写,包括江苏银行的吕雯、宁波银行的满浩洋、中国人寿保险集团公司的王国沣、中国人民保险集团股份有限公司的童天洋。

本书出版之际,正值浙江金融职业学院入选中国特色高水平高职学校建设单位和浙江省高校"十三五"优势专业建设单位,浙江金融职业学院保险专业被认定为国家骨干专业。本教材的出版得到了学校的大力支持。从2010年由中国金融出版社出版的第一版《风险管理》教材至今,编者们历经十余载,数十次易稿,并对100余个班级、5000余位学生的亲身教学实践经验进行了总结。在编写出版过程中,编者们不仅得到了行业专家和其他同行的宝贵建议,而且还得到了来自学生们的大量使用意见。同时,得到了浙江大学出版社的编辑给予的大力协助和指导。正是在大家的共同帮助下,本书才得以顺利面世。在此,作者一并加以感谢!

限于编者们的学术水平和实践经验，加上修稿时间较为紧张，书中不可避免还存在一些不足，恳请广大读者通过邮箱 mao-tong@qq.com 向作者提出宝贵建议。

毛 通

2023 年 12 月

课程简介与
学习建议

全书资源
检索目录

获得更多
课程资源

Contents 目 录

1

第三章　为何需要风险管理　/ 37

第四章　如何识别风险　/ 53

原理篇

第一章
什么是风险

➤ **知识目标**

通过本章的学习,您可以了解或掌握

1.风险的不同解释,风险与"危险""损失""危机"的关系,风险的特征。

2.风险的三个构成要素,风险的分类。

3.可保风险及其构成条件,可保和不可保风险的划分。

4.道德风险和逆向选择带来什么问题,如何解决?

5.金融风险的概念和种类,金融危机的含义、种类及特征。

【案例导读】
风险就在
我们身边

► 章节导图

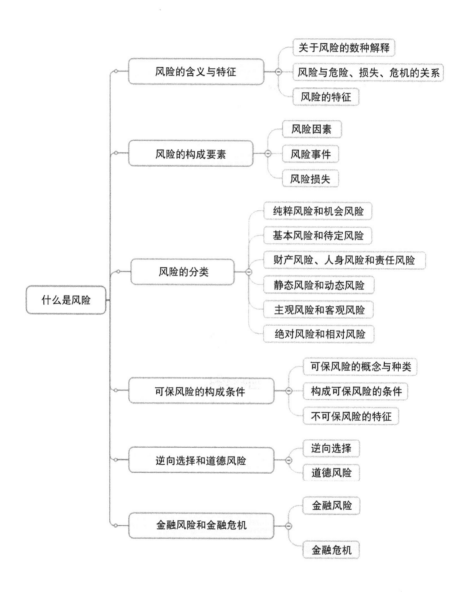

第一节 风险的含义与特征

一、关于风险的数种解释

(一)学术界关于风险的定义

迄今为止,"风险(risk)"一词尚未有一个公认的、普遍接受的定义。下面有关"风险"的不同定义来自目前国内外广为使用的教材,这些定义较受欢迎,各自的表述不尽相同,既有合理的成分,又有局限性,存在一定的争议。

定义1:风险是一种不确定性。

定义2:风险是损失的不确定性。

定义3:风险是损失机会(或可能性)。

定义4:风险是结果的不确定性。

定义5:风险是实际结果相较于预期结果变动的不确定性。

定义1把风险解释为不确定性,这一表述突出了风险的最大特征,但是却忽略了结果对目标的影响,因为不确定性并不能简单等同于风险。举例来说,投掷一枚硬币,出现的结果可能是正面,可能是反面,因此是不确定的,但这并不是风险,风险是当结果为正面时你将损失1000元,这种对你产生不利影响的不确定性才是风险。

定义2突出了风险的损失性和不确定性两大特征,同时损失性强调了对目标的负面影响,似乎比定义1更为准确,但实际并非如此。把损失的不确定性定义为风险,这过于片面,因为不一定是损失,获利但在预期之外的不确定性同样也可以理解为一种风险。举例来说,一笔投资的预期回报是10%,但实际回报只有1%,尽管获利了,但低于预期,这也是一种风险。因此,这一定义如果用于描述纯粹风险(没有获利机会的风险)则较为合理,但如果用于描述机会风险则并不合适。

定义3把风险解释为损失机会(或可能性),这一表述同样突出了风险的特征,损失机会(或可能性)与损失不确定性很相近但却不相同。机会(或可能性)是概率,只有概率介于0和1之间时,才是不确定的;如果概率为0或1,这时的结果便是确定的。所以机会(或可能性)的范围要大于不确定性。

定义4这一表述用"结果"一词替换了"损失",虽然兼顾了纯粹风险和机会风险,但却出现定义1中同样的问题,因为"结果"一词是中性的,只有对目标产生负面影响的结果才是风险。

定义5用"实际结果相较于预期结果变动的不确定性"这一表述,弥补了用"损失"一词描述风险带来的不足,兼顾了两类风险。但同样存在不足,因为实际结果偏离预期结果,既有可能是实际结果坏于预期结果,也有可能是实际结果好于预期结果,坏于预期结果可以理解为风险,但好于预期结果显然不能理解为风险。

（二）实务界关于风险的定义

为了能够最大限度地统一学术界和实务界关于"风险"一词的共识,避免由此造成的诸多不便,一些国内和国际上的权威组织也加入了"风险"定义这一行列。

国际标准化组织(ISO)早在2009年发布的《风险管理——原则与指南》(ISO31000)中就给出了关于"风险"一词的权威定义:风险是不确定对目标的影响。此外,在企业风险管理和内部控制理论研究领域有着举足轻重地位的美国反欺诈财务报告委员会(The Committee of Sponsoring Organizations of the Treadway Commission,简称"COSO委员会")在2017年发布的第二版《企业风险管理框架》中给出了关于"风险"一词的较为权威的解释,它把"风险"定义为"事项发生并影响战略和业务目标实现的可能性"。而这一组织曾在2004年发布的第一版《企业风险管理——整合框架》中,将"风险"定义为"一个事项将会发生并给目标实现带来负面影响的可能性"。可见,旧版定义只强调了风险的负面影响,而新版定义兼顾了正面和负面影响,范围更宽泛。

这两个权威组织关于风险的定义有一个非常重要的相似之处,就是都强调了对目标的影响,但COSO用了"可能性",而ISO则用了"不确定"。从前面的讨论中我们认为"不确定"比"可能性"更为合理。因此,我们建议采用ISO关于"风险"一词的定义。

二、风险与危险、损失、危机的关系

（一）"风险"与"危险"的关系

日常使用中,经常会出现一些与"风险"一词相混淆的表述,其中一个就是"危险"。根据《现代汉语大词典》的释义,可以发现这两者词义相近却不相同:"危险","危"指不安全,"险"指可能发生的灾难,贬义词,它的反义词为"安全";而"风险"指可能发生的危险,范围上"风险"包含"危险",中性词,反义词为"保险"。因此,如果我们讲"这是有风险的",并不意味着它一定是一件坏事,因为其中可能蕴藏着机遇;但如果讲"这很危险",它就一定是一件大家不愿面对的坏事。

（二）"风险"与"损失"的关系

除了"危险"之外,还有一个表述有时我们也会不经意地将它和"风险"不加区分地加以使用,那就是"损失"。实际上,两者既有联系又有区别:风险和损失有关联,因为风险大小可以用损失的可能性(即损失概率)及损失的大小(即损失程度)来计量;但风险并不等同于损失,因为风险是一个事前概念,反映的是损失发生前事物发展的状态,而损失是一个事后概念,是风险事件发生时(或发生后)所造成的实际结果。因此,我们讲灾害事故或损失,是指风险事件已经发生并造成了损失;而如果我们讲风险,则仅仅代表它有可能会造成损失而已。

（三）"风险"与"危机"的关系

还有一个与"风险"有关联的表述是"危机"。"危机"一定属于风险,但"危机"从词义上更接近于"危险",词性同样为贬义。不过我们一般只会在形容一些重大的危险或者突发风险事件时才会用到"危机"一词,例如"公共危机""金融危机"。因此,简单地讲,"危机"可以界定为一种较高级别的风险。同样,如果我们讲"危机管理",则是对一些重大的风险事件的管理。

三、风险的特征

(一)客观性

风险不是一种人头脑中的主观想象,不管我们是否意识到它,风险总是客观存在的,具有客观性。人们只能在一定范围内改变风险形成和发生的机制,降低风险事故发生的概率,减少损失,但是却不能彻底消灭风险。正如人类始终要面临生老病死的风险一样,尽管我们的生活水平在不断提高,医疗设施、技术手段在不断进步,却无法违背人的生命运动规律。人们可以认识和利用规律,却不能改变规律。

(二)普遍性

风险的存在具有普遍性。古往今来,风险无时不在,无处不在。人类历史就是与各种风险相伴的历史。自从人类出现后,就面临着各种各样的风险,如自然灾害、疾病、伤残、死亡、战争等。随着科学技术的发展、生产力的提高、社会的进步、人类的进化,新的风险又产生了,且风险事故造成的损失也越来越大。当今社会,个人面临着生、老、病、残、死、意外伤害等风险;企业面临着自然风险、市场风险、技术风险、政治风险等;甚至国家和政府机关也面临着各种风险。

(三)不确定性

对特定个体而言,风险发生具有偶然性和不确定性,这种不确定性包括风险发生与否是不确定的,风险发生的时间是不确定的,风险发生的空间是不确定的,甚至风险发生后其造成的结果和影响程度也是不确定的。风险的这种不确定性,意味着对单起风险事件是无法进行预测的。因此,不确定性是风险最大的特征。

(四)损失性

风险的发生总是伴随着相应的损失,风险具有损失性。我们之所以关注和研究风险,就是因为任何风险,不管是自然灾害或人为事故一类的纯粹风险,还是同时具有获利可能的投机性风险,都具有损失的一面。而对风险大小的衡量,实际上就是对风险的损失概率和损失大小的衡量。

(五)发展性

从人类最初面临的主要来自自然界的灾害和疾病一类的风险,到现在由于科技发展和社会进步带来形形色色的新的风险,可以说风险处于不断的发展演变中,新的风险在不断地产生,同时原有的风险也会随着风险源和风险因素的变化而变化。例如,在人类历史上,天花和黑死病、霍乱等瘟疫都留下了惊人的死亡数字,不过随着医学技术水平的提高,现代人感染上述疾病的风险已大大降低。

（六）相对可度量性

尽管我们讲单起风险事件具有不确定性和偶然性,无法进行预测,但是就大量同质风险单位而言,其风险事件的发生概率和损失后果是可以估计和测算的。这看上去似乎有点前后矛盾,为了便于理解,下面以死亡风险为例来加以解释。我们谁也无法准确地预测一个人会在何时何地以何种形式死亡,这是因为单起风险事件发生的不确定性,但是,我们却可以通过对一大批年龄相近、生活习性和健康状况相仿的人的生存及死亡数据进行统计,对不同年龄段、不同性别的人的生存率和死亡率进行估计,并将这些规律应用于各种寿险产品的定价中,这是因为大量同质风险事件发生的规律性。在后面的课程中,我们会学到这种反映人类生存和死亡概率的统计表,那就是在当前寿险业中广泛应用的生命表。我们正是通过对同一风险事件的大量数据观测去实现风险的定量测算,而如果一个风险事件发生的历史数据十分有限,那也就意味着对这样的风险进行衡量难以实现。

【微视频】
什么是风险

第二节　风险的构成要素

风险由三个要素构成:风险因素、风险事件和风险损失。

一、风险因素

风险因素(hazard)是指引起损失或增加损失发生机会的条件,是损失发生的潜在原因或间接原因。以一起交通事故风险为例,一场巨大的暴风雪使得马路上的行人和交通工具发生意外事故的风险大增,这里的暴风雪就是风险因素。

风险因素又可以区分为有形的物理因素和无形的心理因素或道德因素。

（一）有形因素

有形的物理因素是指那些可以被感知的具有实实在在物理形态的因素,例如上例中的暴风雪。

（二）无形因素

无形因素是指那些只存在于人的主观意识形态中的因素,它可以区分为心理因素和道德因素。心理因素是指人的主观疏忽或过失,例如一个做事马虎、粗心大意的交易员更容易发生乌龙交易事件。道德因素则指不正当且有违道德准则的行为因素,例如一些别有企图的投保人故意制造事故假象向保险公司骗取保费的行为。

从心理因素和道德因素的比较来看,两者都属于无形因素,但前者在主观上是无意为之的,而后者在主观上则是有意为之的。

二、风险事件

风险事件(peril),又称风险事故,是导致损失发生的直接原因。任何风险最终发生并造成损失必定需要通过具体的风险事件,风险因素本身并不会直接导致损失的发生。以上述交通事故为例,暴风雪仅是增加交通事故发生的概率或引起交通事故的间接原因,而最终造成损失则离不开具体的风险事件,例如行人摔倒受伤、车辆打滑发生碰撞损毁等。

三、风险损失

风险损失(loss)是风险因素和风险事件最终造成的结果。任何风险必定有损失的一面,风险损失是指非预期的、非计划的经济价值的减少。它有别于可预期的、有计划的价值损失,例如"折旧"。风险损失既包括直接损失,也包括间接损失。

【延伸阅读】
海因里希法则

综上可以发现,风险的三个构成要素之间存在以下关系(见图1-2-1):风险因素引起了风险事件或增加了风险事件的发生概率,而风险事件的发生则直接导致了风险损失,这种事故因果连锁反应的过程,称为风险链。

【微视频】
海因里希法则
和风险三要素

图1-2-1　风险三要素之间的关系

第三节　风险的分类

按照不同的标准,风险可以区分出很多的种类。

一、纯粹风险和机会风险

按照损失结果划分,可以分为纯粹风险和机会风险。

纯粹风险是指只有造成损失而无获利可能性的风险,它的结果只有两种:损失和不损失。例如火灾风险、人身风险等。机会风险,又称投机风险,是指既有损失的可能性,又有获利机会的风险,其结果有三种:损失、不损失和获利。例如赌博风险、投资风险等。

站在机构的角度,将风险区分为纯粹风险和机会风险是有必要的。以保险公司为例,绝大多数保险人只承保不具获利机会的财产和人身之类的纯粹风险;但与此同时,它也需要像其他金融机构一样,具备管理价格风险、利率风险等投机风险的能力,以便让自己的资产更好地保值增值,以满足将来投保人的偿付请求。

二、基本风险和特定风险

按照结果影响范围的大小划分,可以分为基本风险和特定风险。

基本风险是指影响整个经济领域或者这个领域中绝大多数人或群体的风险,如自然灾害、战争、恐怖袭击、通货膨胀、周期性的失业、经济或金融危机等。特定风险则是指跟特定的个体有关且只影响特定个体的一类风险,如房屋失火、过早死亡、交通事故,以及各种侵权引起的责任诉讼等。

三、财产风险、人身风险和责任风险

按照承受风险的标的划分,可以分为财产风险、人身风险和责任风险。

财产风险是指财产的实物形态损毁、灭失或价值形态贬损的风险,例如火灾造成的货物损坏、货币贬值造成的资产缩水。人身风险是指人的生命或身体遭受各种形式的损害,造成人的经济生产能力降低或丧失的风险,包括疾病、残疾、死亡或年老等损失形态。责任风险是指因疏忽或过失行为造成他人的财产损失或人身伤亡,按照法律、契约应负法律责任或契约责任的风险。

四、静态风险和动态风险

按结果是否受社会经济环境影响划分,可以分为静态风险和动态风险。

静态和动态的表述具有一定的迷惑性,它并不是指该风险是静止还是运动的。实际上,静态风险是指损失的不确定性不随社会经济环境(强调人类活动而非自然界的活动)的变化而变化,反之则称为动态风险。例如,地震、闪电、洪水一类的风险是否发生更多地取决于自然界自身的规律,属于静态风险;而城市犯罪、交通事故、责任事故一类的风险则跟人类社会的经济活动密不可分,就属于动态风险。

五、主观风险和客观风险

按存在形式划分,可以分为主观风险和客观风险。

主观风险是指基于个人主观意识的认知风险。而客观风险则是指独立于人的主观意识之外,实实在在存在的风险。举例来说,根据生命表,20岁男性的死亡概率为0.000508,两个健康状况相近的人,一个可能会自我感觉良好,认为死亡风险离他很远,而另一个则可能认为非常有必要为自己购买一份人寿保险。这里的两个人面临几乎相同的客观风险,但是由于主观风险上的差异,最终做出了截然不同的选择。

个人主观风险上的差异表现为主观风险承受能力,即风险偏好的不同。有些人相比其他人更能够承受风险,这些人称为风险偏好者;另外一些人却比较保守,不愿意承担过多风险,这些人称为风险厌恶者;而居于两者之间的这部分人称为风险中立者。风险偏好最终会影响到一个人的风险管理决策。譬如,保险经济学中的行为人假设,往往把投保人假定为厌恶风险的一类人。在资产组合理论中,同样也有类似的设定。

六、绝对风险和相对风险

按参照标准的不同划分,可以分为绝对风险和相对风险。

准确理解这对风险的关键在于对绝对损失和相对损失的区分。绝对损失的参照基准是初始价值,而相对损失的参照基准是平均值或期望值。举例来说,由于过去一年的糟糕表现,一位基金经理旗下掌管的100亿元证券投资组合最终亏损了5亿元,收益率为-5%,这里5个百分点的亏损是对这位基金经理绝对损失的衡量;如果和过去一年整个市场亏损3%的平均收益率相比,其仅比整个市场多2个百分点的亏损,亏损2%则是一个相对损失的刻画。因此,绝对风险是以初始价值为参照对象,刻画的是绝对损失大小和损失可能;而相对风险是以平均值或期望值为参照对象,刻画的是相对损失大小和损失可能。

除了以上几种常见分类之外,还有其他划分方法。例如,按照影响对象,可以将风险分为个人风险、家庭风险、企业风险和国家风险;按照产生原因,可以分为自然风险、社会风险、政治风险、经济风险和技术风险;按照是否可分散,可分为系统性风险(不可分散风险)和非系统性风险(可分散风险);等等。

【微视频】
风险的分类

第四节　可保风险的构成条件

一、可保风险的概念与种类

(一)可保风险的概念

按是否可由商业保险公司承保,风险还可分为可保风险和不可保风险。如果一项风险,在现有技术条件下,商业保险公司可以对其进行承保,则称为可保风险(insurable risk),否则称为不可保风险。

(二)可保风险的种类

传统商业保险公司承保的风险主要包括以下几类:财产保险公司按保险合同约定,承保的各类因自然灾害或意外事故造成的财产损失风险,以及与其利益有关的责任损失风险;人身保险公司承保与人的寿命有关的风险,具体指与身体遭受意外、疾病、伤残、年老以致丧失工作能力、死亡或年老退休有关的风险。

二、构成可保风险的条件

传统的保险主要以承保危害性的纯粹风险为主,但这并不表示所有的纯粹风险都是可保的。一个风险要成为可保风险,一般需要具备以下六个方面的条件。

第一,必须要存在大量同质的风险单位以保证大数法则在损失预测中的应用;

第二,损失的发生必须具有随机性和偶然性,损失不能是人为故意造成的;

第三,损失必须是明确可度量的;

第四,损失的概率可以预测;

第五,大部分风险单位不能在同一时间遭受损失,以保证保险的风险分摊职能;

第六,保费必须经济可行,收取的保费至少足以补偿所有的损失和费用。

下面我们以火灾风险的可保性(见表1-4-1)为例来进一步加以介绍。

表1-4-1　火灾风险的可保性[①]

要求	火灾风险是否满足要求
1.大量的风险单位	满足。存在大量的风险单位
2.意外造成的损失	满足。除了故意纵火以外,大部分火灾损失都是意外造成的
3.可确定和衡量的损失	满足。如果在赔偿数量问题上出现争议,财产保险保单有争议解决条款
4.可预测的损失概率	满足。可以预测火灾发生概率,而且火灾损失的平均严重程度也可预先估计
5.非灾难性损失	满足。尽管灾难性火灾可能会发生,但通常风险单位不会同时发生火灾
6.经济可行的保险费	满足。火灾保险的费率比较低

三、不可保风险的特征

不可保风险是指商业保险公司不予以承保的风险。与可保风险的特征相对应,当可保风险构成条件中的任意一条难以满足时,该风险将难以承保。一般来说,动态风险、投机风险等都是不可保风险。下面我们以失业风险的不可保性(见表1-4-2)为例来进一步加以介绍。

表1-4-2　失业风险的不可保性

要求	失业风险是否满足要求
1.大量的风险单位	不完全满足。尽管有很多人失业,但由于失业和劳动力有很多类型,预测失业很困难
2.意外造成的损失	不满足。很大一部分失业是由于个人自愿放弃他们的工作
3.可确定和衡量的损失	不完全满足。可以确定失业标准,但很难衡量损失。一些失业不是自愿的,但是一些失业却是自愿的
4.可预测的损失概率	不满足。不同类型的失业通常不规则而很难准确地预测损失概率
5.非灾难性损失	不满足。严重的全国性经济不景气或萧条的地方商业状况会导致灾难性损失
6.经济可行的保险费	不满足。逆向选择、道德风险和潜在的灾难性损失都会使保险费失去吸引力

除上述例子之外,下列风险通常情况下也属于不可保风险,保险公司往往以除外责任对待,不予承保。

在人身险中,被保险人在犯罪活动中所受的意外伤害;被保险人在寻衅斗殴中所受的意外伤害;被保险人在醉酒、吸食或注射毒品后发生的意外伤害等。

在财产险中,战争、敌对行为、军事行动、武装冲突、罢工、暴动造成的损失;被保险人及其代表的故意行为或纵容所致的损失;核反应、核辐射及放射性污染等造成的损失;地震、

---

① 表1-4-1和表1-4-2中的实例出处:[美]乔治·E.瑞达.风险管理与保险原理(第八版)[M].申曙光,译.北京:中国人民大学出版社,2005:29.

暴雨、洪水、台风、暴风、龙卷风、雪灾、雹灾、冰凌、泥石流、崖崩、滑坡、水暖管爆裂、抢劫、盗窃等导致的损失;保险标的本身缺失、保管不善导致的变质、霉烂、受潮、虫咬等带来的损失;自然磨损、损耗、自燃、烘熔所造成的损失;保险财产遭受承保危险引起的各种间接损失;行政或执法行为所造成的损失等。

可保风险和不可保风险的界限并不是绝对的。一种原先不可承保的风险会随着保险人的承保手段或技术条件的提高而发生改变。以卫星发射保险为例。发射人造卫星是一个巨大的复杂的工程,投资多,知识密集,风险大。当人类最初发射人造卫星时,保险人因对其风险认识不清不予保险。承保无疑是赌博,是冒险,而保险不是冒险。如今,世界各国共发射了3000多个不同类型的航天器,每年发射100多个。在这种情况下,由于保险标的数量已经足够大,通过大数定律可以计算风险概率和损失程度,可以确定保险费率,发射人造卫星的保险也就风行全球。

第五节　逆向选择和道德风险

逆向选择和道德风险是金融市场上非常普遍的一类风险因素,它们使金融机构面临的风险增加。我们将解释它们产生的原因,由此产生的问题,以及解决的手段。

一、逆向选择

(一)什么是逆向选择

假定有两位潜在的贷款对象:一位是稳健的投资者,他只在对投资回报很有把握的时候才会寻求贷款;相反,另一位是冒进的投资者,他现在有一个可以迅速致富的投资项目,但风险极高,极有可能血本无归。哪个人会更积极地寻求贷款呢? 当然是那位冒进的投资者,因为如果投资成功,他所获得的回报是巨大的。在金融市场上,那些最有可能造成不利后果(如信贷风险)的借款人,常常就是那些寻找贷款最积极,而且是最有可能得到贷款的人。这种现象就是逆向选择。

保险公司面临的问题和银行一样。在保险市场上,那些风险越高的投保人,越是积极地寻求保险。例如,驾驶习惯不好的司机、健康状况不良的投保人,他们会更积极主动地购买保险。

产生逆向选择的原因在于交易双方的信息不对称。借款人借入资金用于某个投资项目,他对该项目的潜在收益和风险总是比贷款人了解更多;而那些投保了机动车辆保险和健康险的投保人,他们对自己的驾驶习惯和健康状况也总是比保险人了解更多。

逆向选择(adverse selection)是指在交易发生之前,由于交易双方信息不对称而产生的劣质品驱逐优品,进而出现市场交易产品平均质量下降的现象。

（二）逆向选择带来什么问题

在上面那个例子中，对银行来讲，显然第二位投资者不是好的贷款对象，因为这项投资风险极高，而第一位投资者才是好的贷款对象。如果银行不能区分上述两位投资者孰优孰劣，而给予两人相同的贷款价格，那么这样的价格可能使第一位投资者对贷款失去兴趣，而留下第二位投资者。因为逆向选择的存在，银行有可能就会选择不发放任何贷款，即使市场上存在像第一位投资者那样优秀的投资选择。因此，逆向选择会给金融市场的有效运行造成很大障碍。

对保险人而言，如果在提供保险之前不能区分好风险和坏风险，对于不同客户，保险公司提供的产品价格相同，那样就会给保险公司带来更多不利的坏风险。如果一家保险公司不能区分好驾驶员和坏驾驶员，如果这家公司对好驾驶员和坏驾驶员所提供的保险价格相同，那么会造成保险公司吸引更多坏驾驶员来投保的后果；如果一家保险公司不能区分健康和不健康的投保人，对于健康和不健康的投保人提供相同的保险价格，那么这家保险公司肯定会吸引更多不健康的投保人。

（三）如何解决逆向选择问题

由于逆向选择问题产生的原因在于交易之前双方信息的不对称，那么，解决逆向选择问题的关键就在于消除信息不对称。

例如，在贷款中，像银行这样的金融中介需要尽可能地去收集足以判断贷款对象潜在风险的各类信息，降低双方信息的不对称程度，从而给出更加客观公平的价格，以提升贷款质量。保险公司在提供保险之前会尽量找出投保人的信息，以消除逆向选择的不利影响。在提供人寿保险之前，保险公司常常要求投保人在指定医院进行体检。在提供汽车保险之前，保险公司会尽量取得关于投保人的驾驶记录，而在汽车保险投保后，保险公司也会继续收集关于投保人风险的信息(例如车祸的次数和超速行驶的次数等)，根据这些信息，保险公司每年都要对保费进行相应调整。

市场上还有一类像穆迪、标准普尔等专门生产和销售信息的评级机构，它们也能够对投资人提供识别好坏公司的信息。此外，政府监管也是消除信息不对称的重要方式，例如，政府对证券市场进行监管，鼓励公司及时向公众披露真实信息。

逆向选择问题不可能完全被克服。有趣的是，即使要求强制体检，人寿保险投保人死亡的时间往往还是会早于死亡率表给出的预计时间；相反地，年金产品投保人长寿的概率比平均死亡率表中反映的要大。

二、道德风险

（一）什么是道德风险

逆向选择来源于交易之前发生的信息不对称，而道德风险则是在交易发生之后产生的。

道德风险(moral hazard)是20世纪80年代西方经济学家提出的一个经济哲学范畴的概

念,即"从事经济活动的人在最大限度地增进自身效用的同时做出不利于他人的行动",或者说是:当签约一方不完全承担风险后果时所采取的自身效用最大化的自私行为。

道德风险会大大增大保险公司的风险,预期赔偿也会增加。例如,如果一个车主买入汽车失窃保险,则这位车主不锁车门的可能性会更大;又如,某人买入一种健康保险,正是因为保险的存在,投保人可能会更多地使用医疗服务设施;再如,由于政府资助存款保险的存在,银行可能会从事更高风险的业务,因为银行认为这么做并不会失去存款人。

(二)道德风险带来什么问题

道德风险带来典型的委托—代理人问题(principal-agent problem)。当经理人只拥有其所在公司一小部分股权时,拥有公司大部分股权的股东(称为委托人)与公司的管理者(称为代理人)是分开的。这种所有权和管理权相分离所涉及的道德风险就是,拥有管理权的经理人(即代理人)可能按照他们自己的利益行事,而不是按照股东(委托人)的利益来行事,因为经理人利润最大化的动机没有股东那么强烈。产生委托—代理人问题同样是由于委托人与代理人的信息不对称。

(三)如何解决道德风险问题

委托—代理人问题之所以发生,是因为经理人对公司的活动和实际盈利情况比股东更加了解。对股东而言,减少道德风险的一个方法就是,从事一种特殊类型的信息生产来监督公司活动:经常对公司进行审计,并检查经理在做些什么。问题在于,监管过程要花费大量的时间和金钱。同逆向选择一样,政府可以通过制定法律,来减少信息不对称带来的道德风险问题,例如要求公司遵循标准会计准则,对从事欺骗和骗取利益的欺诈行为的人施以严格的刑事处罚。

保险人采用一些办法来解决财产和伤害险及健康保险中的道德风险。一般来讲,保险公司在进行理赔时要求投保人首先支付免赔额,这意味着投保人首先要承担损失的第一部分,有时保险合约中会阐明共保条款,保险公司只是支付超出免赔额之上损失的一定比例(而不是100%)。另外,保险合约中一般设定一个上限,设置这些条款的目的是保证投保人和保险公司的利益一致性。

【微视频】
道德风险和逆向选择

第六节 金融风险和金融危机

一、金融风险

（一）金融风险的含义

金融风险泛指与金融活动有关的所有风险,如金融市场风险、金融产品风险、金融机构风险等。

第一,金融市场风险,具体指货币市场、资本市场所带来的风险。

第二,金融产品风险,具体指货币、黄金、外汇、有价证券(如股票、债券、期货、期权、保单)等所带来的风险。

第三,金融机构风险,具体指银行、证券公司、保险公司、信托公司、基金公司等金融机构的活动所带来的风险。

（二）金融风险的种类

金融风险种类繁多,主要包括市场风险(证券价格风险、商品价格风险、利率风险、汇率风险)、信用风险、操作风险、流动性风险和其他风险(如声誉风险、合规风险、主权风险、技术风险、战略风险、法律风险、通胀风险等)。中国银监会在2016年下发的《银行业金融机构全面风险管理指引》中表示,银行业金融机构面临的各类风险包括信用风险、市场风险、流动性风险、操作风险、国别风险、银行账户利率风险、声誉风险、战略风险、信息科技风险及其他风险。2015年中国保监会在下发的《保险公司偿付能力监管规则》中明确,保险公司偿付能力风险由固有风险和控制风险组成。固有风险由可量化为最低资本的风险(简称量化风险)和难以量化为最低资本的风险(简称难以量化风险)组成。量化风险包括保险风险、市场风险和信用风险;难以量化风险包括操作风险、战略风险、声誉风险和流动性风险。

在上述金融风险中,市场风险、信用风险和操作风险是金融机构面临的最重要的三大类风险,也是监管的重点。例如,2004年6月颁布的《巴塞尔协议Ⅱ》就明确提出对上述三类风险的监管;2007年次贷危机爆发后,流动性风险监管的重要性日益突出,因此巴塞尔委员会于2009年12月发布《流动性风险计量、标准和监测的国际框架(征求意见稿)》,从而将流动性风险一并纳入监管范围。

1.市场风险

市场风险指市场条件的不利变动给投资交易组合带来损失的不确定性。广义的市场风险包括利率风险、汇率风险、证券价格风险和商品价格风险等。狭义的市场风险则主要指价格风险(证券价格和商品价格)。

2.利率风险

利率风险指市场利率的不利变动造成与其定价相关的金融资产或负债损失的不确定性。

3.汇率风险

汇率风险有广义和狭义之分。广义的汇率风险泛指汇率的不利变动对以本币或外币计价的全部资产或负债所造成损失的不确定性。而狭义的汇率风险,则仅强调汇率变动对外汇资产或负债所造成损失的不确定性。汇率风险有别于外汇风险,后者泛指外汇可能发生的各类风险,这些风险既有可能是汇率风险,也有可能是汇率以外的其他风险,如信用风险、利率风险、主权风险等。

【延伸阅读】
赫斯塔特风险

4.信用风险

信用风险指借款人或交易对手不能或不愿履行合约而给另一方带来损失的不确定性,以及借款人的信用评级变动或履约能力变化导致其债务市场价值的变动而带来损失的不确定性。信用风险有别于信贷风险,后者只是信用风险的一种类别而已。

【微视频】
赫斯塔特风险

5.操作风险

操作风险指内部流程、人员、技术和外部事件的不完善或故障造成的损失的不确定性。

6.流动性风险

流动性风险指流动性(包括资金流动性和市场流动性)不足造成损失的不确定性。

【案例阅读】
历史上声名卓著的"肥手指综合征"事件

二、金融危机

(一)金融危机的含义

戈德史密斯将金融危机定义为"全部或大部分金融指标——短期利率、资产价格、商业破产数和金融机构倒闭数的急剧、短暂和超周期的恶化"。

(二)金融危机的种类

按照国际货币基金组织的划分,金融危机有货币危机、银行危机和债务危机三种类型。货币危机是指对一国货币的投机导致该种货币贬值或迫使货币当局通过急剧提高利率或耗费大量储备以保卫货币的情况;银行危机是指现实或潜在的银行挤兑或银行失败,引致银行停止支付或迫使政府通过提供大量援助进行干预,以防止这种情况出现的情形;债务危机是指一国不能按时偿还其对外债务,不管债务人是政府还是私人。

(三)金融危机的特征

金融危机属于较高级别的金融风险,除了具备风险的六大特征之外,还具有以下独有的特征。

1.传导性(A→B)

传导性是指风险由 A 传导到 B。这是金融危机最大的一个特点,主要表现为金融风险跨领域、跨市场传导和扩散。以 2007 年美国次贷危机为例。美联储两年 17 次加息,使得次贷违约的风险率先从房地产市场蔓延至房贷公司,造成大批房贷公司破产,由于危机爆发前房贷公司进行大量的资产证券化,承销这些证券化产品的投行和担保机构也深陷其中,而持有这些有毒资产的各种对冲基金、养老基金等也无一幸免,整个危机最终发展成为一场自20世纪30年代大萧条以来席卷全球的最严重的金融危机。

2.积聚性(A+B)

积聚性是指风险A叠加风险B。金融风险的积聚性表现为随着时间推移风险不断积累聚集,如果不进行有效的化解和缓释,在到达临界点后,将发生质的变化,并造成严重损失。所谓冰冻三尺非一日之寒,几乎所有金融危机的爆发最初都是由一些不易察觉的小风险逐渐积累聚集而成的。从2015年6月12日开始,A股经历了三轮大跌:第一轮,6月15日至7月8日,A股暴跌31%;第二轮,7月24日至8月3日,A股跌11%;第三轮,8月17日至8月26日,A股跌26.7%。上证指数从最高时的5178.19点,跌至2850.71点,跌幅高达44.95%。而造成此轮A股暴跌,除了大股东大量套现和做空制度加剧市场恐慌之外,高杠杆配资成为罪魁祸首。据估算,包括融资融券、HOMS场外配资、线下场外配资在内,股灾前共累积了1.5万亿元杠杆资本,杠杆倍数约3倍。而要积累起如此庞大的杠杆资本,绝非一朝一夕可以完成的。

3.交互性(A↔B)

交互性是指风险A影响风险B,而B反过来又影响A。金融风险的交互性主要表现为造成金融风险的许多风险因素之间相互交织、相互作用、相互影响,并产生协同作用,将风险放大。在1997年东南亚金融危机期间,本国货币大幅贬值和外汇市场动荡,一方面造成大量资本外流,从而导致股票市场大幅波动,另一方面股票市场的波动又反过来进一步加剧了外汇市场的动荡。

4.反身性(A↔A)

反身性即风险A的自我决定。金融危机具有反身性,即自我决定性,主要表现为金融风险事件自我强化、自我实现,如果没有外部力量干预,最终将酿成更大的后果。以外汇市场为例,一国货币贬值的预期,会造成企业和居民大量兑换外汇,而这一致行动的结果必将是本国货币事实贬值,而这又会进一步强化贬值预期,从而引发更大规模的资本外流和本国货币更大幅度的贬值。在这一过程中,造成贬值的原因和结果之间相互决定,不断自我强化,自我实现,造成更严重的后果。如果要打破这一格局,只有通过施以外部干预力量,比如,央行进行大规模市场干预阻止贬值发生,从而扭转预期。表1-6-1所示为世界经济历史上的几次重大金融危机。

【微视频】
金融风险和金融危机

表1-6-1　世界经济史上的重大金融危机

时间	危机
1637年	荷兰郁金香危机
1720年	英国南海泡沫事件
1837年	美国金融恐慌
1907年	美国银行业危机
1929—1933年	大萧条
20世纪80年代	拉丁美洲债务危机
1987年	黑色星期一
1995年	墨西哥金融危机
1997—1998年	亚洲金融危机

续　表

时间	危机
2007 年	次贷危机
2009 年	欧洲债务危机

【第一章小结】

【第一章练习】

第二章
风险与回报的关系

➤ **知识目标**

通过本章的学习,您可以了解或掌握

1.收益率和预期收益率的计算,波动性方法、标准差和方差的计算。

2.相关系数的含义及计算。

3.资产组合的风险与回报计算。

4.资产组合的风险与回报关系:有效边界。

【案例导读】
肯德基的安全
操作计划

➤ **章节导图**

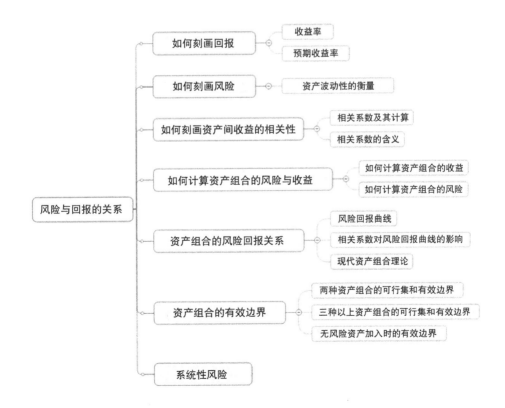

第一节 如何刻画回报

与纯粹风险的讨论不同的是,具有获利可能的机会风险的衡量,除了讨论风险本身之外,必须将收益或回报结合进来一起予以考虑。因为风险和收益往往是相伴而生的,大多数时候人们选择承受较高风险的理由主要在于博取高回报。

一、收益率

(一)收益率的含义

收益(也称回报)既包括正的收益,也包括负的收益,负的收益习惯上称为损失,这里我们不做区分,统一称为收益。金融资产收益的高低用收益率来刻画。收益率又称回报率(同样可以有正收益率和负收益率),符号记为r,结果常用百分数(%)来表示。

(二)收益率的形式

收益率有多种形式,如存款利率、贷款利率、债券收益率、股票的涨跌幅、基金的投资回报率等。同时,根据计算周期的长短,收益率又可以分为日收益率、月收益率、年收益率等多种。

(三)收益率的计算

常见的收益率计算公式有两种:百分比收益率和对数收益率。记r_t为第t期的收益率,假定第t期该项资产的价值为P_t,上一期为P_{t-1},则:

$$百分比收益率\ r_t = \frac{P_t - P_{t-1}}{P_{t-1}} \times 100\% \tag{2-1-1}$$

$$对数收益率\ r_t = \ln\left(\frac{P_t}{P_{t-1}}\right) \times 100\% \tag{2-1-2}$$

▶ **例2-1-1**

某金融资产前一日的初始投资价值P_{t-1}为100元,当日收盘时的最终价值P_t为110元,则其百分比日收益率和对数日收益率各是多少?

解答:

$$百分比日收益率\ r_t = \frac{110 - 100}{100} \times 100\% = 10\%$$

$$对数日收益率\ r_t = \ln\left(\frac{110}{100}\right) \times 100\% \approx 9.5\%$$

从上例可以看出:百分比收益率和对数收益率在计算结果上会有略微差异。尽管百分比收益率更容易被接受,但实际上对数收益率有着百分比收益率不具备的许多优良性质,例如时序可加性、连续复利等,因此,被使用得更多。

假定初始投资价值为 P_0 ,第 t 期该项资产的价值为 P_t ,第 t 期对数收益率 $r_t = \ln\left(\dfrac{P_t}{P_{t-1}}\right) = \ln(P_t) - \ln(P_{t-1})$, R^T 为第1期到第 t 期总的对数收益率,那么:

$$总对数收益率\ R^T = \ln\left(\frac{P_t}{P_0}\right) = \ln(P_t) - \ln(P_0) = r_t + r_{t-1} + \cdots + r_1 = \sum_{t=1}^{t} r_t \qquad (2\text{-}1\text{-}3)$$

▶ **例 2-1-2**

某金融资产在过去5天每天的对数收益率分别是5%、3%、-1%、2%、1%,那么5天内该资产总的收益率是多少?

解答:

$$R^T = \sum_{t=1}^{t} r_t,\ 当\ T=5\ 时,R^{T=5} = \sum_{t=1}^{5} r_5 = 5\% + 3\% - 1\% + 2\% + 1\% = 10\%$$

如果采用百分比收益率,那么就不能直接将每天的收益率简单加总得出总的收益率,见例2-1-3。

▶ **例 2-1-3**

价值10000元的股票,第一天涨停($r_1 = +10\%$),第二天跌停($r_2 = -10\%$),请问两天内该股票总的收益率是多少?

解答:

如果将两日收益率简单加总,便得到总收益率为0,这是一个错误的结果。正确的计算方式是:

如果采用百分比收益率,

第一天涨停,股票的价值为 $10000 \times (1 + 10\%) = 11000$(元)

第二天跌停,股票的价值为 $11000 \times (1 - 10\%) = 9900$(元)

两天内总的收益率 $R^{T=2} = \dfrac{9900 - 10000}{10000} \times 100\% = -1\%$

如果采用对数收益率,第一天的对数收益率 $r_1 = \ln\left(\dfrac{11000}{10000}\right) \times 100\% \approx 9.5\%$,第二天的对数收益率 $r_2 = \ln\left(\dfrac{9900}{11000}\right) \times 100\% \approx -10.5\%$,所以两天的总收益率 $R^{T=2} = r_1 + r_2 = 9.5\% + (-10.5\%) = -1\%$

百分比收益率与对数收益率可相互转换,公式如下:

$$r_{对} = \ln(1 + r_{百}) \qquad (2\text{-}1\text{-}4)$$

二、预期收益率

（一）预期收益率的含义

在大多数情况下，金融资产的收益率r是在不断变动的，可以理解为一个随机变量。因此，我们用预期收益率去刻画它。预期收益率，又称为期望收益率或预期回报率，记为$E(r)$，它是收益率的概率加权平均值，$P(r)$为相应的概率。

（二）预期收益率的计算

预期收益率$E(r)$的计算公式为：

预期收益率$E(r) = \sum r \times P(r)$ (2-1-4)

▶ 例2-1-4

根据以往的交易记录，某项资产收益率(%)的概率分布如下表所示，如果你有一笔10万元的资金将投资于该项资产，请计算该笔投资的预期收益是多少。

收益率r	+50	+30	+10	−10	−30
概率$P(r)$	0.05	0.25	0.40	0.25	0.05

解答：

$$E(r) = \sum r \times P(r)$$
$$= 0.5 \times 0.05 + 0.3 \times 0.25 + 0.1 \times 0.4 + (-0.1) \times 0.25 + (-0.3) \times 0.05$$
$$= 0.1 = 10\%$$

该项资产的预期收益率为10%，因此10万元投资的预期收益为1万元。

【微视频】
如何刻画回报

第二节　如何刻画风险

在衡量金融风险的众多方法中，波动性方法是较为典型的一种。此时，风险被描述为实际收益偏离预期收益的不确定性，实际收益偏离预期收益越大，波动性越大，风险也就越大。

风险可以用专门用于刻画波动性大小的统计指标，方差σ^2或标准差σ来刻画。

方差$\sigma^2 = E[r - E(r)]^2 = E(r^2) - [E(r)]^2$ (2-2-1)

标准差$\sigma = \sqrt{E[r - E(r)]^2} = \sqrt{E(r^2) - [E(r)]^2}$ (2-2-2)

▶ 例2-2-1

计算例2-1-4中，该项资产收益率的方差和标准差。

解答：

从例2-1-4可知，期望收益率 $E(r) = 10\%$；

$$E(r^2) = \sum r^2 \times P(r)$$
$$= 0.5^2 \times 0.05 + 0.3^2 \times 0.25 + 0.1^2 \times 0.4 + (-0.1)^2 \times 0.25 + (-0.3)^2 \times 0.05$$
$$= 0.046$$

方差 $\sigma^2 = E(r^2) - [E(r)]^2 = 0.046 - 0.1^2 = 0.036$

标准差 $\sigma = \sqrt{E(r^2) - [E(r)]^2} = \sqrt{0.046 - 0.1^2} = \sqrt{0.036} \approx 0.1897 = 18.97\%$

从运算关系上看方差 σ^2 仅是标准差 σ 的平方，两者在刻画波动性方面并不存在实质差异，但方差的单位是带平方的（如:元^2），其结果难以解释，而标准差的结果则更具实际价值，因此接下去只介绍标准差 σ。在波动性方法中，用标准差 σ 来刻画资产的风险。标准差 σ 越大，资产收益率的波动性越大，表明风险越大；标准差 σ 越小，资产收益率的波动性越小，表明风险越小。因此，标准差 σ 也称为波动系数。

例2-2-2

有两项资产:资产1和资产2，在过去5期内各自的收益率(%)如下表所示。请问:(1)两项资产的期望收益率分别是多少?(2)两项资产收益率的标准差各是多少?(3)哪一项资产风险更小?

第 t 期	1	2	3	4	5
资产1的收益率 r_1	+15	+10	-10	-5	0
资产2的收益率 r_2	+20	+10	-15	-5	0

解答：

在本例中，除了两项资产各期的收益率数值外，并没有各期的概率，这是假定了两项资产各期收益率是等概率发生的，此时 $P(r) = \dfrac{1}{n}$，所以此时的预期收益率就是简单算数平均值。

(1)资产1的期望收益率:

$$E(r_1) = \frac{1}{n} \sum_{t=1}^{n} r_{1t} = \frac{1}{5}[15 + 10 + (-10) + (-5) + 0] = 2\%$$

资产2的期望收益率:

$$E(r_2) = \frac{1}{n} \sum_{t=1}^{n} r_{2t} = \frac{1}{5}[20 + 10 + (-15) + (-5) + 0] = 2\%$$

(2)资产1收益率的标准差[①]:

$$E(r_1^2) = \frac{1}{n} \sum_{t=1}^{n} r_{1t}^2 = \frac{1}{5}[15^2 + 10^2 + (-10)^2 + (-5)^2 + 0^2] = 90$$

$$\sigma_1 = \sqrt{E(r_1^2) - [E(r_1)]^2} = \sqrt{90 - 2^2} = \sqrt{86} \approx 9.27\%$$

资产2收益率的标准差:

---

① 广义意义上来讲，因为是样本收益率数据，下方资产1和资产2收益率的标准差公式中，分母应该是 $n-1$，这样才能满足无偏性要求。此处我们不考虑样本还是总体，统一使用总体标准差公式近似替代。

$$E(r_2^2) = \frac{1}{n}\sum_{t=1}^{n} r_{2t}^2 = \frac{1}{5}[20^2 + 10^2 + (-15)^2 + (-5)^2 + 0^2] = 150$$

$$\sigma_2 = \sqrt{E(r_2^2) - [E(r_2)]^2} = \sqrt{150 - 4} = \sqrt{146} \approx 12.08\%$$

（3）因为资产1收益率的标准差 $\sigma_1 = 9.27\%$，小于资产2收益率的标准差 $\sigma_2 = 12.08\%$，所以资产1的风险较资产2更小。

需要注意的是：收益率既可能是正的，也可能是负的。负收益率实质就是损失，是风险，没有异议。争论集中在正收益率上（尤其是高于预期的正收益率），如果认为正收益率不是风险，那么只能用仅包含负收益率结果的标准差去刻画风险，这样的标准差由此也被称为单边标准差。但是在第一节有关风险定义的讨论中，我们认为，偏离预期收益的实际收益，不论是正收益还是负收益，均被定义为风险。因此，我们仍然使用双边收益率标准差计算。

【微视频】
如何刻画风险

第三节　如何刻画资产间收益的相关性

一、相关系数及其计算

在图2-3-1中，提供了自1974年以来，三种最为重要的金融资产美元、石油和黄金收益波动性曲线。很显然，三种资产之间的收益波动性，在某些特定时段内，似乎存在着某种显著的关联性；但是在另一些时段内，似乎又不怎么明显。在金融市场中，许多金融资产之

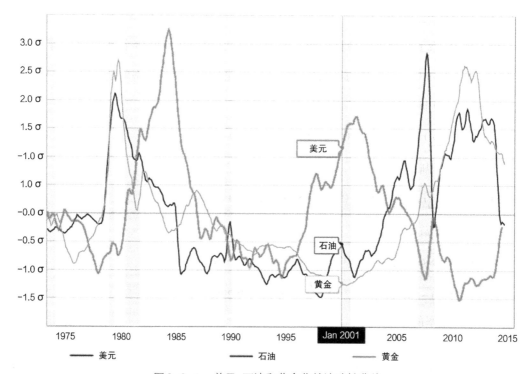

图2-3-1　美元、石油和黄金收益波动性曲线

间,其收益都存在着类似的特征。那么,究竟应该如何去刻画金融资产之间收益的相互关系呢?

统计学家卡尔·皮尔逊(Karl Pearson,1857—1936)为我们提供了一种可以定量描述上述关系的工具:皮尔逊相关系数(Pearson Correlation Coefficient)。实际上,相关系数有很多种,本书中所指的相关系数均为皮尔逊相关系数。

相关系数,常用符号ρ来表示,是一种用于衡量变量之间关联方向和关联程度的统计指标。如果用r_1和r_2表示两种金融资产的收益率,则这两种资产之间收益率的相关系数ρ的计算公式如下:

$$相关系数\rho = \frac{Cov(r_1, r_2)}{\sigma_1 \times \sigma_2} \tag{2-3-1}$$

其中:$Cov(r_1, r_2) = E(r_1 \cdot r_2) - E(r_1) \cdot E(r_2)$,称为协方差,$E(\cdot)$为期望值,$\sigma_1$和$\sigma_2$为两种资产各自收益率的标准差。

▶ **例2-3-1**

计算例2-2-2中两种资产之间的皮尔逊相关系数。

解答:

从例2-2-2可知,两种资产的期望收益率$E(r_1) = E(r_2) = 2\%$,各自的标准差为$\sigma_1 = 9.27\%$,$\sigma_2 = 12.08\%$。

$$E(r_1 \cdot r_2) = \frac{1}{n}\sum_{t=1}^{n} r_{1t} \cdot r_{2t}^{①}$$

$$= \frac{1}{5}[15 \times 20 + 10 \times 10 + (-10) \times (-15) + (-5) \times (-5) + 0 \times 0] = 115$$

$$Cov(r_1, r_2) = 115 - 2 \times 2 = 111$$

因此,皮尔逊相关系数$\rho = \dfrac{Cov(r_1, r_2)}{\sigma_1 \times \sigma_2} = \dfrac{111}{9.27 \times 12.08} \approx 0.99$

二、相关系数的含义

下面讨论皮尔逊相关系数ρ的具体含义:

① ρ的取值范围为$|\rho| \leqslant 1$;

② $\rho = 0$,表明变量之间不相关,即相互独立;

③ $0 < \rho < 1$,表明变量之间正相关;

④ $-1 < \rho < 0$,表明变量之间负相关;

⑤ $|\rho|$的取值越接近1,相关程度越高;$|\rho|$的取值越接近于0,相关程度越弱。

▶ **例2-3-2**

已知4对金融资产,每对资产收益率(%)的标准差及两者的协方差分别如下表所示。

———————————

① 从严格意义上讲,相关系数公式里的$\frac{1}{n}$也应该为$\frac{1}{n-1}$,不过这里同样忽略样本数据的无偏估计问题,作简化处理。

请分别计算4对资产的相关系数，并分析这4种情况下资产之间收益率的相关性。

第 i 对金融资产	σ_1	σ_2	$Cov(r_1, r_2)$
1	10	8	76
2	10	8	30
3	10	8	−76
4	10	8	0

解答：

第1对资产的相关系数 $\rho = \dfrac{76}{10 \times 8} = 0.95$，表明两种资产之间为高度正相关关系；

第2对资产的相关系数 $\rho = \dfrac{30}{10 \times 8} = 0.375$，表明两种资产之间为微弱正相关关系；

第3对资产的相关系数 $\rho = \dfrac{-76}{10 \times 8} = -0.95$，表明两种资产之间为高度负相关关系；

第4对资产的相关系数 $\rho = \dfrac{0}{10 \times 8} = 0$，表明两种资产之间不相关，即相互独立。

最后，特别强调一点：相关系数大小和相关性强弱是两个不同的概念。譬如，相关系数 $\rho = -0.99$，虽然相关系数的值很小，但却表明变量之间的相关程度很高，为高度负相关。

【微视频】
如何刻画资产间
收益的相关性

第一至三节涉及的期望收益率、收益率的标准差和方差、资产之间收益率的协方差和相关系数，其计算均可以借助Excel函数来实现。在Excel 2010版软件中，期望收益率的函数为AVERAGE；标准差函数为STDEV.P或STDEV.S，前者为总体标准差，后者为样本标准差；方差函数为VAR.P或VAR.S，前者为总体方差，后者为样本方差；协方差函数为COVARIANCE.P或COVARIANCE.S；相关系数函数为CORREL。

【微视频】
期望值、标准差
和相关系数的
Excel软件实现

【案例阅读】
关联物、预测的
关键

第四节　如何计算资产组合的风险与收益

【微视频】
如何计算资产
组合的风险与
收益

所谓资产组合，就是由若干种证券按照不同资金分配比例构成的一个投资组合。这里，我们着重介绍马科维茨资产组合理论中的风险回报关系。马科维茨用方差（实际上用标准差得到的结论也是一致的）来定义一个资产组合的风险,从金融风险衡量方法上来讲,属于波动性方法。为方便讨论,假定我们的资产组合中只包含两种金融产品,但实际上,下面的结论可以推广到三种乃至更多的情形上去。

一、如何计算资产组合的收益

(一)组合收益率的计算

假设两项投资资产的收益率分别为 r_1 和 r_2。如果将占全部资金比例的 w_1 投入第一种资产,将其余 w_2($w_2 = 1 - w_1$)比例的资金投入第二种资产。这样所产生的投资组合的收益率 r 则为:

$$r = w_1 \cdot r_1 + w_2 \cdot r_2 \tag{2-4-1}$$

(二)组合预期收益率的计算

如果将上述两项资产的预期收益率分别记为 μ_1 和 μ_2,其中 $\mu_1 = E(r_1)$,$\mu_2 = E(r_2)$。这样所产生的投资组合记为 P 组合,该组合的预期收益率记为 μ_P,其中 $\mu_P = E(r_P)$,其计算公式如下:

两项资产的组合预期收益率 $E(r_P) = w_1 \cdot E(r_1) + w_2 \cdot E(r_2)$

$$\Rightarrow \mu_P = w_1 \cdot \mu_1 + w_2 \cdot \mu_2 \tag{2-4-2}$$

► 例2-4-1

计算下列资产组合的期望收益率。

第 i 种证券	权重 w_i	期望收益率 μ_i(%)	收益率的标准差 σ_i(%)	相关系数 ρ_{ij}
证券1	0.4	10	98.0	$\rho_{12} = -0.84$
证券2	0.6	12	85.7	

解答:

记该组合为 P 组合,预期收益率为 μ_P,根据组合预期收益率计算公式,可得

$$\mu_P = \sum_{i=1}^{2} w_i \cdot \mu_i = 0.4 \times 0.10 + 0.6 \times 0.12 = 0.112 = 11.2\%$$

推广到 n 项资产组合时,其预期收益率则为:

$$n \text{ 项资产的组合预期收益率} \mu_P = \sum_{i=1}^{n} w_i \cdot \mu_i \tag{2-4-3}$$

二、如何计算资产组合的风险

我们用标准差去刻画资产组合的风险。记上述 P 组合中两项资产收益率的标准差分别为 σ_1 和 σ_2,两项资产之间的相关系数为 ρ_{12},那么组合的标准差 σ_P 的计算公式为:

$$\text{两个资产的组合标准差} \sigma_P = \sqrt{w_1^2 \cdot \sigma_1^2 + w_2^2 \cdot \sigma_2^2 + 2w_1 \cdot w_2 \cdot \sigma_1 \cdot \sigma_2 \cdot \rho_{12}} \tag{2-4-4}$$

► **例2-4-2**

计算例2-4-1中资产组合的标准差。

解答:

同样记该组合为 P 组合,组合标准差为 σ_P,根据组合标准差计算公式,可得

$$\sigma_P = \sqrt{w_1^2 \cdot \sigma_1^2 + w_2^2 \cdot \sigma_2^2 + 2w_1 \cdot w_2 \cdot \sigma_1 \cdot \sigma_2 \cdot \rho_{12}}$$

$$= \sqrt{0.4^2 \times 0.980^2 + 0.6^2 \times 0.857^2 + 2 \times 0.4 \times 0.6 \times 0.980 \times 0.857 \times (-0.84)}$$

$$\approx 0.282 = 28.2\%$$

推广到 n 项资产组合时,其组合的标准差为:

n 项资产的组合标准差 $\sigma_P = \sqrt{\sum\limits_{i=1}^{n}\sum\limits_{j=1}^{n} w_i \cdot w_j \cdot \sigma_i \cdot \sigma_j \cdot \rho_{ij}} = \sqrt{\sum\limits_{i=1}^{n}\sum\limits_{j=1}^{n} w_i \cdot w_j \cdot Cov(r_i, r_j)}$

$$(2\text{-}4\text{-}5)$$

其中,ρ_{ij} 为第 i 项资产与第 j 项资产收益率的相关系数,$Cov(r_i, r_j)$ 为第 i 项资产与第 j 项资产收益率的协方差。

第五节 资产组合的风险回报关系

一、风险回报曲线

为了得到资产组合风险与回报的替换关系,接下去我们继续在第二章第四节例2-4-1的基础上,通过不断调整资金在两项资产上的分配比例,尝试计算更多组合的预期收益率和标准差结果。例如,当 $w_1 = 0.1, w_2 = 0.9$ 时,该组合的预期收益率为11.8%,组合标准差为69.1%。

表2-5-1 由两项资产构成的投资组合的预期收益率 μ_P 及标准差 σ_P

w_1	w_2	μ_P(%)	σ_P(%)	w_1	w_2	μ_P(%)	σ_P(%)
0.0	1.0	12.0	85.7	0.6	0.4	10.8	35.3
0.1	0.9	11.8	69.1	0.7	0.3	10.6	49.0
0.2	0.8	11.6	53.2	0.8	0.2	10.4	64.7
0.3	0.7	11.4	38.7	0.9	0.1	10.2	81.1
0.4	0.6	11.2	28.2	1.0	0.0	10.1	98.0
0.5	0.5	11.0	26.6				

在表2-5-1的基础上,我们在以组合预期收益率 μ_P 为纵轴,以组合标准差 σ_P 为横轴的坐标平面上,描出上述全部组合的坐标点,并以光滑的曲线连接,从而得到图2-5-1组合预期收益率—标准差曲线。在该图中,曲线AB刻画了上述两种资产在不同资金分配下全部

可能结果的轨迹,即资产组合的可行集。点 A(85.7%,12.0%)代表将全部资金仅投资于资产2时的预期收益率和标准差,而点 B(98.0%,10.1%)则代表将全部资金仅投资于资产1时的预期收益率和标准差。

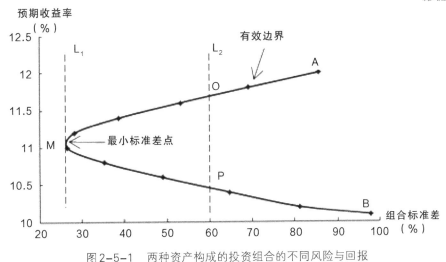

图 2-5-1 两种资产构成的投资组合的不同风险与回报

二、相关系数对风险回报曲线的影响

这里我们接着以两个资产构成的组合为例,讨论资产之间的相关性对组合标准差的影响。在式2-4-4中,组合标准差与相关系数存在如下关系。

$$\sigma_P = \sqrt{w_1^2 \cdot \sigma_1^2 + w_2^2 \cdot \sigma_2^2 + 2w_1 \cdot w_2 \cdot \sigma_1 \cdot \sigma_2 \cdot \rho_{12}}$$

因为相关系数 $\rho_{12} \in [-1,1]$,显然,相关系数的取值越小,资产组合的标准差也越小,相关系数取值越大,资产组合的标准差也越大。即资产组合的标准差与资产之间的相关系数大小成正比。当资产之间完全负相关,即 $\rho_{12} = -1$ 时,组合标准差最小,此时 $\sigma_P = |w_1 \cdot \sigma_1 - w_2 \cdot \sigma_2|$;而当资产之间完全正相关,即 $\rho_{12} = 1$ 时,组合标准差最大,此时 $\sigma_P = w_1 \cdot \sigma_1 + w_2 \cdot \sigma_2$。

例2-5-1

计算例2-4-1中的两项资产,其相关系数分别取① 1、② 0.5、③ 0、④ −0.5 和⑤ −1时,资产组合的标准差分别是多少?

解答:

由式2-4-4可知

①当 $\rho_{12} = 1$ 时,$\sigma_P = w_1 \cdot \sigma_1 + w_2 \cdot \sigma_2 = 0.4 \times 0.98 + 0.6 \times 0.857 = 90.62\%$

②当 $\rho_{12} = 0.5$ 时,$\sigma_P = \sqrt{w_1^2 \cdot \sigma_1^2 + w_2^2 \cdot \sigma_2^2 + 2w_1 \cdot w_2 \cdot \sigma_1 \cdot \sigma_2 \cdot \rho_{12}} \approx 78.72\%$

③当 $\rho_{12} = 0$ 时,$\sigma_P = \sqrt{w_1^2 \cdot \sigma_1^2 + w_2^2 \cdot \sigma_2^2} = \sqrt{(0.4 \times 0.98)^2 + (0.6 \times 0.857)^2} \approx 64.66\%$

④当 $\rho_{12} = -0.5$ 时,$\sigma_P = \sqrt{w_1^2 \cdot \sigma_1^2 + w_2^2 \cdot \sigma_2^2 + 2w_1 \cdot w_2 \cdot \sigma_1 \cdot \sigma_2 \cdot \rho_{12}} \approx 46.53\%$

⑤当 $\rho_{12} = -1$ 时,$\sigma_P = |w_1 \cdot \sigma_1 - w_2 \cdot \sigma_2| = |0.4 \times 0.98 - 0.6 \times 0.857| = 12.22\%$

显然,在其他条件不变的情况下,随着相关系数不断变小,组合的标准差也不断变小。

另外,相关系数对资产组合风险回报曲线的形状有如下影响(以两项资产构成的组合为例),见图2-5-2。可以发现,当相关系数 $\rho = -1$ 时,组合的风险回报曲线为直线AM;当 $\rho = 1$ 时,组合的风险回报曲线为直线AB;而当 $-1 < \rho < 1$ 时,风险回报曲线便成为我们前面讨论得到的上凸的熟悉形状,而且相关系数取值越小,往纵轴方向凸得越严重。

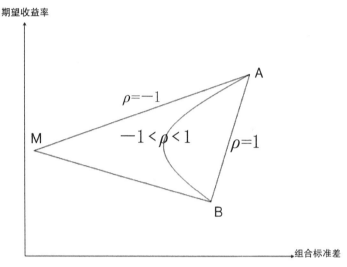

图2-5-2　相关系数对组合有效边界形状的影响

三、现代资产组合理论

投资者通过对不同证券品种的选择及资金比例的调整,来构建一个适合自身风险偏好的"好的资产组合"。所谓"好的资产组合",就是使投资者获得的回报与其承受的风险相匹配。作为"理性投资者"需通过优化投资组合,追求在既定风险水平下期望回报的最大化,或在既定期望回报水平下风险的最小化。怎样才能做到这一点呢?现代资产组合理论(Modern Portfolio Theory,简称MPT)给出了答案。

MPT的开创性研究源于美国经济学家马科维茨(Harry M.Markowitz)。1952年3月,美国纽约市立大学巴鲁克学院的经济学教授马科维茨在题为"资产选择:有效的多样化"论文中,首次应用资产组合报酬的均值和方差来定义其收益与风险,推导出资产组合上凸的"有效边界"。在1959年出版的《证券组合选择》一书中,马科维茨详细论述了证券组合的基本原理,从而为现代西方证券投资理论奠定了基础。由于在该领域的杰出贡献,1990年,马科维茨获得了诺贝尔经济学奖,并被誉为"现代资产组合理论的创始人"。马科维茨是研究投资风险回报替换关系的先驱之一,后来夏普(Sharpe,1964)及其他人以马科维茨理论为基础,进一步发展了资本资产定价模型(capital asset pricing model,简称CAPM)。CAPM显示了预期回报和系统性风险的关系。1976年,罗斯(Ross)发表了风险套利定价理论(arbitrage pricing theory,简称APT),这一理论将资本资产定价理论中单一系统风险假设推广到多系统风险中。这些颇具洞察力的理论研究成果对资产组合管理人员理解及分析风险回报关系产生了巨大影响。

【微视频】
资产组合的风
险回报关系

第六节 资产组合的有效边界

一、两种资产组合的可行集和有效边界

两种资产组合的可行集,即 2-5-2 曲线 AB 中,哪一部分才是一个厌恶风险的理性投资者所追求的"好的投资组合"。理性投资者追求在既定风险水平下期望回报的最大化,或在既定期望回报水平下风险的最小化。在图 2-5-1 中,我们作一条垂直于横轴并与曲线 AB 相切的直线 L_1,切点为 M。因为此时组合的标准差(或方差)达到最小值,所以,这点也称为最小方差点。点 M 将曲线 AB 分割为上下两段,即 AM 段和 BM 段。AM 段的投资组合一定优于 BM 段的投资组合。为了证明这点,我们在曲线 AB 上再作一条垂线 L_2,使之与 AM 段和 BM 段各有一个交点 O 和 P。显然,此时 O 点和 P 点代表两种不同的投资组合,且两者有相同的标准差,即风险水平相同;但 O 点投资组合的预期收益率却高于 P 点。因此,O 点的投资组合优于 P 点。用同样的方式推导,可以发现,除 M 点之外,在曲线 AM 段上,一定可以找到一个投资组合,其与 BM 段上的投资组合相比,虽有相同的标准差却有更高的预期收益率。因此,曲线 AM 即为资产组合的有效边界(efficient frontier),即描述最优化投资组合风险回报关系的轨迹。对应有效边界上的任意一点,我们不可能找到某种投资会比其更优化,即我们不可能找到某一资产投资回报比有效边界的点所对应的投资回报更高而同时所对应的标准差更低。

图 2-5-1 中,最小标准差点 M 下的资金分配分别记为 w_1^* 和 w_2^*,其中 $w_1^* + w_2^* = 1$,则

$$w_1^* = \frac{\sigma_2^2 - \rho_{12} \times \sigma_1 \times \sigma_2}{\sigma_1^2 + \sigma_2^2 - 2 \times \rho_{12} \times \sigma_1 \times \sigma_2}$$

$$w_2^* = 1 - w_1^* \tag{2-6-1}$$

► **例 2-6-1**

计算例 2-4-1 中的资产组合,当两项资产的资金分配比例为多少时,组合的标准差达到最小,即图 2-5-1 中的最小方差点 M,此时组合的预期收益率和标准差各是多少?

解答:

在最小标准差点时资产 1 的资金占比

$$
\begin{aligned}
w_1^* &= \frac{\sigma_2^2 - \rho_{12} \times \sigma_1 \times \sigma_2}{\sigma_1^2 + \sigma_2^2 - 2 \times \rho_{12} \times \sigma_1 \times \sigma_2} \\
&= \frac{0.857^2 - (-0.84) \times 0.980 \times 0.857}{0.980^2 + 0.857^2 - 2 \times (-0.84) \times 0.980 \times 0.857} \approx \frac{1.440}{3.106} = 0.463
\end{aligned}
$$

所以资产 2 的资金占比 $w_2^* = 1 - w_1^* = 1 - 0.463 = 0.537$

此时,组合的预期收益率和标准差分别为:

$$\mu^* = \sum_{i=1}^{n} w_i^* \times \mu_i = 0.463 \times 10\% + 0.537 \times 12\% = 11.1\%$$

$$\sigma_P^* = \sqrt{(w_1^* \cdot \sigma_1)^2 + (w_2^* \cdot \sigma_2)^2 + 2 \times w_1^* \times w_2^* \times \rho_{12} \times \sigma_1 \times \sigma_2}$$

$$= \sqrt{(0.463 \times 0.980)^2 + (0.537 \times 0.857)^2 + 2 \times 0.463 \times 0.537 \times (-0.84) \times 0.980 \times 0.857}$$

$$\approx 0.259 = 25.9\%$$

二、三种以上资产组合的可行集和有效边界

下面我们考虑引入更多种资产,将它们同前面的两种资产做任意组合,这样做又可以进一步产生不同的风险回报组合。此时,组合预期收益率和标准差全部可能结果构成的可行集是一块带曲边的面积(见图2-6-1)。该曲边面积朝左上方移动的极限便是其新的有效边界。

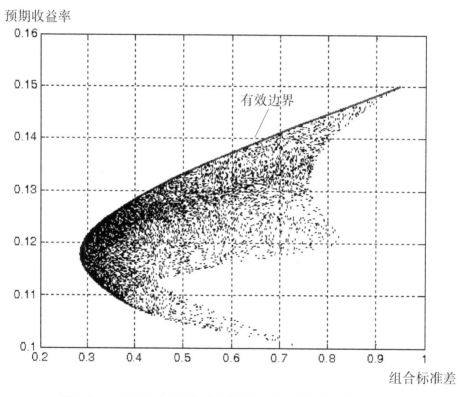

图2-6-1　三种以上资产构成的投资组合的可行集和有效边界

三、无风险资产加入时的有效边界

在前面的讨论中,我们只考虑了具有风险的投资。那么,当引入无风险投资时,会发生什么情况呢? 假定无风险资产收益率为μ_F,在图2-6-2中,我们用F点来代表无风险投资,从F点开始我们引入同原有效边界相切的一条直线,M代表切点。那么,射线FJ将会是新的有效边界,它是沿着投资组合的有效边界,由风险资产和无风险资产构成的投资组合,这条线也称为资本市场线(capital market line,简称CML)。因此,资本市场线是一条刻画有效组合期望收益率和标准差之间线性关系的射线。资本市场线上的任意一点,都代表着风险与收益的均衡。如果脱离了这一均衡,要么风险的报酬偏高,此时该类证券就会成为市场

上的抢手货,进而造成该证券的价格上涨,投资报酬最终会降低下来;要么风险的报酬偏低,此时该类证券成为市场上投资者大量抛售的目标,进而造成该证券价格下跌,投资报酬最终会提高。经过一段时间后,所有证券的风险和收益最终都会回到资本市场线上来,达到均衡状态。

在射线FJ上的任意一点,都可以通过投放一定数量资金在M投资组合及一定数量资金在无风险资产F来取得,而且在射线上任意一点所对应的风险回报关系都要优于我们之前讨论的有效边界上的风险回报关系。

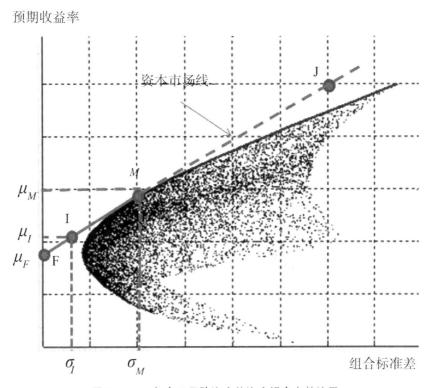

图2-6-2　包含无风险资产的资产组合有效边界

当引入无风险资产之后,有效边界变成一条射线。换句话说,在由图2-6-2所示的有效边界上,预期收益率μ与标准差σ之间存在如下线性关系[①]:

$$\mu = \mu_F + \frac{\mu_M - \mu_F}{\sigma_M} \times \sigma \qquad (2\text{-}6\text{-}2)$$

在式2-6-2中,$\dfrac{\mu_M - \mu_F}{\sigma_M}$称为夏普比率(sharpe ratio)。夏普比率的值直观反映了风险与回报之间的关系。即夏普比率的值越大,风险的增长伴随着回报的快速增长;而夏普比率的值越小,则风险快速增长所带来的回报增长是比较缓慢的。

▶　例2-6-2

已知包含有全部风险资产的资产组合在图2-6-2中M点处的预期收益率μ_M为12.4%,

[①]通过点F$(0,\mu_F)$和点M(σ_M,μ_M)建立的直线方程,斜率为$\dfrac{\mu_M-\mu_F}{\sigma_M}$,截距为$\mu_F$。

组合标准差 σ_M 为32%，无风险资产的收益率 μ_F 为11.5%。如果想要达到的投资预期收益率为 μ_I=12%，则需要承受的投资组合标准差 σ_I 最低是多少？

解答：

已知 $\mu_M = 0.124, \sigma_M = 0.32, \mu_F = 0.115, \mu_I = 0.12$，由式2-6-2可知

$$\sigma_1 = (0.12 - 0.115) \div \frac{0.124 - 0.115}{0.32} \approx 17.8\%$$

因此，此时承受的投资组合标准差最低是17.8%。

【微视频】
资产组合的有效边界

第七节　系统性风险

系统性风险，指不能通过分散投资加以消除的风险，因此又称为不可分散风险。系统性风险可由 β 系数来度量。β 系数是由Sharpe（1964）等人提出的资本资产定价模型（CAPM）中给出的，是用于度量证券系统性风险的一种灵敏度指标。

【延伸阅读】
系统性风险及度量

【微视频】
系统性风险和 β 系数

【第二章小结】

【第二章练习】

第三章
为何需要风险管理

▶ **知识目标**

通过本章的学习,您可以了解或掌握

1.风险管理的价值、风险成本。

2.全面风险管理的内涵、分类。

3.现代风险管理的发展历程。

4.风险管理的框架与风险管理程序。

5.危机管理及其与风险管理的关系。

【案例阅读】
杜邦公司的风
险管理文化

▶ **章节导图**

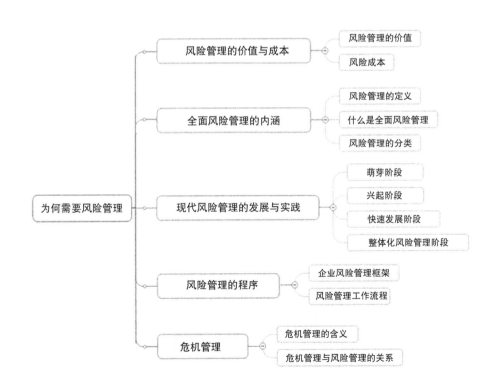

第一节　风险管理的价值与成本

一、风险管理的价值

为何需要风险管理？风险管理的最终目的是帮助组织创造、保持和实现价值。组织实施风险管理的理由主要包括以下几点。

（一）安全的需要

组织的安全需要包括两个方面：一是物质层面的安全需要，实施风险管理可以帮助组织减少人员和财产等风险损失，或者在损失既成事实的情形下，及时帮助组织从外部获得足够补偿，从而降低或减少不确定性对其造成的不利影响；二是精神层面的安全需要，按照著名心理学家马斯洛（A.H.Maslow）的"需要层次论"，人类的需要可以分为五个层次：生理需要、安全需要、社交需要、自尊需要和自我实现需要。可见，追求安全保障是人类精神层面的需要。人类本能地厌恶风险，对风险的担忧和焦虑会形成心理成本，通过实施风险管理有助于降低或消除这种心理成本，从而满足管理者的安全需要。

现代投资学和风险管理的两个基本结论是：投资者都是风险承担者，也都是风险厌恶者。投资者选择承担风险并不表示他爱好风险，因为他所有的投资都要求有相当的风险溢价作为补偿，这正说明投资者是风险厌恶者，所以要求有风险溢价来补偿承担风险带来的负效应。厌恶风险不等于规避风险，只有承担适当（擅长且有能力承担）的风险，才能获得该项风险带来的收益。承担风险给投资者带来获利机会的同时也带来损失机会，因此投资者必须善于管理风险，确保承担适当、适度和有价值的风险，并最终将这些可能的盈利转化为现实的盈利，获得以风险溢价为表现形式的利润和回报。[①]

（二）内部管理的需要

内部管理的需要包括股东的需要和管理者（经理人）的需要。

首先，股东的要求。股东基于以下两方面原因而关注企业的风险管理活动。第一，股东是企业风险最直接的承担者，在公司的资产负债表中，所有者权益等于资产减去负债的价值，无论是资产还是负债，承担风险而造成的损失和现金流波动带来的成本，都直接冲销所有者权益。而一旦公司出现问题，破产清算时要先支付经理人和员工工资，然后是债权人的债务，最后如果仍有剩余才支付给股东，因此股东与公司的其他利益相关者相比，有更强的风险管理动力。第二，在现代企业制度下，所有权和经营权分离造成了股东和经理人之间的委托—代理问题。股东和经理人之间的委托—代理关系存在两个方面的不对称。一方面是经理人风险承担和薪酬所得的不对称。现代企业对经理人的薪酬安排主要是工

---

①陈忠阳. 金融机构现代风险管理基本框架[M]. 北京：中国金融出版社，2006.

资加奖金的形式,而奖金是经理人收入的主要来源。这种薪酬安排对经理人承担风险,尤其是大额风险具有激励不对称的性质,当经理人因为承担大额风险而获得高额盈利时就会获得高额奖金,而一旦发生损失,就得由股东来买单,经理人仍然可以获得基本工资。这种风险承担和激励制度的不对称使得经理人相对于股东而言倾向于承担更多的风险。另一方面,在具体的风险承担和风险管理过程中,股东和经理人之间存在信息不对称。经理人比股东更了解具体投资和业务的风险/收益特征,这种信息的不对称在经理人方面容易产生道德风险,使其从事风险过高的投资项目,在股东方面,其谨慎性和资本安全性需求增加,因此,更加关注风险承担和管理过程,这也是现代风险管理在体制设置上要独立于经理层直接向董事会汇报的主要原因。[1]

其次,管理者(经理人)的需要。从经理人的角度看,相对于股东而言,经理人很难将自己在公司面临的风险进行多样化和分散化。股东可以通过在资本市场投资多家公司来分散自己面临的风险,相比之下,负责经营这家公司的经理人(尤其薪酬安排中包含较高公司股份形式的经理人),其财富和利益(如职业生涯)的大部分都取决于这家公司的表现,而且很难通过其他方式来分散这种风险,因此只能通过加强风险管理来降低风险。经理人的这种风险管理需求同其薪酬安排和激励制度密切相关,因此,应该在经理人的绩效考核和薪酬安排中加入风险管理的因素,促使其在风险管理工作上有积极努力的作为。[2]

(三)外部监管的需要

自20世纪90年代以来,以风险和风险管理为基础的风险监管开始发展起来。这种风险监管主要包括基于风险的资本金要求(RBC)和基于风险的风险监管检查(RBS)两个方面。RBC以监管资本要求为核心,通过将监管资本的覆盖范围由市场风险扩大到信用风险,进而到操作风险,以及通过提供监管资本计量金融机构的敏感度来促使金融机构加强风险管理;RBS是监管机构,对金融机构风险承担和管理的质与量都进行监管,强化了对金融机构加强风险管理的要求。

债权人和客户的要求。上面对风险成本的分析多次涉及债权人的利益,比如财务困境成本和委托—代理成本,公司经营的稳定性直接决定了债权人能否按期收回本息。总之,债权人有很多理由关注公司的风险管理活动,这里不再赘述。至于客户,上面的论述也提到,金融机构的客户同时也是该机构的债权人,他们基于自身的利益会关注企业的风险管理活动。

二、风险成本

风险成本是风险给组织造成的代价,包括风险事故成本和风险管理成本两类。

(一)事故成本

风险事故成本是指风险事故给组织带来的损失,可以是直接损失,也可以是直接损失引致的间接损失。例如火灾风险造成厂房设备损坏形成的直接损失,同时由于生产中断造

①张琴,陈柳钦. 风险管理理论沿袭和最新研究趋势综述[J]. 金融理论与实践,2008(10).
②CLIFFORD W. SMITH. RENE M. STULZ. The Determinants of Firms' Hedging Policies[J]. 1985,20(04).

39

成的后续间接损失。

(二)管理成本

风险管理成本是组织为应对风险而产生的费用支出,这种成本体现在两个方面。一是实施风险管理活动时在人、财、物等方面的直接经济资源投入。例如:企业为实施风险管理活动,在组织架构中设置相应的风控岗位并聘请专职的风控人员所产生的成本;为了应对风险所采取的各类手段所产生的成本,如员工的安全教育、安全生产设施投入、各种保险的保费支出等。二是为实现安全目标所放弃的经济收益引致的机会成本。风险与回报相伴而生,为了安全目标往往需要减少不必要的风险活动,而这就意味着放弃获取回报的机会。这一点在金融风险管理中尤为明显。例如:金融机构通过缩小在股市或汇市中用于投机的头寸规模,这意味着放弃上述投机活动所带来的高额回报的可能性。

因此,风险管理实际上需要管理者在获取回报与承受风险两者之间进行平衡,一味追求高回报意味着必须承担超出自身承受范围的风险,而过度强调安全回避风险也将带来高昂的管理成本,并挤压获取回报的空间,两者都将置自身于不利之中。

第二节　全面风险管理的内涵

一、风险管理的定义

关于风险管理一词的定义,目前同样缺乏统一规范的表述。

国际标准化组织(ISO)和国际电工委员会(IEC)2009年发布的《风险管理国际标准ISO 31000》中,对风险管理一词,给出如下定义:风险管理(risk management)是针对风险所采取的指挥和控制组织的协调活动。这一定义视风险管理为一种管理协调活动,以风险为管理对象,以"指挥和控制"为协调内容,其中,"指挥"意味着领导角色和承担责任,"控制"则指应对风险的措施。

二、什么是全面风险管理

传统风险管理注重风险的来源,认为不同来源的风险应该由不同部门采取不同方法分别处理,而部门之间的沟通和合作非常少,这种风险管理方式称为"竖井式"管理方式,即孤立的、不与他人联系的方式。希马皮(Shimpi P.A.)(2001)在《整合性公司风险管理》一书中非常形象地描述了传统风险管理方式的缺陷:风险就像一头大象,传统的风险管理就像盲人摸象,虽然每个人都摸对了一部分,但总体上来讲还是错的。[①]

20世纪90年代之后,现代企业风险管理理论发展进入全面风险管理新阶段。全面风险管理(enterprise risk management,简称ERM)又称为整体风险管理(integrated risk management,IRM)。

---

① Shimpi P.A.Integrating Corporate Risk Management[M]. NY:Texere LLc,2001.

ERM通常直译为企业风险管理,但有一种观点认为,此处的enterprise还有另外两层含义:第一层含义是指审计或过程的控制,强调在整个企业范围内连续有效的控制过程,从管理方法上强调一种连续和综合的方法,企业的所有风险都应该包含在管理或控制范围内;第二层含义是投资,与资产组合"portfolio"为同义词,该含义认为,企业尤其是金融企业是风险的集合体,组合风险不仅依赖于单个风险的性质,还依赖于风险之间的相互作用和整合。[1]因此,将ERM译为全面风险管理较为合适。但由于ERM在国内还是更多地被直译为企业风险管理,为避免混淆,我们在下面仍使用"企业风险管理"这一习惯叫法,但在内涵理解上,则将其等同于"全面风险管理(或整体风险管理)"。

ERM冲破了传统风险管理对风险的狭隘理解,把风险看作一个整体加以考虑,研究和解决的是公司整体的风险暴露及对企业的整体影响,其核心理念是从企业整体的角度,对整个机构内部各个层次的业务单位和业务环节的各个种类的风险进行通盘管理。[2]

美国COSO委员会在2004年发布的*Enterprise Risk Management: Integrated Framework*中将全面风险管理定义为"企业风险管理是一个过程,它由一个主体的董事会、管理当局和其他人员实施,应用于战略制定并贯穿于企业之中,旨在识别可能会影响主体的潜在事项、管理风险以使其在该主体的风险容量之内,并为主体目标的实现提供合理保证"。

准确理解这一定义,需要注意以下几点:

第一,从风险管理的目的来看,其旨在通过管理风险使其被控制在风险容量之内,并最终帮助组织创造、保持和实现价值;

第二,从风险管理的主体来看,风险管理组织是实施风险管理活动的主体,是为实现风险管理目标而设置的内部管理组织及管理机构,是企业治理的一部分;

第三,从风险管理的对象来看,主要是针对管理活动中可能出现的各类潜在风险事项;

第四,从风险管理的内容来看,包含风险识别、风险评估、风险应对和监督报告等诸多环节;

第五,从风险管理的本质来看,是管理活动的一部分,服务于组织的战略目标,并以此为依据组建并实施的协调活动,包括为开展相应活动制定的管理制度、营造的风险文化、建立的信息与沟通渠道等。

2017年,COSO委员会在发布的第二版*Enterprise Risk Management Framework*中,将全面风险管理的表述做了重大调整,定义为"组织在创造、保持和实现价值的过程中,结合战略制定和执行,赖以进行管理的文化、能力和实践"。这一表述将第一版中视风险管理为"一个流程或程序",提升到"一种文化、能力和实践"。这一变化表明,当前关于风险管理的理论认知和行业实践,已上升到整个企业治理的高度,不再仅仅是以往所理解的"局限于企业某一(或某些)部门的一项工作活动"。

【延伸阅读】
COSO的《企业
风险管理——
整合框架》

---

[1]Society of Actuary Enterprise Risk Management Specialty Guide[J].2005:8-10.
[2]张琴,陈柳钦.企业全面风险管理(ERM)理论梳理和框架构建[J].当代经济管理,2009(7).

三、风险管理的分类

（一）按照管理对象划分

按照管理对象的不同，风险管理可以划分为家庭（或个人）风险管理、企业风险管理、金融机构风险管理、政府或公共部门风险管理、国际风险管理等。上述分类中，最为重要的是企业风险管理和金融机构风险管理。从广义上理解，金融机构的风险管理也属于企业风险管理。但实际上，金融机构的风险管理有其特殊性。首先，在管理风险的类别上，金融机构更加注重对金融风险的管理，尽管可保风险管理也是其组成部分，但其管理的重点在于前者。其次，在管理方法和手段上，金融风险的计量方法和处理风险的手段，也有别于其他类别的风险。在金融风险计量方法上，针对市场风险计量的方法主要有灵敏度方法、波动性方法、风险价值方法等，针对信用风险计量的有评级方法等，而非金融风险由于更多为纯粹风险，所以主要以损失分布方法为主，例如保险精算方法。在管理手段上，除运用风险规避和控制等手段，金融风险管理会更多采用分散、汇聚、对冲等手段，而非金融风险管理则更多依赖于保险手段。再次，在外部监管要求方面，由于金融机构的重要性及业务活动的特殊性，其往往比非金融企业受到更多的外部监管约束。例如：商业银行要满足资本充足率监管标准，保险公司要满足资本充足率监管标准，两者都要计提足够的监管资本，达到监管部门设定的最低比例下限。因此，金融机构的风险管理往往有别于一般非金融企业的风险管理，而且从当前世界各国风险管理的实践来看，金融机构的风险管理已独树一帜。

（二）按照风险类别划分

按照管理风险类别的不同，风险管理可以划分为金融风险管理和非金融风险管理。前者包括市场风险管理、信用风险管理、操作风险管理、流动性风险管理、声誉风险管理、战略风险管理等，后者则以可保风险为主，包括财产风险管理、人身风险管理和责任风险管理等。由于不同类别的风险各有其特殊性，因而识别的技术、评估的方法、应对的手段都会有差异，目前国内的教材在编写体例上，大多采用这样的分类方式。本书在专题部分的内容也是按照这一分类来编写的。

第三节　现代风险管理的发展与实践

人类和风险相伴而生。自古以来，面对自然灾害、疾病和外部侵扰，人类结为部落，互助互济，共同承担责任，并对各种风险提供保障，这其中渗透着最朴素的风险管理意识和简单的风险管理实践。与风险抗争的长期实践，使人们明白了"居安思危""防患于未然"的道理，由此产生了早期风险意识和风险管理行为的萌芽。例如，古代中国、古巴比伦、古埃及、古希腊和古罗马等文明古国，很早就有互助共济、损失分摊的风险处理方法，这种方法逐渐演变成现代保险。

现代意义上的风险管理萌芽于20世纪30年代的美国,在20世纪50年代正式兴起,20世纪70年代在世界范围内得到快速发展,并在20世纪90年代后期进入整体化风险管理新阶段。在前两个阶段,金融领域的风险管理从属于企业风险管理;而进入第三个阶段之后,金融机构的风险管理开始独树一帜,呈现出与企业风险管理齐头并进的格局。

一、萌芽阶段(20世纪30年代)

尽管人类早就认识到了风险,但直到18世纪,"风险"一词才被提出来研究;到19世纪,随着工业革命开展,现代意义上的企业风险管理思想才开始萌芽。

这个时期的代表性事件包括:1929—1933年的世界性经济危机,促使人们开始认识到了风险管理的重要性。1930年,美国宾夕法尼亚大学的所罗门·许布纳(S.S.Huebne)博士在美国管理协会(American Management Association,AMA)发起的一个保险问题会议上首次提出了"风险管理"这一概念。[①]1931年,在AMA大会上明确了对企业风险进行管理的重要意义,并设立保险部门作为协会独立机构从事保险和风险管理的研究与咨询。1932年,纽约投保人协会(Insurance Buyers of New York)成立,该协会后来逐渐发展为全美范围的风险研究所。在此阶段,风险管理主要在企业管理领域付诸实施,且大多以自发的形式出现,其主要目的是对企业的人员、财产和财务安全提供适当保护,管理风险的手段以保险为核心。而在金融领域,经济危机前由于金融混业经营和过度放任自由,缺乏有效监管,大批金融机构倒闭。1933年美国颁布《格拉斯-斯蒂格尔法案》(Glass-Steagall Act),禁止商业银行、投资银行和保险公司在业务上相互渗透,禁止商业银行参与投资银行业务,同时建立存款保险制度。随后,美国又相继颁布了《1934年证券交易法》《投资公司法》等一系列法案,逐步强化了金融分业经营制度。另外,建立联邦证券交易委员会(SEC)、美国联邦政府监管机构(如美联储与SEC等)与各州金融监管机构,共同承担监管金融行业的职能,美国步入严格分业经营、分业监管时代。

二、兴起阶段(20世纪50年代)

第二次世界大战以后,随着第三次工业革命的迅猛发展,信息技术、新能源技术、新材料技术等在企业中广泛应用,人类社会各个领域发生重大变革,面临的风险日益凸显,进行风险管理的需求与日俱增。

这个时期,美国一些大公司发生了重大损失,公司高层决策者进一步认识到风险管理的重要性,代表性的事件包括1948年的美国钢铁工人大罢工和1953年的通用汽车公司大火灾。这两起事件震动了美国学术界和实业界,成为推动企业风险管理理论研究和实践的契机。20世纪50年代,风险管理开始在美国以学科的形式发展起来,并逐步形成了独立的理论体系。

1962年,美国管理协会出版了一本有关风险管理的专著《风险管理的兴起》(The Rising of Risk Management)。1963年和1964年,梅尔(Robert I. Mehr)和赫奇斯(Bob A.Hedges)、威廉姆斯(Williams C.ArthurJr)和赫汉斯(Richard M. Heins)分别出版了《企业风险管理》(Risk

---

①王勇,隋鹏达,关晶奇.金融风险管理[M].北京:机械工业出版社,2014.

Management in the Business Enterprise）和《风险管理与保险》（*Risk Management and Insurance*）。这两本著作的出版引起了欧美各国的广泛重视，标志着风险管理研究系统化、专业化的开始，风险管理由此成为企业管理领域的一门独立学科。在这一时期，风险管理无论在理论研究层面，还是在企业实践层面都上了一个新台阶，企业开始更为主动地进行风险管理，其管理手段不再局限于保险手段，而是呈现多样化发展的趋势。

【案例阅读】
1953年通用汽
车公司大火灾

【微视频】
现代风险管理
的发展历程

三、快速发展阶段（20世纪70年代）

20世纪70年代，在全球范围内掀起了风险管理运动。法国、日本、德国、英国等主要发达国家开始借鉴美国企业风险管理的成功经验，陆续加入了风险管理的研究和实践行列，风险管理运动在20世纪80年代后期传入中国。[①]

这一时期，全世界范围内各类重大灾害事故呈现多发、高发态势：石棉诉讼案、1979年3月美国三里岛核电站爆炸事故、1984年12月美国联合碳化物公司在印度博帕尔发生毒气泄漏事故、1986年苏联切尔诺贝利核电站发生核事故等。这都对风险管理理念在全世界范围内的推广和传播，起到了极大的催化和推动作用。1975年，美国风险和保险管理协会（Risk & Insurance Management Society，RIMS）成立。1983年，在该协会年会上，世界各国讨论并通过了著名的"101条风险管理准则"。这标志着企业风险管理操作规范体系已经形成，风险管理更趋科学化和规范化。随后，更多的国家成立或组建了与风险管理相关的机构或组织，如1986年欧洲11个国家共同成立了"欧洲风险研究会"，将风险研究进一步扩大到国际交流范围。

在经济金融领域，一是以美元为中心的布雷顿森林体系在1971年事实上瓦解，石油危机更是沉重打击了世界各国经济；二是金融自由化和金融工具的大量创新，使得金融机构面临的风险日新月异；三是全球经济一体化和金融国际化趋势的不断增强，许多跨国银行通过其在海外设立的分支机构，来规避母国和东道国监管当局的监管，使得原有的监管体系和监管措施面临前所未有的挑战。1974年，美国富兰克林国民银行和联邦德国赫斯塔特银行相继倒闭，20世纪80年代为数更多的银行破产倒闭。强化监管提高金融机构抵御风险的能力成为各国的广泛共识。1974年年底，十国集团中央银行行长在瑞士巴塞尔成立巴塞尔监管委员会（Basel Committee on Banking Supervision，以下简称巴塞尔委员会）。1988年7月，巴塞尔委员会发布了《关于统一国际银行资本衡量和资本标准的协议》（*International Convergence of Capital Measurement and Capital Standards*），简称《1988年资本协议》（即《巴

塞尔协议 I 》)。该协议为强化金融机构监管,提高金融机构抵御风险的能力,起到了巨大的作用。

风险管理在全球范围内的兴起,以及一系列风险管理的标准化程序和规范的建立,标志着风险管理开始逐渐走向成熟。

【案例阅读】
石棉诉讼案

四、整体化风险管理阶段(20世纪90年代)

20世纪90年代,企业风险管理出现了一些新的变化:一方面,大量金融衍生产品的使用不当引发多起金融风暴;另一方面,传统的以保险为核心的风险管理手段面临巨大挑战。各国在风险管理实践中逐渐认识到,一个企业内部不同部门或不同业务的风险,有的相互叠加放大,有的相互抵消减少。因此,企业不能仅仅从某项业务、某个部门的角度考虑风险,必须根据风险组合的特点,从整个企业的角度看风险。风险管理进入一个全新的阶段——整体化风险管理阶段。

这一时期,世界范围内金融危机不断,1987年美国的"黑色星期一"大股灾、1990年日本股市危机、1992年欧洲货币危机、1994—1995年墨西哥比索危机、1995年具有233年历史的巴林银行倒闭、1997年东南亚金融危机,以及1998年10月长期资本管理公司(LTCM)倒闭等。尤其是1997年东南亚金融危机的爆发,暴露了传统金融监管制度,即《巴塞尔协议 I 》的局限性。1999年6月,巴塞尔委员会第一次发布了修订1988年《巴塞尔协议 I 》的征求意见稿,其间经过多次修订,最终在2004年6月,十国集团的央行行长一致通过了被惯称为巴塞尔新资本协议的《资本计量和资本标准的国际协议:修订框架》(《巴塞尔协议 II 》)。然而,2007年年初,就在《巴塞尔协议 II 》开始全面实施的时候,一场席卷全球的金融危机将《巴塞尔协议 II 》迅速推向《巴塞尔协议 III 》。此次金融危机暴露了《巴塞尔协议 II 》的诸多不足,如现行监管体系对系统性风险、顺周期效应考虑不足,尚未对杠杆率进行一致监管等。2010年12月16日,一个新的国际金融监管标准——《巴塞尔协议 III 》正式通过。[①]

在企业风险管理领域,这一时期也发生了一些重大的财务欺诈事件,包括2001年11月的美国安然公司倒闭案和2002年6月的世通公司财务欺诈案,加之其他一系列的会计舞弊事件,促使企业的风险管理问题再次受到全社会的关注。1992年9月,美国COSO委员会发布了《企业内部控制——整合框架》,并于1994年进行了增补。2004年4月美国COSO委员会在《内部控制整体框架》的基础上,结合《萨班斯-奥克斯法案》(Sarbanes-Oxley Act)在报告方面的要求,同时吸收各方面风险管理研究成果,颁布了《企业风险管理框架》(Enterprise Risk Management Framework),旨在为各国的企业风险管理提供一个统一术语与概念体系的全面的应用指南。此外,1995年,澳新ERM标准建立;2006年6月,我国发布了《中央企业全面风险管理指引》,标志着我国拥有了自己的全面风险管理指导性文件,也标志着我国进入了风险管理理论研究与应用的新阶段。在国资委的推动下,绝大多数央企逐步建立起了全面风险管理体系。2008年,财政部发布《企业内部控制基本规范》,要求大中型企业尤其是上市公司必须建立健全企业内部控制体系,2013年,这些要求又在央企推广和落实。

---

①王勇,隋鹏达,关晶奇.金融风险管理[M].北京:机械工业出版社,2014.

此外，在传统的风险管理领域，在经历了20世纪90年代的巨灾损失之后，特别是1992年安德鲁飓风和1994年北岭地震，巨额损失造成保险业承受风险能力缺口，暴露了其经营风险能力的不足。对于日益严重的巨灾损失，单靠传统的保险、再保险体系已无法承受。因此人们将目光投向传统保险领域之外的更大市场——资本市场。1997年7月，联合服务汽车协会（United Services Automobile Association, USAA）发行了世界上第一份巨灾债券，20世纪90年代后期，有50多种巨灾债券陆续发行。保险的证券化，使得传统保险出现了新的发展机遇。将金融资本市场融入传统保险市场后，原先难以承保的巨灾风险与投机风险，也具备了承保的可能性，这在很大程度上改变了保险传统的风貌。巨灾债券、巨灾期权、巨灾期货、寿险风险债券等一批产品应运而生。

【微视频】
现代风险管理
的发展历程(2)

综上风险管理的发展与实践过程，可以得到这样一个规律：每一次重大风险事件的发生都会促进风险管理的更多实践和理论研究，而风险管理的实践和理论研究成果又需要在下一次发生的重大风险事件中接受检验，并推动其不断向前发展。

第四节　风险管理的程序

一、企业风险管理框架

（一）2004版

COSO委员会在2004年发布的第一版《企业风险管理框架》中，企业风险管理被区分为八个相互关联的构成要素：控制环境、目标设定、事件识别、风险评估、风险响应、控制活动、信息与沟通、监督。COSO委员会认为，企业风险管理并不是一个严格的顺次过程，一个构成要素并不仅仅影响接下来的那个构成要素。它是一个多方向的、反复的过程，在这个过程中几乎每一个构成要素都能够，也的确会影响其他构成要素。（见图3-4-1）

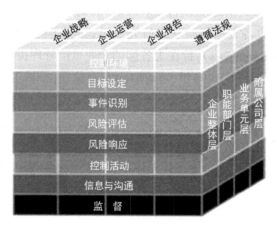

图3-4-1　2004版《企业风险管理框架》

（二）2017版

2017年,COSO委员会发布了第二版《企业风险管理框架》。这一版本的《企业风险管理框架》是一个真正意义上的"管理框架",而不再是一个"控制框架"。企业风险管理框架的构成调整为5大要素20条原则:要素一为治理和文化,包括实现董事会对风险的监督,建立运作模式,定义期望的组织文化,展现对核心价值观的承诺及吸引、发展并预留住优秀人才5条原则;要素二为战略和目标设定,包括考虑业务环境、定义风险偏好、评估替代战略和建立业务目标4条原则;要素三为绩效,包括识别风险、评估风险的严重程度、风险排序、执行风险应对和建立风险的组合观5条原则;要素四为审阅与修订,包括评估重大变化、审阅风险和绩效、企业风险管理改进3条原则;要素五为信息、沟通与报告,包括利用信息和技术、沟通风险信息及对风险、文化和绩效进行报告3条原则(见图3-4-2)。

治理和文化	战略和目标设定	绩效	审阅与修订	信息、沟通与报告
1.实现董事会对风险的监督	6.考虑业务环境	10.识别风险	15.评估重大变化	18.利用信息和技术
2.建立运作模式	7.定义风险偏好	11.评估风险的严重程度	16.审阅风险和绩效	19.沟通风险信息
3.定义期望的组织文化	8.评估替代战略	12.风险排序	17.企业风险管理改进	20.对风险、文化和绩效进行报告
4.展现对核心价值观的承诺	9.建立业务目标	13.执行风险应对		
5.吸引、发展并预留住优秀人才		14.建立风险的组合观		

图3-4-2 2017版《企业风险管理框架》

（三）新旧框架的比较

将2017版《企业风险管理框架》中的构成要素和原则与2004版进行对比,可以发现,2017版中的要素和原则从最初的针对企业战略和绩效的一个管理流程,转变为融入企业使命、愿景和核心价值观、战略发展、目标规划、实施绩效与价值提升的管理框架。在5大要素20条原则中,最大的变化体现在要素一的治理和文化部分。在这一要素中,2017版《企业风险管理框架》突出了董事会对风险的监督职责,建立了风险治理和运作模式,明确了企业文化在风险管理工作中的定位,强调了风险和价值的关联性,以及专业风险管理人才的重要性。这一调整,直接将企业风险管理从原来的工作流程,提升到了关乎整个企业治理的高度,提出将风险管理直接嵌入企业治理和管理。除上述变化之外,在要素二的战略和目标设定中,2017版进一步完善了风险偏好和风险承受度对制定战略和目标的重要性理解;在要素三的绩效中,更加突出了组合风险观的管理理念。应该说,2017版《企业风险管理框架》很好地适应了当前基于风险导向的管理理念。尽管名为《企业风险管理框架》(2017版),但实际上,这个框架也在一定程度上适用于不同类型、不同规模的组织,包括盈利机构、非营利机构、政府部门等。

二、风险管理工作流程

风险管理的核心工作可以概括为四个环节:(1)识别潜在的风险事项并对损失原因进

行分析;(2)对损失概率和可能造成的潜在损失大小进行估计与评价;(3)选择最有效的措施来处理风险;(4)结合风险发展变化和风险管理实施进行监控、改进和报告。

(一)识别风险

识别风险,简单地说就是找出潜在风险并进行成因分析。具体来说,是指风险管理人员运用专门的风险识别技术,搜集有关风险源、风险因素、风险事件和损失暴露等方面的信息,并对造成潜在损失的原因进行分析,包括对造成损失的间接原因分析(风险因素的分析)和直接原因分析(风险事故的分析)。

识别风险的方法很多,包括风险调查表法、现场调查法、财务报表分析法、流程图法、事故树分析法、风险因素预先分析法、损失事项数据追踪法等。

(二)评估风险

评估风险,即对潜在风险的可能性和危害程度进行估计,确定风险的等级,区分优先顺序,并结合风险容忍度,对目标影响做出评价。如图3-4-3中的2×2规格风险矩阵图便是一种简单实用的风险评估技术,评估人员既可以用高、低等抽象语言来定性估计,也可以用具体的数据来定量估计损失概率和损失程度,并确定风险的等级和顺序。

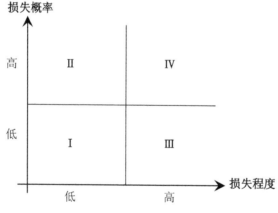

图3-4-3 风险矩阵图

风险衡量是风险评估的基础与核心,风险衡量的方法有以下几种。

1.风险定性衡量和定量衡量

从衡量风险的方法上,可以区分为定性衡量方法和定量衡量方法两大类。

风险的定性衡量是从质的角度出发,评价者基于对风险损失概率和损失程度的主观经验,用"大小""高低""轻重缓急"等描述性语言来定性评价风险大小的一类方法。

风险的定量衡量则是从量的角度出发,评价者基于历史损失数据或主观经验数据或计算机模拟数据,运用数理统计分析方法对风险损失概率和损失程度进行定量估计的一类方法。

2.金融风险衡量和非金融风险衡量

从衡量风险的领域上,可以区分为金融风险衡量方法和非金融风险衡量方法两类。

金融风险的种类繁多,各种类型的风险,其衡量方法既有交叉也有不同。在表3-4-1中梳理了市场风险、信用风险、操作风险和流动性风险四大类金融风险的主要衡量方法。

表3-4-1　金融风险衡量的主要方法

金融风险种类	主要的衡量方法
市场风险 （包含价格风险、利率风险、汇率风险）	灵敏度方法 波动性方法 VaR方法 压力测试 极值分析
信用风险	专家分析法 信用评级方法 基于财务比率指标的信用评分方法 现代信用风险度量模型（KMV模型、CreditMetrics模型等）
操作风险	基本指标法 标准法 内部度量法 损失分布法 记分卡法
流动性风险	指标分析法 缺口分析法 VaR方法

　　这些方法中既有定性衡量方法，也有定量衡量方法，主要以定量衡量方法为主，其中又以灵敏度方法、波动性方法和VaR（风险价值）方法最为典型。

　　在非金融风险领域，这类风险大多数为不具获利机会的纯粹风险，因此也是保险人重点关注的对象。在衡量方法上，尤以保险精算模型（actuarial models）最为典型，它包括寿险精算模型和非寿险精算模型两大类，前者以利息理论和生命表为精算基础，后者则采用损失分布方法。

（三）应对风险

　　应对风险，即对潜在风险进行处理。具体来说，是指根据风险性质和决策主体对风险的承受能力，通过综合运用规避、控制、分散、转移、自留等多种风险管理手段，尽可能地削弱或降低风险的负面影响。应对风险的方法有很多，主要包括风险规避、损失控制、风险分散、风险汇聚、风险转移、风险对冲和风险自留等。

　　选择恰当的风险应对手段是非常必要的。风险管理矩阵表是十分有用的一种工具（见表3-4-2）。

表3-4-2　风险管理矩阵表

风险类型	损失概率	损失程度	适用的风险处理手段
I	低	小	风险自留
II	高	小	风险自留、风险控制
III	低	大	风险转移、风险控制
IV	高	大	风险规避

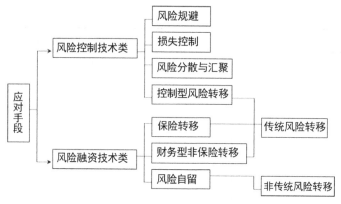

图 3-4-4　风险应对的主要手段

　　第一种风险的特征是损失概率低、损失程度小。例如,钱包失窃。对于这种风险可以考虑进行自留,因为这种风险很少发生,即使发生也很少引发财务困难。

　　第二种风险相对严重些,损失发生概率很大但后果并不严重。例如,感冒生病、滑倒摔伤。这类风险损失程度小,所以可以考虑自留;同时发生概率较高,因此需要使用损失预防等控制手段来降低发生概率。

　　第三种风险的特征是损失概率低但后果很严重。例如,火灾、爆炸、自然灾害等。这样的风险尤其适合采用保险等手段来转移风险;同时,还需要积极地采用损失预防和损失抑制等风险控制手段来降低损失概率与损失程度。

　　第四种是最严重的风险,其特征是损失发生概率高且损失后果严重。例如,酒后驾车。对这类风险的处理措施就是尽量避免。

(四)监督报告

　　监督报告,即对风险的发展变化和风险管理实施过程进行监督,适时修订和调整风险管理的策略,并对风险、文化和绩效进行报告。组织对风险管理过程实施监督,目的是保证各种控制措施无论在设计方面,还是在运行方面都是有效力、有效率的。通过监督与报告,组织可以从事件、变化、趋势、成功和失败中获取经验教训,可以发现外部和内部环境变化,还可以识别正在显露的风险,从而提升组织在风险管理过程中的能力。

　　为了确保监督报告的客观性和准确性,组织需要组建专门的队伍完成这项工作,并清晰确定相关职责。在企业里,一般由风险管理部门或审计监察部门负责。监督报告可以是定期实施,也可以是临时实施,还可以是专门针对风险管理过程的某一个子过程实施,如针对风险评估环节的监督报告。

【案例讨论】
"88 888"账户和巴林银行倒闭案

【微视频】
风险管理活动的主要内容

第五节 危机管理

一、危机管理的含义

什么是危机管理？在西方国家的教科书中，通常把危机管理(crisis management)称为危机沟通管理(crisis communication management)，原因在于，加强信息的披露与公众的沟通，争取公众的谅解与支持是危机管理的基本对策。危机管理是企业为应对各种危机情境所进行的规划决策、动态调整、化解处理及员工培训等活动过程，其目的在于降低或消除危机所带来的威胁和损失。通常可将危机管理分为两大部分：危机爆发前的预防管理和危机爆发后的应急善后管理。

危机管理是专门的管理科学，它是为了应对突发的危机事件，抗拒突发的灾难事变，尽量使损害降至最低点而事先建立的防范、处理体系和对应的措施。对一个企业而言，企业的危机管理是指当企业面临与社会大众有密切关系且后果严重的重大事故时，为了应付危机的出现在企业内预先建立防范和处理这些重大事故的体制与措施。

【案例讨论】
强生公司"泰诺事件"的危机管理

二、危机管理与风险管理的关系

（一）从管理对象比较来看

风险管理的对象是风险，风险是中性的，而危机管理的对象是危机，危机是指那些带来严重破坏后果的突发事件，是贬义的。

（二）从管理目标比较来看

风险管理的目标在于帮助组织创造、保持和实现价值，其范围一般仅限于组织内部；而危机管理则把保障公共安全视为根本目标，防范和化解危机往往需要调动政府部门和各类社会管理组织，建立起跨部门的协调机制，因此其管理范围不只局限于组织内部。

（三）从管理程序比较来看

危机管理和风险管理在管理程序上有相似之处但也存在差异：危机管理的程序包括危机识别、危机评估、危机预警、危机预防、危机处理、危机恢复与重建等；风险管理在程序上包括风险识别、风险评估、风险应对、监督报告等环节。因此两者在管理流程上有较多的相似之处。

（四）从管理方法比较来看

在管理手段和方法上，两者各有侧重：风险管理的手段包括规避、控制、分散、汇聚、转移、对冲和自留，企业根据不同的风险特征来自由选择合适的手段；而危机管理则以预防手段为主,因为危机一旦发生,往往超出组织自身的承受能力,因此不应采取转嫁危机或自留危机的方式。另外,危机的处理方式也较为特殊,媒体沟通、信息披露、政府救援是化解危机的常用手段。

【微视频】
突发公共卫生事
件的危机管理

【第三章小结】

【第三章练习】

第四章
如何识别风险

▶ **知识目标**

通过本章的学习,您可以了解或掌握

1.识别风险的主要技术。

2.财产损失的形态、损失原因和损失后果分析。

3.责任损失的形态、损失原因和损失后果分析。

4.人力资本损失的形态、损失原因和损失后果分析。

【案例导读】
微软公司的商
业风险识别

▶ **章节导图**

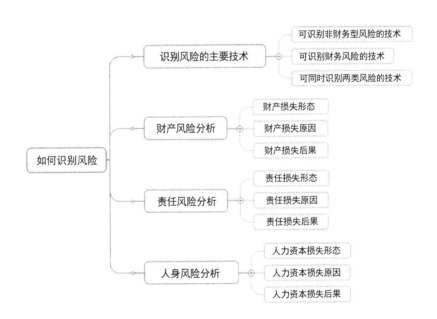

第一节　识别风险的主要技术

　　识别风险,简单地说就是找出潜在风险并进行成因分析。识别风险不是一蹴而就的,随着风险环境的变化,需要对自身面临的原有风险进行检视,同时识别新的风险,并将其列入管理的范围。识别风险的技术种类繁多,专业风险管理人员往往需要结合自身的管理经验,根据管理对象的风险特征,选择一种或多种技术,尽可能全面、无遗漏地找到潜在的风险。具体的技术方法大致可分为以下三类。

一、可识别非财务型风险的技术

(一)事故树分析法

　　事故树分析法又称为故障树分析法(fault tree analysis,简称FTA),是美国贝尔实验室的沃森(Watson)等提出和发展起来的一门用于安全评价的技术,是一种演绎的系统安全分析方法。事故树分析法可用于复杂系统的可靠性及安全性分析,包括各种生产过程的安全管理可靠性分析和伤亡事故分析。如图4-1-1所示的液氨储罐火灾爆炸事故树。

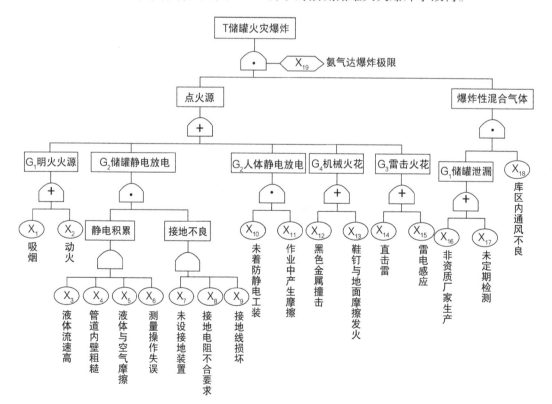

图4-1-1　液氨储罐火灾爆炸事故树[1]

FTA只抓住一个特殊的事故进行原因分析,它从特定事故或故障开始(顶上事件),通过一整套科学有效的方法层层分析,直到找出事故发生的最基本原因,即故障树的底事件为止。这些底事件又称为基本事件,它们的数据是已知的或者是基于统计或实验的结果。

FTA一般可分为以下几个阶段:①选择合理的顶上事件,系统分析边界和定义范围,并且确定成功与失败的准则;②收集准备资料;③建造事故树;④对事故树进行简化或者模块化;⑤定性分析;⑥定量分析。

FTA的优点包括:①事故树的因果关系清晰、形象。对导致事故发生的各种原因及逻辑关系能做出全面、简洁、形象的描述,从而使有关人员了解和掌握安全控制的要点与措施。②根据各基本事件发生故障的频率数据,确定各基本事件对事故发生的影响程度——结构重要度。③既可进行定性分析,又可进行定量分析和系统评价。通过定性分析,确定各基本事件对事故影响的大小,从而确定对各基本事件进行安全控制所应采取措施的优先顺序,为制定科学、合理的安全控制措施提供基本依据。通过定量分析,依据各基本事件发生的概率,计算出顶上事件(事故)发生的概率,为实现系统的最佳安全控制目标提供一个具体量的概念,有助于其他各项指标的量化处理。

FTA的缺点包括:①分析事故原因是FIA的强项,但应用于导致事故发生的可能性推测是其弱项;②FTA分析是针对一个特定事故做分析,而不是针对一个过程或设备系统做分析,因此具有局部性;③要求分析人员必须非常熟悉所分析的对象系统,能准确和熟练地应用分析方法,但往往会出现不同分析人员编制的事故树和分析结果不同的现象;④对于复杂系统,编制事故树的步骤较多,编制的事故树也较为庞大,计算也较为复杂,给定性、定量分析带来困难;⑤要对系统进行定量分析,必须事先确定各基本事件发生的概率,否则无法进行定量分析。[②]

(二)流程图法[③]

流程图法,是将企业的各项经营活动按照其内在的逻辑体系建立起一系列流程图,针对流程图中的每一个环节逐一进行调查、研究和分析,从中发现潜在风险的一种风险识别方法。流程图可以用来描绘公司内任何形式的流程,如产品流程、服务流程、财务会计流程、市场营销流程、分配流程,如图4-1-2所示。

其基本步骤包括:①识别流程过程;②设计流程过程;③解释流程图;④综合流程图;⑤预测可能的风险状况并制订计划。

①赵承建.液氨储罐火灾爆炸事故树分析[J].石油和化工设备,2012(8).
②卜全民,王涌涛,江德懋.事故树分析法的应用研究[J].西南石油大学学报,2007(4).
③李三喜,徐荣才.3C框架——全面风险管理标准[M].北京:中国市场出版社,2007:102.

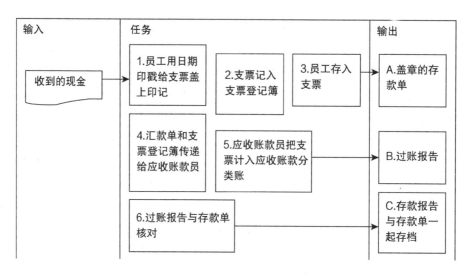

图4-1-2　现金收入流程图[1]

（三）风险因素预先分析法

在每一项活动,例如设计、施工、生产等开始以前,对系统存在的风险因素类型、事故发生的条件、导致事故的后果预先做概略分析,这种方法叫风险因素预先分析法(preliminary hazard analysis,简称PHA)。这一分析方法适用于新开发的系统,如新设备、新工艺等。[1]

它的运用一般包括四个步骤:①分析系统出现事故的可能类型;②调查风险源;③识别转化条件;④划分等级。

（四）损失事项数据追踪法

监控损失相关数据有助于主体识别过去发生的具有负面影响的事项,通过量化相关的损失,可以了解历史损失的某些特征,这些特征包括损失的原因、所涉及的特定人员、损失地点及损失总额等。对大型公司而言,借助于风险管理信息系统(risk management information system)等计算机辅助软件来建立损失数据库,并对损失数据进行追踪是一种有效的方式。这里的损失数据既可以来自一个组织的内部,也可以来自外部共享的数据。

【案例阅读】
通过新数据来
回答老问题

（五）现场调查法

风险管理人员亲自去现场进行风险调查,通过直接观察各种设施、相关操作及周围环境,可以深入了解风险主体的活动和行为方式,较好地弥补其他方法难以识别的一些风险。

二、可识别财务风险的技术

财务报表分析法是指风险管理人员通过分析企业的财务报表来识别企业的财务风险、运营风险等的一种风险识别技术。企业的财务报表常见的有三种:一是资产负债表;二是

---

①[美]詹姆斯·S.特里斯曼,桑德拉·G.古斯特夫森,罗伯特·E.霍伊特.风险管理与保险(第十一版)[M].裴平,主译.大连:东北财经大学出版社,2002:17.

损益表;三是现金流量表。资产负债表用于反映一定会计期间企业的资产、负债和所有者权益状况;损益表,也称利润表,用于反映一定会计期间企业的收入、支出及净收益状况;现金流量表用于反映一定会计期间现金和现金等价物流入与流出状况。

可以说,财务报表是企业所有经营活动的缩影。依托企业的财务报表,通过测算企业的偿债能力(如资产负债率、流动比率、速动比率等)、营运能力(如应收账款周转率、存货周转率等)、盈利能力(如资本金利润率、销售利润率、成本费用利润率等)等财务指标,风险管理人员便可以由此分析与预测企业在运营过程中的潜在风险。

例如,1968年纽约大学斯特恩商学院教授爱德华·阿特曼(Edward Altman)提出了一种用于识别违约风险的数理模型——Z-Score模型,该模型用5个财务指标——营运资本/总资产(x_1)、留存收益/总资产(x_2)、税息前利润/总资产(x_3)、权益市场价值/总债务的账面值(x_4)、销售收入/总资产(x_5)来测算判别值Z,其值越低,表示公司发生财务危机的可能性越大。Z-Score模型在美国、澳大利亚、巴西、加拿大、英国、法国、德国、爱尔兰、日本和荷兰得到了广泛应用。

三、可同时识别两类风险的技术

(一)风险调查表

风险调查表,也可称为风险清单,是一种专门用于帮助风险管理人员进行风险识别和风险分析的工具。其原理是通过事先编制好的一份风险清单,逐项进行对照和评估,找出潜在风险因素并进行分析。

下面这份风险调查表(表4-1-1)由美国管理学会、风险与保险管理协会共同编制而成。它共涵盖了25个大类514个调查项目,涉及企业财务和数据、厂房管理、建筑物和场所、室内财产、火灾与承保、产品责任、职业责任、汽车、玻璃板、锅炉和机器、犯罪、忠诚、营业中断、运输等几乎所有领域的风险识别。有了这样一份全面专业的风险调查表,风险管理人员通过逐项对照,便可以较为轻松地找到企业面临的风险。

表4-1-1　标准调查表

目录
简介
通用 I
通用 II——财务和企业数据
通用 III——厂房管理
建筑物和场所明细表
室内财产明细表
火灾与承包明细表
产品责任风险
职业责任风险
汽车风险明细表
玻璃板

续 表

锅炉和机器明细表

犯罪

忠诚明细表

营业中断明细表

明确所需额外费用保险金额的指南

运输明细表

船舶和飞行器风险明细表

飞行器：常见风险、直升机、飞艇、导弹、卫星

环境污染风险

索赔与损失明细表

寿险与员工福利

员工数据记录

图Ⅰ——商业银行的资产负债表法

图Ⅱ——按场所财产风险分析表样本

（二）集体访谈技术

集体访谈技术是另外一类常见的风险识别技术，它在企业风险管理实务中备受风险管理人员的青睐。风险管理人员通过将相关人员组织在一起，以集体头脑风暴或者专家访谈等多种形式，有意识有目的地搜集风险信息。常见有头脑风暴法和德尔菲法两种组织形式。

头脑风暴法（brain storming）的发明者是现代创造学的创始人，美国学者亚历克斯·奥斯本，他于1938年首次提出头脑风暴法。头脑风暴原指精神病患者头脑中短时间内出现的思维紊乱现象，此时病人会产生大量的不切实际的想法。奥斯本借用这个概念来比喻思维高度活跃，打破常规的思维方式而产生大量创造性设想的状况。头脑风暴的特点是让与会者敞开思想，使各种设想在相互碰撞中激起脑海的创造性风暴，其可分为直接头脑风暴法和质疑头脑风暴法。前者是在专家群体决策的基础上尽可能激发创造性，产生尽可能多的设想的方法；后者则是对前者提出的设想、方案逐一质疑，发现其现实可行性的方法。这是一种集体开发创造性思维的方法。

德尔菲法（delphi method），又名专家意见法，是在20世纪40年代由O.赫尔姆和N.达尔克首创，经过T.J.戈尔登和兰德公司进一步发展而成的。德尔菲这一名称起源于古希腊有关太阳神阿波罗的神话，传说中阿波罗具有预见未来的能力，因此，这种预测方法被命名为德尔菲法。1946年，兰德公司首次用这种方法来进行预测，后来该方法被迅速广泛采用。德尔菲法依据系统的程序，采用匿名发表意见的方式，即专家之间不得互相讨论，不发生横向联系，只能与调查人员发生关系，对多轮次调查中专家对问卷所提问题的看法，进行反复征询、归纳、修改，最后汇总成专家之间基本一致的看法。德尔菲法不仅可以用于预测领域，而且还可以广泛应用于各种评价指标体系的建立和具体指标的确定过程。

第二节 财产风险分析

一、财产损失形态

财产面临的实物形态的损毁、灭失或价值形态贬值的不确定性,我们称之为财产风险。由于财产风险的损失暴露载体往往是财产本身,因此按照财产的分类方法,可以将财产损失暴露分为实物资产损失暴露和金融资产损失暴露,从损失暴露形态上可分为财产损毁、财产灭失和财产贬值(见图4-2-1)。

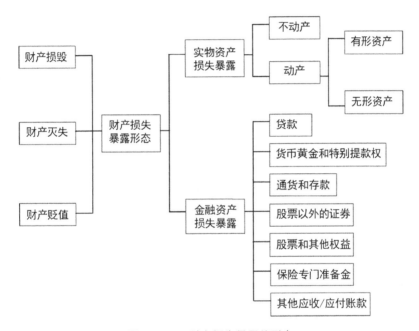

图4-2-1 财产损失暴露的形态

实物资产泛指一切非货币性资产。按照是否可以移动并且移动是否损害其价值,可以分为不动产和动产两大类。不动产指土地及在其上生长、建立或固定的任何附属物,移动会损害其价值或功能。例如,建筑物及其附属物、土地及在其上生长的庄稼和其他植物。动产指除不动产之外的、不依附于土地的、可移动的并且移动不会造成其价值或功能损害的非货币性资产。动产还可以进一步分为有形资产和无形资产。前者如机器、模具、家具、固定设备、原材料、生产流程中的未成品与成品、待售商品、汽车、衣服、收音机、电脑、游艇、飞机、课本及动物等,后者如商誉、版权、专利权、商标、土地使用权、特许权、商业机密等。

金融资产泛指一切能够在金融市场上进行交易、具有现实价格和未来估价的金融工具,它是一种合约,表示对未来收入的合法所有权。例如库存现金、银行存款、应收票据、应收账款、应收利息、债权投资、股权投资、基金投资、衍生金融资产等。在国民经济核算体系(SNA)中,金融资产被分为以下七类:贷款、货币黄金和特别提款权、通货和存款、股票以外的证券(包括金融衍生工具)、股票和其他权益、保险专门准备金、其他应收/应付账款。

二、财产损失原因

（一）从风险因素看

从造成财产损失的风险因素看,财产损失的原因可以分为自然因素、社会因素、经济因素、政治因素、法律因素、技术因素等。自然因素主要指自然环境因素,包括气候、地理、水文、生物和土壤等环境条件;社会因素包括社会制度、社会群体、社会交往、道德规范、国家法律、社会舆论、风俗习惯等;经济因素包括经济体制、经济政策、经济水平、经济周期等;政治因素包括政治体制、国家政局、宗教信仰、政治冲突等;法律因素包括法律制度、司法环境等;技术因素包括技术水平、技术条件、技术革新等。这些风险因素均可能造成财产的损失。

（二）从风险事件看

实物资产的损失,既有可能来源于危害性的纯粹风险,也有可能是投机性的财务风险,但以纯粹风险为主。从造成实物资产损失的风险事件看,大致可以分为自然灾害和人为事故两大类。自然灾害有气象灾害、海洋灾害、洪水灾害、地质灾害、地震灾害、农作物生物灾害、森林生物灾害、天文灾害和其他灾害;人为事故有火灾、爆炸、交通事故、坍塌等。

【延伸阅读】
加油站火灾事故分析

与实物资产相比,金融资产往往更容易遭到投机性的财务风险的影响。例如:市场利率、汇率、证券价格和商品价格等市场因素不利变动造成的金融资产价值损失;合约一方有意或无意偿还债务造成的金融资产违约损失;人员因素、内部流程、系统缺陷和外部事件带来的操作风险造成的金融资产损失;等等。

三、财产损失后果

（一）财产直接损失和间接损失

财产损失后果包括财产直接损失和间接损失两类。直接损失是现有财产直接受到的物质损害、毁灭、盗窃或实际价值减少。间接损失则是由直接损失引致的未来可得利益的减少。举例来说,大火烧毁了用于出租的房子,直接损失就是被烧毁的房子,而由于房子被烧毁,今后一段时间内房东将不能再出租房子,租金损失就属于间接损失。

【案例阅读】
芝加哥大水灾

需要注意的是,实物资产的直接损失,可能引致金融资产的间接损失;同样,金融资产的直接损失,也会造成实物资产的间接损失。例如,一场百年一遇的地震造成众多地处震区的上市公司厂房设备等财产损坏,由于担心公司经营受损,公司的股票价格开始大幅下跌。这个例子中,地震造成的厂房设备的直接损失,引致公司市值的间接损失。再如,一家航空公司投机石油期货导致巨额亏损,而这又进一步影响了公司的正常经营,最终不得不宣布破产清算。这个例子中,石油期货投机造成的直接损失,引致公司破产清算的间接损失。

有时候间接损失的影响力甚至会超过直接损失(参见【案例阅读】芝加哥大水灾)。

(二)财产直接损失价值评估

计算资产直接损失的金额,理论基础有原始成本基础、账面价值基础、市价基础、收益资本基础、重置成本基础与重置成本扣除实际折旧基础(或称实际现金价值基础——ACV基础)。其中,重置成本基础与重置成本扣除实际折旧基础是风险分析中被认同的基础。

【延伸阅读】
资产评估准则
和评估技术

例如,企业的一台设备在一场火灾中被彻底烧毁,企业当初购置这台设备的原始成本是10万元;由于设备在使用过程中会发生损耗或折旧,假定这种损耗或折旧价值为1万元,则其账面价值为9万元;由于存在技术更新或物价变动,现在重新购置同样类型设备的平均市价(等同于重置成本价值)是8万元;那么这台设备的实际现金价值为 $8 - 8 \times [(10 - 9) \div 10] = 7.2$(万元)。因此,以实际现金价值衡量损失风险大小,我们可以认为这次火灾造成的设备损失价值为7.2万元。

(三)财产间接损失价值评估

财产间接损失价值的评估比直接损失价值的评估更为困难。直到现在,还没有一个公认统一的评估标准,因此只做简要介绍。

间接损失金额的计算主要包括营运收入的减少和额外费用的增加。

营运收入的减少包括:①营业中断损失;②连带营业中断损失;③成品利润损失;④应收账款减少的损失;⑤租赁损失。

营业中断损失是指公司自有财产遭受直接损失,导致无法继续营业,在未恢复正常营业前所蒙受的损失。营业中断损失包括正常营运下赚取的净利润加上营业中断的情况下还得照例支出的费用。

连带营业中断损失是指公司营业中断,不是由自有财产毁损导致,而是供应商或客户因素导致公司连带暂停营业的损失。其损失计算与营业中断损失相同。

额外费用的增加包括:①租赁价值损失;②额外费用损失;③租权利益损失。

租赁价值损失是指自用房屋所有人的房屋遭受毁损时,在恢复期间不得不另行租屋营业,此时,另行负担的租金称为租赁价值。

额外费用损失是指公司因财产毁损,但仍需继续营业而必须支出的额外费用。此种损失,涵盖前述的租赁价值损失。

租权利益是指承租人基于租赁契约,对某建筑物享有使用权。

举例来说,在一次火灾中,企业一个堆放原料的仓库和两条重要的生产线遭到重创,火灾除了对仓库和生产线造成价值100万元的直接损失之外,还造成生产线停运、营业中断和额外费用增加等间接损失。假如两条生产线在正常运营下可赚取20万净利润;虽然生产线停运,但是员工的薪水、广告费、保险费、利息、折旧等还得照例支付,假如这些费用为5万元;另外,企业不得不花费1万元临时租赁一个仓库来堆放原料;同时,为了保证给客户正常供货,企业还需花费2万元临时租入两条生产线设备。因此,这次火灾给企业造成的间接损失为28万元,加上直接损失100万元,合计损失达到128万元。

第三节　责任风险分析

一、责任损失形态

责任风险是指因自身或者监护人的疏忽或过失等产生侵权或违约行为,造成他人财产责任、身体伤害或精神损害,依法必须承担民事赔偿责任的风险。责任损害类型主要有三种:财产责任、身体伤害和精神损害(见图4-3-1)。

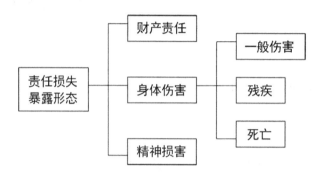

图4-3-1　责任损失暴露形态

财产责任,是指侵害他人权利所应承担的一种具有经济上给付内容的法律后果。财产责任的形式多种多样,民事责任有返还财产、赔偿损失和支付违约金等。

身体伤害责任,是指侵害人对受害人的身体造成物质机体伤害而需承担的赔偿责任。根据伤害程度的不同,可以分为一般伤害、残疾或者死亡三种类型。

精神损害责任,是指受害人的名誉权、隐私权等人格权受到侵害时,侵害人对其精神上遭受的痛苦所需承担的赔偿责任。精神损害是一种无形损害。

二、责任损失原因

法律既是一道抵御风险的屏障,同时本身又构成另外一种风险来源。法律责任(见图4-3-2)有刑事责任(criminal liability)和民事责任(civil liability)之分。刑事责任,是指违反刑事法律规范(即刑法)应当承担的法律责任。民事责任,是平等主体之间违反民事法律规范(即民法)应当承担的法律责任。民事责任又分合同侵权责任和民事侵权责任,前者指合同的一方没有履行合同上约定的条款而给合同另一方造成损失所需承担的责任,后者指虽然当事双方并不存在合同关系,但是一方给另外一方造成侵害时所需承担的民事责任。

对他人造成侵害而需承担的民事侵权责任,在不同的情形下所需承担的责任是不一样的,其又可以分为免责、过失责任、严格责任和绝对责任四类。这里通过表4-3-1简单说明。

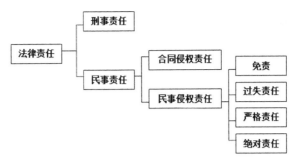

图4-3-2 法律责任的类型

表4-3-1 对几种可选择的侵权责任原则的简要说明 [1]

类别	说明	举例
免责	被告不必负责	某些情况下的慈善机构
过失责任	被告只要存在过失就要负责,但被告可以应用某些抗辩方法来回避责任	交通事故中的损害责任
严格责任	被告即便没有过失也要承担责任,但被告可以应用某些抗辩方法来回避责任	企业对存在缺陷的产品造成的伤害应承担的责任
绝对责任	被告总是要承担责任,如果被告造成损害,不允许应用任何抗辩方法	使用炸药造成的损害责任

在风险管理研究领域中所涉及的责任风险,可以是合同侵权行为造成的法律责任,也可以是民事侵权行为造成的法律责任,这里主要介绍民事侵权行为造成的法律责任。

由民事侵权行为引起的责任风险有很多类型(见图4-3-3),其中常见的企业责任风险有雇主—雇员责任、产品责任、合同责任、承建商工程完工后责任等。而常见的家庭或个人责任风险主要有父母对子女过失行为的责任、动物主人对其动物引起的破坏或伤害应负的责任、职业责任、交通工具责任和财产所有者—承租人责任等。

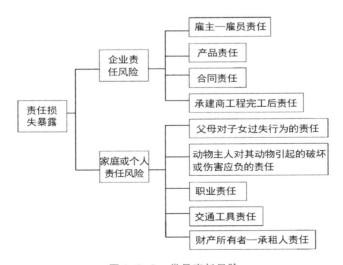

【案例阅读】
印度博帕尔毒
气泄漏事件

图4-3-3 常见责任风险

①(美)哈林顿,尼豪斯.风险管理与保险(第二版)[M].陈秉正,王珺,周伏平,译.北京,清华大学出版社,2005:197.

三、责任损失后果

责任损害赔偿可以分为有形损害赔偿、无形损害赔偿和惩罚性损害赔偿三种(见图4-3-4)。

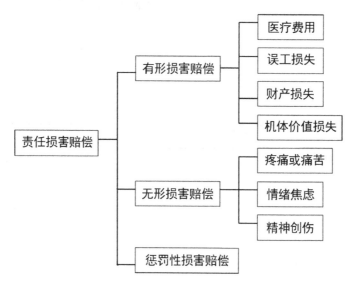

图4-3-4　常见责任损害赔偿

有形损害赔偿包括医疗费用、误工损失、财产损失和身体伤害造成的机体价值丧失等。这类损失金额往往可以较为客观地衡量出来,而且可以通过一些法规或估计方法来确定损失,因此有时也称为经济损失。

无形损害赔偿包括人们因伤害遭受的疼痛或痛苦、情绪焦虑及失去配偶所遭受的精神创伤等。对于这类损失,很难用金钱来衡量,而且即便能够衡量,这种衡量也只能是主观性的,因此这类损失有时也称为非经济损失。

有形损害赔偿和无形损害赔偿均是对受害一方进行补偿,所以又称为补偿性损害赔偿。

惩罚性损害赔偿是指对原告的赔偿,但其并不是对原告的实际损失进行补偿,而是对被告的损害行为进行惩罚,并威慑将来的类似行为。原则上,惩罚性损害赔偿的金额要体现出对被告进行惩罚的目的,它依赖于被告行为的性质和对原告造成伤害风险的严重性。

【延伸阅读】
惩罚性赔偿

责任损失价值评估是一项非常艰巨的任务,这不仅仅指责任损害的类型众多,同时还在于责任损害赔偿自身的复杂性。下面这两点均使得责任损害赔偿成为一件异常困难的事情:首先,变动的和不断扩展的法律责任使得原先并不在责任范围内的行为构成新的损害赔偿,例如,环境损害责任赔偿,典型的案例就是石棉诉讼案;其次,无形损害赔偿的主观性及惩罚性赔偿的不确定性,均使得责任损失价值估计难以实现,例如,瓦尔迪兹号油轮泄漏事件。

【案例阅读】
瓦尔迪兹号油轮泄漏事件

第四节 人身风险分析

一、人力资本损失形态

人力资本损失风险是指因个人的死亡、疾病、年老退休或失业等原因造成的损失的不确定性。人力资本是企业除资产(实物资产和金融资产)之外的又一生产性资源,员工的伤病死亡,不仅影响其工作能力,也影响家庭生计。常见的人力资本损失风险暴露形态可以分为三类:生命相关的风险暴露形态、健康相关的风险暴露形态、收入能力相关的风险暴露形态(见图4-4-1)。

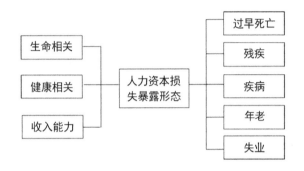

图4-4-1 人力资本损失暴露形态

二、人力资本损失原因

造成人力资本损失的原因大致可以分为三类:(1)过早死亡引起的损失暴露;(2)健康状况恶化引起的损失暴露;(3)年老与失业引起的损失暴露。

(一)过早死亡

对于一个家庭来讲,过早死亡是指承担着大量未完成的经济责任的"家长"的死亡,这些经济责任包括家属的赡养、子女的教育、抵押贷款的支付等,"家长"的过早死亡使家庭失去经济支柱,从而陷入严重的经济困难。而对于一个企业来讲,过早死亡是指一个受雇于他人或自己拥有的一家企业中的关键人员(Key Man)的死亡,由于其在公司中起着不可替代的关键作用,因此其过早死亡给企业产生不利冲击。[①]

【案例阅读】
不要在来不及时才购买寿险

这儿的"过早"并非指"在一个人愿意死亡之前"。准确地说,过早死亡是指死亡发生在这样一个人生阶段之前,在该阶段中死亡作为自然的、预期的生命过程,而被社会所接受。[②]

[①][美]乔治·E.瑞达.风险管理与保险(第八版)[M].申曙光,译.北京:中国人民大学出版社,2005:396.

[②][美]詹姆斯·S,特里斯曼,桑德拉·G.古斯特夫森,罗伯特·E.霍伊特.风险管理与保险(第十一版)[M].裴平,主译.大连:东北财经大学出版社,2006:54-55.

（二）健康状况恶化

导致个人健康状况恶化的原因是复杂的。它可能是意外事故，也有可能是家族遗传基因、个人体质、饮食习惯、生活环境甚至文化因素。

（三）失业或退休

除了过早死亡和健康状况恶化会引起人力资本损失外，失业和退休也会导致收入损失。

经济学家常将失业定义为在一定劳动年龄范围内，有劳动能力和劳动意愿的人口没有就业机会的经济现象。虽然由于各国统计失业率的口径并不完全一致，很难通过失业率数据的高低判断出各国真实的失业率水平，但是很显然存在一定的失业率是任何一个市场经济国家的必然现象。失业给那些没有足够储蓄，并且过度依赖工作收入养家糊口的家庭带来巨大的风险。

和失业造成的收入损失相比，人们似乎更容易忽视年老退休带来的损失风险暴露。正如 C. 小阿瑟·威廉斯在《风险管理与保险》一书中所述：大多数人都会认识到过早死亡、严重的事故伤害和疾病、太长时间的失业会带来严重的金融损失，但是，如果不是年事已高，很少有人会意识到与年老相随而来的收入下降和收入损失。事实确实如此，随着年龄增长，老年人的收入会大大减少，有的甚至完全没有收入，但是老年人的支出不会随之减少。

三、人力资本损失后果

（一）过早死亡损失的计价

1924年，美国保险教育之父——索罗门博士（Dr. Solomon S. Huebner）提出生命价值学说（Human Life Value Concept），用以评估个人死亡或伤病时可能导致的收入能力损失。其将个人的生命价值定义为可以用金钱计量（尽管从伦理的角度来讲生命是无价的，但现实中的确有对生命价值进行计量的必要，尤其是涉及事故赔偿等问题时），这笔钱，如果将其本金及利息分期在一个人的剩余工作年限中支付给他，则等于他本来工作所得扣除估计的税收和个人生活费用后应得的收入。

另一种估计人力资本损失的方法称为需求法（needs approach）。这是寿险公司度量家庭寿险需求较为常用的一种方法。需求法估计的是雇员家属为保持当前的生活水平所需收入的现值，它不需要考虑雇员的收入，只需要考虑家属的正常支出，以及这种正常支出如何受员工死亡的影响。它主要包括：（1）个人死亡后所产生的丧葬费用支出；（2）维持健在者正常生计的需要，包括幸存子女、配偶和其他健在的被抚养者（如年老双亲）的潜在需要；（3）偿还雇员死前所遗留下来的各类债务的需要，如住房贷款、汽车贷款等。

（二）健康损失的计价

健康问题导致的损失大致可以分为两类：一是因伤病增加的医疗费用和住院费用，称为额外费用损失（extra expenses loss）；二是伤病导致的收入中断或减少，称为收入能力损失（earning power loss）。

【第四章小结】

【第四章练习】

第五章
如何评估风险

➤ **知识目标**

通过本章的学习,您可以了解或掌握

1. 风险评估的含义、流程、主要技术。

2. 损失概率和损失程度。

3. 风险矩阵。

4. 损失分布方法。

5. 二项分布和泊松分布。

6. 正态分布。

【案例导读】
联合谷物种植
公司(UGG)的
风险管理

➤ **章节导图**

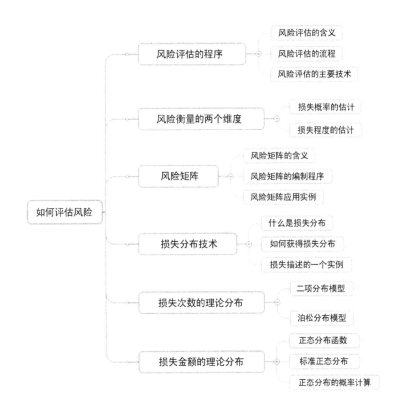

第一节　风险评估的程序

一、风险评估的含义

　　风险评估是风险管理流程中非常重要的一个环节,评估结果为风险管理提供了依据。国际标准化组织(ISO)在2009年发布的《风险管理——原则与指南》(ISO31000)中将风险评估(risk assessment)定义为"风险识别、风险分析和风险评价的全过程"。实际上,关于风险评估一词的含义解释有狭义和广义的区分。狭义的风险评估更多理解为风险衡量或风险估计,即对潜在风险的可能性和危害程度进行估计,据此确定风险的等级顺序,并结合风险偏好和风险容忍度等因素,对目标影响做出评价,例如COSO发布的《企业风险管理框架》中所指的风险评估就属于这一类;而广义的风险评估不仅包括风险衡量或估计,还包括风险识别、分析和评价等其他环节,例如ISO发布的国际标准中的风险评估就属于此类。关于上述两类定义,国内外教材中采用狭义者居多,我们也倾向于狭义定义。

二、风险评估的流程

　　风险评估的流程大致分为以下五个步骤(见图5-1-1):第一步,搜集待评估风险事项的风险信息,如历史损失数据;第二步,根据掌握的风险信息,运用风险评估技术,估计风险发生的概率大小和后果的严重程度,衡量风险大小;第三步,根据风险大小,确定风险等级顺序;第四步,考虑目标主体的风险偏好、风险承受能力或风险容忍度等因素;第五步,评估风险事项对目标主体的最终影响。

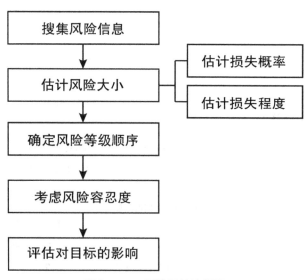

图5-1-1　风险评估流程图

三、风险评估的主要技术

风险评估的技术种类非常多。根据ISO的分类标准,风险评估技术包括:风险识别技术、风险分析技术和风险评价技术。

针对安全生产领域,ISO/IEC 31010列举了风险评估的详细技术种类,并根据该技术对识别、分析和评价环节的适用程度进行了区分说明。表5-1-1中罗列了部分技术种类。

表5-1-1 各评估技术对风险评估各阶段的适用性(ISO/IEC 31010)[1]

工具及技术	风险评估过程				
	风险识别	风险分析			风险评价
		后果	可能性	风险等级	
头脑风暴法	SA	NA	NA	NA	NA
结构化/半结构化访谈	SA	NA	NA	NA	NA
德尔菲法	SA	NA	NA	NA	NA
检查表	SA	NA	NA	NA	NA
危险与可操作性分析	SA	SA	A	A	A
情景分析	SA	SA	A	A	A
事故树分析	A	NA	SA	A	A
决策树分析	NA	SA	SA	A	A
马尔科夫分析	A	SA	NA	NA	NA
蒙特卡洛模拟	NA	NA	NA	NA	SA
贝叶斯分析	NA	SA	NA	NA	SA
风险指数	A	SA	SA	A	SA
成本/效益分析	A	SA	A	A	A
风险矩阵	SA	SA	SA	SA	A
多条件决策分析	A	SA	A	SA	A

说明:SA表示"非常适用",A表示"适用",NA表示"不适用"。

除安全生产领域外,在战略、市场拓展、并购等领域,还可以采用SWOT方法、VaR方法、RAROC等技术对"机会风险"进行评估。

【微视频】
风险评估

①李素鹏.ISO风险管理标准全解[M].北京:人民邮电出版社,2012.

第二节　风险衡量的两个维度

衡量风险是评估风险的基础与核心。在保险领域,风险常用损失来衡量,此时风险损失由损失概率和损失程度两个维度共同决定。损失概率用于刻画风险损失发生的可能性高低;而损失程度则用于刻画风险损失的严重性。准确地测算损失概率和损失程度,并合理地将两者结合用以刻画风险大小是衡量风险的关键。

一、损失概率的估计

如何得到某一风险事件的损失概率,例如,一位20岁的男性在当年死亡的概率。很显然,我们并不能像投掷一枚骰子计算点数出现的概率那样轻易得到上述风险的损失概率。实际上,相当一部分风险可以用基于历史损失数据测算得到的损失频率值去近似替代损失概率的结果,这种方法称为损失概率的频率估计法。损失频率是损失概率的估计值。而损失频率的测算则是基于对损失次数,即一定时间或空间范围内风险事件发生次数的连续观测和记录。

例如,上面提到的估算一个20岁男性当年死亡概率的例子,只需要对来自该地区一大批(例如100万)相似男性群体生存或死亡数据的连续观测记录来估算即可。假定可以做到记录下这100万人口从出生至全部死亡的完整过程。如果在20岁那年初,这100万人中生存人数有991969,而在20岁那年实际死亡了616人,那么根据测算结果,一位20岁男性当年的死亡概率为0.000621(= 616 / 991969)。这个例子中的死亡率结果,确切地讲是一个基于上述100万样本群体测算的死亡频率值,只是我们用它近似地作为20岁男性的死亡概率值来使用而已。显然,如果我们记录的是另外一个100万规模的样本,又或者用一个仅仅10万规模的样本,那测算结果又会有所不同。因此,真实的死亡概率值就像一个无法破解的谜,永远得不到正确答案。但是这并不影响我们对这个估算结果的应用,保险人正是通过编制这样一套"生命表"(见表5-2-1),来厘定人寿保险合同的费率。

表5-2-1　生命表的编制

年龄	生存人数	死亡人数	死亡率	生存人年数	累计生存人年数	预期余命
x	lx	dx	$qx = dx/lx$	$Lx = lx-dx/2$	$Tx = \sum (Lx)$	$ex = Tx/lx$
0	1 000 000	2 909	0.002 909	998 546	75 673 158	75.67
1	997 091	2 010	0.002016	996 086	74 674 612	74.89
2	995 081	1 463	0.001470	994 349	73 678 526	74.04
…	…	…	…	…	…	…
104	1 061	482	0.454556	820	1 109	1.05
105	579	579	1	289	289	0.05

【延伸阅读】
生命表

【微视频】
解码"生命表"

二、损失程度的估计

损失程度用来刻画风险损失的严重性,常用单位损失和一段时期内的总损失来衡量。单位损失的定义为一个风险单位在单次风险事故中所造成的损失规模大小。注意这一表述里特别强调的风险单位的数量和风险事故发生的次数均为1,如一场交通事故中造成的人员伤亡数量和财产损失金额,又如一张机动车辆险保单在一次交通事故中的理赔金额。因为单位损失常用货币作为计量单位,所以是一个连续取值的随机变量,估计单位损失的统计指标,最常见的为期望损失。期望损失,又称损失期望值,是风险损失的概率加权平均值,可用风险损失历史数据的样本均值来估计。

除了常见的期望损失指标之外,还有其他一些统计指标也可以用于衡量损失程度,例如最大可信损失。最大可信损失,也称为置信损失,是指在一定的可信度水平上的损失最大值。通常情况下需要先构建有关损失程度的概率分布,并设定可信度水平来加以估计。后面我们将要介绍的风险价值(VaR)方法就属于这一种。

另一个衡量损失程度的指标是一段时期内的总损失,它是指一定数量的风险单位在一段时期内所造成的全部损失。保险人最关心的就是一段时期内保单组合总的理赔额。某一段时期内的总损失与它在这段时期内发生的损失次数和每次所造成的损失程度有关。损失次数刻画了风险发生的可能性,它是离散型随机变量;损失程度则刻画了风险发生的严重性,它通常是连续型随机变量。显然总损失等于各单位损失的总和,它也是一个随机变量。最常用于衡量一定时期内总损失的指标有期望总损失和最大可信总损失。期望总损失是一段时期内总损失的平均值;最大可信总损失是一段时期内一定置信水平上的最大总损失,例如一笔投资有95%的概率在1年内亏损不超过10万元。

第三节 风险矩阵

一、风险矩阵的含义

国际标准化组织(ISO)将风险矩阵(risk matrix)定义为"一种通过定义后果和可能性范围,并对风险进行展示和排序的工具"。该定义中的"后果",是指风险损失的严重程度;"可能性"是指风险损失的概率。风险矩阵是一种直观又实用的风险评估工具,评估时可以根据评估数据准备情况,灵活采用定量评估或定性评估方式,因此受到很多风险管理人员的喜爱。

　　风险矩阵既可以用列表的形式,也可以用图谱的形式表示。列表形式往往在风险识别阶段使用,便于穷举,如表5-3-1所示;图谱形式则用于风险评估阶段,以展示风险的分布状况,如图5-3-1所示。

表5-3-1　风险矩阵(列表式)

风险名称	风险源	风险原因	后果性质	后果大小	可能性	风险等级	……
风险1							
风险2							
……							
风险n							

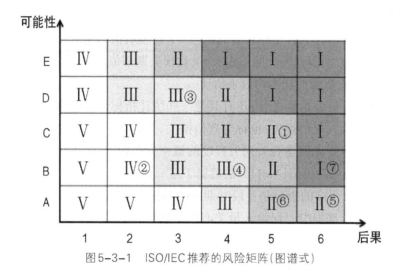

图5-3-1　ISO/IEC推荐的风险矩阵(图谱式)

　　风险矩阵最早于1995年4月由美国空军电子系统中心(electronic systems center,以下简称ESC)的采办工程小组提出,并在美国军方武器系统研制项目风险管理中得到推广应用,自1996年以来,ESC的大量项目都采用风险矩阵方法对项目风险进行评估(见表5-3-2)。

表5-3-2　ESC的风险矩阵(列表式)

项目需求	所用技术	风险	风险影响	风险概率%	风险等级
VHF单通道通信	ARC-186 ARC-210	设计不合理	关键	0~10	中
对讲系统SNCGARS	ARC-201 GRC-114	1)算法导致误解 2)ICD问题	关键	41~60	高
160km通话要求	ARC-210	天线性能	严重	61~90	中
A-10和F-16的JSTARS和ABCCC系统	当前技术不可用	1)错误的电源等级供应 2)错误连接 3)Cosite问题	一般	0~10	低
无线电信号前端控制	没有/不成熟	难以得到飞行员一致同意	一般	91~100	高

续　表

项目需求	所用技术	风险	风险影响	风险概率%	风险等级
联合项目办公室	没有/不成熟	不同的用户	严重	41~60	中
进度:2年交付	没有/不成熟	一体化周期	严重	11~40	中

二、风险矩阵的编制程序

编制风险矩阵大致可分为以下六步(见图5-3-2)。

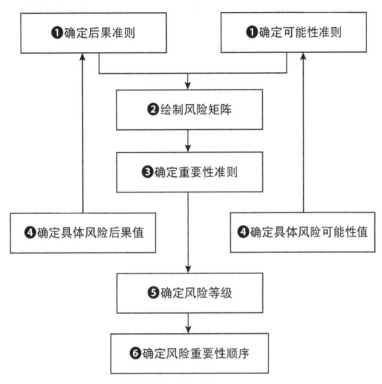

图5-3-2　风险矩阵编制流程

第一步:确定后果和可能性准则。将后果按照严重性程度由低到高分为若干等级;同理,再按照可能性大小由低到高划分为若干等级。等级数量和等级之间的区分既可以用文字定性描述,也可以用数值定量描述,如表5-3-3所示。

表5-3-3　后果和可能性准则的确定

级别	可能性		级别	后果	
	定性描述	定量描述		定性描述	定量描述
A	一般情况下不会发生	10年内发生可能少于1次	1	影响是极轻微的	损失≤10万元
B	极少情况下才发生	5~10年内可能发生1次	2	影响是轻微的	10万元<损失≤50万元
C	某些情况下发生	2~5年内可能发生1次	3	影响是中等的	50万元<损失≤100万元
D	较多情况下发生	1年内可能发生1次	4	影响是较大的	100万元<损失≤200万元
E	常常会发生	1年内至少发生1次	5	影响是重大的	200万元<损失≤500万元
			6	影响是灾难性的	损失>500万元

第二步:绘制风险矩阵。风险矩阵可以采用列表式或图谱式,风险矩阵主要根据第一步中的后果和可能性准则来确定规模,常见的有5×5规格或者5×6规格风险矩阵图(如图5-3-1所示)。

第三步:确定重要性准则。重要性准则是划分风险等级、确定风险重要性排序的主要依据。以图5-3-1中5级风险为例,该例中满足Ⅴ级风险(最低级)准则为:C1(可能性3级后果1级)、B1(可能性2级后果1级)、A1(可能性和后果均为1级)和A2(可能性1级后果2级);其余Ⅰ、Ⅱ、Ⅲ、Ⅳ级也用类似方式确定。

第四步:确定具体风险后果值和可能性值。从后果和可能性两个维度,分别收集所有待评估风险的具体结果(定性的结果或者定量的结果),然后按照第一步中确定的准则,将风险逐一分配到第二步绘制的风险矩阵表或图中对应的位置。

第五步:确定风险等级。根据第三步中确定的重要性准则,将第四步中的全部待评估风险进行比对,明确各项风险归属的最终等级。

第六步:确定风险重要性顺序。根据第五步中评估的结果,将全部风险按照风险等级进行排序。当多个风险归属于同一等级时(也就是出现了风险排序打结现象),则需借助其他方法,如Borda序值法等,进一步细化排序结果。

三、风险矩阵应用实例

下面通过一个实例来说明风险矩阵在风险评估中的具体运用。

▶ 例5-3-1

某企业前期识别的风险大致有以下七项:①产品责任;②小型火灾;③员工受伤;④生产中断;⑤关键人员损失;⑥供应商违约;⑦资金链断裂。假定你是这家企业的风险经理,请用表5-3-3中确定的准则,运用风险矩阵方法完成对上述风险的评估。已知上述7项风险的后果和可能性评估结果分别如下(见表5-3-4、表5-3-5):

表5-3-4 可能性评估结果

级别	可能性描述	可能性
A	一般情况下不会发生	⑤⑥
B	极少情况下才发生	②④⑦
C	某些情况下发生	①
D	较多情况下发生	③
E	常常会发生	

表5-3-5 后果评估结果

级别	后果描述	后果
1	影响是极轻微的	
2	影响是轻微的	②
3	影响是中等的	③
4	影响是较大的	④
5	影响是重大的	①⑥
6	影响是灾难性的	⑤⑦

解答:

我们采用图5-3-1的重要性准则,根据7项风险的可能性和后果评估结果,最终确定7项风险在如下风险矩阵(图谱式)中的分布情况(见图5-3-3)。根据分布结果可得:Ⅰ级风险为⑦资金链断裂；Ⅱ级风险有3项，分别为①产品责任、⑤关键人员损失和⑥供应商违约；Ⅲ级风险为③员工受伤和④生产中断；Ⅳ级风险为②小型火灾。

由此，风险管理的优先顺序为：⑦>①⑤⑥>③④>②，符号"＞"为优先的意思。其中的①⑤⑥和③④都出现了风险结现象，因此如果要进一步排序，则需要借助其他方法来改进评估的结果。

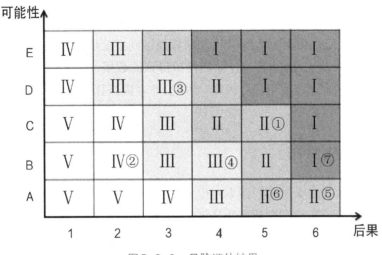

图5-3-3　风险评估结果

从上例可以看出，风险矩阵具有以下优点：第一，直观形象，风险评估的分布结果一目了然；第二，技术要求低，容易操作，不需要借助深奥的数理统计模型便可以实现；第三，评价灵活，可以根据风险数据的不同准备情况，灵活决定采用定性、半定量还是定量评价方式。

风险矩阵也存在缺点。第一，评价结果主观性较强。不管是确定可能性和后果准则，还是确定重要性顺序，都有一定的主观性。例如图5-3-1中Ⅰ、Ⅱ、Ⅲ、Ⅳ、Ⅴ的划分，缺乏严密的数理支撑，不同的评估人员依据主观经验，可能会划分出不同的风险等级分布区域，从而导致风险等级和排序结果的变化。第二，风险结现象影响管理的优先顺序。当需要评估的风险事项较多，风险矩阵会出现大量的风险结问题，如例5-3-1，此时待评估的风险事项只有7项，但随着评估风险事项的增多，打结现象将变得越发严重，尽管我们可以借助一些其他的方式改进排序的结果，但无法彻底解决。

第四节　损失分布技术

一、什么是损失分布

损失分布技术（loss distribution approach，LDA）是保险人经常采用的风险评估技术之

一、损失分布就是指潜在风险损失的概率统计分布,包括损失次数分布和损失程度分布,前者用于刻画损失次数的概率分布规律,后者则用于刻画损失金额的概率分布规律。

保险人通过精算模型对风险中可承保部分的风险进行衡量,来决定保险费率的厘定、责任准备金的计提、再保险的安排、偿付能力的管理和破产概率的预测。与金融风险衡量方法相比,精算方法或精算模型有其自身特殊性,根据可保风险的特征,其主要分为寿险精算模型和非寿险精算模型两类:寿险精算模型是以被保险人的生命为保险标的,以被保险人的生死为保险事故,以利息理论和生命表为精算基础,来衡量死亡、伤残等人身风险的模型;非寿险精算模型则主要依据历史损失(或理赔)事件,或保险人的主观经验,或计算机模拟得到的数据,从而建立损失分布(或理赔分布)来测定财产或责任等风险。因此,非寿险精算模型中大量使用了损失分布技术。

【延伸阅读】
损失分布和理
赔分布

二、如何获得损失分布

要运用损失分布对潜在风险的概率发生规律进行刻画,前提是先获得该风险的损失分布。获得损失分布的方法通常有数理统计方法、贝叶斯方法和随机模拟方法三类。数理统计方法又称为频率学派方法,它主要是依靠样本信息来估计未知参数,从而获得概率分布。贝叶斯方法又称主观贝叶斯方法,它认为样本信息并非总能得到或者真能满足样本信息在理论上应满足的条件,比如,非寿险中经常开拓各种新业务,对新险种的损失分布往往没有提供样本信息。即使是一些经常性的保险业务(如汽车保险等),由于技术进步、环境不断变化等原因,所累积的损失记录也可能不再满足样本信息的条件。贝叶斯方法通过采用"先验概率""损失函数"等主观信息,在不具备样本信息的情况下也能估计未知参数,获得损失分布。随机模拟方法则是利用现代计算机技术所提供的技术便利,用机器的高速运算结果来模拟实际过程,以获得对实际过程的了解。

下面以数理统计方法为例,具体介绍获得损失分布的基本步骤:

第一步,收集历史损失数据,包括损失次数的数据和损失金额的数据。由于数理统计方法主要依据样本数据去估计总体未知参数,因此收集的样本数据量越大,估计误差就越小,估计结果也越稳健。可以这么说,足够的样本数据是数理统计方法的前提和基础。

第二步,对损失数据进行描述。损失数据统计描述有两种常见的方法:统计图表描述、统计指标描述。由于损失次数属于离散型数据,损失金额属于连续型数据,所以两者采用的描述工具略有一些差异。统计图表描述,顾名思义,就是用统计图形或统计表格来归类整理数据,使数据直观地呈现出分布特征,从而为分析人员推断理论分布模型提供依据。常用的用于描述损失的图形包括条形图、折线图、直方图、枝叶图等,表格则主要有简单频数表(用于描述损失次数)和区间频数表(用于描述损失金额)。在统计指标描述中,统计指标的种类非常多:描述集中趋势的指标,如均值、中位数、众数、百分位数等;描述离散趋势的指标,如标准差、方差、变异系数、全距等;描述分布形状的指标,如偏度、峰度等。在实际应用中,我们经常会使用如下损失分布:离散型分布,如二项分布、泊松分布、复合二项分布、复合泊松分布;连续型分布,如正态分布、t分布、对数正态分布等。因此需要估计上述参数。

第三步,建立并验证损失分布。通过损失数据描述,分析人员可以获得损失数据的分布特征,包括其分布类型、分布形状、主要参数等,然后凭借经验,将其与某些已知的理论损失分布进行比对,即进行分布检验,从而验证其合理性。

第四步,应用损失分布测算风险。当分布验证获得通过,建立起相应的损失分布之后,便可以运用这些理论分布模型去测算风险,以帮助解决实际问题。

由于损失数据的收集、整理、描述、推断、验证和应用,需要掌握较多的数理统计方法,因而常需要借助一些专业的统计软件,如SPSS、Matlab、Minitab等来提高数据分析的效率。

三、损失描述的一个实例

接下来,我们用一个例子,介绍如何对损失数据进行统计图表描述,以帮助获得损失分布。

▸ **例5-4-1**

下面是某保险公司承保的保单在过去一段时间内(2010年1月至2014年2月共50个月)每个月发生的理赔统计数据,该数据包括50个月中每个月理赔的笔数,以及每个月理赔的金额。请问:应该如何用统计图表去描述这些损失数据?

表1 月理赔笔数

理赔时间	理赔笔数	理赔时间	理赔笔数	理赔时间	理赔笔数	理赔时间	理赔笔数
2010/01	6	2011/02	3	2012/03	2	2013/04	4
2010/02	0	2011/03	4	2012/04	2	2013/05	4
2010/03	1	2011/04	3	2012/05	2	2013/06	5
2010/04	2	2011/05	2	2012/06	6	2013/07	2
2010/05	1	2011/06	5	2012/07	7	2013/08	5
2010/06	1	2011/07	4	2012/08	2	2013/09	3
2010/07	1	2011/08	3	2012/09	3	2013/10	2
2010/08	4	2011/09	5	2012/10	4	2013/11	4
2010/09	5	2011/10	6	2012/11	3	2013/12	2
2010/10	6	2011/11	0	2012/12	3	2014/01	3
2010/11	3	2011/12	2	2013/01	3	2014/02	2
2010/12	7	2012/01	4	2013/02	3		
2011/01	4	2012/02	1	2013/03	3		

表2 月理赔金额 单位:万元

理赔时间	理赔金额	理赔时间	理赔金额	理赔时间	理赔金额	理赔时间	理赔金额
2010/01	135	2011/02	63	2012/03	46	2013/04	99
2010/02	2	2011/03	88	2012/04	45	2013/05	87
2010/03	65	2011/04	69	2012/05	49	2013/06	102
2010/04	66	2011/05	40	2012/06	132	2013/07	47
2010/05	22	2011/06	102	2012/07	158	2013/08	118

续 表

理赔时间	理赔金额	理赔时间	理赔金额	理赔时间	理赔金额	理赔时间	理赔金额
2010/06	34	2011/07	98	2012/08	44	2013/09	66
2010/07	84	2011/08	67	2012/09	69	2013/10	49
2010/08	84	2011/09	115	2012/10	98	2013/11	90
2010/09	100	2011/10	128	2012/11	69	2013/12	48
2010/10	131	2011/11	15	2012/12	69	2014/01	64
2010/11	66	2011/12	47	2013/01	80	2014/02	44
2010/12	153	2012/01	89	2013/02	64		
2011/01	90	2012/02	26	2013/03	68		

(一)损失次数的描述

根据例5-4-1,对其月理赔笔数的分布分别运用表格、图形和指标进行描述。

第一,用统计表格描述损失次数。有关损失次数的表格描述中最常见的就是频数分析表。频数分析表是指根据数据变量的各个类别分别统计其频数和频率指标,并用表格的形式对数据加以直观陈述的描述性分析工具。

以例5-4-1表1中的月理赔笔数数据为例,首先按照月理赔笔数分为8类,其中最少月理赔笔数为0,最多为7;其次将50个月理赔笔数进行归类,统计各类频数和频率,绘制成表5-4-1的频数分析表。

表5-4-1　理赔笔数频数分析表

理赔笔数	损失频数	损失频率
0	2	0.04
1	5	0.10
2	11	0.22
3	12	0.24
4	9	0.18
5	5	0.10
6	4	0.08
≥7	2	0.04
合计	50	1.00

第二,统计图形描述损失次数。有关损失次数的图形描述中最常见的就是条形图。条形图以条形的个数代表数据的类别数,以条形的高低代表每类数据所出现的次数或频率。绘制条形图和绘制频数分析表一样,需要计算频数和频率指标。例如,表5-4-1绘制成以频率表示的条形图可得图5-4-1。

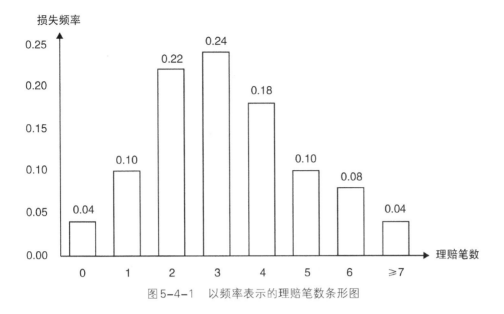

图5-4-1　以频率表示的理赔笔数条形图

(二)损失金额的描述

第一,用统计表格描述损失金额。用频数分析表对损失幅度进行描述和对损失次数进行描述略有不同,这主要在于损失幅度数据取值是连续的,这时的频数分析表严格意义上称为区间频数分析表。所谓的区间频数分析表,就是以区间形式归纳变量的取值类别,然后分类别统计汇总频数和频率指标,并用表格的形式加以直观汇总的描述性分析工具。

以例5-4-1表2中的月理赔金额数据为例,由于其数据类型是连续型,用简单的频数分析表来描述便显得毫无意义,应该采用区间频数分析表的形式,具体可以分以下三步来实现:

第一步,以经验公式确定组数和区间宽度,区间宽度也称为组距或组宽。例5-4-1表2中的月理赔金额数据,最多一个月理赔金额数值为158,最少一个月理赔金额数值为2,将其分为8组,则其近似区间宽度为20。

$$近似组宽 = \frac{最大数据值 - 最小数据值}{组数} = \frac{158-2}{8} = 19.5 \approx 20$$

第二步,确定组限,组限为各组的端点值。例5-4-1表2中的月理赔金额数据的最小值为2,第一个起始组限必须小于等于最小值2,因此起始组限设为0,然后以组宽20依次确定各组组限为:0,20,40,60,80,100,120,140,160。最后一个组限160包含最大理赔金额数值158。

第三步,将数据归类并统计频数和频率指标。如果遇到数据的取值和分组端点值相等的情形,可以按照"组限不在内"原则来归类,如例5-4-1表2中"2011/05"发生的理赔金额恰好为40,按照这个原则应该归类在40~60这组,同理,理赔金额为80应该归类在80~100这组。由此可得理赔金额区间频数分析表,即表5-4-2。

表5-4-2　理赔金额区间频数分析表

理赔金额（万元）	损失频数	损失频率
≤20	2	0.04
20~40	3	0.06
40~60	10	0.20
60~80	13	0.26
80~100	11	0.22
100~120	5	0.10
120~140	4	0.08
≥140	2	0.04
合计	50	1.00

第二，用统计表格描述损失金额。损失幅度的图形描述既可以采用直方图，也可以采用线型图。连续型数据的直方图绘制可以借助区间频数分析表，在表5-4-2的基础上，可以得到图5-4-2中以频率表示的直方图。如果用一条光滑的曲线连接图5-4-2中每根条形的中间值，便可以由此得到图5-4-2中的线型图。

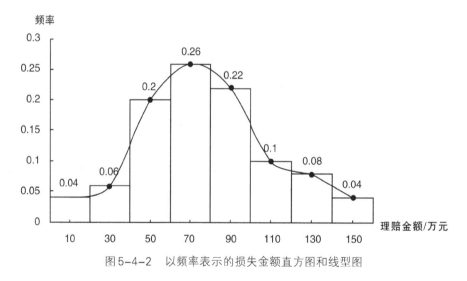

图5-4-2　以频率表示的损失金额直方图和线型图

【微视频】
损失分布方法

第五节 损失次数的理论分布

上一节中的损失数据描述,可以帮助风险管理人员建立起对风险损失的直观感受与初步评价。为了进一步评估损失,风险管理人员需要在此基础上,凭借经验将获得的损失结果与某些已知的理论损失分布进行比对,在获得检验的最终结果之后,才能将其真正用于风险损失估计。常用于比对的理论损失分布包括两类:一类是损失次数的分布,常见的理论概率模型有二项分布、泊松分布等;另一类是损失金额的分布,常见的理论概率模型有正态分布等。我们在本节中介绍前一类,在下一讲中介绍第二类。

一、二项分布模型

二项分布满足下列条件:①n次重复独立试验;②每次试验只有两种可能结果,我们把其中一种称为成功,另一种称为失败;③每次试验成功的概率均相等,用p来表示,则失败的概率为$1-p$。则上述n次重复试验中随机变量x出现k次的概率p满足

$$P(x=k)=C_n^k p^k(1-p)^{n-k}, k=0,1,\cdots,n,简记为 X\sim B(n,p) \tag{5-5-1}$$

二项分布的数学期望和方差公式分别为:

$$E(x)=\mu=np \tag{5-5-2}$$

$$D(x)=\sigma^2=np(1-p) \tag{5-5-3}$$

➤ **例5-5-1**

假设某公司下属有5家连锁门店,分处不同的城市,历史资料显示每家门店每年发生火灾的概率均为0.1,且服从二项分布,那么请问:

① 没有1家发生火灾的概率;

② 至多有1家发生火灾的概率;

③ 该公司每年发生火灾次数的数学期望和方差。

解答:

① $P(x=0)=C_5^0(0.1)^0(1-0.1)^{5-0}=0.59049$

② $P(x\leqslant 1)=P(x=0)+P(x=1)=0.59049+C_5^1(0.1)^1(1-0.1)^{5-1}=0.91854$

③ $E(x)=5\times 0.1=0.5, D(x)=5\times 0.1\times 0.9=0.45$

二项分布的概率计算还可以借助Excel等常用的统计软件来得到。Excel的二项分布函数为BINOM.DIST(Number_s,Trials,Probability_s,Cumulative),括号中四个参数的含义分别为实验成功次数、独立实验次数、一次实验中成功的概率、累积分布函数(输入TRUE或1)或概率密度函数(输入FALSE或0)。

例5-5-2

用Excel的BINOM.DIST函数计算例5-5-1中的①、②小题。

解答：

在Excel的单元格中按照如下格式设置,回车可得：

① =BINOM.DIST(0,5,0.1,FALSE)

② =BINOM.DIST(1,5,0.1,TRUE)

二、泊松分布模型

泊松分布满足下列条件：①在任意两个相等长度的区间上事件发生一次的概率是相等的；②事件在某一区间上发生或者不发生与其他区间上事件是否发生无关。则随机变量 x 满足

$$P(x=k)=\frac{\mu^k e^{-\mu}}{k!},k=0,1,2,\cdots,\text{简记为}X\sim P(\mu) \tag{5-5-4}$$

式中： $P(x=k)$ 代表事件在一个区间内发生 k 次的概率, μ 表示在一个区间内发生次数的数学期望或均值数, e 是自然数,其值约等于2.71828。

泊松分布的数学期望和方差公式分别如下：

$$E(x)=\mu \tag{5-5-5}$$

$$D(x)=\mu \tag{5-5-6}$$

例5-5-3

统计数据显示：当地平均每年遭遇台风袭击的次数为3,且台风袭击次数可以认为服从泊松分布,那么请问：

① 当地某年不遭遇台风袭击的概率；

② 当地台风袭击次数超过1的概率；

③ 台风袭击次数的数学期望和方差。

解答：

① $P(x=0)=\dfrac{3^0 e^{-3}}{0!}\approx 0.05$

② $P(x>1)=1-P(x\leqslant 1)=1-P(x=0)-P(x=1)=1-\dfrac{3^0 e^{-3}}{0!}-\dfrac{3^1 e^{-3}}{1!}\approx 0.8$

③ $E(x)=D(x)=\mu=3$

泊松分布的概率计算还可以借助Excel等常用的统计软件来得到。Excel的泊松分布函数为POISSON.DIST(X,Mean,Cumulative),括号中三个参数的含义分别为事件出现的次数、期望值、指定概率分布的返回形式。

例5-5-4

用Excel的POISSON.DIST函数计算例5-5-3中的①、②小题。

解答：

在Excel的单元格中按照如下格式设置，回车可得：

① ＝POISSON.DIST(0,3,FALSE)

② ＝1－POISSON.DIST(1,3,TRUE)

第六节 损失金额的理论分布

一、正态分布函数

在很多情形下，损失程度被假设服从一种称为正态分布(Normal Distribution)的概率分布函数。这个日常生活中应用最广泛也最为常见的分布函数因德国数学家高斯(Carl Friedrich Gauss，1777—1855)的应用而被世人所熟知，正态分布又名高斯分布(Gaussian Distribution)，同时，由于其形状像一口大钟，所以又名钟形分布(见图5-6-1)。

正态分布的概率密度函数：

$$f(x)=\frac{1}{\sqrt{2\pi}\,\sigma}\mathrm{e}^{-\frac{1}{2}\left(\frac{x-\mu}{\sigma}\right)^2},\text{简记为}X\sim N(\mu,\sigma^2) \tag{5-6-1}$$

式中：e为常数，约等于2.71828，π为常数，约等于3.14159，μ为期望值，σ为标准差，连续型随机变量x的取值范围为$-\infty<x<+\infty$。

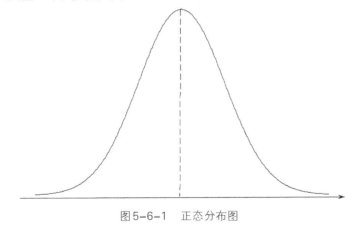

图5-6-1 正态分布图

正态分布的数学期望和方差公式分别如下：

$$E(x)=\mu \tag{5-6-2}$$

$$D(x)=\sigma^2 \tag{5-6-3}$$

二、标准正态分布

当上述正态分布概率密度函数的期望值 $\mu = 0$，标准差 $\sigma = 1$ 时，称为标准正态分布，即

$$f(x) = \frac{1}{\sqrt{2\pi}} e^{-\frac{1}{2}x^2}，简记为 X \sim N(0,1) \tag{5-6-4}$$

在标准正态分布中，$\Phi(x) = \int_{-\infty}^{x} f(x)\,\mathrm{d}x$，代表连续型随机变量从 $-\infty$ 到 x 的概率（图 5-6-2 中阴影部分面积）。而正态分布一般通过标准化，转换为标准正态分布来求解概率。所谓标准化，是指当 $X \sim N(\mu, \sigma^2)$ 时，X 经过标准化转换，即

$$Z = \frac{x - \mu}{\sigma} \tag{5-6-5}$$

则 $Z \sim N(0,1)$。

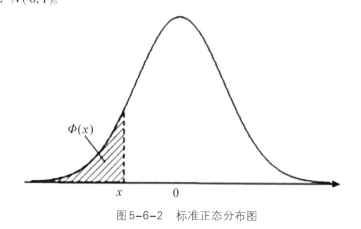

【微视频】
用 Excel 计算
标准正态分布
函数的概率

图 5-6-2　标准正态分布图

三、正态分布的概率计算

正态分布的概率计算可以通过查询标准正态分布表（见表 5-6-1）或者使用统计软件来得到。下面各通过一个例子来介绍。

表 5-6-1　标准正态分布表

x	0.00	0.01	0.02	0.03	0.04	0.05	0.06	0.07	0.08	0.09
0.0	0.500 0	0.504 0	0.508 0	0.512 0	0.516 0	0.519 9	0.523 9	0.527 9	0.531 9	0.535 9
0.1	0.539 8	0.543 8	0.547 8	0.551 7	0.555 7	0.559 6	0.563 6	0.567 5	0.571 4	0.575 3
0.2	0.579 3	0.383 2	0.587 1	0.591 0	0.594 8	0.598 7	0.602 6	0.606 4	0.610 3	0.614 1
0.3	0.617 9	0.621 7	0.625 5	0.629 3	0.633 1	0.636 8	0.640 4	0. 6443	0.648 0	0.651 7
0.4	0.655 4	0.659 1	0.662 8	0.666 4	0.670 0	0.673 6	0.677 2	0.680 8	0.684 4	0.687 9
0.5	0.691 5	0.695 0	0.698 5	0.701 9	0.705 4	0.708 8	0.712 3	0.715 7	0.719 0	0.722 4
0.6	0.725 7	0.729 1	0.732 4	0.735 7	0.738 9	0.742 2	0.745 4	0.748 6	0.751 7	0.754 9
0.7	0.758 0	0.761 1	0.764 2	0.767 3	0.770 3	0.773 4	0.776 4	0.779 4	0.782 3	0.785 2
0.8	0.788 1	0.791 0	0.793 9	0.796 7	0.799 5	0.802 3	0.805 1	0.807 8	0.810 6	0.813 3
0.9	0.815 9	0.818 6	0.821 2	0.823 8	0.826 4	0.828 9	0.835 5	0.834 0	0.836 5	0.838 9

续 表

x	0.00	0.01	0.02	0.03	0.04	0.05	0.06	0.07	0.08	0.09
1.0	0.841 3	0.843 8	0.846 1	0.848 5	0.850 8	0.853 1	0.855 4	0.857 7	0.859 9	0.862 1
1.1	0.864 3	0.866 5	0.868 6	0.870 8	0.872 9	0.874 9	0.877 0	0.879 0	0.881 0	0.883 0
1.2	0.884 9	0.886 9	0.888 8	0.890 7	0.892 5	0.894 4	0.896 2	0.898 0	0.899 7	0.901 5
1.3	0.903 2	0.904 9	0.906 6	0.908 2	0.909 9	0.911 5	0.913 1	0.914 7	0.916 2	0.917 7
1.4	0.919 2	0.920 7	0.922 2	0.923 6	0.925 1	0.926 5	0.927 9	0.929 2	0.930 6	0.931 9
1.5	0.933 2	0.934 5	0.935 7	0.937 0	0.938 2	0.939 4	0.940 6	0.941 8	0.943 0	0.944 1
1.6	0.945 2	0.946 3	0.947 4	0.948 4	0.949 5	0.950 5	0.951 5	0.952 5	0.953 5	0.953 5
1.7	0.955 4	0.956 4	0.957 3	0.958 2	0.959 1	0.959 9	0.960 8	0.961 6	0.962 5	0.963 3
1.8	0.954 1	0.964 8	0.965 6	0.966 4	0.967 2	0.967 8	0.968 6	0.969 3	0.970 0	0.970 6
1.9	0.971 5	0.971 9	0.972 6	0.973 2	0.973 8	0.974 4	0.975 0	0.975 6	0.976 2	0.976 7
2.0	0.977 2	0.977 8	0.978 3	0.978 8	0.979 3	0.979 8	0.980 3	0.980 8	0.981 2	0.981 7
2.1	0.982 1	0.982 6	0.983 0	0.983 4	0.983 8	0.984 2	0.984 6	0.985 0	0.985 4	0.985 7
2.2	0.986 1	0.986 4	0.986 8	0.987 1	0.987 4	0.987 8	0.988 1	0.988 4	0.988 7	0.989 0
2.3	0.989 3	0.989 6	0.989 8	0.990 1	0.990 4	0.990 6	0.990 9	0.991 1	0.991 3	0.991 6
2.4	0.991 8	0.992 0	0.992 2	0.992 5	0.992 7	0.992 9	0.993 1	0.993 2	0.993 4	0.993 6
2.5	0.993 8	0.994 0	0.994 1	0.994 3	0.994 5	0.994 6	0.994 8	0.994 9	0.995 1	0.995 2
2.6	0.993 3	0.995 5	0.995 6	0.995 7	0.995 9	0.996 0	0.996 1	0.996 2	0.996 3	0.996 4
2.7	0.996 5	0.996 6	0.996 7	0.996 8	0.996 9	0.997 0	0.997 1	0.997 2	0.997 3	0.997 4
2.8	0.997 4	0.997 5	0.997 6	0.997 7	0.997 7	0.997 8	0.997 9	0.997 9	0.998 0	0.998 1
2.9	0.998 1	0.998 2	0.998 2	0.998 3	0.998 4	0.998 4	0.998 5	0.998 5	0.998 6	0.998 6

▶ **例5-6-1**

假定某种资产的收益率(用符号 x 表示)满足均值为0,标准差为1的标准正态分布,请查标准正态分布表5-6-1,计算:

① 小于2.53的概率是多少?

② 大于2.53的概率是多少?

③ 小于-2.53的概率是多少?

④ 大于-2.53的概率是多少?

⑤ 位于-2.53至2.53的概率是多少?

⑥ 不超过多少的概率恰好为95.05%?

⑦ 超过多少的概率恰好为4.95%?

解答:

① $P(x < 2.53) = \Phi(2.53) = 0.9943$,分布表5-6-1中 x 值2.53(在第一列中找到2.5,在第一行中找到0.03),对应的概率为0.9943

② $P(x > 2.53) = 1 - P(x \leq 2.53) = 1 - \Phi(2.53) = 0.0057$

③ $P(x < -2.53) = P(x > 2.53) = 1 - \Phi(2.53) = 0.0057$

④ $P(x > -2.53) = P(x < 2.53) = \Phi(2.53) = 0.9943$

⑤ $P(-2.53 < x < 2.53) = P(x < 2.53) - P(x < -2.53) = 2\Phi(2.53) - 1 = 0.9886$

⑥ $P(x \leqslant k) = 0.9505$，反查标准正态分布表，得到 $k = 1.65$

⑦ $P(x > k) = 0.0495 \Leftrightarrow P(x \leqslant k) = 0.9505$，因此 $k = 1.65$

例5-6-2

假定某项目的年投资收益满足均值是2万元，标准差是5万元的正态分布，则：

① 年投资收益不足1万元的概率是多少？

② 年投资收益在1.5万元至2.5万元的概率是多少？

③ 年投资收益超过5万元的概率是多少？

④ 投资收益超过多少的概率低于2.5%？

解答：

已知项目年投资收益 $X \sim N(2, 5^2)$，因此先进行标准化转换，令 $Z = \dfrac{x - \mu}{\sigma} = \dfrac{x - 2}{5}$，则 $Z \sim N(0, 1)$。

① 当年投资收益不足1万元时，取 $x = 1$，则 $\dfrac{x - 2}{5} = -0.2$，因此年投资收益不足1万元的概率 P 满足（见图5-6-3阴影部分面积）：$P(x < 1) = P(Z < -0.2) = \Phi(-0.2)$，利用标准正态分布的对称性，$\Phi(-0.2) = 1 - \Phi(0.2)$。查表5-6-1，得到 $\Phi(0.2)$ 时的概率值，找到 x 值等于 0.2（在第一列中找到 0.2，在第一行中找到 0.00）时的概率值为 0.5793，即 $\Phi(0.2) = 0.5793$，由此可得 $\Phi(-0.2) = 0.4207$。

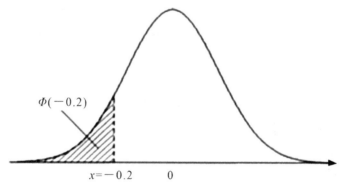

图5-6-3　年投资收益不足1万元时的概率

② 同理，当年投资收益位于1.5万至2.5万元时，分别取 $x = 1.5$ 和 $x = 2.5$，则其概率 P 满足（见图5-6-4阴影部分面积）：

$$P(1.5 < x < 2.5) = P\left(\frac{1.5 - 2}{5} < Z < \frac{2.5 - 2}{5}\right) = P(-0.1 < Z < 0.1) = \Phi(0.1) - \Phi(-0.1),$$

然后查标准正态分布表可得 $\Phi(0.1) - \Phi(-0.1) = 2\Phi(0.1) - 1$，查 $\Phi(0.1) = 0.5398$，得 $P(1.5 < x < 2.5) = 0.0796$。

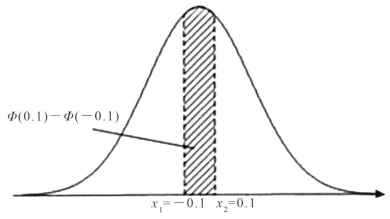

图5-6-4　年投资收益位于1.5万元至2.5万元的概率

③当年投资收益超过5万元时,取$x = 5$,则其概率P满足(见图5-6-5阴影部分面积):
$P(x > 5) = P(Z > 0.6) = 1 - P(Z \leqslant 0.6) = 1 - \Phi(0.6)$,查表得$\Phi(0.6) = 0.7257$,则概率为0.2743。

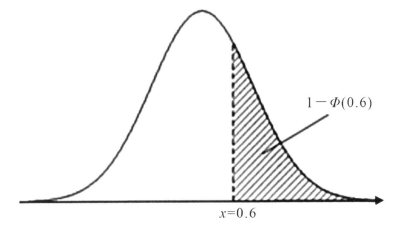

图5-6-5　年投资收益超过5万元的概率

④设年投资收益超过k万元时概率低于2.5%,即$P(x \geqslant k) = 0.025$,这等价于$P(x < k) = P(Z < \dfrac{k - 2}{5}) = 0.975$,这时需要反查标准正态分布表(见表5-6-1),表中0.975概率值对应值为1.96,因此$\dfrac{k - 2}{5} = 1.96$,因此$k = 11.8$万元。

除了查标准正态分布表,还可以使用Excel软件来求解。Excel的正态分布函数有正态分布函数和标准正态分布函数:

① NORM.DIST(X, Mean, Standard_dev, Cumulative),功能为计算正态分布函数概率值。

其中,X为需要计算其分布的数值,Mean为分布的算术平均值,Standard_dev为分布的标准偏差,Cumulative为决定函数形式的逻辑值。如果Cumulative为TRUE,NORM.DIST返回累积分布函数;如果为FALSE,则返回概率密度函数。

② NORM.INV(Probability, Mean, Standard_dev),功能为计算给定概率正态分布区间点。

其中,Probability为对应于正态分布的概率;Mean为分布的算术平均值;Standard_dev为分布的标准偏差。

③ NORM.S.DIST(Z,Cumulative),功能为计算标准正态分布函数概率值。其中,Z 为需要计算其分布的数值。

④ NORM.S.INV(Probability),功能为计算给定概率标准正态分布区间点。

► 例5-6-3

用 Excel 的 NORM.S.DIST 和 NORM.S.INV 函数计算例5-6-1。

解答:

在 Excel 的单元格中按照如下格式设置,回车可得:

① =NORM.S.DIST(2.53,TRUE)

② =1−NORM.S.DIST(2.53,TRUE)

③ =NORM.S.DIST(−2.53,TRUE)

④ =1−NORM.S.DIST(−2.53,TRUE)

⑤ =NORM.S.DIST(2.53,TRUE)− NORM.S.DIST(−2.53,TRUE)

⑥ =NORM.S.INV(0.9505)

⑦ =NORM.S.INV(1−0.0495)

► 例5-6-4

用 Excel 的 NORM.DIST 和 NORM.INV 函数计算例5-6-2。

解答:

在 Excel 的单元格中按照如下格式设置,回车可得:

① =NORM.DIST(1,2,5,TRUE)

② =NORM.DIST(2.5,2,5,TRUE)− NORM.DIST(1.5,2,5,TRUE)

③ =1−NORM.DIST(5,2,5,TRUE)

④ =NORM.INV(0.975,2,5)

【微视频】
用Excel计算一般
正态分布的概率

【延伸阅读】
"数学王子"高
斯和正态分布
的前世今生

【第五章小结】

【第五章练习】

第六章
如何应对风险

知识目标

通过本章的学习,您可以了解或掌握

风险规避、风险控制、风险分散、风险汇聚、风险转移、风险对冲和风险自留七大类应对风险的手段、特点及其应用。

【案例导读】
United Grain
Growers 公司的天
气风险应对策略

➤ 章节导图

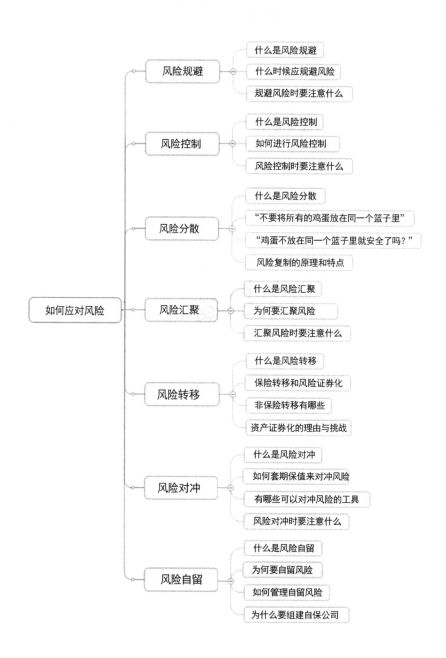

第一节　风险规避

一、什么是风险规避

风险规避(risk avoidance),简称避险,是指通过消除风险或风险发生条件来完全避免风险损失的一类风险应对手段。例如:放弃股市投资来规避股价波动造成的损失;银行拒绝发放贷款给低信用等级客户来避免贷款违约损失。

二、什么时候应规避风险

风险规避一般适用于以下情形:①当风险损失极高,超出承受能力范围时;②管理风险的成本或代价很高,与回报不成比例时;③风险较为复杂或者缺乏对风险的足够认知。这些情况下,应考虑规避风险。

三、规避风险时要注意什么

风险规避手段简单有效,但却存在局限性。①不是所有风险都可以规避。例如,一个人不可能规避生老病死的风险;另外像自然灾害风险,如地震、台风、洪水等,也不能被彻底规避。②规避了某种风险,可能需要面对另外的风险。下面是一个小型飞机制造业规避风险的例子[1]。20世纪80年代中期,美国国内对小型飞机制造商的产品责任诉讼不断增加,相应的责任保险的保费也在增加。从公共政策的角度看,提高可能的判决赔偿可以激励生产者制造更安全的飞机。然而结果是,一些制造商决定退出市场,以规避这种潜在的产品责任损失——销售小型飞机的期望收益可能低于包括期望产品责任损失在内的期望成本。更具有讽刺意义的是,由于新制造的飞机减少了,人们不得不使用旧的、更不安全的飞机。③规避了风险,同时也会错失机遇。风险和机遇往往是并存的,一味地避险而不愿承担任何风险是不明智的,因为有时这样会使你处于更不利的境地。

---

①[美]哈林顿,尼豪斯著. 风险管理与保险(第二版)[M]. 陈秉正,王珺,周伏平,译. 北京,清华大学出版社,2005.

第二节　风险控制

一、什么是风险控制

风险控制(risk control),又称损失控制,是指通过影响风险发生概率或后果来实现风险应对的一类方法的总称。

二、如何进行风险控制

风险控制可以分为损失预防和损失抑制两种。

(一)损失预防

损失预防(loss prevention)简称防损,是指在风险发生前采取措施降低损失发生的概率。例如:企业生产过程中对新员工进行安全教育;出台法规对酒后驾车行为予以重罚;银行对贷款企业的资质进行审核和监督;保险人在保单生效前对被保险人的健康进行筛查;等等。

【案例阅读】
大数据,变革
公共卫生

(二)损失抑制

损失抑制(loss reduction)简称减损,是指在风险发生后采取措施控制损失的规模。例如:汽车采用安全气囊防护系统和安全带设计;在商场或大厦中安装各类消防设施;保险事故中及时施救防止损失扩大;等等。

金融机构也采用大量的风险控制手段,以商业银行信贷风险控制为例。商业银行的信贷风险控制手段是非常全面的,首先,商业银行会对贷款的总额有一个整体的管理,也就是限额管理。授信的限额管理可以帮助银行有效控制贷款损失的规模,确保贷款损失发生的总额能被事先设定的风险资本覆盖。其次,商业银行对信贷的关键业务流程或环节进行控制,包括对授信对象的贷前尽职调查、贷中的授信权限管理、贷款定价、信贷审批,以及贷后的审核、信贷资金监控、贷后检查等,以确保贷款安全。最后,当贷款发生实质性违约时,商业银行需要及时对不良资产进行清收处置,包括不良贷款的清收、盘活、保全和以资抵债;当债务人无法按原有合同履约时,商业银行可以通过贷款重组或债务重组的方式,对贷款结构(期限、金额、利率、费用、担保等)进行调整和安排。

三、风险控制时要注意什么

风险控制手段具有以下特点:①风险控制充分体现了对风险的事前、事中和事后的全过程管理,是应用最为广泛的一类风险应对手段;②风险控制手段既适用于纯粹风险的应对(如地震灾害的防灾减灾),也适用于机会风险的应对(如市场风险中对交易头寸的限额管理);③损失预防和损失控制一般结合运用,有时一项风险控制的实施既起到损失预防的作用,又有损失抑制的效果。以存款保险制度为例,存款保险制度本身可以起到保护存款人存款安全的作用,对存款人而言,当银行破产倒闭时,由存款保险基金赔偿存款损失,这是一种损失抑制手段,同时建立了存款保险制度之后,还可以预防银行发生挤兑的风险,因此这也是一种损失预防手段;④采取任何一种风险控制手段,都会产生相应的管理成本,因此需要合理评价应对的成本和产生的绩效。

【微视频】
风险规避与
风险控制

第三节　风险分散

一、什么是风险分散

　　风险分散是指通过改变风险暴露单位的数量来影响其损失概率规律,从而实现风险管理目标的一类应对手段的总称。风险分散可以分为风险分离与风险复制两种形式:风险分离在增加风险暴露单位数量的同时降低了单位损失规模,从而改变了总损失的概率规律;风险复制只通过增加风险暴露单位数量来改变总损失的概率规律。

二、"不要将所有的鸡蛋放在同一个篮子里"

　　"不要将所有的鸡蛋放在同一个篮子里",这句古老的投资格言形象而又直观地刻画出了风险分离这一手段。关于风险分离的原理,可以从例6-3-1中得到相应证明。

▶　例6-3-1

风险分离的原理说明

　　方案一:将价值100元的鸡蛋全部放在一个篮子里,假定篮子掉地上鸡蛋将全损,概率为10%,篮子不掉地上,则没有任何损失。

　　方案二:将价值100元的鸡蛋平分在两个不同的篮子里,假定两个篮子相互不关联,任何一个篮子掉地上该篮中的鸡蛋将全损,任何一个篮子掉地上的概率相同,为10%。

　　请比较方案一和方案二哪个风险更大。

　　解答:

　　先构建方案一,即风险分离前的概率分布:

损失情形	篮子没掉地上	篮子掉地上
损失概率[P(X)]	0.90	0.10
损失大小(X)	0元	100元

　　再构建方案二,即风险分离后的概率分布:

损失情形	两个篮子都没有掉地上	其中一个篮子掉地上	都掉地上
损失概率[$P(Y)$]	$0.90 \times 0.90 = 0.81$	$0.90 \times 0.10 \times 2 = 0.18$	$0.10 \times 0.10 = 0.01$
损失大小(Y)	0元	50元	100元

上述两个方案中鸡蛋潜在损失的风险大小,可以通过计算各自的标准差来刻画:标准差越大,表明风险越大;标准差越小,表明风险越小。

方案一的期望值和标准差为:

$$E(X) = 0.90 \times 0 + 0.10 \times 100 = 10(\text{元})$$

$$\sigma_X = \sqrt{0.90 \times (0 - 10)^2 + 0.10 \times (100 - 10)^2} = 30(\text{元})$$

方案二的期望值和标准差为:

$$E(Y) = 0.81 \times 0 + 0.18 \times 50 + 0.01 \times 100 = 10(\text{元})$$

$$\sigma_Y = \sqrt{0.81 \times (0 - 10)^2 + 0.18 \times (50 - 10)^2 + 0.01 \times (100 - 10)^2} = \sqrt{450} \approx 21(\text{元})$$

从方案一和方案二标准差的对比中可以看出:标准差由分离前的30元降低到分离后的21元,这说明分离后风险变小了。

例6-3-1中给出了关于风险分离原理证明的一种方法。这种证明方法有着十分苛刻的假定前提,例如篮子之间相互独立,每个篮子的损失分布相同;等等。实际上,这种证明方法只是另外一种更具普遍意义的证明方法的特例而已,如果把它理解为一个资产组合投资:方案一就是将全部的资金集中投资在两个具有相同损失分布的资产中的其中一个上,而方案二则将资金平摊在这两个资产上。这就变成了一个简单的包含两项资产的组合风险测算的问题。

对例6-3-1进一步推导可以发现更一般的结论:在独立同分布的假定前提下,标准差σ和分离数量n之间存在着以下对应关系,即分离成n个风险单位时的标准差,其值仅有最初标准差σ的$\dfrac{1}{\sqrt{n}}$倍(见图6-3-1)。

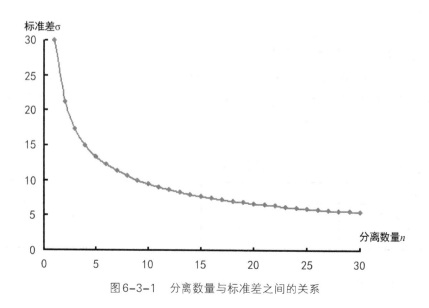

图6-3-1　分离数量与标准差之间的关系

【微视频】
"不要将所有的
鸡蛋放在同一
个篮子里"

风险分离手段在证券投资实务中有大量的应用,通过构建资产组合的方式来分散风险,避免风险的过度集中,几乎成为每一位投资者的共识。以马科维茨(Markowitz)为代表的一大批经济学家对资产组合的风险与回报问题进行了更为深入和细致的研究,这些内容在本书的其他章节另有单独介绍,此处不做展开。此外,商业银行也是风险分离手段的主要实践者。例如:在信贷风险管理过程中,商业银行的信贷业务应尽可能多样化,避免过度集中于同一区域、同一行业、同一业务、同一性质甚至同一个借款人。除了商业银行,保险人也十分依赖这一手段。保险遵循损失分摊和风险共担原则,一部分投保人的损失要由绝大部分投保人来共同分担,保险赔付的平均数法则才能起到作用。如果保单没有做很好的分散,集中索赔将不可避免,最终将对保险公司的偿付能力构成巨大挑战,巨灾风险的承保案例就是最好的说明。

三、"鸡蛋不放在同一个篮子里就安全了吗?"

关于风险分离手段的重要性已经在前面做了大量的论述。接下去讨论这一手段的使用局限性。鸡蛋不放在同一个篮子里就安全了吗? 这不一定。采用分离方式来分散风险,需要注意以下三点:

首先,分离只适用于可分散风险,并不适用于系统性风险,即不可分散风险。在例6-3-1中,必须假定篮子中的鸡蛋是可以分离并装到不同篮子中的,如果是无法分离的风险单位,那么该手段将难以实施。所谓"倾巢之下无完卵",描述的就是发生系统性风险的那一幕。在金融市场中,当金融危机发生时,无论如何做分散投资,损失都是难以避免的。以2007年爆发的全球性金融危机为例,据标准普尔公司对全球46个主要股指进行统计发布的报告:仅2008年全球股市就在暴跌中蒸发掉大约17万亿美元市值,其中,新兴市场股价下跌54.72%,而成熟市场股价也下跌42.72%。

其次,分离的效果取决于分离后各风险单位之间的相关程度。如果用相关系数来表示相关程度强弱,那么各风险单位之间相关系数越小,通过分离控制风险的效果越好,反之则越差(关于这点在后面的章节中另有说明)。在例6-3-1中,假定了分离后篮子之间的独立性,即互不关联。如果这一假定没有得到满足,例如,只是将鸡蛋分散装在同一个人的左手篮子和右手篮子中,显然此时两个篮子鸡蛋损失具有很强的关联性,那么分离的效果将会大打折扣。至于影响的程度则取决于篮子之间损失的相关程度,另外还取决于提篮子那个人(可以理解为一种系统性风险)。

最后,分离的效果还与分离的风险单位数量有关。在其他假定条件保持不变的情形下,分离的风险单位数量与分离的效果成正比。在例6-3-1中,假定鸡蛋被平分到更多的篮子中,如4个,此时,测算的标准差值将会更小(在平分到4个篮子时,标准差为15元)。在图6-3-1中可知,分离成 n 个风险单位时的标准差,其值仅有最初的标准差 σ 的 $\frac{1}{\sqrt{n}}$ 倍。在理论上,假定不存在系统性风险,则当风险单位可以被无限多分离的话($n \rightarrow +\infty$),意味着标准差将最终趋于无穷小(极限值为0),此时,投资者承担的将是唯一确定不变的损失期望值10元。

四、风险复制的原理和特点

风险分散的第二种形式为风险复制。风险复制只增加风险暴露单位的数量,但却能降低损失的概率。以图6-3-2为例,在没有备用线路时,设备无法正常工作的概率等于原线路损坏的概率0.1;而如果有一条备用线路,那么设备无法正常工作的概率为两条线路同时损坏的概率0.01(0.1×0.1)。显然,备用线路(复制)的增加降低了损失的概率。关于复制原理的具体解释,可以阅读本章附录部分相关说明。

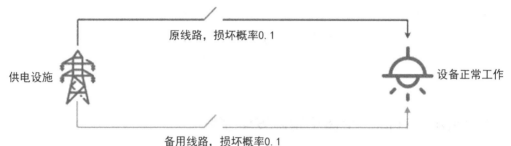

图6-3-2　备用线路对故障率的影响

风险复制在不少领域中都有所应用。例如,将重要文件资料进行备份,对企业的关键人员和关键物资进行储备;等等,这些都属于复制技术的应用范畴。风险复制的缺点是成本和代价有时很大,管理者需要权衡利弊得失。随着信息技术的不断发展,尤其是大数据在许多行业中的应用,数据的价值变得越来越重要,对数据资料的灾害备份变得比以往任何一个时候都迫切和重要。在下面的【延伸阅读】中介绍了各国在数据灾备方面的发展状况和更多应用。在这个云计算和大数据开始普及的时代,许多行业的数据管理都将遭遇前所未有的挑战,请阅读"【案例阅读】支付宝大面积瘫痪,灾备能力引发争议"一文了解更多详情。

【延伸阅读】
数据灾备技术
的应用

【案例阅读】
支付宝大面积
瘫痪,灾备能力
引发争议

第四节　风险汇聚

一、什么是风险汇聚

2018年,国内知名的互联网巨头蚂蚁金服,携手信美人寿推出一款叫作"相互保"的保险产品(后因产品合规问题更名为"相互宝"),产品一经推出,在不到一个月的时间内,便吸引了超过2000万的用户加入(截至2020年12月底,参保人数已超1亿人)。这种特殊的保险形式称为互助保险,与大家平时所熟知的商业保险既相关又有所区别。参加相互宝的全体成员共同平摊每位发生重大疾病的成员10万或30万的保障金额,分摊费用作为其参保的保险费,当然所有参加该项计划的人员也获得了上述保障的资格。相互保险本身并不像商业保险以单纯的盈利为目的,其旨在提倡一种"人人为我,我为人人"的互助理念,来帮助每位成员管控风险。这种通过将原先独立分散的风险单位聚集在一起,以达到降低或抵消不确定性,提高损失预测精确度的目的,最终达到控制风险效果的应对方法,称为风险汇聚,有时又称为风险聚集(risk aggregation)。

二、为何要汇聚风险

(一)风险汇聚的原理

风险汇聚最典型的应用就是保险。保险是最受人们推崇的一种风险管理手段。17世纪,英国海上贸易发达。当时,英国伦敦有许多经营航运的船东、商人、经纪人、船长和银行高利贷者,他们经常聚集在泰晤士河畔一位名叫爱德华·劳埃德(Edward Lloyd)的人所开的咖啡馆里,一边喝咖啡一边交换有关航运和贸易的消息。当时的海上贸易虽然有着丰厚的利润回报,但同时风险巨大。于是这些商人便考虑联合起来,当船只出海时,投保人就在一张纸即承保条上注明投保的船舶或货物,以及投保金额,每个承保人都在承保条上注明自己承保的份额,并签上自己的名字,直至该承保条的金额被100%承保。当承保的船舶或货物出险时,承保人便需要按照各自承保的金额来共同分摊损失;如果船舶或货物安然无恙,则可以从中获得一定的利益回报。这便是著名的保险人和再保险人的组织劳合社(Lloyd's)的起源,而当初商人们那种"我为人人,人人为我"的互助理念便成为对保险哲学的精辟阐释。

对投保人来讲,单起风险事故的发生具有偶然性和随机性,难以预测;但是当保险人将大量风险事故汇聚在一起,其对损失概率与损失规模的估计便成为可能,且随着汇聚数量的增加,估计精度不断提高,保险公司采用这样的精算技术给出保险产品的合理定价,从而保证自身经营风险的可控性。关于风险汇聚,即保险的原理说明,请看例6-4-1。

▶ **例6-4-1**

风险汇聚的原理说明

甲和乙两人每年都有遇到意外事故的可能性。具体来说,假设每个人都有20%的机会遇到意外,并导致2500元的损失,有80%的机会没有遇到意外。另外还假设甲乙两人的事故损失是不相关的,且约定在损失发生后,两人平分损失。请问汇聚前后风险大小怎样变化?

解答:

先分别构建汇聚前后的概率分布,因为甲和乙的情况相同,所以以甲(或乙)为例。

汇聚前甲(或乙)的概率分布为:

损失情形	没有发生意外	发生意外
损失概率[$P(X)$]	0.8	0.2
损失大小(X)	0元	2500元

汇聚后甲(或乙)的概率分布为:

损失情形	未发生意外	其中一人发生意外,两人平摊损失	都发生意外
损失概率[$P(Y)$]	0.8×0.8=0.64	0.8×0.2×2=0.32	0.2×0.2=0.04
损失大小(Y)	0元	1250元	2500元

接下去计算各自的标准差,用标准差刻画汇聚前后风险大小的变化:标准差越大,则风险越大;标准差越小,则风险越小。

汇聚前甲(或乙)的期望值和标准差为:

$E(X) = 2500 \times 0.2 + 0 \times 0.8 = 500(元)$

$\sigma_X = \sqrt{0.8 \times (0-500)^2 + 0.2 \times (2500-500)^2} = \sqrt{1000000} = 1000(元)$

汇聚后甲(或乙)的期望值和标准差为:

$E(Y) = 2500 \times 0.04 + 1250 \times 0.32 + 0 \times 0.64 = 500(元)$

$\sigma_Y = \sqrt{0.04 \times (2500-500)^2 + 0.32 \times (1250-500)^2 + 0.64 \times (0-500)^2}$

$= \sqrt{500000} \approx 707(元)$

从汇聚前后甲(或乙)承担的风险大小变化来看,标准差由汇聚前的1000元降低到了汇聚后的707元,显然汇聚后风险降低了。

对例6-4-1做进一步的推导同样可以发现:在独立同分布的假定前提下,标准差σ和汇聚数量n之间存在着以下对应关系,即n个独立的风险单位汇聚后的标准差,其值仅有最初标准差σ的$\frac{1}{\sqrt{n}}$倍。这点跟风险分离一致。

(二)还有哪些风险汇聚

除了用保险来汇聚风险,金融机构有时也会采用类似的汇聚手段来管理风险。以一家美国银行交易业务所面临的市场风险为例,其市场风险起源于多个市场变量(利率、汇率、股价)在将来变化的不确定性。为了实施风险分离,交易平台会指定交易员来管理某一特殊市场变量(或一定小数量的市场变量)。例如,交易平台可能指定一个交易员(或一组交易员)来管理所有美元/日元汇率交易,在每个交易日结束时,交易员如果发现某个或多个交易额度将超出银行规定,则要取得批准来持有当前头寸,或进行新的对冲交易来减持头寸以保证额度要求。风险管理人员在银行的中台对市场风险实施汇聚管理,管理过程涉及在每天结束时将银行市场风险进行汇总,来计算银行所面临的由于市场变动所触发的整体风险。对风险进行汇总后,银行希望自身所面临的风险已被有效地分散,并希望自身面临的市场风险足够小。当风险量的幅度达到不可接受的程度时,银行必须找出根源并采取措施。此外,一些跨国公司通过设立"再开票中心"将各子公司的外币应付和应收账款集中起来管理,利用各子公司应收、应付账款的对冲效应,来控制整体外汇风险。

三、汇聚风险时要注意什么

风险汇聚的效果取决于以下因素：

首先，参与汇聚风险单位之间的关联程度，这是保证风险汇聚效果最为关键的一点。在例6-4-1中，甲和乙两人发生意外风险的事件被假定为相互独立、互不关联。如果两者是关联的，其中一人发生意外另一人也一定发生意外，那此时汇聚前后将得到完全一样的概率分布，这样的汇聚没有任何效果。

【微视频】
风险汇聚

其次，参与汇聚的风险单位的数量。在假定条件不变的前提下，汇聚的数量与汇聚的效果成正比。因为当 n 个相互独立的风险单位参与汇聚时，每个参与者的标准差仅为汇聚前标准差 σ 的 $\dfrac{1}{\sqrt{n}}$。理论上，在例6-4-1中，如果参与汇聚的风险单位数量足够大，那么汇聚后的标准差将趋向一个很小的值。在这种情况下，每个参与汇聚的人均只要承担固定的500元损失即可。

【案例阅读】
伦敦劳合社
的灾难

第五节　风险转移

一、什么是风险转移

风险转移，又称风险转嫁，是指转嫁者将本应由自己承担的风险活动损失后果或法律责任转嫁给承受者的一类风险管理方法。风险转移涉及风险转嫁者(transferor)和承受者(transferee)双方，不过作为风险管理的实施者，更多是站在转嫁者的立场上来进行研究的。转移的内容为风险活动损失后果或相关的法律责任。

按照转移对象是否为保险人，可以分为保险转移和非保险转移两类。此外，除传统风险转移手段之外，保险风险证券化、资产证券化等则为将风险转移到一个更庞大的舞台——资本市场提供了可能。

二、保险转移和风险证券化

保险转移，是指投保人按照保险合同约定的法律责任，以缴纳保险费为代价，将自身承受的风险转嫁给保险人的一种风险应对手段。在这里，投保人是风险管理的实施者，是转嫁者，而保险人则是风险的承受者(如果站在保险人的角度，以保险人为风险管理的实施者，此时保险则属于风险汇聚的一种手段)。此外，保险人还可以通过再保险的形式，将自己所承担的保险责任部分转嫁给其他保险人。

传统的保险和再保险市场对承保巨灾一类风险的能力有限，而世界范围内各种金融和非金融类公司面临的风险却在与日俱增，如何管理这些将会严重影响到一家公司的市场价值、使之陷入财务困境或破产之中的风险，对传统的保险市场和保险产品提出了巨大的挑战。寻找一个传统保险市场以外的、可以吸纳更多巨灾风险的市场显得尤为迫切，风险证券化由此被提上日程。继USAA成为第一家使用巨灾债券替代传统巨灾再保险的保险公司以来(详见本章课后练习案例讨论部分),20世纪90年代后期,有50多种巨灾债券被陆续发行,多数发行者是保险人和再保险人。一些非保险公司也发行巨灾债券。例如,迪士尼公司为支付其东京主题公园的潜在地震损失而发行了巨灾债券。

保险的证券化,使得传统保险出现了新的发展机遇。将金融资本市场融入传统保险市场后,原先难以承保的巨灾风险与投机风险,也具备了承保的可能性,这在很大程度上改变了保险传统的风貌。巨灾债券、巨灾期权、巨灾期货、寿险风险债券等一批产品应运而生。

【案例阅读】
天津港爆炸
案造成巨额
保险损失

【微视频】
风险转嫁和保
险风险证券化

三、非保险转移有哪些

非保险转移,是指通过补偿契约,转嫁者将风险可能导致的损失负担或法律责任转嫁给非保险人的一类风险应对手段。例如,出版公司一般要求在合同中加入一条责任免除条款,指明是由作者而非出版社对出版物中的剽窃负责;医院也会让病人家属签署相应的免责条款才同意给病人动手术;而保险人则会在保险合同中列出责任免除条款,明确告知投保人哪些责任造成的损失由投保人自行承担;此外,外包也是一种转嫁风险的形式。

商业银行也采用大量的非保险转移手段。保证担保、备用信用证等能够将信用风险转移给第三方。例如,商业银行在发放贷款时,通常会要求借款人提供第三方信用担保作为还款保证,若借款人到期不能如约偿还贷款本息,则由担保人代为清偿。此外,在金融市场中,某些衍生产品(如期权合约)可看作特殊形式的保单,为投资者提供了转移利率、汇率、股票和商品价格风险的工具。

而承受风险转嫁的一方,则会对转嫁方提出相应的风险补偿。例如,投保人将风险转移给保险人时,需要支付相应的保费;商业银行也会在交易价格上附加更高的风险溢价,即通过提高风险回报的方式,获得承担风险的价格补偿。在贷款定价中,对于信用等级较高,而且与银行保持长期合作关系的优质客户,可以适当地优惠利率;而对于信用等级较低的客户,商业银行可以在基准利率的基础上调高利率,作为承担额外信用风险的价格补偿。

四、资产证券化的理由与挑战

(一)资产证券化的含义

资产证券化手段为风险实现跨市场转移提供了可能性。所谓资产证券化(asset securitization),是指将缺乏流动性,但可以产生可预期现金流的资产,通过创设以其为担保的证券,并在资本市场上进行交易的一种融资手段。

资产证券化过程一般涉及以下七类主体:①发起人,也称原始权益人,是证券化基础资产的原始所有者,通常是金融机构或大型工商企业。②特殊目的机构(SPV),是指接受发起人转让的资产,或受发起人委托持有资产,并以该资产为基础发行证券化产品的机构。选择特定目的机构或受托人时,通常要求满足所谓破产隔离条件,即发起人破产对其不产生影响。③信用增级机构,负责提升证券化产品的信用等级,为此要向特定目的机构收取相应费用,并在证券违约时承担赔偿责任;有些证券化交易中,并不需要外部增级机构,而是采用超额抵押等方法进行内部增级。④信用评级机构,如果发行的证券化产品属于债券,发行前必须经过评级机构的信用评级。⑤证券承销人,是指负责证券设计和发行承销的投资银行。⑥证券化产品投资者,即证券化产品发行后的持有人。⑦委托管理人,负责资产托管或资产池中现金流的日常管理。

(二)资产证券化流程与风险转移

资产证券化的过程可以用以下流程图来表示(见图6-5-1)。以银行贷款证券化为例,银行持有大量借款人的信贷资产,这些资产有较为稳定的预期利息回报,但缺乏流动性。因此,银行将这些贷款汇总成一个贷款组合,组成"资产池",然后将这"资产池"打包出售给一个专门进行证券化的特殊机构(SPV);SPV邀请保险公司为自己的证券化产品进行担保并由评级机构进行信用评级,然后将这些贷款组合转换为标准化的证券合约,并委托证券承销商向资本市场上的投资者发行,银行筹集到了自己所需的资金,而投资者获得了利息回报。

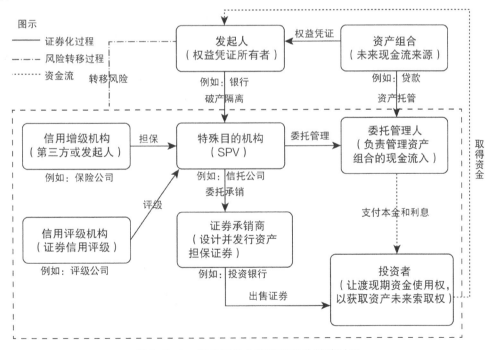

图6-5-1　资产证券化流程和风险转移过程

在上述资产证券化的过程中,作为信贷资产所有人的银行,通过让渡部分利息收益的方式,将缺乏流动性的资产打包出售,与此同时,原本应该由其承担的信贷资产相关的风险也一并转移。如果发生信贷资产违约,造成的损失则由证券化产品投资者、信用增级机构等其余证券化主体共同承担。

（三）资产证券化的种类

资产证券化的种类主要包括：①资产支持证券(asset-backed security，简称 ABS)，ABS 的基础资产主要为企业贷款、汽车贷款、信用卡贷款、学生贷款、设备租赁款、贸易应收款和税收留置权等。②抵押贷款支持证券(mortgage backed security，简称 MBS)，主要以住房抵押贷款为基础资产的资产支持证券。③担保债务凭证(collateralized debt obligation，简称 CDO)，是指以一系列信贷资产或债券为基础资产的证券化形式；早期 CDO 的基础资产主要包括企业债券、新兴市场债券和银行贷款，后来逐渐将抵押贷款、MBS 和 ABS 等证券包括进去。④资产抵押商业票据(asset-backed commercial paper，简称 ABCP)，ABCP 以各种应收账款、分期付款等资产为抵押发行的商业票据作为基础资产的证券化形式。

（四）资产证券化的意义与挑战

资产证券化的意义在于：①对于信贷资产证券化发起人，发行资产支持证券可以满足其流动性需求，信贷资产证券化将流动性低的贷款转化为流动性高的现金。银行通过资产证券化还可以实现信贷出售，降低风险加权资产，提高资本充足率。通过真实出售信贷资产，发起人可以将风险转移至资本市场。资产证券化也给银行带来经营模式的多元化发展。②对于企业资产证券化发起人，发行资产支持证券实际上是用直接融资替代间接融资。企业资产证券化可以帮助评级不能满足发债要求甚至无评级的企业进入资本市场融资，允许企业依靠优质资产而不是自身信誉融资，降低企业融资成本。③对于投资者，资产证券化将缺乏流动性的资产转变为可交易的证券，提供新的投资选择，有助于实现资产组合多样化。通过信用增级和分层，资产证券化可以创造出信用等级更高、流动性更好的资产，满足对信用等级要求较高的投资者的投资需求。

中国资产证券化目前仍然处在起步阶段。

然而，资产证券化也面临着巨大挑战，2007 年美国次贷危机的爆发生动地证明：重复证券化和风险过度转移会显著增加金融系统的脆弱性，从而导致更深层次的金融危机的发生。

第六节 风险对冲

一、什么是风险对冲

风险对冲,指通过投资或购买与标的资产收益波动负相关的另一种资产或衍生产品,来冲销标的资产潜在的风险损失的一种风险管理手段。简单地讲,就是用一项资产的收益去抵消另一项资产损失的风险应对手段。风险对冲手段主要用于应对机会风险。

二、如何套期保值来对冲风险

套期保值(hedging)就是风险对冲的最好实例。以期货套保为例,为了避免现货市场上的风险,在期货市场上采取与现货市场上方向相反的买卖行为,即对同一种商品在现货市场上卖出,同时在期货市场上买进,或者相反。套期保值有两种形式:空头套期保值、多头套期保值。下面分别举例予以说明。

先以航空公司原油期货套期保值为例。对于航空公司来说,航油成本是其运营成本的重要组成部分。航油价格的持续上涨或大幅波动,会给航空公司的经营造成极大影响。因此,运用原油期货等金融衍生工具进行套期保值是最为常见的应对手段。由于航空公司是原油现货的实际购买方,其一般需要在期货市场上进行多头套保,即先在原油期货市场上买入与现货市场价值对等的原油期货合约,如果将来原油现货市场价格上涨造成实际购买支出增加,因此带来的损失便可以通过其在期货市场上的合约平仓获利来予以弥补。

➤ 例6-6-1

3月份,某油厂预计6月份需要100吨大豆作为原料。当时大豆的现货价格为2000元/吨,该油厂对该价格比较满意。据预测6月份大豆价格可能上涨,为了避免将来价格上涨导致原材料成本上升的风险,该油厂决定在大连商品交易所进行大豆套期保值交易。已知当时大豆6月合约的价格为2000元/吨。到了6月份,大豆价格上涨到2050元/吨,大豆6月合约价格也上涨到2050元/吨,假定不考虑交易手续费、基差等因素,请对上述多套期保值交易进行分析。

解答:按照实例所述,交易情况如下表所示:

	现货市场	期货市场
3月	(2000元/吨)	买入100吨6月份大豆合约(2000元/吨)
6月	买入100吨大豆(2050元/吨)	卖出平仓100吨6月份大豆合约(2050元/吨)
结果	− 2050×100	+ 50×100
		− 2000×100

从结果来看,如果该油场未进行多头套保,其在6月份将以2050元/吨的现货价格购入大豆。在进行套期保值之后,该油场实现了在6月份实际以2000元/吨的价格购入大豆。从该例可以得出:第一,完整的多头套期保值涉及两笔期货交易。第一笔为买入期货合约,第二笔为在现货市场买入现货的同时,在期货市场上卖出对冲原先持有的头寸。第二,因为在期货市场上的交易顺序是先买后卖,所以该例是一个多头套期保值。第三,通过这一套期保值交易,虽然现货市场价格出现了对该油厂不利的变动(价格上涨了50元/吨,因而原材料成本提高了5000元)但是在期货市场上的交易盈利了5000元,从而消除了价格不利变动的影响。当然,如果该油厂不做套期保值交易,现货市场价格下跌其可以得到更便宜的原料,但是一旦现货市场价格上升,就必须承担由此造成的损失。相反,在期货市场上做了多头套期保值,虽然失去了获取现货市场价格有利变动的盈利,可同时也避免了现货市场价格不利变动的损失。因此,可以说,多头套期保值规避了现货市场价格变动的风险。

再以农产品期货空头套保为例。对于生产大豆的农场主而言,如果担心将来大豆上市时现货价格下跌造成损失,则可以先在期货市场上卖出与现货市场价值对等的大豆期货合约,如果将来现货市场大豆价格果真出现下跌,则其在现货市场上的损失便可以通过期货市场上的合约平仓获利予以弥补。

例6-6-2

6月份,大豆的现货价格为2000元/吨,但是大豆9月份才能出售,某农场为了避免将来价格下跌带来的风险,决定在大连商品交易所进行大豆期货交易,假定此时大豆9月合约的价格为2000元/吨。到了9月份,大豆现货价格下跌到1950元/吨,此时大豆9月合约价格也下跌为1950元/吨,假定不考虑交易手续费、基差等因素,请对上述空头套期保值交易进行分析。

解答:按照实例所述,交易情况如下表所示:

	现货市场	期货市场
6月	(2000元/吨)	卖出100吨9月份大豆合约(2000元/吨)
9月	卖出100吨大豆(1950元/吨)	买入平仓9月份大豆合约(1950元/吨)
结果	+1950×100	+50×100
		+2000×100

从结果来看,如果该农场未进行空头套保,其在9月份将以1950元/吨的现货价格出售大豆。在进行套期保值之后,该农场实现了在9月份以2000元/吨的价格出售大豆。从该例可以得出:第一,完整的空头套期保值同样涉及两笔期货交易。第一笔为卖出期货合约,第二笔为在现货市场卖出现货的同时,在期货市场买进原先持有的部位。第二,因为在期货市场上的交易顺序是先卖后买,所以该例是一个空头套期保值。第三,通过这一套期保值交易,虽然现货市场价格出现了对该农场不利的变动(价格下跌了50元/吨,因而收入少了5000元),但是在期货市场上的交易盈利了5000元,从而消除了价格不利变动的影响。

在上述例6-6-1和例6-6-2两个例子中,我们忽略了交易手续费和基差等因素,使得风险得以完全对冲,但实际上,套期保值只能大体抵消现货市场中价格波动的风险,不能使风险完全消失,其中"基差"就是一个很重要的影响因素。基差(basis)是期现货价格之差,即基差 = 现货价格 – 期货价格。例如,2003 年 5 月 30 日大连的大豆现货价格为 2700 元/吨,2003 年 7 月大豆 1 号期货合约价格是 2620 元/吨,则基差是 80 元/吨。基差可以是正数也可以是负数,这主要取决于现货价格是高于还是低于期货价格。现货价格高于期货价格,则基差为正数,又称为远期贴水或现货升水;现货价格低于期货价格,则基差为负数,又称为远期升水或现货贴水。

在商品实际价格波动的过程中,基差总是在不断变动,而基差的变动形态对一个套期保值者而言至关重要。由于期货合约到期时,现货价格与期货价格会趋于一致,而且基差呈现季节性变动,套期保值者能够应用期货市场降低价格波动的风险。基差变化是判断能否完全实现套期保值的依据。套期保值者利用基差的有利变动,不仅可以取得较好的保值效果,而且还可以通过套期保值交易获得额外的盈余。一旦基差出现不利变动,套期保值的效果就会受到影响,套期保值者将蒙受一部分损失。

三、有哪些可以对冲风险的工具

风险对冲主要借助一些金融衍生工具来完成。这些工具包括:远期、期货、期权和互换。

(一)远期

远期指买卖双方同意在未来某一个时刻以现在所确定的价格,买进或卖出一定数量资产的合约。主要有利率远期及汇率远期。

(二)期货

期货指买卖双方同意在未来某一指定日期以事先商定好的价格买入或卖出某种资产。与远期不同的是,期货是标准化合约。主要有利率期货、外汇期货、股票期货、股指期货及衍生金融期货。

(三)期权

期权是一种选择权,它赋予持有者在将来某个约定的时间或在此之前以约定的价格买进(卖出)一定数量基础资产的权利的金融合同。期权标的资产有股票、股指、外汇、利率及衍生产品。

【案例讨论】
微软的风险对冲

(四)互换

互换是两个或两个以上的当事人按照协议条件及在约定的时间内交换一系列现金流的一种衍生工具。主要有利率互换、货币互换等。

四、风险对冲时要注意什么

期货、远期、互换、期权等衍生产品变化莫测,它们可以用来对冲风险,也可以用来投机及套利(对冲可以减少风险;投机通常要承担风险;套利通常是通过

【案例阅读】
2008 年法国兴业银行的巨额损失

进入两种交易或更多交易来锁定盈利）。产品的多变性会带来危害,有时一些被指定只能做对冲或套利的交易员会在自觉或不自觉之中成为市场投机者,而投机的后果有时是灾难性的。

【微视频】
风险对冲

第七节　风险自留

一、什么是风险自留

风险自留(risk retention),也称为风险自担,是指主体自行承担风险损失,并通过自我筹措资金的方式来消化剩余风险的一种应对手段。例如,一个私营企业主每年拨出10万元建立一个小型的健康储备基金,用于支付其雇员发生工伤事故时所产生的医疗费用支出。

【延伸阅读】
保险自负额

二、为何要自留风险

风险自留可以分为主动自留(active retention)和被动自留(passive retention),或者分为计划性自留(planned retention)和非计划性自留(unplanned retention)。被动自留(或非计划性自留)往往是因为主体没有意识到风险的存在,或者意识到风险的存在但大大低估了风险的最大可能损失。自留这样的风险,具有很大的负面影响,应尽可能予以避免。

作为风险管理手段之一的风险自留,是指主动自留(或计划性自留),之所以选择主动承担风险,其原因主要包括:

第一,可以准确地预见损失,且潜在最大可能损失并不是很严重。比如,对一个大企业的车队来说,如果这些汽车分散的范围比较广,或者不会同时遭受损失的话,那么汽车物理性损坏就不足以导致企业破产。

第二,已经意识到风险的存在及危害,但却缺乏有效的应对手段。例如,没有办法规避、控制、转移、分散、汇聚和对冲,或者采用上述应对手段的成本极高,只能选择自留。

三、如何管理自留风险

自留风险主要有以下三种管理方式:设立风险储备金、自我保险基金、自保公司。

(一)风险储备金

在很多情形下,家庭或公司会有计划地提存一笔储蓄金以支付自留风险所引起的损失。例如,家庭会在收入有盈余的情况下预留储蓄金用于将来的养老、看病、子女教育等支出;公司也一样,如前所述小型私营企业主设立的健康储备金。用储备金应对自留风险的方法十分简单易行,但缺点是只能应对小范围的自留风险,如果自留风险的潜在损失很大,则储备金可能远远不够。

(二)自我保险基金

如果一家公司拥有的风险暴露单位数目足够大,能有效降低风险并可以预测损失,这时则可以建立一项特殊的储备基金,称为自我保险基金(Self Insur-ance Fund),专门用以赔付这些损失,美国的自我保险计划就属于这一类。设立自我保险基金有两个必要的因素:一是风险暴露的单位数目应足够大,以使准确的损失预计成为可能;二是通过设立专用基金对预期损失进行事先的资金预留。可见,设立自我保险基金有着比储备基金更为苛刻的条件。自我保险基金

【延伸阅读】
美国的自我保险计划

不同于保险,它是公司内部有计划自留的特种基金,主要用于应对自留的风险,它并不具备保险的风险转嫁功能;而且在没有累计到足额的资金之前,极有可能因为发生重大损失而出现难以偿付或偿付不足的情形。

通过设立自我保险基金的方式来应对自留风险在金融机构中有大量实践。以商业银行为例,为保证客户提取存款和资金清算需要,每一家银行都必须按照央行设定的存款准备金率缴存存款准备金,存款准备金包括法定准备金和超额准备金两部分;为了应付可能出现的由呆账造成的损失,商业银行需要按照贷款余额的一定比例提取呆账准备金。提取呆账准备金是各国商业银行的通行做法,我国自1988年起在银行建立起贷款呆账准备金制度,目前计提准备金采用按银行年初贷款余额的1%提取的方法。巴塞尔委员会也通过资本充足率对商业银行进行监管,要求商业银行自留足够的资产以应对非预期的损失。

此外,在2016年8月24日银监会下发《网络借贷信息中介机构业务活动管理暂行办法》之前,国内不少P2P公司也会通过设立风险准备金的方式以实现自我增信。风险准备金是P2P平台为了偿付出借人可能出现的回款损失而设立的一笔资金。一般为P2P平台向借款人提取一定比例的资金,或是平台从自身的服务费收入中提取一定金额,将其放入风险准备金账户中,当借款人出现逾期或违约时,平台会从该账户中取出资金,作为投资人本金或本息的垫付。

(三)自保公司

自保公司,也称专属保险公司(Captives),它是自身并不从事保险业务的一家公司或一组公司所拥有的保险公司或再保险公司,自保公司首要的经营目的是承保母公司的风险。它往往是非保险业的大企业或大集团为了承保集团的各项保险业务而投资设立的附属保险机构。早在20世纪20年代,英国石油公司(British Petroleum,BP)就成立了自保公司(Tanker Insurance Company)。另外,1972年1月由壳牌、道达尔、莫比尔等49家大型石化企业联合组成的石油保险公司(Oil Insurance Ltd.),1986年6月成立的石油意外保险公司(Oil Casualty Insurance Ltd.)也是典型的行业自保公司。

四、为什么要组建自保公司

数据显示,全球500强企业中有接近70%的企业设立了自保公司,全球自保公司总保费规模超过500亿美元;而在美国,其全球500强企业中超过90%的企业设立了自保公司,自保公司责任险总保费约占北美责任险市场的40%,全美约有30%的工商业保费来源于自保公司。

在国内,自保公司正处于起步阶段。首家自保公司诞生于2000年8月23日,由中国海洋石油总公司(简称中海油)全资组建的财产自保公司——中海石油保险有限公司在香港注册成立。2013年12月24日,中国内地设立的第一家自保公司——中国石油专属财产保险有限公司正式成立。截至2017年2月,国内组建的自保公司仅六家,其中注册地在内地的除中国石油专属财产保险有限公司之外,还有中国铁路股份有限公司旗下的中国铁路财产保险自保有限公司(2015年)、中远海运集团旗下的中远海运财产保险自保有限公司(2017年)两家;注册地在香港的除中海石油保险有限公司之外,还有中石化旗下的中石化保险有限公司(2013年)和中国广核集团公司旗下的中广核保险有限公司(2015年)。

专业自保公司兴起的原因包括[1]:

第一,难以获取保险。例如,母公司难以从商业保险公司获得保险,只得考虑设立专业自保公司,这种情况比较适用于那些无法从商业保险中心以合理的费率获取某些保险的全球性公司,它们想获取的保险包括责任保险、政治风险保险、恐怖事件保险等。

第二,降低成本。由于降低了经营费用,避免了代理人和经纪人的费用,自留了商业保险必须支付的附加费,所以设立专业自保公司不仅可以降低保险成本,而且还避免了商业保险费用大幅度波动带来的影响。

第三,获取更稳定的收益。因为专业自保公司减少了企业收入波动带来的不利影响,所以其收入更加稳定。

第四,易于获取再保险。由于许多再保险公司只与保险公司而不与被保险企业打交道,所以专业自保公司比较容易获得再保险。

第五,易于形成利润中心。专业自保公司可以从母公司及其子公司以外的业务中获取利润,这将成为公司的一个利润中心。

---

[1][美]乔治·E.瑞达.风险管理与保险原理(第8版)[M].申曙光,译.北京:中国人民大学出版社,2006:56-57.

【延伸阅读】
自保公司的起
源与发展现状

【微视频】
风险自留

【第六章小结】

【第六章附录】

【第六章练习】

第七章
如何进行风险管理决策

知识目标

通过本章的学习,您可以了解或掌握

1.风险管理决策及其类型、基本要素、基本步骤。

2.影响风险管理决策的因素。

3.风险态度和风险偏好、风险偏好如何度量、风险偏好与效用曲线的关系。

4.如何评估风险承受能力。

5.损失期望值决策的原理、基本步骤与决策应用。

6.效用期望值决策的原理、基本步骤与决策应用。

【案例导读】
Safety供应公司的损失控制决策

章节导图

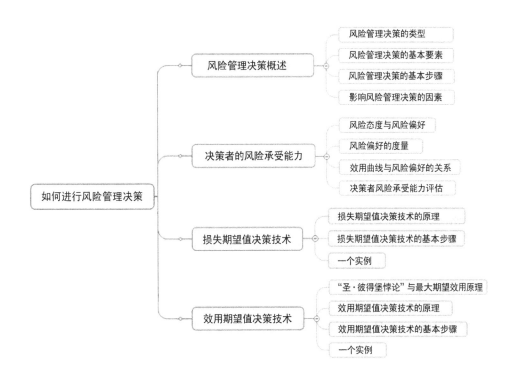

113

第一节　风险管理决策概述

一、风险管理决策的类型

所谓决策(decision making),是指管理部门和企业为了达到某种特定的目标,在调查、预测和对经济发展、管理活动等规律认识的基础上,运用科学的方法,对若干个可行方案进行分析、比较、判断,从中选出一个令人满意的方案,并予以实施的过程,是各种矛盾、各种因素相互影响最后平衡的结果。

按决策者所掌握的信息不同,决策可分为以下三种。

(一)确定型决策

是指已掌握决策的条件、因素和完整的信息,有明确的目标,每个决策行动方案都只有一个确定的结果,没有不确定因素的情况下所做出的决策。主要的决策方法有单纯选优决策法和模型选优决策法。

(二)非确定型决策

是指由于存在不可控制的因素,一个方案可能面临不同的自然状态,产生不同的结果,而又缺乏各种结果出现概率的信息时所做出的决策。常用的不确定型决策准则主要有最大最小期望值决策准则、最大最大期望值决策准则、最小最大后悔值决策准则、赫威斯决策准则、等概率决策准则等。

(三)风险型决策

风险型决策介于确定型决策和非确定型决策之间,是指虽然存在不可控制的因素,但已知各种可能情况出现的概率,因此可以结合概率来做出判断从而做出决策,这是需要承担一定风险的决策。常见的风险型决策方法有期望损益决策法、期望效用决策法、决策树法、贝叶斯决策法、马尔科夫决策法、蒙特卡洛模拟决策法等。风险型决策方法是本章重点介绍的方法。

风险型决策一般包含以下条件:①存在着决策者希望达到的目标(如收益最大或损失最小);②存在着两个或两个以上的方案可供选择;③存在着两个或两个以上不以决策者主观意志为转移的自然状态;④可以计算出不同方案在不同自然状态下的损益值;⑤在可能出现的不同自然状态中,决策者不能肯定未来将出现哪种状态,但能确定每种状态出现的概率。

二、风险管理决策的基本要素

风险管理决策的基本要素包括决策者、决策目标、决策方案、自然状态、决策结果和决策准则六大要素。

（一）决策者

风险管理决策者,即决策主体,既可以是个体,也可以是群体,他受社会、政治、经济、文化、心理等因素的影响。

（二）决策目标

决策目标指通过风险管理决策最终想要达到的目标。风险管理的最终目的是帮助组织创造、保持和实现价值,满足组织追求自身物质层面和精神层面安全,以及完善内部管理和外部监管的多重需求,决策的总目标应与风险管理目标保持一致。在具体决策目标上,既可以是单一目标,也可以是多个目标。

（三）决策方案

决策方案是指风险管理决策过程中可供决策者选择的备选方案。例如,在火灾风险管理过程中,是选择购买火灾保险转嫁风险,还是购置消防器材进行火灾损失抑制,或者自留风险等,决策者往往面临多个备选的方案。

（四）自然状态

自然状态是指风险发生的客观条件及由此造成的风险损失程度,决策者无法控制但可以预见的决策环境客观存在的各种状态。例如,有多大的概率会发生风险事故,或者有多大的概率会发生严重的风险事故。

（五）决策结果

决策结果是指各种决策方案在不同自然状态下所出现的结果。例如,在购买了火灾保险后火灾损失的影响、在购置了消防器材后发生火灾的概率及火灾损失的影响。

（六）决策标准

决策标准是评价决策方案是否达到决策目标的价值标准,也是选择方案的依据。风险管理决策者可以根据自身的需要设定决策的标准,例如,以期望损失最小作为决策标准,或者以获得最大的效用为决策标准;等等。

三、风险管理决策的基本步骤

风险管理决策大致按照如下步骤进行(见图7-1-1)。

四、影响风险管理决策的因素

影响风险管理决策的因素可分为:内部因素和外部因素。

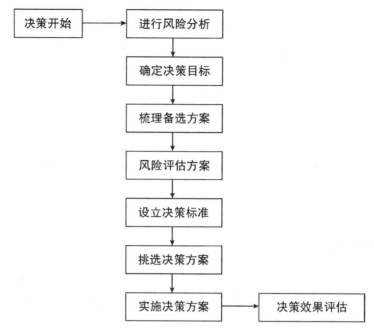

图7-1-1　风险管理决策的基本步骤

（一）内部因素

影响决策者决策过程的其中一个重要因素是对风险成本与收益的权衡。风险成本是风险给组织造成的代价，包括风险事故成本和风险管理成本。前者给组织带来直接或间接损失，后者是组织在采取管理措施后需要承担的经济成本和机会成本。决策者需要权衡上述成本与其所期望获得的回报之间的利弊得失。

影响决策者决策过程的另外一个重要因素是决策者个人的主观因素，包括决策者本人的风险感知、风险态度等。风险感知是决策者对客观风险的特征及其严重性的主观认知和判断，风险态度反映了决策者对风险的偏好。不同风险感知和风险态度的决策者，即使面临相同的客观风险条件，也会做出不同的风险管理决策。

（二）外部因素

组织所处的外部环境，如经济条件、社会制度、法律环境、监管要求等，一定程度上也会影响决策者的价值判断。

第二节　决策者的风险承受能力

决策者的风险承受能力或风险容忍度是影响决策的重要因素。个人的风险承受能力不仅与其资金实力等"硬能力"有关，同时还与决策者本人的主观风险态度等"软能力"有关。

一、风险态度与风险偏好

风险态度反映了决策者对风险的偏好程度,通常分为风险厌恶、风险中立及风险偏好三类。持不同风险态度的决策者面对同一风险决策问题时往往会采取不同的应对措施。例如,厌恶风险的决策者更愿意事先制定完备的风险预防措施,从而减少风险发生的可能性;而偏好风险的决策者会偏向于尝试更为冒险的方案,试图将风险转化为机会。可见,不同个体对同一风险在主观上表现出不同的态度,正是这种差异化的风险态度加大了风险决策的难度。因此,进行风险决策时,不仅要考虑风险的客观大小(风险发生的可能性及可能造成的损失),更要考虑决策者不同的风险态度对风险决策的影响。

二、风险偏好的度量

风险态度和风险偏好用效用来度量。效用是人们的价值观念在决策活动中的综合表现,它综合表明决策者对所持风险的态度。同样一个求职者,在穷困到几乎不能解决生计问题时,对于一份只有微薄收入的工作也会欣然接受,而一旦积累了一定财富无须为生计而忧虑时,原先这份工作就未必能被接受了。也就是说,同样一份工作,其对同一个求职者的价值前后发生了变化。为了能够进行定量分析,将这种价值予以量化,称之为效用。

由于效用没有固定的度量单位,要测定效用的绝对值是比较困难的。数学家冯·诺依曼(John von Neumann)的"新效用理论"是公认的测定效用的有效理论依据,他和摩根斯坦(Morgenstern)于1944年共同提出的测定效用方法,被称为标准测定法,也被称为N–M心理测定法或等效测定法。它通过对决策者提出一系列问题,并根据决策者的回答掌握其对风险的态度,从而测定效用。

这里要引入"等效行动"的概念,两个效用(或期望效用)相等的行动称为等效行动。例如,在一个投资机会选择中,决策者所拥有的货币可以用于两种投资:一是银行存款,二是购买国债。尽管购买国债会在收益上较银行存款高一点,但资金的流动性不如银行存款,所以,该投资者认为两种投资方式都可以,没有差异。这里,购买国债和银行存款就是等效行动。

"行动 a 的效用"是指决策者采取行动 a 所获收益 m 元的效用 $u(m)$。假如一个行动 a 可能有两种收益 m_1, m_2,并以概率 p 获取收益 m_1,以 $(1-p)$ 获取收益 m_2 元,那么,此行动的期望效用是指 $pu(m_1) + (1-p)u(m_2)$。

举例来说,假定某人的收益在0元到100元之间,我们要测定这一范围内的货币效用。

开始时,可以设定 $u(0)=0, u(100)=1$,那么对于 m 元收益为 $0 \leq m \leq 100, 0 \leq u(m) \leq 1$。

为了测定 $u(m)$,可以向决策者提出如下问题:"行动 a 以概率 p 获得100元收益,以概率 $(1-p)$ 获得0元收益,行动 a' 以概率1获得 m 元收益,请问 p 为何值时,行动 a 与 a' 等效?"在决策者回答出概率 p 的值以后,则 $u(m) = pu(100) + (1-p)u(0) = p$。

三、效用曲线与风险偏好的关系

(一)效用曲线

运用标准测定方法,获得足够多的货币值的效用值之后,就可以在直角坐标系内用点标出这些货币值的效用值,再用光滑曲线(或曲面)把这些点连接起来,就得到了效用函数(曲线)。下面结合表7-2-1,来构建决策者的效用函数。操作步骤如下。

第一步:确定风险心理试验的测量范围。

假定某建筑物的最大可保损失为100万元,这100万元发生全损的情形是决策者最不愿意接受的,因而定义其损失的效用值$u(100)=1$;而建筑物不发生火灾风险,即损失0万元是决策者最愿意接受的,因而定义其损失效用值$u(0)=0$。

第二步:在自变量范围内选取n个点,逐个进行心理测试,找到$u(m_i)=p_iu(100)+(1-p_i)u(0)=p_i$的平衡概率。

为了绘制效用曲线,至少需要测试1万元、5万元、10万元和50万元4个点的效用值。以10万元的效用值试验为例,试验过程如下(见表7-2-1):

表7-2-1 效用测试表

测试轮次	测试问题	决策者的反应	判断结论
1	是愿意肯定损失10万元,还是以0.5的概率损失100万元、0.5的概率损失0万元	肯定损失10万元	$u(10)<0.5$
2	是愿意肯定损失10万元,还是以0.4的概率损失100万元、0.6的概率损失0万元	肯定损失10万元	$u(10)<0.4$
3	是愿意肯定损失10万元,还是以0.1的概率损失100万元、0.9的概率损失0万元	以0.1的概率损失100万元、0.9的概率损失0万元	$u(10)>0.1$
4	是愿意肯定损失10万元,还是以0.2的概率损失100万元、0.8的概率损失0万元	以0.2的概率损失100万元、0.8的概率损失0万元	$u(10)>0.2$
5	是愿意肯定损失10万元,还是以0.3的概率损失100万元、0.7的概率损失0万元	都可以	$u(10)=0.3$

在经过5次测试后,决策者认为肯定损失10万元,与以0.3的概率损失100万元、0.7的概率损失0万元,两者的效用相等,由此可知$u(10)=0.3\times u(100)+(1-0.3)\times u(0)=0.3$,即0.3是平衡概率,于是找到了效用曲线上的一个点$(10,0.3)$。同理,可获得其他各点分别为$(1,0.08)$、$(5,0.22)$、$(50,0.7)$。

第三步:绘制效用曲线。

将上述点连接起来就形成了该决策者的效用曲线(见图7-2-1)。从效用曲线上可以找出对应于各个损失值的效用值;反之,也可以找出对应于各个效用值的损失值。

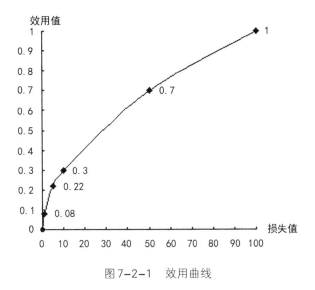

图7-2-1　效用曲线

(二)不同风险偏好者的效用曲线

效用曲线的形状与决策者的风险偏好有着紧密的联系。图7-2-2给出了最典型的三种效用曲线类型:曲线A、曲线B和曲线C。它们分别代表了三类不同风险偏好的决策者。

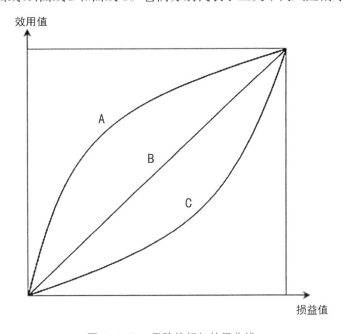

图7-2-2　风险偏好与效用曲线

曲线A代表厌恶型的决策者。效用曲线是下凹形,表示决策者的效用随货币收入递增的速度越来越慢,呈边际效用递减规律。这种类型的决策者对于收益的迅速增加反应比较迟缓,而对可能的损失比较敏感,基本上属于不求大利、但求稳妥、谨慎小心的风险厌恶者。曲线上凸越厉害,表示决策者对风险的厌恶程度越高。

曲线C代表冒险型的决策者。效用曲线是下凸的,表示决策者的效用随货币收入递增的速度越来越快。这种类型的决策者对于损失反应迟缓,而对于利益比较敏感,是一种谋求大利、敢担风险的决策者,属于风险偏好者。其效用曲线下凸越厉害,意味着决策者的冒险精神越高。

曲线 B 代表中间型的决策者,是一种风险中立的效用曲线。其特点是决策者的货币损益效用值是损益值的线性函数,即决策者认为效用值的大小与期望损益值大小一致。此类决策者属于既不保守又不冒险的风险中立者。

四、决策者风险承受能力评估

(一)风险承受能力测评量表

风险承受能力是决策者"软""硬"实力的综合反映。那么应该如何评估决策者的风险承受能力呢? 在金融市场上,投资者作为决策主体,其个人风险承受能力的评估往往采用风险承受能力评估量表的方式。风险承受能力评估量表,就是通过一套包含有关投资者财务状况、投资经验、投资风格、投资目的、风险偏好和风险承受能力等若干题目的问答测试,根据被测试对象回答结果计算得分,并由此评估风险承受能力等级。在参与资本市场投资的过程中,风险测评目前被行业和监管部门广泛使用;风险承受能力等级评估为后续产品风险收益类型匹配提供必要的支撑。

【延伸阅读】
投资风险测
评量表

读者可以通过右侧【延伸阅读】了解一个用于个人投资者投资风险测评的评估量表实例,该例来自国内某大型金融机构。

(二)测评标准

上述测评量表中各小题的计分标准如表 7-2-2 所示:

表 7-2-2 各小题计分表

题序号	1	2	3	4	5	6	7	8	9	10	11	12	13	14	15
A	2	2	2	2	8	0	2	2	2	0	0	2	2	2	2
B	6	4	4	4	2	2	4	4	4	2	2	4	4	4	4
C	8	6	6	6	4	4	6	6	6	4	4	6	6	6	6
D	4	8	8	8	6	6	8	8	8	6	6		8	8	
E		10	10			8				8	8			10	
F											10				

(三)测评结果及应用

根据测评对象的风险测评问卷计分结果,将测评对象风险承受能力分为保守型(C1)、稳健型(C2)、平衡型(C3)、成长型(C4)、进取型(C5)五个等级,对应等级划分如表 7-2-3 所示。与此同时,根据风险匹配原则,在客户风险承受能力等级和产品风险等级之间建立如下对应关系:

表7-2-3 风险承受能力等级及产品匹配

类型	风险特征描述	适合产品类型
保守型(C1)（得分≤49分）	风险承受能力极低,目标是保证本金不受损失和保持资产的流动性,希望投资收益极度稳定,不愿承担风险以换取收益,适合投资于保本的投资工具。	低风险产品:产品整体风险程度低,收益波动小,本金安全性高,收益不能实现的可能性很小。
稳健型(C2)（50分≤得分≤64分）	风险承受能力较低,目标是在尽可能保证本金安全的基础上能有一些增值收入,追求较低的风险,对投资回报的要求不高,适合投资于本金损失风险很小、具有较小升值能力的投资工具。	中低风险及以下产品:产品整体风险程度较低,收益波动小,虽然存在一些可能造成产品本金损失和对收益安全产生不利影响的因素,但产品本金出现损失的可能性较小。
平衡型(C3)（65分≤得分≤79分）	风险承受能力中等,目标是接受一定本金损失风险可能,获得一定的收益,适合投资于具有温和升值能力,而投资价值有温和波动的投资工具。	中风险及以下产品:产品整体风险程度适中,收益存在一定的波动,产品本金出现损失的可能性不容忽视。
成长型(C4)（80分≤得分≤99分）	风险承受能力较强,目标是获取较高的收益,偏向于较为激进的资产配置,了解投资产品,对风险有清醒的认识,愿意接受较高本金损失风险,适合投资于能够提供升值能力,而投资价值有波动的投资工具。	中高风险及以下产品:产品整体风险程度较高,收益波动较明显,产品本金出现损失的可能性高。
进取型(C5)（得分≥100分）	风险承受能力最强,目标是获取可观的资本增值,资产配置以高风险投资品种为主,投机性强,并愿意为此承受较大的风险,对可能损失部分或全部投资本金有心理准备,适合投资于提供高升值能力而投资价值波动大的投资工具,最坏情况下,可能失去全部资本金,并承担投资所导致的任何亏损责任。	高风险及以下产品:产品整体风险程度高,收益波动明显,产品本金出现损失的可能性很高,产品本金出现全部损失的可能性不容忽视。

第三节 损失期望值决策技术

一、损失期望值决策技术的原理

损失期望值决策技术是根据各种方案在各种不同自然状态下的损失分布,计算各可行方案的损失期望值,选择其中损失期望值最小的方案作为最优方案的决策技术。

设有 m 个可行方案,记为 A_i,$i = 1, 2, \cdots, m$。方案所面临的自然状态有 n 种,每一种自然状态用 θ_j 表示,$j = 1, 2, \cdots, n$,其发生的概率为 $P(\theta_j)$。可行方案 A_i 在自然状态 θ_j 下的损失值为 a_{ij},则可行方案 A_i 的损失期望值为

$$E(A_i) = \sum_{j=1}^{n} a_{ij} P(\theta_j) \tag{7-3-1}$$

然后选择其中最小损失期望值,即 $\min\{E(A_i)\}$,为最优决策方案。

二、损失期望值决策技术的基本步骤

(一)建立损失矩阵

运用损失期望值决策技术来做出最佳风险管理决策的第一步,是把各可行方案 A_i、自然状态 θ_j 及其发生的概率 $P(\theta_j)$、损失值 a_{ij} 在同一张表上表示出来,即建立损失矩阵(Loss Matrix)表(见表7-3-1)。

表7-3-1　损失矩阵表

自然状态 概率 行动方案	自然状态 $1(\theta_1)$ $P(\theta_1)$	自然状态 $2(\theta_2)$ $P(\theta_2)$	...	自然状态 $n(\theta_n)$ $P(\theta_n)$
行动方案 $1(A_1)$	a_{11}	a_{12}	...	a_{1n}
行动方案 $2(A_2)$	a_{21}	a_{22}	...	a_{2n}
...	...	...	...	...
行动方案 $m(A_m)$	a_{m1}	a_{m2}	...	a_{mn}

(二)计算损失期望值

在建立损失矩阵(见表7-3-1)的基础上,运用损失期望值计算公式7-3-1来计算各个行动方案下的损失期望值。

(三)考虑决策者风险偏好

如果纯粹按照各行动方案计算的损失期望值,根据损失期望值最小决策准则,以 $\min\{E(A_i)\}$ 为最优决策方案。

实际上,有时决策者并不总会按照期望值大小来进行决策,这是因为这种决策方式并没有考虑决策者自身的经验、才智、胆识、判断能力和风险偏好等主观因素。显然,仅仅依靠损失期望值的大小作为决策的标准,而排除决策者的主观因素,是不合理的。忧虑因素模式就试图将决策者对各行动方案是否能达到预期的目标所产生的担心和忧虑,以价值形态即货币价值额进行考量,并据此对损失期望值最小法下的决策结果做出修正。这里所指的决策者对各行动方案所致后果不确定性担忧的货币价值衡量,称为忧虑价值。

忧虑价值大小的衡量是一件困难的事情,因为影响决策者忧虑价值大小的因素具有主观性。一般情况下,可以将忧虑价值看成是风险管理者为了消除损失的不确定性,而愿意在期望损失之外付出的最大金额,从而量化忧虑价值。

（四）确立标准做出决策

损失期望值决策技术的最后一步就是确立决策的标准，即选择各行动方案下计算的最小损失期望值，即 $\min\{E(A_i)\}$ 为最优决策。

三、一个实例

下面以例7-3-1来具体介绍如何运用损失期望值决策技术进行风险管理决策。

例7-3-1

企业有一套生产设备，假设其只面临一种风险——火灾。该设备最大可保损失为1000万元，不存在不可保损失。针对火灾风险，可供风险经理选择的风险应对方案如下：

（1）自留风险；

（2）自留风险，同时安装一套自动灭火装置；

（3）购买保费为63万元，保额为1000万元的保险；

（4）购买保费为45万元，保额为400万元的保险；

（5）购买保费为48万元，自负额为100万元，保额为1000万元的保险；

（6）安装自动灭火装置，同时购买保费为40万元，自负额为100万元，保额为1000万元的保险。

根据是否有安装自动灭火装置，火灾损失分布分别如下：

损失金额（单位：万元）		0	100	500	1000
损失概率	无自动灭火装置	0.8	0.1	0.08	0.02
	有自动灭火装置	0.8	0.1	0.09	0.01

同时帮助风险经理进行决策的资料有：

①购买一套自动灭火装置的成本为20万元，使用年限为20年，年折旧1万元，当火灾造成生产设备损失达到500万元时，自动灭火装置将全损，否则不造成损失；

②在购买保险时，自动灭火装置并不在承保的范围之内；

③考虑不确定性引起的忧虑价值，如自留风险，忧虑价值为10万元；如安装自动灭火装置，则忧虑价值将减少3万元；如购买含自负额的保险，则忧虑价值减少5万元；如购买全额保险，则忧虑价值减少为0。

请问：风险经理应该如何做出最佳风险管理决策？

具体步骤如下：

（一）建立损失矩阵

① 行动方案1，即 A_1：自留风险。

在 A_1 这种行动方案下，有四种自然状态：θ_1 为没有损失，θ_2 和 θ_3 为部分损失（分别为损失100万元和500万元），θ_4 为全损；在没有安装自动灭火装置的情形下，四种自然状态下相应的损失概率为：$P^1(\theta_1)=0.8$，$P^1(\theta_2)=0.1$，$P^1(\theta_3)=0.08$，$P^1(\theta_4)=0.02$；四种情形下的损失值为:a_{11}为0万元,a_{12}为100万元的设备损失,a_{13}为500万元的设备损失,a_{14}为1000万元的设备损失。其损失矩阵表见表7-3-2(1):

表7-3-2(1)　行动方案1下的损失矩阵表

自然状态 概率 行动方案	自然状态1(θ_1) $P^1(\theta_1) = 0.8$	自然状态2(θ_2) $P^1(\theta_2) = 0.1$	自然状态3(θ_3) $P^1(\theta_3) = 0.08$	自然状态4(θ_4) $P^1(\theta_4) = 0.02$
行动方案1(A_1):自留风险	$a_{11} = 0$	$a_{12} = 100$	$a_{13} = 500$	$a_{14} = 1000$

② 行动方案2,即A_2:自留风险,同时安装一套自动灭火装置。

在A_2这种行动方案下,同样是四种自然状态:$\theta_1,\theta_2,\theta_3$和$\theta_4$。由于安装自动灭火装置火灾损失分布发生变化,四种自然状态下相应的损失概率为:$P^2(\theta_1) = 0.8$,$P^2(\theta_2) = 0.1$,$P^2(\theta_3) = 0.09$和$P^2(\theta_4) = 0.01$;四种情形下的损失值为:a_{21}为0万元的生产设备损失和1万元的自动灭火装置折旧费,a_{22}为100万元的生产设备损失和1万元的自动灭火装置折旧费,a_{23}为500万元的生产设备损失和20万元的自动灭火装置损失,a_{24}为1000万元的生产设备损失和20万元的自动灭火装置损失。其损失矩阵表见表7-3-2(2):

表7-3-2(2)　行动方案2下的损失矩阵表

自然状态 概率 行动方案	自然状态1(θ_1) $P^2(\theta_1) = 0.8$	自然状态2(θ_2) $P^2(\theta_2) = 0.1$	自然状态3(θ_3) $P^2(\theta_3) = 0.09$	自然状态4(θ_4) $P^2(\theta_4) = 0.01$
行动方案2(A_2): 自留风险同时安装自动灭火装置	$a_{21} = 1$	$a_{22} = 101$	$a_{23} = 520$	$a_{24} = 1020$

③ 行动方案3,即A_3:购买保费为63万元,保额为1000万元的保险。

在A_3这种行动方案下,仍然是四种自然状态:$\theta_1,\theta_2,\theta_3$和$\theta_4$。由于并未安装自动灭火装置,四种自然状态下相应的损失概率同行动方案A_1;四种情形下的损失值为:a_{31},a_{32},a_{33}和a_{34}均为63万元的保费支出。其损失矩阵表见表7-3-2(3):

表7-3-2(3)　行动方案3下的损失矩阵表

自然状态 概率 行动方案	自然状态1(θ_1) $P^1(\theta_1) = 0.8$	自然状态2(θ_2) $P^1(\theta_2) = 0.1$	自然状态3(θ_3) $P^1(\theta_3) = 0.08$	自然状态4(θ_4) $P^1(\theta_4) = 0.02$
行动方案3(A_3): 全额保险	$a_{31} = 63$	$a_{32} = 63$	$a_{33} = 63$	$a_{34} = 63$

④ 行动方案4,即A_4:购买保费为45万元,保额为400万元的保险。

在A_4这种行动方案下,自然状态和损失概率同行动方案A_1和A_3;四种情形下的损失值为:a_{41}和a_{42}均为45万元的保费支出,a_{43}为45万元的保费支出和需要自负的100万元(500-400)生产设备损失,a_{44}为45万元的保费支出和需要自负的600万元(1000-400)生产设备损失。其损失矩阵表见表7-3-2(4)：

表7-3-2(4) 行动方案4下的损失矩阵表

自然状态 概率 行动方案	自然状态1(θ_1) $P^1(\theta_1) = 0.8$	自然状态2(θ_2) $P^1(\theta_2) = 0.1$	自然状态3(θ_3) $P^1(\theta_3) = 0.08$	自然状态4(θ_4) $P^1(\theta_4) = 0.02$
行动方案4(A_4)： 不足额保险	$a_{41} = 45$	$a_{42} = 45$	$a_{43} = 145$	$a_{44} = 645$

⑤ 行动方案5，即A_5：购买保费为48万元，自负额为100万元，保额为1000万元的保险。

在A_5这种行动方案下，自然状态和损失概率同行动方案A_1、A_3和A_4；四种情形下的损失值为：a_{51}为48万元的保费支出，a_{52}、a_{53}和a_{54}均为48万元的保费支出和需要自负的100万元生产设备损失。其损失矩阵表见表7-3-2(5)：

表7-3-2(5) 行动方案5下的损失矩阵表

自然状态 概率 行动方案	自然状态1(θ_1) $P^1(\theta_1) = 0.8$	自然状态2(θ_2) $P^1(\theta_2) = 0.1$	自然状态3(θ_3) $P^1(\theta_3) = 0.08$	自然状态4(θ_4) $P^1(\theta_4) = 0.02$
行动方案5(A_5)： 自负额保险	$a_{51} = 48$	$a_{52} = 148$	$a_{53} = 148$	$a_{54} = 148$

⑥行动方案6，即A_6：安装自动灭火装置，同时购买保费为40万元，自负额为100万元，保额为1000万元的保险。

在A_6这种行动方案下，自然状态和损失概率同行动方案A_2；四种情形下的损失值为：a_{61}为40万元的保费支出和1万元的自动灭火装置折旧费，a_{62}为40万元的保费支出、1万元的自动灭火装置折旧费和需要自负的100万元生产设备损失，a_{63}和a_{64}均为40万元的保费支出、20万元的自动灭火装置损失和需要自负的100万元生产设备损失。其损失矩阵表见表7-3-2(6)：

表7-3-2(6) 行动方案6下的损失矩阵表

自然状态 概率 行动方案	自然状态1(θ_1) $P^2(\theta_1) = 0.8$	自然状态2(θ_2) $P^2(\theta_2) = 0.1$	自然状态3(θ_3) $P^2(\theta_3) = 0.09$	自然状态4(θ_4) $P^2(\theta_4) = 0.01$
行动方案6(A_6)： 安装自动灭火装置同 时购买保险	$a_{61} = 41$	$a_{62} = 141$	$a_{63} = 160$	$a_{64} = 160$

在对上述六种方案进行综合分析的基础上，结合表7-3-2(1)至表7-3-2(6)，可以建立如下损失矩阵表7-3-3。

表7-3-3　火灾风险损失矩阵汇总表

自然状态 概率 行动方案	θ_1	θ_2	θ_3	θ_4
	$P^1(\theta_1)=0.8$	$P^1(\theta_2)=0.1$	$P^1(\theta_3)=0.08$	$P^1(\theta_4)=0.02$
	$P^2(\theta_1)=0.8$	$P^2(\theta_2)=0.1$	$P^2(\theta_3)=0.09$	$P^2(\theta_4)=0.01$
A_1	$a_{11}=0$	$a_{12}=100$	$a_{13}=500$	$a_{14}=1000$
A_2	$a_{21}=1$	$a_{22}=101$	$a_{23}=520$	$a_{24}=1020$
A_3	$a_{31}=63$	$a_{32}=63$	$a_{33}=63$	$a_{34}=63$
A_4	$a_{41}=45$	$a_{42}=45$	$a_{43}=145$	$a_{44}=645$
A_5	$a_{51}=48$	$a_{52}=148$	$a_{53}=148$	$a_{54}=148$
A_6	$a_{61}=41$	$a_{62}=141$	$a_{63}=160$	$a_{64}=160$

（二）计算损失期望值

以实例7-3-1中行动方案1的损失期望值计算为例：

$$E(A_1)=\sum_{j=1}^{4}a_{1j}P^1(\theta_j)=a_{11}\times P^1(\theta_1)+a_{12}\times P^1(\theta_2)+a_{13}\times P^1(\theta_3)+a_{14}\times P^1(\theta_4)$$

$$=0\times0.8+100\times0.1+500\times0.08+1000\times0.02=70(万元)$$

同理,可以计算其余五种行动方案下的损失期望值(见表7-3-4)。

表7-3-4　6种行动方案下的损失期望值

行动方案A_i	损失期望值$E(A_i)$
A_1	$E(A_1)=0\times0.8+100\times0.1+500\times0.08+1000\times0.02=70(万元)$
A_2	$E(A_2)=1\times0.8+101\times0.1+520\times0.09+1020\times0.01=67.9(万元)$
A_3	$E(A_3)=63\times0.8+63\times0.1+63\times0.08+63\times0.02=63(万元)$
A_4	$E(A_4)=45\times0.8+45\times0.1+145\times0.08+645\times0.02=65(万元)$
A_5	$E(A_5)=48\times0.8+148\times0.1+148\times0.08+148\times0.02=68(万元)$
A_6	$E(A_6)=41\times0.8+141\times0.1+160\times0.09+160\times0.01=62.9(万元)$

（三）考虑决策者风险偏好

例7-3-1中,如果考虑忧虑价值,假定在六种行动方案下,忧虑价值分别为W_1、W_2、W_3、W_4、W_5和W_6。根据提供的决策资料:行动方案1会产生10万元的忧虑价值,即W_1为10万元;行动方案2会产生7万元的忧虑价值,即W_2为7万元;行动方案3下没有忧虑价值,即W_3为0;行动方案4和5的忧虑价值为5万元,即W_4和W_5均为5万元;行动方案6的忧虑价值为2万元,即W_6为2万元。由此可得表7-3-5。

表7-3-5　考虑忧虑价值后6种行动方案下的损失期望值

行动方案A_i	损失期望值$E(A_i)$
A_1	$E(A_1)=70 + W_1= 70 + 10 = 80(万元)$
A_2	$E(A_2)=67.9 + W_2= 67.9 + 7 = 74.9(万元)$
A_3	$E(A_3)=63 + W_3= 63(万元)$
A_4	$E(A_4)=65 + W_4= 65 + 5 = 70(万元)$
A_5	$E(A_5)=68 + W_5= 68 + 5 = 73(万元)$
A_6	$E(A_6)=62.9 + W_6= 62.9 + 2 = 64.9(万元)$

（四）确立标准做出决策

例7-3-1中，在不考虑忧虑价值的情形下，行动方案6，即A_6——安装自动灭火装置，同时购买保费为40万元，自负额为100万元，保额为1000万元的保险，应为最优决策方案。而如果考虑忧虑价值，那么行动方案3，即A_3——购买保费为63万元，保额为1000万元的保险，应为最优决策方案。

第四节　效用期望值决策技术

一、"圣·彼得堡悖论"与最大期望效用原理

损失期望值是在相同条件下，长期大量重复试验中所得结果的平均值，这种决策技术要求现象在较长时期内维持相对稳定的概率等客观条件；决策不是解决一次性问题，而是解决多次重复的问题；且一次或几次决策失误并不会造成严重后果。换句话说，这种决策技术是在较长时期内多次重复决策下的最优决策。因此，其应用存在一定的局限性。除此之外，我们也讨论了，这种仅以损失期望值大小为决策标准的技术，忽略了决策者的经验能力等主观因素，尽管忧虑价值一定程度上修补了这种技术存在的缺陷，但是忧虑价值额的确定仍然是一个问题。

18世纪，著名数学家丹尼尔·伯努利的表兄尼古拉·伯努利提出了一个悖论，称为"圣·彼得堡悖论"（St Petersburg Paradox），其目的是挑战当时以金额期望值，如平均回报或平均损失作为决策依据的标准。1738年，丹尼尔·伯努利对此进行了解释，并提出了著名的最大期望效用原理（见【延伸阅读】"圣·彼得堡悖论"与最大期望效用原理）。

【延伸阅读】"圣·彼得堡悖论"与最大期望效用原理

二、效用期望值决策技术的原理

效用期望值决策技术正是基于效用理论的一种风险型决策技术。同损失期望值决策技术类似，它仍然需要依据各种方案在不同自然状态下的损失概率分布，所不同的是，其

不再依据各方案的损失期望值大小进行决策,而通过考察决策者对损失金额的主观效用价值判断,建立效用函数,并计算各方案的损失效用期望值,以效用期望值大小为最终决策依据。

三、效用期望值决策技术的基本步骤

(一)构建效用函数

可以参照本章第二节部分介绍,采用标准测量法构建决策者的效用函数。

(二)建立效用矩阵

在完成决策者效用函数的构建工作之后,接下来就需要建立各行动方案下的效用矩阵(见表7-4-1),它是在损失矩阵的基础上构建的,差别主要在于效用矩阵计算的不是损失值 a_{ij},而是损失的效用值 $u(a_{ij})$。

表7-4-1　效用矩阵表

自然状态 \ 概率 \ 行动方案	自然状态1(θ_1)	自然状态2(θ_2)	…	自然状态n(θ_n)
	$P(\theta_1)$	$P(\theta_2)$	…	$P(\theta_n)$
行动方案1(A_1)	$u(a_{11})$	$u(a_{12})$	…	$u(a_{1n})$
行动方案2(A_2)	$u(a_{21})$	$u(a_{22})$	…	$u(a_{2n})$
…	…	…	…	…
行动方案m(A_m)	$u(a_{m1})$	$u(a_{m2})$	…	$u(a_{mn})$

(三)计算效用期望值

在效用矩阵的基础上,运用效用期望值公式(7-4-1),逐项计算各行动方案下的效用期望值:

$$EU(A_i) = \sum_{j=1}^{n} u(a_{ij}) P(\theta_j) \tag{7-4-1}$$

(四)确立标准,做出决策

效用期望值决策技术以损失的效用期望值为决策的依据,损失效用期望值最小的方案为最佳决策方案。

四、一个实例

下面我们通过一个实例来加以具体介绍。

➤ **例7-4-1**

企业有一幢可能遭遇火灾风险的建筑物,其最大可保损失是100万元。设其没有不可保损失。针对火灾风险,可供风险经理选择的风险应对方案如下:

(1)自留风险;

(2)购买保费为0.5万元,保额为50万元的保险;

(3)购买保费为1万元,保额为100万元的保险。

根据历史损失数据估计,在有安装自动灭火装置的情形下,火灾损失分布如下表所示:

损失金额(单位:万元)	0	1	5	10	50	100
损失概率	0.7	0.2	0.08	0.017	0.002	0.001

请问:风险经理应该如何做出最佳风险管理决策?

(一)构建效用函数

我们以本章第二节中构建的决策者效用函数为例。

(二)建立效用矩阵

根据例7-4-1中三个行动方案完成如下损失矩阵表(见表7-4-2)。

表7-4-2　各行动方案下的损失矩阵表

状态 概率 方案	θ_1	θ_2	θ_3	θ_4	θ_5	θ_6
	0.7	0.2	0.08	0.017	0.002	0.001
A_1	0	1	5	10	50	100
A_2	0.5	0.5	0.5	0.5	0.5	50.5
A_3	1	1	1	1	1	1

在表7-4-2中,除$u(0.5)$和$u(50.5)$之外,其余各损失效用值可直接根据上一步中构建的效用函数填写。$u(0.5)$和$u(50.5)$的效用值有两种计算方法:第一种是继续运用标准测定法来测定该决策者在损失0.5万元和50.5万元时的效用值;第二种则是用线性插值法进行近似计算。以$u(0.5)$近似计算为例,因为0.5万元损失位于0万元和1万元之间,因此$u(0)<u(0.5)<u(1)$,即$0<u(0.5)<0.08$,

由线性插值公式得:$\dfrac{u(0.5)-u(0)}{0.5-0}=\dfrac{u(1)-u(0)}{1-0}\Rightarrow u(0.5)=0.04$

同理可得:$\dfrac{u(50.5)-u(50)}{50.5-50}=\dfrac{u(100)-u(50)}{100-50}\Rightarrow u(50.5)=0.703$

由此可得各行动方案下的效用矩阵表(见表7-4-3)。

表7-4-3　各行动方案下的效用矩阵表

状态 概率 方案	θ_1	θ_2	θ_3	θ_4	θ_5	θ_6
	0.7	0.2	0.08	0.017	0.002	0.001
A_1	0	0.08	0.22	0.3	0.7	1
A_2	0.04	0.04	0.04	0.04	0.04	0.703
A_3	0.08	0.08	0.08	0.08	0.08	0.08

（三）计算效用期望值

以行动方案A_1的效用期望值计算为例：

$$EU(A_1) = \sum_{j=1}^{6} u(a_{1j}) P(\theta_j)$$
$$= 0 \times 0.7 + 0.08 \times 0.2 + 0.22 \times 0.08 + 0.3 \times 0.017 + 0.7 \times 0.002 + 1 \times 0.001$$
$$= 0.0411$$

同理可知$EU(A_2) = 0.0407$，$EU(A_3) = 0.08$

（四）确立标准，做出决策

由此可知，实例7-4-1的三个备选方案中，$EU(A_2) < EU(A_1) < EU(A_3)$，因此行动方案2，即$A_2$——购买保费为0.5万元，保额为50万元的保险，为最佳决策方案。

【微视频】
风险管理决策
方法

【第七章小结】

【第七章练习】

第八章
如何组织实施风险管理

【案例导读】
中央企业年度
风险管理报告

▶ **章节导图**

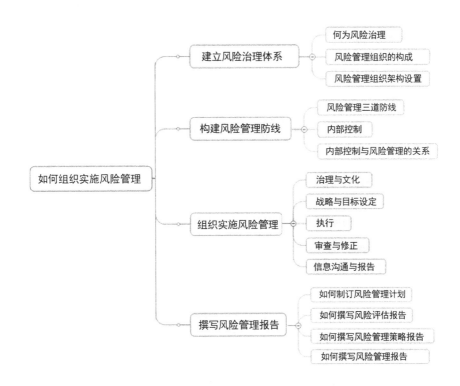

第一节　建立风险治理体系

一、何为风险治理

先把治理和管理的概念做一下区分：现代管理学认为，企业有两个权——所有权和经营权，两者是分离的。企业管理是建构在企业"经营权层次"上的一门科学。与此相对应的，公司治理则是建构在企业"所有权层次"上的一门科学。企业管理重在围绕企业生产经营目标开展计划、组织、指挥、协调、控制等活动，而企业治理则强调权利与职责的监督和制衡。

朱长春在《公司治理标准》一书中形象地将一个企业形容为一个人，全体股东投资成立有限公司形式的企业法人，董事会是企业的"大脑"，总经理是企业的"心脏"，总经理辖制的各部门是企业的"五脏六腑及肢体器官"，监事会是企业的"免疫力系统"，公司治理结构则是企业的"神经系统"。

从上述对比中可以看出，风险管理是基于企业经营权的一项针对风险的管理活动，而风险治理则是基于企业所有权，董事会、高级管理层、业务条线、风险管理各部门之间在风险管理职责方面的监督和制衡机制，它是公司治理框架的一部分。

20世纪90年代以后，西方国家的金融服务业、公用事业、能源行业等风险密集领域的大型企业大都开始建立风险治理体系，许多企业还设立了首席风险官。风险交流专家咨询小组（AGRC）和世界大型企业联合会所做的《全球风险管理调查报告》（2007）显示，《财富》500强企业中，已经有80%的企业在其董事会内部建立或部分建立了风险管理制度，50%的企业已经成立了负责全面风险管理的团队。经过十几年的探索和研究，国际知名大企业已经基本建立起比较完善的风险管理制度，对公司面临的各种风险进行系统考虑，整合管理。全面风险管理的理念已经得到全球企业界的普遍认同。

二、风险管理组织的构成

风险管理组织，是指为实现风险管理目标而设置的内部管理组织结构、管理体制和领导机构，它是风险治理体系的重要载体。

风险管理组织构成包括董事会及风险管理委员会、监事会、高级管理层和首席风险官、风险管理部门和各事业部风险官、内部控制部门。关于内部控制将在第八章第二节中单独介绍。

（一）董事会及风险管理委员会

在现代企业治理机制下，企业所有权与经营权分离，董事会受托于公司股东，成为公司治理结构的重要组成部分。董事会向股东大会负责，是公司的最高决策机构。

董事会要根据自身情况单独或合并设立其专门的风险管理委员会,具体负责监督高级管理层关于各类风险的控制情况,对公司风险决策、管理状况和风险承受能力进行定期评估,提出完善的公司风险管理和内部控制意见。

(二)监事会

监事会是公司的内部监督机构,对股东大会负责。监事会对董事会、高级管理层履职尽职的情况进行监督并向股东大会报告。同时,监事会还负责对公司财务活动、经营决策、风险管理和内部控制进行监督。

监事会需要处理好与董事会、高级管理层之间的关系,加强相互理解、沟通与协调,充分听取对内部监督工作的要求、意见和建议,避免重复检查,不干预正常的经营管理活动,扩展对风险管理监督工作的深度和广度,更加客观、全面地对组织的风险管理能力和风险状况进行监督、评价。

(三)高级管理层和首席风险官

高级管理层向董事会负责,是公司的执行机构。其按照董事会的要求,及时、准确、完整地向董事会报告有关公司经营业绩、财务状况、风险状况和经营前景等情况。

同时,在高级管理层层面,设立首席风险官,具体负责组织实施公司的风险管理工作。首席风险官负责公司的全面风险管理,并可以直接向董事会及其风险管理委员会报告。首席风险官应当具有完整、可靠、独立的信息来源,具备判断公司整体风险状况的能力,及时提出改进方案。首席风险官的聘任和解聘由董事会负责并及时向公众披露。

(四)风险管理部门和各事业部风险官

风险管理部门在高管层(首席风险官)的领导下,负责建设完善风险管理政策制度、工具方法、信息系统等风险管理体系,组织开展各项风险管理工作,对公司承担的风险进行识别、计量、监测、控制、缓释及提供风险敞口的报告,促进公司稳健经营、持续发展。

在风险管理部门层面,事业部设立风险官和风险管理团队,负责事业部范围内的风险管理工作。各事业部的风险官和风险管理团队对总部首席风险官和事业部负责人双线报告,对总部首席风险官直接负责,接受首席风险官的垂直管理,从而保证风险管理工作贯穿在各事业部业务经营管理中并保持独立性。

三、风险管理组织架构设置

企业的风险管理组织结构因企业而异。按照董事会及风险管理委员会、监事会、高级管理层和首席风险官、风险管理部门和各事业部风险官权责分配的原理,当前较为流行的企业全面风险管理组织结构一般按照如下架构进行设置(见图8-1-1)。

这一组织架构的最大特点是从纵、横双向出发,分别构建三层级风险管理组织和三道风险管理防线。从纵向来看,最高层为董事会、监事会层,在董事会下设董事会风险管理委员会,以及独立的董事会内部审计委员会;中间层为高级管理层,设置首席风险官、首席内部审计官和风险管理委员会;最底层为业务

【微视频】
风险治理体系

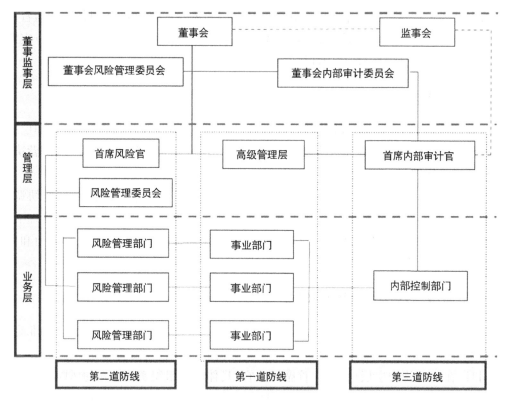

图 8-1-1　风险管理组织架构

层,按照业务单元分别设置业务部风险主管、风险管理部门、内部控制部门。从横向来看,在前台各业务单元构建第一道风险管理防线,在中台的风险管理部门构建第二道风险管理防线,在后台的内部控制部门构建第三道防线。

第二节　构建风险管理防线

一、风险管理三道防线

在企业组织机构层面,构建企业风险管理的三道防线,这是全面风险管理体系建设阶段普遍的做法。三道防线(three lines of defense)具体是指将企业的业务部门即前端部门作为风险管理的第一道防线;企业风险管理职能机构作为风险管理的第二道防线;企业的内部审计职能机构作为风险管理的第三道防线。在 2017 年 COSO 发布的《企业风险管理框架》附录部分就提到了风险管理责任落实的第一道防线是核心业务部门(core business);第二道防线是支持职能部门(supporting function);第三道防线是保证职能部门(assurance function)。

【延伸阅读】
商业银行的三
道防线建设

除了专业风险管理部门,巴塞尔委员会 2015 年发布的《银行公司治理原则》强调了"三道防线"在风险管理流程中的作用,指出风险治理框架中应包括"三道防线"及清晰的职责描述。

在下图中,我们提供了中国工商银行的全面风险管理组织架构与三道防线。

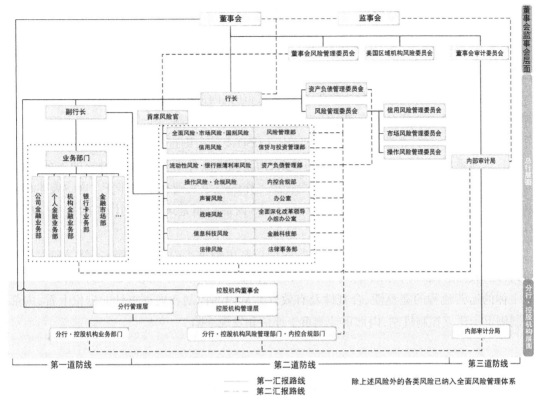

图8-2-1 中国工商银行的全面风险管理组织架构与三道防线

二、内部控制

1992年9月,COSO委员会发布了《内部控制——整合框架》,将内部控制定义为:内部控制是由董事会、管理层和其他员工实施的,旨在为经营的有效性和效率、财务报告的可靠性、法律法规的遵循性等目标的实现提供合理保证的过程。

从这一定义看,内部控制的目标主要包括以下三类:第一类目标针对企业的基本业务,包括业绩和盈利目标及资源的安全性;第二类目标关于编制可靠的公开发布的财务报表,包括中期和简要的财务报表及从这些公开发布的报表中精选的财务数据,例如业绩公告;第三类目标是关于企业所适用的法律及法规的遵循设计。

为实现上述目标,企业应当建立起包括控制环境、风险评估、控制活动、信息与沟通、监控五个要素在内的内部控制体系。如果将内部控制体系构成要素与2004版《企业风险管理框架》中关于风险管理体系构成要素进行对比,可以发现,风险管理体系的构成要素不仅完全囊括上述五要素,还包括了目标设定、事件识别和风险响应三要素。

三、内部控制与风险管理的关系

在相当长的一段时间内,对于风险管理和内部控制的理解存在诸多混淆和争议。不少企业误认为风险管理就是内部控制,企业建立了内部控制体系,就不再需要建立风险管理体系,或者已经建立了风险管理体系,就等同于具备了内部控制体系。但实际上,风险管理和内部控制并不完全一致。

对于两者的关系,COSO委员会在2013年发布的《内部控制框架》(更新版)中做出如下解释:"企业风险管理是企业治理中的组成部分,企业内部控制是企业风险管理中的组成部分"。而在2017版的《企业风险管理框架》中,COSO委员会则进一步明确,内部控制体系和风险管理体系并不是相互代替或取代的关系,而是侧重点各不相同,相互补充的关系,同时内部控制作为企业控制体系,是企业风险管理工作的一个基础和组成部分。这一表述与巴塞尔委员会《有效银行核心监管原则》(2012)中"内部控制是风险管理体系的有机组成部分"完全一致。

与风险管理采用的方法和手段不同,内部控制更侧重于内部各层级、各部门和人员之间,合理构建相互联系和相互制约关系,以达到控制风险的目的。此外,内部控制更多聚焦于主体的运营流程的完整性、合规性及有效性。从内部控制和内部审计的定位上看,内部控制侧重于建立控制机制,内部审计侧重于评估和发现缺陷。

第三节　组织实施风险管理

根据COSO委员会2017年最新发布的《企业风险管理框架》,企业风险管理应包括治理与文化、战略与目标设定、执行、审查与修正、信息沟通与报告五大要素[①]。

一、治理与文化

治理与文化是风险管理的基石。在治理方面,确定了公司的基调,强调了公司风险管理的重要性和监督责任。在文化方面,则包含了公司内部的道德价值观、理想行为及对风险的理解。

在治理方面,首先是强调董事会对风险的监督,并明确了监督原则。为实现董事会专业性、独立性职责的落实,要求董事会具备风险管理监督能力和整合风险管理能力,并能够定期自我审查机制的建立及运行情况,查找公司管理问题,克服公司管理偏见。其次是推动建立适应企业管理的运营架构,促进企业全体人员组织和实施风险管理活动,并与企业的核心价值始终保持一致。

在文化方面,强调定义期望的企业文化,反映企业的核心价值、行为和决策等企业特质。要求董事会及管理层建立一种激发企业所有员工创造力、帮助员工树立正确价值观的

①周庆华.COSO企业风险管理框架及其对我国企业强化风险管理的启示[J].企业改革与管理,2019(17).

企业文化,突出强调企业文化和风险管理、企业行为和决策及内外部环境的关系。同时,清晰体现对核心价值观的承诺,使核心价值观贯穿于企业所有的经营管理行为和决策过程,突出强调风险文化的融入、问责机制,沟通渠道和价值观偏差管理。在吸引并留住优秀人才方面,在企业人力需求评估的基础上,通过人才的吸引、发展、留住、奖励,满足企业风险管理岗位人员的实际需求。

二、战略与目标设定

战略与目标设定可以清晰展现风险管理的目的,揭示风险、战略与目标之间的关系。其中企业风险偏好的设定以战略为基础并与其保持一致;商业目标是对战略的分解,并为风险的识别、评估及应对奠定基础。

战略与目标设定主要强调环境分析、风险偏好对公司管理资源配置的作用,所选择的战略与其风险承受能力的匹配情况。此外,企业目标的设定还要根据重要性等因素设置容忍度并遵循成本效益原则。其中,风险偏好指导的企业资源优化配置能够与企业的使命、愿景及核心价值观保持一致;制定业务目标时要形成具体、可衡量、可实现和具备关联性的业务目标。

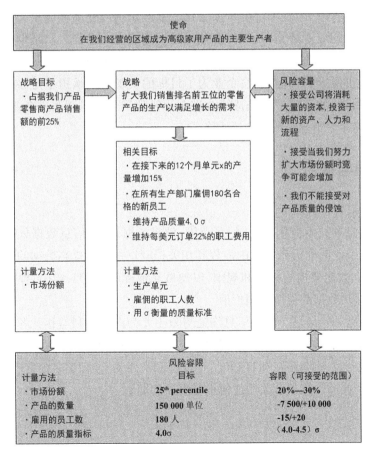

图8-3-1 某企业风险管理战略和目标的设定[1]

①[美]COSO.企业风险管理——应用技术[M].张宜霞,译.大连:东北财经大学出版社,2006:29.

三、执行

执行是风险管理的主要内容,其重点是对影响战略和业务目标实现的风险进行识别,用风险组合的观点对识别的风险进行评估。在评估的基础上,结合风险偏好,按照严重程度进行排序,确定不同级别风险的应对措施,突出风险识别、风险评估、风险排序和风险应对的方法技术,完善风险组合观理念,实现识别、评估、排序、应对的全流程风险管理。在执行中,需要建立风险组合观,即最小整体—风险观、有限整体—风险类别观、部分整体—风险概况观、全部整体—风险组合观及全局和业务两个角度层级的风险偏好、所承担的风险类型、风险数量,强调风险组合观的层次、风险组合观的构建及风险组合观的调整,将风险应用在部门间资源的分配和业务目标的调整上,并适时调整风险组合观。

四、审查与修正

审查与修正就是风险管理的监督,可以帮助企业更有效地利用风险管理来应对内外部环境变化的影响,保障企业的稳定与发展,淡化风险监督的色彩,强调对企业经营运行情况的审查。通过关注内外部环境变化,评估企业管理目标和绩效完成情况,从而发现风险管理改进的内容:一是评估内外部环境重大变化。强调识别内外部环境重大变化、评估其影响并提出针对变化的应对措施,是提高企业风险管理能力的过程。二是审查风险与绩效。强调将风险审查融入企业的管理过程,重点关注企业是否按预期执行并实现了目标,以及哪些风险的发生可能影响目标绩效,企业为了目标的实现是否承担了足够的风险,以确保预期的风险管理目标的实现。三是持续改进企业风险管理。强调改进企业风险管理的效率和实用性,这贯穿于企业经营管理的始终。

五、信息沟通与报告

信息沟通与报告包含以下内容:

一是强调信息和技术应用,包括信息范围、信息数据来源、信息数据分类、信息数据管理等内容。要求企业明确信息管理的流程和相关控制以帮助其提高数据的质量,加强数据的可靠性,并建立数据架构的标准和规则,以便可靠地读取、分类、索引、检索数据,并实现数据共享,从而保护数据的长期使用价值。

二是强调沟通风险信息。明确信息沟通对象主要为内外部利益相关者、信息沟通内容针对内部利益相关者,沟通内容主要为企业风险管理的重要性及价值、企业文化及核心价值、企业战略及目标、风险偏好和容忍度、管理层和员工对企业风险与绩效管理的总体期望、管理层对与企业风险管理有关的任何重要事项的期望。

第四节 撰写风险管理报告

在企业风险管理的实践过程中,有四种常见的风险管理文书:风险管理计划、风险评估报告、风险管理策略报告和风险管理报告。本节着重介绍这四种文书及其撰写方法。

一、如何制订风险管理计划

风险管理计划,是指为更好地指导企业开展与组织实施风险管理活动,而预先制订的行动方案或规划。"凡事预则立",制订一个完整的风险管理计划对顺利实现风险管理目标是非常有必要和有帮助的,它阐述了企业进行风险管理的意义和重要性,能够将企业的风险管理目标和要求传达给每一位员工,明确风险管理部门权责地位,协调企业各部门机构,确立企业评估风险和应对风险的基本方针政策。

一份完整的风险管理计划应包括以下内容:

①目标。在计划期内,企业风险管理要实现的目标。

②现状和问题。企业风险管理体系建设和风险管理实施的现状与问题。

③内容。在计划期内,企业将重点展开的风险管理活动,包括如何进行风险识别、风险分析、风险评估和风险应对等。这是风险管理计划的重点。

【案例导读】
精细化工公司
的风险管理计
划书

④保障机制。为保证上述风险管理活动得以顺利实施,企业应创造和提供的条件,包括加强企业风险管理文化和规章制度建设、风险管理的组织架构与保障机制建设、风险管理人员组织和相关经费投入等。

⑤考核与奖惩。为保证计划顺利实施,建立相应的监督和考核评价机制。

二、如何撰写风险评估报告

风险评估报告往往针对企业某一具体的经营管理活动,例如,企业进行重大战略决策调整,或者实施重大项目活动等,通过实施风险识别与风险评估,提出合适的风险应对策略建议。风险评估报告的核心在"评"。

一份完整的风险评估报告一般包括以下内容:

①待评估对象概况。例如,撰写项目风险评估报告时,一般先要介绍项目的名称、来历、背景、内容、意义等,以便报告使用者更好地了解此项评估的目的和意义。

②评估概况。包括评估的基本原则、评估组织、评估范围、评估过程。

③风险识别。识别待评估对象面临的潜在风险,识别风险主要采用的技术手段;进行风险分析,包括造成风险的风险源、风险因素、风险事件,它们之间的内在联系。

④风险评估。对风险发生的可能性和危害程度逐项进行评估,明确评估采用的评估手段,分析评估结果,包括风险的等级和管理的顺序等。

⑤应对策略。针对风险评估的结果,提出合理的风险应对策略。

⑥评估总结。对评估活动进行总结，告知评估报告的使用者在阅读和使用报告时应注意的事项，包括评估结果可能产生的偏差及其缘由等。

三、如何撰写风险管理策略报告

风险管理策略报告更像是提供给企业风险管理人员的一份操作手册。策略报告清晰地告诉风险管理人员具体的工作职责与内容。有关风险管理策略报告的格式内容，可以参考右侧【延伸阅读】中的样式。

【延伸阅读】
风险管理策略
报告推荐样式

四、如何撰写风险管理报告

风险管理报告是对企业全部风险管理活动的一次全面总结，它不仅包括企业的风险管理计划及其执行情况、企业的风险管理体系，还包括风险管理流程及其执行情况，例如，风险的识别、分析、评估、应对和控制、监督和改进，以及下一步的风险管理规划。

撰写风险管理报告时，可参照下方【延伸阅读】中的样式。

【延伸阅读】
ABC公司的风险
管理策略报告

【延伸阅读】
风险管理报告
推荐样式

【第八章小结】

【第八章练习】

专题篇

第九章
市场风险管理

【案例导读】
耐克公司如何
度量市场风险

► **知识目标**

通过本章的学习,您可以了解或掌握

1. 市场风险的概念和种类。

2. 市场风险的特征与成因。

3. 市场风险度量的主要工具及方法。

4. 风险价值方法。

5. VaR 的方差—协方差算法。

6. 风险价值方法的应用。

► **章节导图**

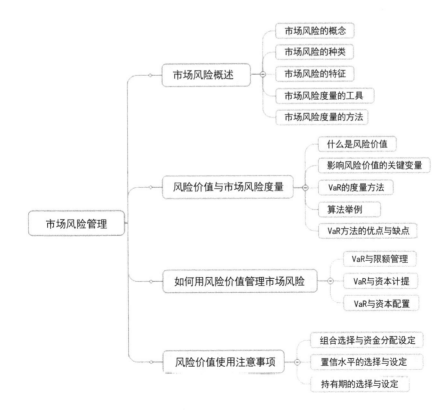

第一节 市场风险概述

一、市场风险的概念

在20世纪七八十年代之前,市场风险并没有像信用风险那样得到金融机构和监管部门的重视,包括1988年的《巴塞尔协议》也只局限于信用风险管理。然而自20世纪七八十年代以来,随着金融衍生产品的大量创新和广泛使用,加上金融自由化、全球化、资产证券化等的兴起,金融机构表外业务越来越重要,金融机构面临的市场风险大大增加(见表9-1-1)。市场风险管理不善导致金融机构破产倒闭的事件时有发生,因此,巴塞尔委员会在1996年颁布的《资本协议市场风险补充规定》中首次将市场风险纳入资本要求范围。在《巴塞尔协议 II》和《巴塞尔协议 III》中,市场风险都被视为金融机构极为重要的关键风险之一进行管理。

表9-1-1 20世纪90年代以来的银行重大金融市场风险损失情况

公司名称	发生时间	损失额	交易内容
日本富士银行	1991年5月	430亿日元	股票交易
日本第一劝业银行	1991年12月	30亿日元	外汇交易
英国巴林银行	1995年2月	13亿美元	股指期货交易
日本大和银行	1995年9月	11亿美元	美国债券交易
国民西敏寺银行	1997年3月	1.4亿英镑	期权交易
长期资本管理公司	1998年9月	43亿美元	债券交易
爱尔兰联合银行	2002年2月	6.9亿美元	外汇交易
澳洲银行	2004年1月	1.4亿美元	期权交易

市场风险是指由于市场条件的不利变动,而给投资交易组合未来收益所带来的不确定性。其中的市场条件,又称为市场因子或市场变量,它是造成投资交易组合价值波动的风险因子,具体包括市场利率、汇率、证券价格和商品价格等。在1996年《资本协议市场风险补充规定》中,巴塞尔委员会将"市场风险"定义为"市场价格波动而导致表内和表外头寸损失的风险"。

二、市场风险的种类

根据市场条件的不同,市场风险可以划分为利率风险、汇率风险、证券价格风险和商品价格风险等。例如,中国银监会2004年发布的《商业银行市场风险管理指引》(简称《指引》)中将市场风险定义为"市场价格(利率、汇率、股票价格和商品价格)的不利变动而使银行表内和表外业务发生损失的风险"(见表9-1-2)。2015年中国保监会正式发布的"中国风险导向的偿付能力体系"(简称《偿二代》)中将市场风险定义为"由于利率、权益价格、房地产价格、汇率等不利变动,保险公司遭受非预期损失的风险"。从市场风险囊括的种类来看,《指引》和《偿二代》的表述十分相似,不过《偿二代》中特别强调了非预期损失才能称为风险,而《指引》则认为不管是预期还是非预期的损失均应称为风险。

表9-1-2　市场风险的种类

类别	市场因子	适用范围
利率风险	利率	固定利率证券、浮动利率证券、零息票据、不可转换优先股、混合工具等
汇率风险	汇率	外汇、黄金、特别提款权等
证券价格风险	证券价格	股票、金融衍生产品(期货、期权、掉期等)
商品价格风险	商品价格	在有组织市场上交易的实物产品,如农产品、石油

三、市场风险的特征

(一)双向波动性

市场风险主要由利率、汇率、证券价格和商品价格等市场因子的变动引起,这些市场因子都具有双向波动的特征,即市场因子波动既有可能造成机构损失,也有可能带来盈利。

(二)风险可测性

与信用风险、操作风险等其他类型的金融风险相比,市场风险具有信息较为公开透明、交易数据可获得性强、易于使用数理统计模型等定量方法进行风险度量的特征,市场风险度量方法相对比较成熟。

(三)肥尾效应

肥尾效应,也称为厚尾效应,是指金融市场风险中极端行情事件发生的概率往往要大于正态分布假定下尾部事件发生的理论概率。因此金融市场的肥尾特征容易使正态分布假定下风险价值计量结果被低估。

四、市场风险度量的工具

市场风险管理的基础和核心是对市场风险的度量。根据市场风险度量对象的不同,市场风险度量的主要工具有以下几类(见表9-1-3)。

表9-1-3　市场风险度量的主要工具

度量对象	度量工具
风险发生的可能性	概率分布
风险的影响范围	风险敞口、缺口
对风险因子的敏感程度	贝塔系数、久期和凸性、希腊字母法
风险因子的波动性	方差、标准差、变异系数
风险因子波动的关联性	相关系数、协方差
风险值	VaR
尾部风险	极值

145

五、市场风险度量的方法

市场风险度量方法非常丰富。从最初的基于市场组合名义价值的名义值度量法,逐渐过渡到基于市场价值的灵敏度方法、波动性方法、VaR方法、压力测试和极值分析方法等,形成了一整套系统成熟的度量体系。其中,当属灵敏度方法、波动性方法和VaR方法最具代表性。在本章节的后半部分,将重点介绍市场风险度量的VaR方法。这里简单介绍一下灵敏度方法、波动性方法、压力测试和极值分析方法等。

灵敏度方法,该方法利用金融资产价值对市场因子的灵敏度来测量风险大小,标准的市场因子包括利率、汇率、股票指数和商品价格等。对于市场因子的特定变化量,灵敏度表示当市场因子变化一个百分数单位时金融资产价值变化的百分数。灵敏度越大的金融资产,受市场因子变化的影响越大,风险也越大。实际操作中,常用的灵敏度指标包括:针对债券(或利率性金融资产)的久期和凸性,针对股票的 β,针对衍生金融工具的 Delta、Gamma、Theta、Vega、Rho 等希腊字母法。灵敏度方法比较适合简单金融工具(单一产品、单一风险)在市场因子变化较小的情形,对于复杂的证券组合及市场因子的大幅度波动情形,其准确性较差。

波动性方法,风险可以表示为实际结果偏离预期结果的程度,即波动性,而衡量波动性最常用的方法是测算方差或标准差。自从 1952 年马科维茨提出了基于方差为风险度量的最优资产组合选择理论后,方差就成了一种极具影响力的经典的金融风险度量工具。方差计算简便,易于使用,而且已经有了相当成熟的理论。不过波动性方法存在两个主要缺点:一是只描述了收益的偏离程度,没有描述偏离的方向,而实际中人们最为关心的是负偏离(损失);二是波动性并没有反映证券组合的损失大小,而且也不能给出损失发生的概率。

实际金融市场中,常常出现一些市场崩溃、金融危机、政治剧变或自然灾害等极端情形,此时正常市场环境下的 VaR 方法将难以适用,而压力测试和极值分析方法则可以形成补充。压力测试是测量市场因子发生极端不利变化时,金融机构或组合证券的损失大小,包括识别那些会对金融机构产生致命损失的情景,并评估那些情景对金融机构的影响。极值分析则是通过对收益的尾部分布进行统计分析,从另一个角度估计极端市场条件下金融机构的损失。

【延伸阅读】
情景分析和压力测试

第二节　风险价值与市场风险度量

一、什么是风险价值

风险价值,又称在险价值(value at risk,简称 VaR),是指在正常市场条件下,在设定的置信水平和持有周期内,资产组合所面临的最大可能损失。假定资产组合在当前时刻 t 的初始价值为 $V_0(t)$,在持有 Δt 时期后的价值为 $V(t + \Delta t)$,那么在给定置信水平为 α 时的 VaR,可用数学公式表示为

$$\text{Prob}(\Delta V < -VaR) = 1 - \alpha \qquad\qquad (9\text{-}2\text{-}1)$$

其中：Prob 表示概率测度；$\Delta V = V(t + \Delta t) - V_0(t)$，表示组合在持有期 Δt 内的损失。

因为 VaR 刻画的是一个损失值，因此计算结果往往是负的，这在使用时不太便利，为了使 VaR 的最终测算结果表述为一个正值，在公式中记为 $-VaR$。

VaR 值越大，说明组合的风险越大。举例来说：在 95% 置信水平下，一个投资者持有价值 100 万元的证券组合 30 天的风险价值 VaR=5 万元。意思是指：有 95% 的概率把握（或者可靠性水平为 95%），该投资者的证券组合在 30 天内遭受的最大损失不会超过 5 万元。或者也可以理解为：该投资者的证券组合在 30 天内损失超过 5 万元的概率不会超过 5%。

很显然，VaR 为金融机构的资产组合提供了一个单一风险度量结果，而这一度量恰恰能体现金融机构的整体风险，这对金融机构的高管及金融机构的监管者来讲意义重大。根据 J.P. 摩根公司 1994 年年报披露，该公司 1994 年平均每天的 95%VaR 值为 1500 万美元。对 J.P. 摩根公司的管理者来讲，这一结果清晰直观地告诉他整个公司当前面临的整体风险规模。

【延伸阅读】
风险价值的来历

二、影响风险价值的关键变量

从以上表述可知，VaR 的结果取决于以下四个关键变量。

（一）组合价值

组合的自身价值大小，记符号为 V。在假定其他变量相同的情形下，组合自身价值越大，VaR 结果必然越大。例如，价值 100 万元投资组合的 VaR，在同等条件下，必定大于价值 10 万元组合的 VaR。

（二）波动性

组合中市场因子的波动性，即标准差，记符号为 σ。波动性与 VaR 结果成正比：波动性越大，VaR 值越大；反之则越小。

（三）置信水平

给定置信水平 α 下的（单侧）置信下限，记符号为 Z_α。置信水平，也称置信度或可靠程度，是指总体参数值落在样本统计值某一区内的概率。在同等条件下，估计 VaR 结果设定的置信水平越高，Z_α 的绝对取值就越大，组合的 VaR 值也越大。Z_α 可以解释为一个 VaR 的风险放大系数，估计 VaR 达到的精度越高，风险放大系数就会越大。例如，在 99% 和 95% 两种不同的置信水平设定下，假定分布类型为标准正态分布，99% 置信水平对应的置信下限 $Z_{\alpha=0.99} = -2.33$，而 95% 置信水平对应的置信下限 $Z_{\alpha=0.95} = -1.65$，因此置信水平 99% 下估计的 VaR 结果必定大于 95% 下的设定结果，因为前者的风险放大系数为 2.33 倍，而后者为 1.65 倍（见表 9-2-1）。

表9-2-1　标准正态分布假定下不同置信水平的置信下限

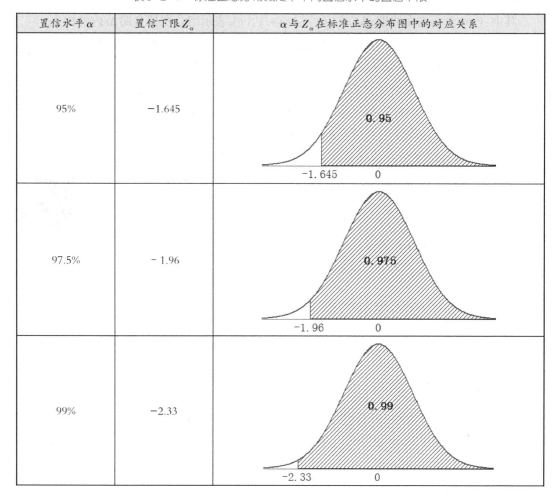

置信水平α	置信下限 Z_α	α 与 Z_α 在标准正态分布图中的对应关系
95%	−1.645	0.95　−1.645　0
97.5%	−1.96	0.975　−1.96　0
99%	−2.33	0.99　−2.33　0

(四)持有期

持有周期,也称展望期。持有周期长短,记符号为 Δt。在同等情形下,持有周期长短与 VaR 估计的结果成正比:持有周期越长,风险越大,VaR 值越大;反之则越小。

综上可知,VaR 是关于上述四个变量的一个函数,即

$$VaR = f(V, \sigma, Z_\alpha, \Delta t) \qquad (9-2-2)$$

在不同的 VaR 估算方法下,VaR 的上述 $f(V, \sigma, Z_\alpha, \Delta t)$ 的具体表达形式也各不相同。

三、VaR的度量方法

(一)算法原理

VaR 的算法种类繁多,比较有代表性的方法有:方差—协方差法、历史模拟法和蒙特卡洛模拟法等。这里重点介绍方差—协方差法。

方差—协方差法(variance-covariance method),又称分析方法,它利用证券组合的价值函数与市场因子间的关系,通过模拟市场因子的统计分布,来测算 VaR。该方法估算 VaR

的核心在于构建市场因子的方差—协方差矩阵,因而得名方法—协方差法。需要注意的是,方差—协方差法是一大类方法的总称而不是特指一种方法,这类方法包括大量的Delta-类模型和Gamma-类模型。与历史模拟法和蒙特卡洛模拟法采用的全值估计思路所不同,这类方法有以下共同特征:均依赖于市场因子的方差—协方差矩阵;均需要对市场因子的分布类型做出假定(最典型的如正态分布),属于参数方法;采用局部估值等。因此被归为一类。

确定市场因子分布的方法主要有两种:一是直接根据收益率来确定,称为收益率映射估值法,这是最基础的一类方法;二是由于现实中资产组合包含的金融工具种类和数量繁多,直接使用收益率映射估值法比较困难,一般使用映射将组合未来的价值表示为市场因子的函数,然后通过市场因子的变化来估计组合未来的损益分布,这种方法称为市场因子映射估值法。由于第一种方法最为基础,因而本知识点以下部分重点介绍基于收益率映射的VaR方差—协方差算法。

(二)测算公式

根据衡量对象参照标准的差异,风险价值可以分为绝对风险价值和相对风险价值。区分两者的关键在于正确理解绝对风险和相对风险,绝对风险价值是对绝对风险的衡量,而相对风险价值则是对相对风险的衡量。绝对风险以初始价值为参照对象,相对风险则以平均值或期望值为参照对象(见第一章第三节)。因此,绝对风险价值(记为VaR_1),是指以组合最初投资价值为基准测算的最大可能损失值,是对资产价值绝对损失的度量,也称为零值VaR;相对风险价值(记为VaR_R),是以组合期望值(或均值)为基准测算的最大可能损失值,是对资产价值相对损失的度量,也称为均值VaR。

先给出绝对VaR和相对VaR算法公式的结论:当给定置信水平为α,持有周期为Δt,证券组合初始投资价值为V_0,投资收益率r满足期望值为μ,标准差为σ的正态分布时,该证券组合的绝对VaR和相对VaR的测算公式可表示如下:

相对VaR:$\text{VaR}_R = V_0 \cdot \sigma \cdot Z_\alpha \cdot \sqrt{\Delta t}$ (9-2-3)

绝对VaR:$\text{VaR}_A = V_0 \cdot [\,\sigma \cdot Z_\alpha \cdot \sqrt{\Delta t} - \mu \cdot \Delta t\,]$ (9-2-4)

当持有周期Δt为1天时,上述公式可以简化为

日相对VaR:$\text{DVaR}_R = V_0 \cdot \sigma \cdot Z_\alpha$ (9-2-5)

日绝对VaR:$\text{DVaR}_A = V_0 \cdot [\,\sigma \cdot Z_\alpha - \mu\,]$ (9-2-6)

四、算法举例

(一)单个证券的风险价值计算

当构成组合的证券只有一个时,其VaR的算法如例9-2-1。

▶ **例9-2-1**

假定某公司的股票价格日收益率r满足期望值μ为1%,标准差σ为2%的正态分布。一家金融机构持有该公司价值1000万元的股票。请计算:

① 给定置信水平 $\alpha = 99\%$，持有期 Δt 为 1 天的相对风险价值；

② 给定置信水平 $\alpha = 99\%$，持有期 Δt 为 1 天的绝对风险价值；

③ 给定置信水平 $\alpha = 95\%$，持有期 Δt 为 10 天的相对风险价值；

④ 给定置信水平 $\alpha = 95\%$，持有期 Δt 为 10 天的绝对风险价值。

解答：

在正态分布下，置信水平 $\alpha = 99\%$ 时的 $Z_{\alpha = 0.99} = 2.33$，置信水平 $\alpha = 95\%$ 时的 $Z_{\alpha = 0.95} = 1.65$，则

① $DVaR_R = V_0 \cdot Z_\alpha \cdot \sigma = 1000 \times 2.33 \times 0.02 = 46.6$（万元）

② $DVaR_A = V_0 \cdot (Z_\alpha \cdot \sigma - \mu) = 1000 \times (2.33 \times 0.02 - 0.01) = 36.6$（万元）

③ $VaR_R = V_0 \cdot Z_\alpha \cdot \sigma \cdot \sqrt{\Delta t} = 1000 \times 1.65 \times 0.02 \times \sqrt{10} \approx 104.4$（万元）

④ $VaR_A = V_0(Z_\alpha \cdot \sigma \cdot \sqrt{\Delta t} - \mu \cdot \Delta t) = 1000 \times (1.65 \times 0.02 \times \sqrt{10} - 0.01 \times 10) \approx 4.36$（万元）

▶ 例9-2-2

已知一家金融机构持有某公司股票 10 日的相对风险价值为 20 万元，请计算持有一年（按一年 252 个交易日计）的相对风险价值。

解答：

根据相对风险价值的测算公式可知，持有 1 年，即 252 个交易日的风险价值是持有 10 日风险价值的 $\sqrt{252/10}$ 倍。因此，持有一年的相对风险价值：

$$VaR_R = 20 \times \sqrt{252/10} \approx 100.4\text{（万元）}$$

【微视频】
风险价值

（二）证券组合的风险价值计算

以两种证券构成的组合风险价值计算为例，假定：

① 整个组合的初始投资价值为 V_0，构成组合的两种证券各自在组合中所占的资金比例为 w_1 和 w_2；

② 两种证券的收益率均满足正态分布，证券 1 的期望收益率和标准差分别为 μ_1 和 σ_1，证券 2 的期望收益率和标准差分别为 μ_2 和 σ_2；

③ 两种证券收益率的相关系数为 ρ_{12}；

④ 持有周期为 Δt；

⑤ 给定置信水平为 α。

那么上述证券组合的风险价值计算步骤分为以下两步：

第一步，先算组合收益率和组合标准差。组合收益率和组合标准差的计算公式在第二章第四节中已做介绍，其计算公式为

$$\mu_P = w_1 \cdot \mu_1 + w_2 \cdot \mu_2$$

$$\sigma_P = \sqrt{w_1^2 \cdot \sigma_1^2 + w_2^2 \cdot \sigma_2^2 + 2w_1 \cdot w_2 \cdot \sigma_1 \cdot \sigma_2 \cdot \rho_{12}}$$

第二步，由组合标准差算出组合风险价值，其相对风险价值和绝对风险价值的计算公式分别为：

$$VaR_R = V_0 \cdot Z_\alpha \cdot \sigma_p \cdot \sqrt{\Delta t}$$

$$VaR_A = V_0(Z_\alpha \cdot \sigma_p \cdot \sqrt{\Delta t} - \mu_p \cdot \Delta t)$$

▶ **例9-2-3**

已知一个资产组合由下列两种证券组成,一位投资者将1000万元资金按照如下方式投资,假定两种证券的收益率分布均满足正态分布,它们各自的期望回报、标准差、两者的相关系数如下表所示:

证券名称	资金占比 w_i	期望值 μ_i	标准差 σ_i	相关系数
证券1	0.4	0.3%	1.0%	$\rho_{12} = -0.8$
证券2	0.6	0.2%	0.9%	

请计算置信水平为99%时持有该组合5日的相对风险价值和绝对风险价值。

解答:

先算组合收益率和组合标准差,其分别为

$$\mu_P = w_1 \cdot \mu_1 + w_2 \cdot \mu_2 = 0.4 \times 0.3\% + 0.6 \times 0.2\% = 0.24\%$$

$$\sigma_P = \sqrt{w_1^2 \cdot \sigma_1^2 + w_2^2 \cdot \sigma_2^2 + 2w_1 \cdot w_2 \cdot \sigma_1 \cdot \sigma_2 \cdot \rho_{12}}$$

$$= \sqrt{(0.4 \times 1.0\%)^2 + (0.6 \times 0.9\%)^2 + 2 \times 0.4 \times 0.6 \times 1.0\% \times 0.9\% \times (-0.8)}$$

$$\approx 0.3256\%$$

再算置信水平为99%时持有该组合5日的相对风险价值和绝对风险价值,其分别为:

$$VaR_R = V_0 \cdot Z_\alpha \cdot \sigma_p \cdot \sqrt{\Delta t} = 1000 \times 2.33 \times 0.3256\% \times \sqrt{5} \approx 16.96(\text{万元})$$

$$VaR_A = V_0(Z_\alpha \cdot \sigma_p \cdot \sqrt{\Delta t} - \mu_p \cdot \Delta t) = 1000 \times (2.33 \times 0.3256\% \times \sqrt{5} - 0.24\% \times 5)$$

$$\approx 4.96(\text{万元})$$

上述算法可进一步推广至三种及三种以上证券构成的组合。只需要将第一步中的组合期望值 μ_p 和组合标准差 σ_p 计算用下列公式拓展至三种及三种以上证券即可:

$$\mu_p = \sum_{i=1}^{n} w_i \cdot \mu_i \tag{9-2-7}$$

$$\sigma_p = \sqrt{\sum_{i=1}^{n} \sum_{j=1}^{n} w_i \cdot w_j \cdot \rho_{ij} \cdot \sigma_i \cdot \sigma_j} \tag{9-2-8}$$

关于证券组合相对VaR,还有另外一种算法,但是这种算法并不适用于证券组合绝对VaR的计算。这种算法同样分为两步:

第一步,先算两个资产各自的相对风险价值,其计算公式为:

$$VaR_{Ri} = V_0 \cdot w_i \cdot Z_\alpha \cdot \sigma_i \cdot \sqrt{\Delta t}, \text{其中} i = 1,2 \tag{9-2-9}$$

第二步,计算组合相对风险价值,其公式为:

$$VaR_R = \sqrt{VaR_{R1}^2 + VaR_{R2}^2 + 2 \cdot \rho_{12} \cdot VaR_{R1} \cdot VaR_{R2}} \tag{9-2-10}$$

▶ **例9-2-4**

请用相对风险价值的另外一种算法,计算上例中置信水平为99%时持有该组合5日的相对风险价值。

解答：

先算两个资产各自的风险价值，分别为：

$$\text{VaR}_{R1} = V_0 \cdot w_1 \cdot Z_\alpha \cdot \sigma_1 \cdot \sqrt{\Delta t} = 1000 \times 0.4 \times 2.33 \times 1.0\% \times \sqrt{5} \approx 20.84(万元)$$

$$\text{VaR}_{R2} = V_0 \cdot w_2 \cdot Z_\alpha \cdot \sigma_2 \cdot \sqrt{\Delta t} = 1000 \times 0.6 \times 2.33 \times 0.9\% \times \sqrt{5} \approx 28.13(万元)$$

再算置信水平为99%时持有该组合5日的相对风险价值，分别为：

$$\text{VaR}_R = \sqrt{\text{VaR}_{R1}^2 + \text{VaR}_{R2}^2 + 2 \cdot \rho_{12} \cdot \text{VaR}_{R1} \cdot \text{VaR}_{R2}}$$

$$= \sqrt{20.84^2 + 28.13^2 + 2 \times (-0.8) \times 20.84 \times 28.13} \approx 16.96(万元)$$

再次提醒，这种算法只适用于证券组合相对VaR的测算，并不适用于绝对VaR的测算。

五、VaR方法的优点与缺点

（一）VaR方法的优点

第一，风险规模刻画。VaR方法清晰地提供了主体所承受的市场风险的整体暴露规模，方便管理人员与外界沟通其风险。

第二，内部风险管理。VaR方法便于管理人员计提监管资本和经济资本，进行风险限额和止损限额的设定，包括资本的配置。

第三，业绩考核评价。VaR方法可用于管理人员对不同业务部门或业务单元的风险绩效的考核与评估。

第四，外部监管手段。VaR方法可操作性强，充分满足了监管部门的风险监管需求，包括进行纵向、横向的风险比较。

（二）VaR方法的缺点

第一，这是一种后向算法，即主要基于历史数据估算未来损失，它假定了历史会重现，而这有时并不符合实际。

第二，该方法有大量特定的假设条件，如数据分布的正态性等，而金融资产收益率的实际分布往往呈现高峰后尾的非正态特征，这种假定容易形成模型自身的风险，如容易低估损失。

第三，该方法只适合于正常市场行情下的风险计量，如果市场处于极端价格变动情形，如市场崩溃、金融危机等，则将难以做出准确度量。

【微视频】
组合风险价值的
计算

第三节　如何用风险价值管理市场风险

风险价值方法在市场风险管理中的应用非常广泛,主要有以下几类:第一,用于限额管理;第二,用于资本计提;第三,用于资本配置。

一、VaR与限额管理

以商业银行为代表的金融机构实施限额管理的主要目的是确保将所承担的市场风险规模控制在可以承受的合理范围(即风险容量)之内,使市场风险水平与其风险管理能力和资本实力相匹配。限额管理是金融机构市场风险管理的一种重要手段。银行应当根据所采用的市场风险计量方法设定市场风险限额。市场风险限额可以分配到不同的地区、业务单元和交易员,还可以按资产组合、金融工具和风险类别进行分解。银行负责市场风险管理的部门应当监测银行对市场风险限额的遵守情况,并及时将超限额情况报告给管理层。

常用的市场风险限额包括交易限额、风险限额和止损限额等。交易限额(limits on gross or net positions),是指对总交易头寸或净交易头寸设定的限额。总交易头寸限额对特定交易工具的多头头寸或空头头寸分别加以限制;净交易头寸限额对多头头寸和空头头寸相抵后的净额加以限制。实践中,商业银行通常将这两种交易限额结合使用。风险价值主要用于风险限额设定和止损限额管理。

(一)风险限额(VaR Limits)

风险限额是指对基于量化方法计算出的市场风险参数来设定限额。例如,对采用内部模型法计量出的风险价值设定的风险价值限额。

(二)止损限额(Stop—Loss Limits)

止损限额是指允许的最大损失额。通常,当某个头寸的累积损失达到或接近损失额时,就必须对该头寸进行对冲交易或立即变现。止损限额适用于一日、一周或一个月等一段时间内的累积损失。

二、VaR与资本计提

(一)经济资本与监管资本

风险价值除用于限额管理,还可以用于经济资本与监管资本计提,并通过资本配置来降低市场风险敞口。经济资本是商业银行在一定的置信水平下,为了应对未来一定期限内资产的非预期损失而应该持有的资本金。商业银行的整体风险水平越高,要求的经济资本就越多;反之要求的经济资本就越少。监管资本是外部监管当局要求商业银行根据自身业务风险及风险特征,按照统一的风险资本计量方法计算得出的,是商业银行必须在账面上实际持有的最低资本。

经济资本与监管资本,都能够反映商业银行的真实风险水平,两者既有区别又有联系:从区别上来看,经济资本是商业银行为满足内部风险管理的需要,基于历史数据并采用统计方法(一定的置信水平和持有期)计算出来的,是一种虚拟的资本,在经济资本配置过程中并不发生实质性的资本分配;从联系上来看,市场风险经济资本根据市场风险监管资本来反映。虽然经济资本和监管资本在计算方法和管理目的上存在差异,但监管资本应当与所需配置的经济资本保持一致。

(二)资本计提方法

根据巴塞尔委员会的规定,市场风险监管资本的计算公式为:

市场风险监管资本 =(最低乘数因子+附加因子)× VaR

其中,巴塞尔委员会规定最低乘数因子为3;附加因子设定在最低乘数因子之上,取值为0~1;VaR的计算采用99%的单尾置信区间,持有期为10个营业日。

三、VaR与资本配置

经济资本配置通常采用自上而下法(top-down approach)或自下而上法(bottom-up approach)。

(一)自上而下法

自上而下法通常用于制定市场风险管理战略规划。商业银行可根据前期业务部门、交易员或交易产品的VaR占市场风险整体VaR的比例,在当期将经济资本自上而下逐级分解到对应业务部门、交易员或交易产品。根据投资组合原理,由于投资组合的整体VaR小于其所包含的每个单体VaR之和,计算经济资本分配比例时应当对单体VaR进行适当的技术调整。

(二)自下而上法

自下而上法通常用于当期绩效考核。商业银行可根据各业务部门、交易员或交易产品的实际风险状况分别计算其所占用的经济资本,然后自下而上逐级累积。同样根据投资组合原理,累积所得的整体层面的经济资本应小于各单个经济资本的简单加总。

【微视频】
VaR在市场风险
管理中的应用

商业银行可以通过定期分析比对上述两种方法分解经济资本时存在的差异,对经济资本配置的合理性进行有效评估,及时发现高风险低收益的不良业务部门、交易员或交易产品,同时严格限制高风险业务的经济资本配置,将有限的经济资本配置到能够创造最优风险—收益的业务部门、交易员或交易产品。

第四节 风险价值使用注意事项

VaR实质上是关于组合自身价值、波动性、置信水平和持有期这四个变量的一个函数。因此,可通过合理设置和调整参数来使投资组合的风险价值被控制在合理的水平上。本节我们将重点讨论在使用风险价值时的注意事项。

一、组合选择与资金分配设定

投资者通过合理选择证券组合并设定组合中各类证券的资金占比,来影响组合的整体回报与风险(波动性)。证券组合的选择需要考虑各自的回报、波动性,以及证券之间的相关性。这一点我们在第二章中已经做了详细讨论。理性的投资者通过合理地选择证券组合与资金分配,保证其都是在有效边界上进行投资,而这些不同的投资组合选择也是为了满足其自身关于风险与回报的不同投资偏好需求。

证券组合的选择需要考虑相关性对组合风险价值的影响。

例9-4-1

一家金融机构持有两种证券构成的投资组合,已知第一种证券的相对风险价值 $VaR_{R1}=10$ 万元,第二种证券的相对风险价值 $VaR_{R2}=15$ 万元。现假定两种资产之间的相关系数分别为① $\rho_1=1$;② $\rho_2=0.5$;③ $\rho_3=0$;④ $\rho_4=-0.5$;⑤ $\rho_5=-1$。请分别计算95%置信水平下持有该资产组合的日相对VaR,并根据计算结果讨论资产之间的相关性对组合风险价值的影响。

解答:

这里用相对VaR的第二种算法来求解。

由公式 $VaR_R=\sqrt{VaR_{R1}^2+VaR_{R2}^2+2\cdot\rho_{12}\cdot VaR_{R1}\cdot VaR_{R2}}$ 可得:

① $\rho_1=1$ 时, $VaR_R=VaR_{R1}+VaR_{R2}=10+15=25$(万元)

② $\rho_2=0.5$ 时, $VaR_R=\sqrt{10^2+15^2+2\times0.5\times10\times15}\approx21.8$(万元)

③ $\rho_3=0$ 时, $VaR_R=\sqrt{10^2+15^2}\approx18$(万元)

④ $\rho_4=-0.5$ 时, $VaR_R=\sqrt{10^2+15^2-2\times0.5\times10\times15}\approx13.2$(万元)

⑤ $\rho_5=-1$ 时, $VaR_R=|VaR_{R1}-VaR_{R2}|=|10-15|=5$(万元)

从上述计算结果可以得出,随着两种证券之间相关系数的取值不断变小,整个组合的风险价值也随之变小。

上述实例表明:相关系数大小(注意不能表述为相关性强弱)与组合风险价值大小成正相关关系。即相关系数取值越大,组合风险价值就越大;相关系数取值越小,组合风险价值就越小。当完全正相关,即相关系数为1时,组合风险价值为组合中各证券自身风险价值的

简单加总;当完全负相关,即相关系数为-1时,组合风险价值为组合中各证券风险价值相互冲销后的绝对取值。

二、置信水平的选择与设定

置信水平的选择与设定会直接影响VaR的估值结果。置信水平设定越高,VaR估值结果就越大。尽管较高的置信水平意味着VaR估值的结果更为稳健和可靠,但是这并不意味着置信水平设置得越高越好。因为这依赖于VaR模型估值的有效性、VaR的建模条件、VaR的应用场合及VaR的使用习惯等需要。

第一,置信水平的设定要充分考虑VaR模型估值的有效性。有效性和可靠性往往难以两全。举例来说,持有价值100万元的证券组合,100%置信水平上的最大可能损失,即VaR为100万元。显然,这样的估值结果很可靠,但是却毫无价值,即缺乏有效性。我们需要通过设定合理的置信水平,在模型估值可靠性和有效性之间进行权衡。

第二,置信水平的设定要充分考虑VaR的建模条件,即数据基础。VaR的建模过程有赖于历史交易数据或者经验数据的积累。置信水平设定得越高,需要的历史样本数据也就越多,否则将难以满足模型的有效性需求。

第三,置信水平的设定要充分考虑VaR的应用场合。VaR方法是金融机构内部风险资本管理和监管当局外部监管最为推崇的主流方法,不同的机构和管理者使用VaR的意图各不相同。对于风险厌恶程度较高的机构和管理者而言,其需要计提较多的风险资本,因此有必要设定较高的置信水平,以充分满足其稳健经营的需要。一国的金融监管部门为维持本国金融系统的稳定性,也会对被监管金融机构提出较高的置信水平要求;但过高的置信水平要求会影响金融机构的盈利能力,而这也是造成金融系统不稳定的潜在因素。

第四,置信水平的设定还要考虑使用习惯。在理论上,VaR的置信水平设定可以有无数个选择,但实际使用中往往只出现几个常见的值。例如,巴塞尔委员会的置信水平要求为99%,而大多数金融机构则设定为95%或97.5%,如J.P.摩根公司。采用习惯的置信水平设定便于不同机构之间的风险比较。

三、持有期的选择与设定

持有期的长短与VaR的估值结果成正比。持有期越长,组合面临的风险越大,VaR的估值结果也越大。事实上,持有期的选择不仅对VaR值的大小,而且对VaR值的可靠性也有很大的影响。持有期的选择与设定,需要考虑流动性、头寸调整的频率、建模条件和使用习惯等方面的因素。

第一,持有期的设定要充分考虑资产的流动性和头寸调整的频繁程度。资产的流动性越强,交易就越容易实现,投资者越容易适时调整其资产组合的头寸,因此有必要选择较短的持有期。如果流动性较差,则意味着需要花费较长的时间寻找交易对手,头寸调整的频率下降,宜选择较长的持有期。

第二,持有期的设定要充分考虑VaR建模的现实条件。一方面,持有期设定越长,需要考察的历史数据的时间跨度就越长,对数据的要求也越高;另一方面,不同的持有期长短设定是为了更好地适应 VaR 建模的需要。例如,持有期越短,使用正态分布假定估算 VaR 的结果就越有效、可靠,因此,在正态假设下应选择较短的持有期。

第三,持有期的设定同样要考虑 VaR 的使用习惯。常见的持有期设定有:一天、一周(5天)、两周(10天)、一个月、一年等。例如,巴塞尔委员会的持有期设定要求为10天。这样的设定,既考虑了交易习惯的需要,也考虑了不同机构之间风险比较的需要。

【延伸阅读】
市场风险内部
模型法的技术
标准

【第九章小结】

【第九章附录】

【第九章练习】

第十章
利率风险管理

► **知识目标**

通过本章的学习,您可以了解或掌握

1.利率的风险结构和期限结构。

2.利率风险的主要形式和影响。

3.终值和现值。

4.债券的价格和利率的关系,久期和凸性。

5.久期模型。

【案例导读】
美国储贷协会危机

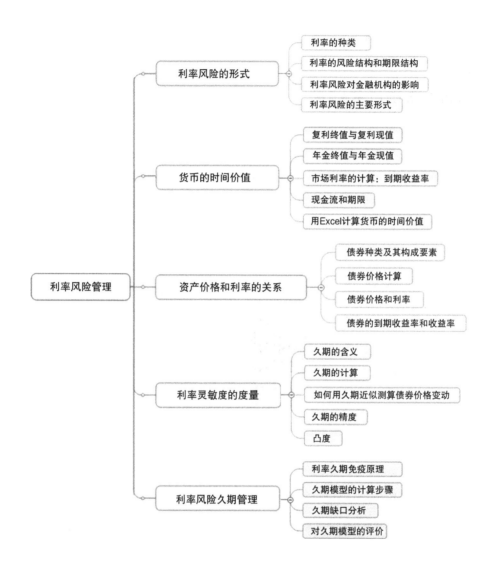

第一节 利率风险的形式

利率是资金的价格,是所有市场因子中最基础、最关键的一个。几乎所有人,包括普通的个人或家庭、非金融机构、金融机构、政府部门、外国政府和公司都受到利率的影响。利率种类繁多,且有多种不同的分类方式,如市场利率和官定利率、固定利率和浮动利率、名义利率和实际利率、存款利率和贷款利率等。不仅不同类型的金融工具利率数值大小各不相同,而且同一类型但不同期限长短的金融工具,其利率大小也不相同。利率经常会受到各种因素的影响而发生波动,尽管大多数情形下都是同方向波动,但是波动的幅度却不相同。

一、利率的种类

(一)官方利率和市场利率

官方利率是由政府金融管理部门或者中央银行公布的利率,例如,我国央行公布的不同期限长短的定期存款、贷款的利率;市场利率是指根据市场资金借贷关系紧张程度所确定的利率。国债收益率、存贷款基准利率、同业拆借利率、债券回购利率、贴现率……到底哪一个才是我们平常所理解的市场利率呢?

满足市场利率标准的条件有以下两个:一是看其灵敏度,是否能及时反映当前资金的供求状况;二是看其代表性,在金融工具定价过程中,是否作为主要的参照利率。按照上述标准,目前银行间同业拆借利率、国债回购利率等常作为短期市场利率的一个参照,一方面因为其及时反映银行短期资金的紧张程度,另一方面不少金融工具的定价跟随这些利率发生波动。中长期的国债收益率常作为中长期市场利率的参照对象,这是因为国债的交易规模庞大,流动性优越,对市场资金的供求反映灵敏。由于中国的利率市场化改革尚未结束,目前存款利率、贷款利率主要参照央行公布的官方利率,其定价并未全部交由市场决定,不能算是真正意义上的市场利率。

(二)名义利率和实际利率

没有剔除通货膨胀率的利率称为名义利率,剔除了通货膨胀率之后的利率称为实际利率。经济学家欧文·费雪在其著名的费雪方程式中给出了关于两者关系的定义:名义利率 i 等于实际利率 r 加上预期通货膨胀率 π^e,即 $i=r+\pi^e$。作为借款人来讲,实际利率越低,其借入资金的动力就越大;而对贷款人而言,实际利率越低,其贷出资金的动力就越小。

(三)固定利率和浮动利率

固定利率是指整个借贷期限内利率不做调整;浮动利率是指借贷期限内利

率随市场利率而变动。

二、利率的风险结构和期限结构

(一)利率的风险结构

对于到期期限相同的债券而言,其利率行为有个重要特征:不同种类的债券利率虽然总体上看是一起波动的,但利率却是不相等的,这些利率之间的利差随着时间的变动而变动,有时利差较大,有时利差较小。到期期限相同的债券利率之间的关系称为利率的风险结构。

利率的风险结构主要由三个因素共同决定:违约风险、流动性溢价和所得税政策。

第一,违约风险。一个 Aaa 级企业债券和一个 Baa 级企业债券,即使债券期限相同,其利率也是不相同的。造成这一利差的原因在于持有 Baa 级企业债券的风险要高于 Aaa 级企业债券,违约风险越高,风险溢价越大,Baa 级企业债券利率自然也要高一些。

第二,流动性溢价。影响债券利率的另一个因素是流动性。同等情况下,资产的流动性越强,变现能力越好,其利率越低,相反,流动性越差的债券其利率越高,这是因为流动性溢价的存在。以企业债和国债为例,两者的利差(即风险溢价)不仅反映了企业债券的违约风险高于国债,同时还反映了它的流动性不如国债的流动性好。

第三,所得税政策。政府对不同债券采取的不同税收政策,也是造成利差的一个因素。以美国国债和市政债券(州和地方政府发行的债券)为例,在相当一段时间内,美国市政债券的利率低于国债,按理来说国债的违约风险和流动性均优于市政债券。那么,这是什么原因呢?其原因就是地方政府对市政债券的利息支付可以免交联邦所得税,这样就提高了持有市政债券的实际回报率。

(二)利率的期限结构

债券的到期期限对利率也会产生影响,到期期限不同的债券之间的利率关系称为利率的期限结构。将期限不同,但风险、流动性和税收政策相同的债券的收益率连接成一条曲线,即得到收益率曲线。收益率曲线可以是向上倾斜的、平坦的和向下倾斜的(这种类型称为翻转的收益率曲线)。

通常情况下,向上倾斜的收益率曲线,表示长期利率高于短期利率;平坦的收益率曲线,表示长期利率与短期利率相等;若收益率曲线是翻转的,则长期利率低于短期利率。关于收益率曲线的不同形状,经济学家用预期和流动性溢价等对此进行解释。收益率曲线常用于预测经济周期和通货膨胀。平坦或者向下倾斜的收益率曲线,意味着未来短期利率将下跌,经济可能步入萧条;陡峭的收益率曲线意味着未来通货膨胀率将上升;平坦或者向下倾斜的收益率曲线意味着未来通货膨胀率将下降。因为收益率曲线常用于预测经济周期和通货膨胀率,所以也常被视作货币政策立场的指示器。陡峭的收益率曲线预示着宽松的政策,平坦或向下倾斜的收益率曲线意味着收缩的政策。

【微视频】
利率的风险结构和期限结构

三、利率风险对金融机构的影响

(一)利率风险的定义

利率风险指市场利率的不利变动,造成与其定价相关的金融资产或负债损失的不确定性。巴塞尔委员会在1997年发布的《利率风险管理原则》中将利率风险定义为"利率变化使商业银行的实际收益与预期收益或实际成本与预期成本发生背离,使其实际收益低于预期收益,或实际成本高于预期成本,从而使商业银行遭受损失的可能性"。很显然,这与只强调损失不确定性的利率风险表述有差异,它不仅将利率变动造成的损失定义为风险,而且把实际收益低于预期收益的情况也归纳为风险,这一表述的范围更为宽泛。

(二)利率风险的重要性和复杂性

利率风险属于广义市场风险的范畴,之所以单独对利率风险予以讨论,主要在于利率风险对于金融机构而言的重要性和复杂性。

利率是所有市场变量(股票价格、商品价格、汇率等)里最为基础和重要的一个。几乎所有的金融工具,各种固定收益类证券、银行的存贷款、与利率挂钩的衍生产品(利率远期、掉期、期货、期权等),甚至股票价格、商品价格和汇率等,都与利率直接或间接相关。利率风险是金融机构面临的最为常见和重要的一类风险。历史上曾经发生过许多利率风险管理不当导致的金融危机,例如,20世纪80年代美国的储贷协会危机。

利率风险的复杂性体现在以下方面:第一,利率的种类繁多,管理难度大。同其他市场变量相比,例如股价、汇率及商品价格等,利率风险更加难以管理,对应于一种货币,往往会有很多种不同的利率(国债利率、银行之间的拆借利率、房屋贷款利率、储蓄存款利率、最优贷款利率等)。虽然这些利率一般都会同时变动,但这些利率的变动幅度并不是完全相关的。第二,利率还跟期限有关。我们难以仅用一个数字描述利率,我们需要一个与期限有关的函数来描述利率。这种不同期限之间的利率关系称为利率期限结构(interest rate term structure),常用收益率曲线(yield curve)来描述。一个国债交易组合中,不同期限长短债券的收益率是不同的,它表现为不同形状的收益率曲线,曲线的平行或非平行移动,都刻画了不同期限长短利率间的变动关系。第三,造成利率波动的成因众多。利率风险源于利率变动的不确定性,许多经济因素会造成利率的变动,例如,一国的宏观经济环境、中央银行的货币政策、物价水平、金融市场及国际经济形势等。由于影响因素众多,客观上利率风险管理的难度也就大大增加。

(三)利率风险的影响

利率风险对金融机构的影响主要集中在名义价值和经济价值两个方面。

名义价值是指根据历史成本所反映的账面价值。利率风险对名义价值的影响体现在两个方面:第一,利率变动对金融机构净利息收入(即总利息收入与总利息支出之差)造成的影响。这对银行等传统上依靠净利息收入作为主要收益来源的金融机构尤为重要。第二,利率变动对金融机构非利息收入的影响。来自贷款服务和各种资产证券化项目等业务的非利息收入对市场利率变动十分敏感,且相互关系复杂。例如,一些银行为不动产抵押贷款组合提供收取本息和贷款管理的服务,并按其管理的资产总量收费。当利率下降时,不动产抵押贷款提前还款,会导致这些银行的服务费收入减少。

与名义价值相对应,经济价值指按照市场利率折算的、其预期净现金流量的现值。举例来说,一笔2年后收到的10万元存款,按照当前市场利率5%折算的现值约为9.07万元;如果市场利率上涨到6%,则其现值仅为8.90万元,市场利率的变动造成这笔存款的实际价值减少0.17万元。

对银行来讲,预期净现金流量等于资产的预期现金流量减去负债的预期现金流量再加上表外业务头寸的预期净现金流量。市场利率的变动会影响到银行资产、负债和表外业务头寸的经济价值。因此,银行的经济价值对利率波动的敏感度,对于银行的股东、管理层和监管当局等都十分重要。

四、利率风险的主要形式

按照利率风险的来源,可以分为四种主要的利率风险形式:重新定价风险、基准风险、收益率曲线风险和期权性风险。

(一)重新定价风险

作为金融中介机构,银行会遇到多种利率风险,其中最主要、最常见的利率风险源于银行资产、负债和表外业务中到期日(就固定利率而言)与重新定价(就浮动利率而言)的实施时间差。虽然此类重新定价的错配对银行业务十分重要,但利率变动时,它们会给银行的收入和内在经济价值带来意外波动。例如,如果银行以短期存款作为固定利率长期贷款的融资来源,一旦利率上升,银行就将面临由此带来的未来收入的减少与内在价值的降低。这是由于在贷款期限内,其现金流是固定的,而融资的利息支出却是可变的,在短期存款到期后会增加。

(二)基准风险

另一种重要的利率风险,即基准风险来自于对重新定价特征相似的不同工具进行利息收支调整时,出现的不完全对称的情况。利率变动时,这些差异会给到期日和重新定价频率相似的资产、负债和表外业务之间的现金流及收益利差带来意外的变化。假如,一家金融机构用1年期存款提供一笔1年期贷款,贷款按照1个月美国国库券利率每月重新定价一次,同时1年期存款按照1个月伦敦同业拆借市场利率每月重新定价一次。在这种情况下,该机构就面临着两种基准利率的利差发生意外变化的基准风险。

【案例讨论】
底特律破产案
背后的利率掉
期黑手!

(三)收益率曲线风险

所谓的收益率曲线,是一条刻画某一时点上不同期限资金的收益率(yield)与到期期限(maturity)之间数量关系和变化规律的曲线。它是对利率期限结构的一种刻画。在大多数情形下,收益率与到期期限成正比,即到期期限越长,收益率就越高,见图10-1-1。但是收益率曲线会发生以下两种变动:一是收益率曲线的整体平移,这种情形代表不同期限资金的收益率有相同程度的变动,表现为曲线的相对位置变化但斜率和形状不变,如图 10-1-1 中的平移后的收益率曲线;二是收益率曲线的非平行移动,这种情形代表不同期限资金的收益率有不同程度的变动,表现为曲线的斜率和形状均发生变化,如图 10-1-1 中非平移后的收益率曲线。

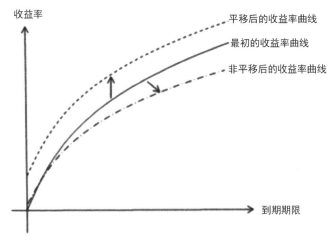

图 10-1-1　收益率曲线及其变动

重新定价的错配也会影响银行收益率曲线的斜率与形状。当收益率曲线的意外移位对银行的收入或内在经济价值产生不利影响时,就形成了收益率曲线风险。举例来说,假设以 5 年期政府债券的空头为 10 年期政府债券的多头进行保值,那么,如果收益率曲线变陡的话,即便已经对收益率曲线上的平行变动做了保值,该多头的 10 年期债券的内在经济价值也会骤然下降。

(四)期权性风险

另外一种越来越重要的利率风险,即期权性风险来自于很多银行资产、负债和表外业务中所包含的期权。一般而言,期权赋予其持有者买入、卖出或以某种方式改变某一工具或金融合同的现金流量的权利,而非义务。期权可以是单独的工具,例如场内(交易所)交易期权和场外合同,也可以包含于其他标准化工具之中。虽然银行在交易与非交易账户上都使用场内和场外期权,但包含期权的工具通常是在非交易业务中使用。它们包括含有择购或择售条款的各类长期与中短期债券、允许借款人提前还款的贷款和允许存款人随时提款而通常不收任何罚金的各种无期限存款工具。如果不加以有效管理的话,此类期权性工具会由于其不对称的支付特征,而给卖主带来极高的风险,因为无论是直接的还是内含的期权,一般都是在对持有人有利而对卖主不利时才得以执行。更有甚者,如今越来越多的期权品种带有极高的杠杆效应,这会进一步扩大期权头寸对公司财务状况的影响。

【微视频】
利率风险及其
主要形式

第二节　货币的时间价值

在介绍利率风险的计量与管理方法前,有必要先了解一下有关货币时间价值的相关问题。货币时间价值指货币经历一定时间的投资和再投资所增加的价值,也称为资金时间价值。货币时间价值与五个变量相关:终值F、现值P、现金流A、期限n和利率r。在其中任何四个变量已知的情形下,我们都可以得到最后一个变量的值。由于计算量较大,我们在本节最后部分对应介绍Excel的财务函数,以帮助大家快速得到结果。

一、复利终值和复利现值

(一)复利终值

复利终值是对一定数量的本金按照复利计息方式计算得到的一定期限内的本息和。它的计算公式如下:

$$F = P \times (1 + r)^n \tag{10-2-1}$$

其中,F为复利终值,P为现值,$(1 + r)^n$为复利终值系数。

▶ **例10-2-1**

已知P、r、n,求F:老王将现金1000元存入银行,年利率为5%,期限为5年,复利计息,到期时老王最终能取回多少?

解答:

$$F = P \times (1 + r)^n = 1000 \times (1 + 5\%)^5 \approx 1276(元)$$

上述复利终值F,可以用Excel的FV函数来计算。

(二)复利现值

复利现值和复利终值相对应,指未来一定时间的特定资金按复利计息方式计算的现在价值,或者说是为取得将来一定本利和现在所需要的本金。它的计算公式如下:

$$P = \frac{F}{(1 + r)^n} \tag{10-2-2}$$

其中,F为终值,P为复利现值,$(1 + r)^{-n}$为复利现值系数。

▶ **例10-2-2**

已知F、r、n,求P:年利率为5%,采用复利计息,老王现在需要存入多少钱,5年后才能拿到5000元?

解答：

$$P = \frac{F}{(1+r)^n} = \frac{5000}{(1+5\%)^5} \approx 3918元$$

上述复利现值P，可以用Excel的PV函数来计算。

二、年金终值和年金现值

（一）年金和年金的种类

年金是定期或不定期的时间内一系列的现金流入或现金流出。如逐月支付房屋的租金、商品的分期付款、分期偿还贷款、发放养老金、提取折旧及投资款项的利息支付等，都属于年金收付形式。

年金按其每次收付款项发生的时点不同，可以分为普通年金、先付年金、递延年金、永续年金等类型。

普通年金是指从第一期起，在一定时期内每期期末等额收付的系列款项，又称为后付年金。用下图来表示，数字0代表第1期的期初，接下去的每个数字代表的是该期的期末，字母A代表的是各期发生的现金流。可以发现，普通年金的现金流是发生在各期的期末。

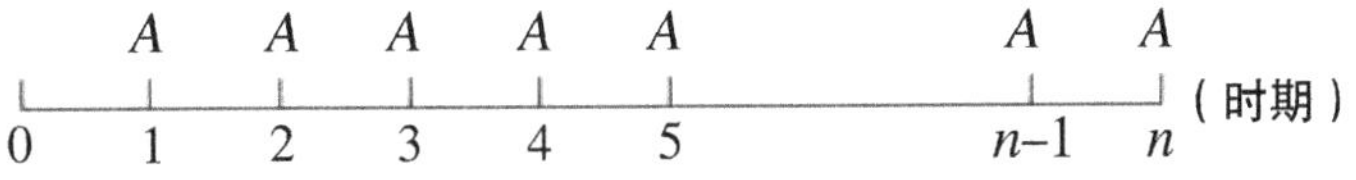

图10-2-1　普通年金

（二）普通年金终值

普通年金终值就是指从第一期起，在一定时期内每期期末等额收付款项的复利终值之和，即下图中第n期末对应的F。

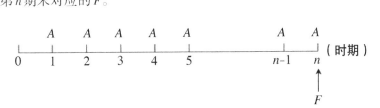

图10-2-2　普通年金终值

一个包含n期等额收付现金流的普通年金终值F，其公式为：

$$F = A + A \cdot (1+r) + A \cdot (1+r)^2 + \cdots + A \cdot (1+r)^{n-1}$$

$$= A \cdot \left[\frac{(1+r)^n - 1}{r} \right] \tag{10-2-3}$$

其中，F为普通年金终值，A为各期发生的现金流，$\dfrac{(1+r)^n - 1}{r}$为普通年金终值系数。

▶ **例10-2-3**

已知A，r，n，求F。老王每年年末存入1000元，连续5年，年利率5%，按复利计息方式计算，5年后的本息和。

解答:

$$F = A \cdot \left[\frac{(1+r)^n - 1}{r}\right] = 1000 \times \frac{(1+5\%)^5 - 1}{5\%} \approx 5526(\text{元})$$

上述普通年金终值F,可以用Excel的FV函数来计算。

(三)普通年金现值

对应的,普通年金现值是以计算期期末为基准,在给定投资报酬率下按照货币时间价值计算出的未来一段时期内每期收取或给付的年金现金流的折现值之和,对应下图中的P。

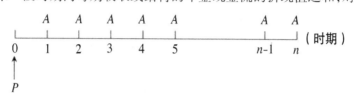

一个包含n期等额收付现金流的普通年金现值P,其公式为:

$$P = \frac{A}{1+r} + \frac{A}{(1+r)^2} + \cdots + \frac{A}{(1+r)^n}$$

$$= A \cdot \left[\frac{1-(1+r)^{-n}}{r}\right] \tag{10-2-4}$$

其中,P为普通年金现值,A为各期发生的现金流,$\frac{1-(1+r)^{-n}}{r}$为普通年金现值系数。

► 例10-2-4

已知A、r、n,求P:从今年开始的接下去5年内,老王每年年末可以领取到5000元养老金,年利率为5%,5年内养老金总额的现值为多少?

解答:

$$P = A \cdot \left[\frac{1-(1+r)^{-n}}{r}\right] = 5000 \times \left[\frac{1-(1+5\%)^{-5}}{5\%}\right] \approx 21647(\text{元})$$

【微视频】
终值和现值

上述普通年金现值P,可以用Excel的PV函数来计算。

三、市场利率的计算:到期收益率

市场利率常用到期收益率来衡量。在大多数情形下,经济学家口中所说的市场利率,其实就是到期收益率。到期收益率就是使债务工具所有未来回报的现值与其今天的价值相等的利率,到期收益率有时也称为内部回报率。

在之前的计算中,到期收益率(或市场利率)都是事先给定的,但是有时我们需要由其他变量来计算到期收益率。我们先来看一个有关到期收益率计算的例子(例10-2-5)。

► 例10-2-5

计算下列各小题的到期收益率。

①已知P、F、n,求r:甲向邻居借了100元,邻居要求他1年后还110元。这笔贷款的到

期收益率是多少？

②已知 F、A、n，求 r：连续 10 年，每年年末在银行存入 1000 元，10 年后要从银行取出 15000 元，请问这笔存款的到期收益率为多少？

③已知 P、A、n，求 r：银行在年初发放了一笔 10000 元 5 年期的消费贷款，这笔贷款意味着贷款人接下去每年年末需要向银行偿还 3000 元。请问这笔贷款的到期收益率是多少？

解答：

① 根据公式 10-2-2 可知：

$$P = \frac{F}{(1+r)^n} = 100 = \frac{110}{1+r} \Rightarrow r = \frac{110}{100} - 1 = 0.1 = 10\%$$

② 从题意可知

$$15000 = 1000 + 1000 \times (1+r) + 1000 \times (1+r)^2 + \cdots + 1000 \times (1+r)^9$$

根据公式 10-2-3

$$F = A \cdot \left[\frac{(1+r)^n - 1}{r} \right]$$

$$\Rightarrow 15000 = 1000 \times \frac{(1+r)^{10} - 1}{r}$$

$$\Rightarrow r = 8.73\%$$

③ 从题意可知

$$10000 = \frac{3000}{1+r} + \frac{3000}{(1+r)^2} + \cdots + \frac{3000}{(1+r)^5}$$

根据公式 10-2-4

$$P = A \cdot \left[\frac{1 - (1+r)^{-n}}{r} \right]$$

$$\Rightarrow 10000 = 3000 \times \frac{1 - (1+r)^{-5}}{r}$$

$$\Rightarrow r = 15.24\%$$

上述到期收益率 r，可以用 Excel 的 RATE 函数来计算。

四、现金流和期限

(一)现金流的计算

在例 10-2-3 和例 10-2-4 中，我们已知每年各期现金流 A、利率 r 和期限 n，计算年金终值 F 和年金现值 P。但有时我们会根据终值 F（或现值 P）、利率 r 和期限 n，去推算各期现金流 A，计算一笔房屋贷款的月供就是最常见的一个应用。

▶　**例10-2-6**

①已知 F、r、n，求 A：老王每年年末在银行存入相同数量的钱，连续 10 年，10 年后要从银行取出 10000 元，当前利率为 10%，请问每年应该存入多少钱？

②已知 P、r、n，求 A：老王在年初向银行申请了 10 万元的抵押贷款，贷款利率为 7%，老

王想分20年每年等额偿还(每年年末),请问每年需要还多少钱?

解答:

① 由题意已知

$10000 = A + A(1 + 10\%) + A(1 + 10\%)^2 + \cdots + A(1 + 10\%)^9$

由式10-2-3可得

$$A = F \div \left[\frac{(1 + r)^n - 1}{r} \right]$$

$$\Rightarrow A = 10000 \div \frac{(1 + 10\%)^{10} - 1}{10\%} = 627.45 \, 元/年$$

② 由题意已知

$$100000 = \frac{A}{1 + 7\%} + \frac{A}{(1 + 7\%)^2} + \frac{A}{(1 + 7\%)^3} + \cdots + \frac{A}{(1 + 7\%)^{20}}$$

由式10-2-4可得

$$A = P \div \left[\frac{1 - (1 + r)^{-n}}{r} \right]$$

$$\Rightarrow A = 100000 \div \left[\frac{1 - (1 + 7\%)^{-20}}{7\%} \right] \approx 9439.29 \, 元/年$$

上述现金流A,可以用Excel的PMT函数来计算。

(二)期限的计算

同理,我们还可以根据终值F(或现值P)、各期现金流A和利率r,去推算期限数n。

▶ **例10-2-7**

① 已知F、A、r,求n:老王每年年末存入1000元,年利率为5%,按复利计息方式计息,问多少年后可以从银行取出5526元。

② 已知P、A、r,求n:老王在年初向银行申请了10万元房屋贷款,贷款利率为7%,老王只能承受每年不超过9439元的还款额度(每年年末),请问老王至少应该贷款多少年?

解答:

① 由题意已知

$5526 = 1000 + 1000 \times (1 + 5\%) + \cdots + 1000 \times (1 + 5\%)^n$

由式10-2-3,计算期限$n \approx 5$年。

② 由题意已知

$$100000 = \frac{9439}{1 + 7\%} + \frac{9439}{(1 + 7\%)^2} + \cdots + \frac{9439}{(1 + 7\%)^n}$$

由式10-2-4,计算期限$n \approx 20$年。

上述期限数n,可以用Excel的NPER函数来计算。

五、用Excel计算货币的时间价值

（一）5个相关财务函数介绍

表10-2-1　与货币时间价值计算相关的5个财务函数及举例

测算对象	函数名称	函数格式	实例	操作实例
复利终值F 年金终值F	FV函数	FV(rate，nper，pmt，[pv]，[type])	例10-2-1 例10-2-3	例10-2-8
复利现值P 年金现值P	PV函数	PV(rate，nper，pmt，[fv]，[type])	例10-2-2 例10-2-4	例10-2-9
到期收益率r	RATE函数	RATE(nper，pmt，pv，[fv]，[type]，[guess])	例10-2-5	例10-2-10
各期现金流A	PMT函数	PMT(rate，nper，pv，[fv]，[type])	例10-2-6	例10-2-11
期限数n	NPER函数	NPER(rate，pmt，pv，[fv]，[type])	例10-2-7	例10-2-12

表10-2-1所列5个函数，主要涉及以下7个相关参数：

rate——利率或到期收益率，即r；

nper——期限数，即n；

pmt——各期现金流，即A；

pv——现值，即P；

fv——终值，即F；

type——期末为0，期初为1，缺省设置默认为0；

guess——预期利率。

上述函数中，中括号（[ ]）中的参数代表可选参数，其余则为必选参数；由于我们介绍的实例现金流发生时间均在期末，type均为0；此外，guess也并不涉及，无须设置，可以忽略。

（二）Excel实例操作讲解

1.FV函数实例操作

▰ **例10-2-8**

分别用FV函数计算例10-2-1和例10-2-3。

解答：

FV函数格式：FV(rate，nper，pmt，[pv]，[type])，其中的参数[type]可以忽略，或者设置为0。

例10-2-1的FV函数具体格式设置如下，在Excel的空白单元格中输入

=FV(0.05，5，0，−1000)

例10-2-3的FV函数具体格式设置如下，在Excel的空白单元格中输入

=FV(0.05，5，−1000，0)

2. PV 函数实例操作

➤ **例10-2-9**

分别用PV函数计算例10-2-2和例10-2-4。

解答:

PV函数格式:PV(rate,nper, pmt,[fv],[type]),其中的参数[type]可以忽略,或者设置为0。

例10-2-2的PV函数具体格式设置如下,在Excel的空白单元格中输入

=PV(0.05,5,0,−5000)

例10-2-4的PV函数具体格式设置如下,在Excel的空白单元格中输入

=PV(0.05,5,−5000,0)

3. RATE 函数实例操作

➤ **例10-2-10**

用RATE函数分别计算例10-2-5中的①、②、③。

解答:

RATE函数格式:RATE(nper,pmt,pv,[fv],[type],[guess]),其中的参数[type]和[guess]可以忽略,或者全部设置为0。

例10-2-5中①的RATE函数具体格式设置如下,在Excel的空白单元格中输入

=RATE(1,0,−100,110)

例10-2-5中②的RATE函数具体格式设置如下,在Excel的空白单元格中输入

=RATE(10,−1000,0,15000)

例10-2-5中③的RATE函数具体格式设置如下,在Excel的空白单元格中输入

=RATE(5,−3000,10000,0)

4. PMT 函数实例操作

➤ **例10-2-11**

用PMT函数分别计算例10-2-6中的①、②。

解答:

PMT函数格式:PMT(rate,nper,pv,[fv],[type]),其中的参数[type]可以忽略,或者设置为0。

例10-2-6中①的PMT函数具体格式设置如下,在Excel的空白单元格中输入

=PMT(0.1,10,0,−10000)

例10-2-6中②的PMT函数具体格式设置如下,在Excel的空白单元格中输入

=PMT(0.07,20,−100000,0)

关于PMT函数,我们经常会把它与另外两个函数PPMT函数和IPMT函数混淆。以同一笔房屋贷款的月供计算为例,三者的区别是:PMT用于计算等额本息,PPMT用于计算等额本金中的本金部分,IPMT用于计算等额本金中的利息部分,三者之间的关系是PMT=

PPMT+IPMT。

5. NPER 函数实例操作

▸ **例10-2-12**

用NPER函数分别计算例10-2-7中的①、②。

解答：

NPER函数格式：NPER(rate,pmt,pv,[fv],[type])，其中的参数[type]可以忽略，或者设置为0。

例10-2-7中①的NPER函数具体格式设置如下，在Excel的空白单元格中输入

=NPER(0.05,-1000,0,5526)

例10-2-7中②的NPER函数具体格式设置如下，在Excel的空白单元格中输入

=NPER(0.07,-9439,100000,0)

第三节 资产价格和利率的关系

固定收益类证券的定价与利率的关系最为直接、紧密。本部分我们重点讨论债券的定价问题及其与市场利率之间的关系。

一、债券种类及其构成要素

按照付息方式不同，债券可以分为息票债券、零息债券、永续债券、浮息债券等。

息票债券，是指按期支付固定金额利息，到期偿还本金的债券。例如，持有一张面值1000元，年息票率（也称票面利率）为10%的5年期息票债券，意味着发债方每年向债券持有者支付固定的100元利息，到期时归还其1000元本金。

零息债券，也称贴现债券，是指以贴现方式发行，不附息票，而于到期日按面值一次性支付本利的债券。例如，面值为1000元的两年期零息债券，意味着零息债券的持有人两年后将从发债方获得1000元。由于这1000元已经包含了持有期内的全部本金和收益，因而购买零息债券时一定低于其面值，其另一名称贴现债券由此而来。

永续债券，也称统一公债，是一种没有到期日，不必偿还本金，永远只需支付固定金额息票利息的永久性债券。在拿破仑战争期间，英国财政部发行了最早的永续债券，时至今日还有交易。

浮息债券，是指息票利率并不固定，而是随着市场利率调整而调整的一类债券。这种债券的票面利率一般为：市场基准利率+利差。例如某浮息债券票面利率参照3个月伦敦同业拆借利率+5基点利差。当伦敦同业拆借利率为3.0%时，该浮息债券的利率为3.0%+0.05%=3.05%；当伦敦同业拆借利率上浮至3.5%时，该浮息债券的利率则为3.55%。

此外，债券按照发行主体的不同，还可以分为政府债券、金融债券、企业债券；按照债券

形态的不同,可以分为实物债券、凭证式债券、记账式债券;等等。

债券的基本构成要素一般包括:债券面值、票面利率、计息方式、偿还期限和发行主体。

二、债券价格计算

(一)息票债券价格的计算

债券价格(更确切的表述应为债券的内在价值,因为价格往往更多地受到其他因素的影响,从而有时偏离价值,但其围绕价值波动,为使读者更好理解,本书后面统一用价格这一表述),本质上是债券未来一系列现金流按照当前市场利率(到期收益率)折现后的现值。它的测算方法和前面的年金现值有些类似,但又略有不同。下面以息票债券为例。

► **例10-3-1**

ABC公司发行了面值1000元的息票债券,票面利率(也称息票率)为5%,起息日为2015年1月1日,期限为5年,到期日为2020年1月1日,每年付息一次。请分析该债券的现金流特征。

解答:

这张5年期的债券,假定持有人在发行之处便买入并持有到期,其将在2016、2017、2018、2019和2020年每年的1月1日收到$1000 \times 5\% = 50$元的利息,同时在最后一期,即2020年1月1日收回最初投资的1000元本金。因此其现金流可表示如下:

接下去我们思考如何根据当前的市场利率来计算该债券的价格P。很显然,要计算债券价格P,只要将该债券将来的全部现金流按当前市场利率折现即可。

► **例10-3-2**

假定当前市场利率为6%,计算例10-3-1中债券的价格P。

解答:

该债券有5笔现金流,分别是50元、50元、50元、50元和1050元,将这5笔不同期限的现金流按市场利率6%折现,其现值分别为$\frac{50}{1+6\%}$、$\frac{50}{(1+6\%)^2}$、$\frac{50}{(1+6\%)^3}$、$\frac{50}{(1+6\%)^4}$和$\frac{1050}{(1+6\%)^5}$,将全部现值求和,得到该债券的价格P:

$$P = \frac{50}{1+6\%} + \frac{50}{(1+6\%)^2} + \frac{50}{(1+6\%)^3} + \frac{50}{(1+6\%)^4} + \frac{1050}{(1+6\%)^5} \approx 958 \text{元}$$

如果记n年期息票债券,其各期现金流为$C_t(t=1,2,\cdots,n)$,市场利率为r,每年付息一次,则该债券价格P计算公式为:

$$P = \frac{C_1}{1+r} + \frac{C_2}{(1+r)^2} + \cdots + \frac{C_n}{(1+r)^n}$$

$$= \sum_{t=1}^{n} \frac{C_t}{(1+r)^t} \qquad (10\text{-}3\text{-}1)$$

在上述公式中,市场利率 r,既反映了持有债券的实际收益水平,因而也称为收益率或有效利率;又是折算债券现值的因子,因而也称为折现因子或折现率。

另外,从例 10-3-2 的计算过程还可以发现,息票债券的价格可以理解为债券利息现金流现值和本金现值之和。记各期利息为 C,债券的面值为 F,则息票债券价格 P 的计算公式还可以表示为:

$$P = \frac{C}{1+r} + \frac{C}{(1+r)^2} + \cdots + \frac{C}{(1+r)^n} + \frac{F}{(1+r)^n}$$

$$= \sum_{t=1}^{n} \frac{C}{(1+r)^t} + \frac{F}{(1+r)^n} \qquad (10\text{-}3\text{-}2)$$

由式 10-2-2 和式 10-2-4 可知,式 10-3-2 可以理解为一笔复利现值和一笔普通年金现值之和,因此该公式可以进一步化简为:

$$P = C \cdot \left[\frac{1-(1+r)^{-n}}{r} \right] + \frac{F}{(1+r)^n} \qquad (10\text{-}3\text{-}3)$$

(二)零息债券价格的计算

除了息票债券,其他债券价格的计算原理也是类似的,关键在于理解债券价格计算的本质是现金流的现值这一要诀,如零息债券的价格计算。仔细思考零息债券的现金流,发现期间不会发生任何现金流,而是到期直接回收一笔等于面值的现金流,所以它的价格计算,就是将唯一的这笔现金流折现即可。可见,零息债券的价格计算公式与复利现值计算公式(式 10-2-2)完全一样。

➤ **例 10-3-3**

假设面值为 1000 元、期限为 2 年的零息债券,投资者的预期年收益率是 8%,那么该债券的价格是多少?

解答:

零息债券的价格计算公式与复利现值计算公式完全一样,由此可得:

$$P = \frac{F}{(1+r)^n} = \frac{1000}{(1+8\%)^2} = 857.34(元)$$

(三)不同情形债券价格的计算

➤ **例 10-3-4**

ABC 公司年初发行了一种面值为 1000 元的 3 年期债券,票面利率为 10%,假定当前市场利率为 8%,计算下列不同情形的公司债券价格。

①每年付息一次,到期偿还本金;

②每半年付息一次,到期偿还本金;

③每年计息一次,到期一次性还本付息;

④每年付息一次，到期偿还本金，投资者第2年初购入。

解答：

$$①P = \frac{1000 \times 10\%}{(1 + 8\%)} + \frac{1000 \times 10\%}{(1 + 8\%)^2} + \frac{1000(1 + 10\%)}{(1 + 8\%)^3} \approx 1051.54(元)$$

$$②P = \frac{1000 \times 5\%}{(1 + 4\%)} + \frac{1000 \times 5\%}{(1 + 4\%)^2} + \cdots + \frac{1000 \times 5\%}{(1 + 4\%)^5} + \frac{1000(1 + 5\%)}{(1 + 4\%)^6} \approx 1052.42(元)$$

$$③P = \frac{1000 \times (1 + 10\%)^3}{(1 + 8\%)^3} \approx 1056.59(元)$$

$$④P = \frac{1000 \times 10\%}{(1 + 8\%)} + \frac{1000 \times (1 + 10\%)}{(1 + 8\%)^2} \approx 1035.67(元)$$

【微视频】
利率和债券定价

（四）用Excel计算债券价格

1. 用PV函数计算债券价格

由于债券的价格本质上就是现值，可以用前面介绍的Excel中的PV函数来计算其价格。为便于理解，可以将PV函数对应参数格式设置如下：

=PV（市场利率，剩余付息次数，−利息，−面值）

▶ **例10-3-5**

用Excel中的PV函数分别计算例10-3-4中①、②、④小题的答案。

解答：

在Excel单元格中，按照如下格式设置，便可输出答案

①$P = PV(8\%, 3, -100, -1000) = 1051.54(元)$

②$P = PV(4\%, 6, -50, -1000) = 1052.42(元)$

④$P = PV(8\%, 2, -100, -1000) = 1035.67(元)$

2. 用PRICE函数计算债券价格

除了用PV函数来计算债券的价格，还有另外一个PRICE函数，它可以更加精确地计算债券价格，不过其返回的是定期付息面值为100元的有价证券的价格。PRICE函数的参数格式如下：

PRICE（settlement，maturity，rate，yld，redemption，frequency，[basis]）

上述各项参数的含义为：

settlement——有价证券的结算日。有价证券结算日是在发行日之后，有价证券卖给购买者的日期。

maturity——有价证券的到期日。

rate——有价证券的息票年利率。

yld——有价证券的年收益率。

redemption——面值为100元的有价证券的清偿价值。

frequency——年付息次数。如果按年支付，frequency = 1；按半年期支付，frequency = 2；按季支付，frequency = 4。

basis——可选。要使用的日计数基准类型。

例10-3-6

某投资者在2008年2月15日买入面值为100元，息票年利率为5.75%，每半年付息一次的债券，该债券2017年11月15日到期，假定债券收益率为6.50%。请用PRICE函数计算该债券的价格。

解答：

	A	B	C	D	E	F	G	H
1	结算日	到期日	息票年利率	年收益率	清偿价值	年付息次数	日计数基准类型	债券价格
2	settlement	maturity	rate	yld	redemption	frequency	[basis]	PRICE
3	2008/2/15	2017/11/15	5.75%	6.50%	100	2	0	94.63

H3 = =PRICE(A3,B3,C3,D3,E3,F3,G3)

在PRICE下方的单元格中输入

= PRICE(A3,B3,C3,D3,E3,F3,G3)

回车得到该债券的价格为94.63元。

三、债券价格和利率

（一）平价发行、溢价发行和折价发行

例10-3-7

ABC公司发行了面值1000元，票面利率为5%，期限为5年的息票债券，每年付息一次。请分别计算下列情形中该债券的价格：

①当前市场利率为6%，高于票面利率5%；

②当前市场利率为4%，低于票面利率5%；

③当前市场利率和票面利率相同，均为5%。

解答：

根据息票债券定价公式，可得：

①$P \approx 958$元(计算方式见例10-3-2)

②$P = \dfrac{50}{1+4\%} + \dfrac{50}{(1+4\%)^2} + \dfrac{50}{(1+4\%)^3} + \dfrac{50}{(1+4\%)^4} + \dfrac{1050}{(1+4\%)^5} \approx 1045$(元)

③$P = \dfrac{50}{1+5\%} + \dfrac{50}{(1+5\%)^2} + \dfrac{50}{(1+5\%)^3} + \dfrac{50}{(1+5\%)^4} + \dfrac{1050}{(1+5\%)^5} = 1000$(元)

从例10-3-7可得：当该债券发行时市场利率和票面利率相同，该债券的价格将恰好等于其面值，称为平价发行；当该债券发行时市场利率低于票面利率，该债券的价格将高于其面值，称为溢价发行；当该债券发行时市场利率高于票面利率，该债券的价格将低于其面值，称为折价发行。

(二)债券价格和利率的关系

很显然,从债券价格计算公式可以看到,债券价格 P 是关于市场利率 r 的一个函数:

$P = P(r)$

我们用一个例子来讨论债券价格 P 和市场利率 r 之间的关系。

➤ **例10-3-8**

ABC公司发行了一种面值为1000元的20年期债券,票面利率为10%,假设每年付息一次。如果市场利率从初始的10%下降为9%,8%,…,1%,那么该公司债券的价格将如何变化?

解答:

根据息票债券的定价公式,分别计算不同市场利率水平,即 r =10%,9%,…,1%情形下的债券价格 P:

r	10%	9%	8%	7%	6%	5%	4%	3%	2%	1%
$P(r)$	1000	1091	1196	1318	1459	1623	1815	2041	2308	2624

显然,随着市场利率 r 不断下降,该公司债券的价格从最初的1000元开始不断上涨。

从上例可得:债券价格 $P(r)$ 与市场利率 r 之间呈反向变动的关系。进一步,我们可以从两者构成的曲线关系图得到(见图10-3-1):两者不仅是反向变动关系,而且还是非线性的关系,即在不同市场利率水平上,相同单位 r 的变动造成的债券价格变动程度是不同的。这一点对于后面讨论债券价格的利率灵敏度至关重要。

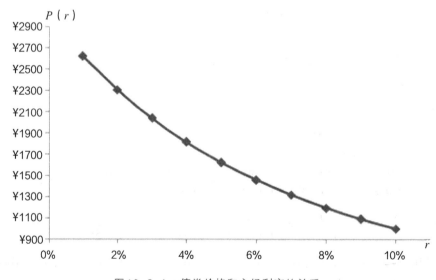

图10-3-1 债券价格和市场利率的关系

四、债券的到期收益率和收益率

(一)债券到期收益率的计算

前面的例子均是在给定市场利率(或到期收益率)的情形下,去计算债券的价格。但实际上,有时我们需要根据债券的市场价格,反向推算得到持有期内的收益率,称为债券的到期收益率。

➤ **例10-3-9**

计算息票率为10%,一年付息一次,面值为1000元,债券价格为1196元,20年到期的息票债券的到期收益率。

解答:

由式10-3-2可知

$$P = \frac{C}{1+r} + \frac{C}{(1+r)^2} + \cdots + \frac{C}{(1+r)^{20}} + \frac{F}{(1+r)^{20}}$$

$$\Rightarrow 1196 = \frac{100}{1+r} + \frac{100}{(1+r)^2} + \cdots + \frac{100}{(1+r)^{20}} + \frac{1000}{(1+r)^{20}}$$

从例10-3-8表中数据可知,当债券价格为1196元时,市场利率为8%,即到期收益率为8%。

(二)用Excel的YIELD函数计算债券的到期收益率

YIELD函数用于计算面值为100元,定期支付利息的息票债券到期收益率。其格式如下:

YIELD(settlement, maturity, rate, pr, redemption, frequency, [basis])

YILED的各项参数与之前的债券价格PRICE函数基本类似,除了参数pr。参数pr为面值为100元的有价证券的价格。

➤ **例10-3-10**

用YIELD函数计算例10-3-9中债券的到期收益率。

解答:

由于YIELD函数需要定义债券的结算日settlement和到期日maturity,我们假定例10-3-9中的20年期债券结算日为2000-01-01,到期日为2020-01-01。由于上述债券的面值为1000元,价格为1196元,而YIELD指定的债券面值为100元,对应的价格pr为119.6元,其到期收益率的设置如下:

H3		f_x	=YIELD(A3,B3,C3,D3,E3,F3,G3)				
	A	B	C	D	E	F	G	H
1	结算日	到期日	息票年利率	债券价格	清偿价值	年付息次数	日计数基准类型	到期收益率
2	settlement	maturity	rate	pr	redemption	freqiency	[basis]	YIELD
3	2000/1/1	2020/1/1	10.00%	119.60	100	1	0	8.00%

在YIELD下方的单元格中输入

= YIELD(A3,B3,C3,D3,E3,F3,G3)

回车得到该债券的到期收益率为8%。

(三)债券的到期收益率和收益率的区别

到期收益率和收益率是不同的概念。对任何有价证券而言,收益率是持有人的利息收入与有价证券价值变动的总和占购买价格的比率。债券的收益率应包括持有债券获得的票息收益率、持有期债券价格波动收益率两部分,以例10-3-9来说,如投资者最初以1196元价格买入,持有一年后以1200元出售。那该债券持有者在这一年中收到100元息票利息,价值变动4元(1200元－1196元)。因此,一年持有期内这种债券的实际收益率为8.7%(=104/1196),而根据例10-3-9可知该债券的到期收益率为8%。这说明债券的收益率并不一定等于债券的到期收益率。在市场利率发生变动时,只有持有期与到期期限一致的债券的收益率才与最初的到期收益率相等。

第四节　利率灵敏度的度量

这部分我们开始着重讨论利率灵敏度的度量问题。利率灵敏度是刻画利率风险的主要方法。一种证券或组合的市场价值对利率变动越敏感,则它面临的利率风险就越大。这种用灵敏度刻画利率风险大小的方法,称为利率灵敏度方法。久期和凸性就是用于刻画利率灵敏度最常用的两种工具。

一、久期的含义

久期,也称持续期(duration),是美国经济学家麦考利(F.R.Macaulay)于1938年提出来的,用于分析利率敏感程度的一种指标。麦考利将久期定义为:当利率变动一个单位时所引起的价格变动的百分比。如果用Δr表示利率变动,$\frac{\Delta P}{P}$表示价格相对变动,用D表示久期,那么它们之间存在如下关系(关于公式的证明见章节附录1和附录2):

$$\frac{\Delta P}{P} \approx -\frac{D}{1+r} \cdot \Delta r \qquad (10-4-1)$$

如果记$D^* = \frac{D}{1+r}$,D^*称为修正久期,则上式可简化为:

$$\frac{\Delta P}{P} \approx -D^* \cdot \Delta r \qquad (10-4-2)$$

对零息债券而言,久期为到期期限,即:

$$D = n \qquad (10-4-3)$$

对息票债券而言,久期为:

$$D = \frac{\sum_{t=1}^{n} \dfrac{tC_t}{(1+r)^t}}{\sum_{t=1}^{n} \dfrac{C_t}{(1+r)^t}} \tag{10-4-4}$$

关于麦考利久期的含义,有以下几种解释:从经济含义看,久期是利率变动一个单位引起的债券价格变动百分比,是利率敏感度的一种度量,久期越长,利率风险越大;从计算角度看,久期是债券各期现金流支付时间的加权平均年限,是债券平均有效期的一个测度,久期越长,表明初始投资回收所需的时间越久。

二、久期的计算

下面各举一例,分别介绍零息债券和息票债券久期的计算。

▶ **例10-4-1**

6年期面值1000元的某企业债券,每年支付利息一次,假设年息票率和到期收益率均为8%,计算该息票债券的久期 D 和修正久期 D^*。

解答:

根据息票债券久期计算公式　$D = \dfrac{\sum_{t=1}^{n} \dfrac{tC_t}{(1+r)^t}}{\sum_{t=1}^{n} \dfrac{C_t}{(1+r)^t}}$,可得

其分母为债券价格 $P = \sum_{t=1}^{n} \dfrac{C_t}{(1+r)^t} = \dfrac{80}{1.08^1} + \dfrac{80}{1.08^2} + \dfrac{80}{1.08^5} \cdots + \dfrac{1080}{1.08^6} = 1000(元)$

其分子为 $\sum_{t=1}^{n} \dfrac{tC_t}{(1+r)^t} = \dfrac{80}{1.08} \times 1 + \dfrac{80}{1.08^2} \times 2 + \cdots + \dfrac{80}{1.08^5} \times 5 + \dfrac{1080}{1.08^6} \times 6 \approx 5000$

因此,久期 $D = \dfrac{5000}{1000} = 5(年)$,修正久期 $D^* = \dfrac{D}{1+r} = \dfrac{5}{1.08} \approx 4.6(年)$

久期的计算公式比较复杂,不过我们同样可以借助Excel函数来求解久期和修正久期。在Excel中,久期和修正久期的函数分别为DURATION和MDURATION,它们的函数格式一致,以久期为例:

DURATION(settlement,maturity,coupon,yld,frequency,[basis])

其参数基本与之前的PRICE函数和YIELD函数相似,只是将息票年利率命名为coupon而已。

▶ **例10-4-2**

用DURATION函数,计算例10-4-1中债券的久期。

解答:

在Excel中按如下格式设置:

	A	B	C	D	E	F	G
	结算日	到期日	息票年利息	到期收益率	年付息次数	日计数基准类型	久期
1							
2	settlement	maturity	coupon	yld	frequeney	[basis]	DURATION
3	2010/1/1	2016/1/1	8.00%	8.00%	1	0	4.99

G3 ▾ : × ✓ *fx* =DUPATION（A3，B3，C3，D3，E3，F3）

在DURATION下方的单元格中,输入

= DURATION(A3,B3,C3,D3,E3,F3)

回车后得到久期为4.99年。

使用前面介绍的Excel终值函数、现值函数、债券价格函数和久期函数,可以大大提高计算的速度和准确率,初学者要熟练掌握。

下面再介绍一个计算零息债券久期的例子,它的结论非常简单。

► **例10-4-3**

假设面值为1000元、期限为3年的零息债券,市场利率为8%,那么该零息债券的久期和修正久期分别是多少?

解答:

因为零息债券的久期就是它的期限,所以上述债券的久期 $D = n = 3$(年),修正久期

$D^* = \dfrac{D}{1 + r} = \dfrac{3}{1.08} \approx 2.8$(年)。

三、如何用久期近似测算债券价格变动

接下来讲讲如何用久期公式近似计算债券价格的变动。用久期近似计算债券价格的公式可由 $\dfrac{\Delta P}{P} \approx -\dfrac{D}{1 + r} \cdot \Delta r$ 这一公式简单演变得到:

$$\Delta P \approx -\dfrac{D}{1 + r} \cdot \Delta r \cdot P \qquad (10\text{-}4\text{-}5)$$

► **例10-4-4**

以例10-4-1中的6年期企业债券为例,由于初始时债券的票面利率和市场利率相等,均为8%,债券价格 P 等于面值1000元,该债券的久期由例10-4-1可知为5年。假定现在市场利率发生了如下变动:

①初始市场利率由8%下降到7%;

②初始市场利率由8%上涨到9%。

请问,上述债券的价格将如何变动?

解答:

①当初始市场利率由8%下降到7%时,由债券价格的久期近似计算公式可得:

$$\Delta P \approx -\dfrac{D}{1 + r} \cdot \Delta r \cdot P = -\dfrac{5}{1 + 8\%} \times (7\% - 8\%) \times 1000 = 46(元)$$

②当初始市场利率由8%上升到9%时,由债券价格的久期近似计算公式可得:

$$\Delta P \approx -\frac{D}{1+r} \cdot \Delta r \cdot P = -\frac{5}{1+8\%} \times (9\% - 8\%) \times 1000 = -46(元)$$

可见,用久期近似计算债券价格,当市场利率上升或下降相同幅度,其带来的价格变动幅度是相同的,只是变动方向不同而已。

四、久期的精度

我们对运用久期计算债券价格变动是一种近似计算,而非精确计算的原因进行解释,即对久期的计算精度问题进行讨论。要讨论精度问题,只需要将近似计算的结果和一个不存在任何误差的真实结果进行比较,见例10-4-5。

► **例10-4-5**

用息票债券的定价公式对例10-4-4中两种利率变动情形造成的实际价格变动幅度分别进行计算和比较。

解答:

我们用债券的定价公式(而非久期近似公式)$P = \sum_{t=1}^{n} \frac{C_t}{(1+r)^t}$ 计算价格变动:

记 P_0 为债券初始价格,由于初始市场利率和票面利率相同,$P_0 = 1000$ 元。

接下去,分别计算市场利率下降到7%、上升到9%两种情形时的价格 P_1 和 P_2:

$$P_1 = \frac{80}{1.07} + \frac{80}{1.07^2} + \cdots + \frac{80}{1.07^5} + \frac{1080}{1.07^6} \approx 1048(元)$$,因此,利率下降1%造成该债券价格上涨:

$$\Delta P_1 = P_1 - P_0 = 1048 - 1000 = 48(元)$$

$$P_2 = \frac{80}{1.09} + \frac{80}{1.09^2} + \cdots + \frac{80}{1.09^5} + \frac{1080}{1.09^6} \approx 955(元)$$,因此,利率上升1%造成该债券价格下降:

$$\Delta P_2 = P_2 - P_0 = 955 - 1000 = -45(元)$$

根据债券定价公式测算的结果可知:市场利率上升或下降相同单位时,债券价格实际变动幅度是不同的(本例中,利率下降1%,造成债券价格上涨48元;而利率上升1%,则造成债券价格下降45元)。

从对例10-4-4和例10-4-5计算结果的比较可以发现:在市场利率上升或下降相同单位时,用债券价格计算公式得到的实际结果的变动幅度是不同的;而用久期公式近似计算得到的结果的变动幅度则是相同的。

五、凸度

凸度是对债券价格收益率曲线弯曲程度的一种度量,它用于弥补久期测算精度不足的问题,是对债券价格利率敏感度的二阶估计。关于凸度,详细的内容可学习"【延伸阅读】久期误差的来源和凸度"部分。

【微视频】
利率灵敏度的
度量

【微视频】
终值、现值、债
券价格和久期
的 Excel 实现

【延伸阅读】
久期误差的来
源和凸度

第五节 利率风险久期管理

一、利率久期免疫原理

久期反映了价格对利率的敏感度。一个与利率有关的交易组合的久期大小,代表了它的价值遭受市场利率冲击的整体规模,通过调整交易组合久期的大小,便可以实现对利率风险的主动管理,这是运用久期来免疫一个交易组合的原理。利率免疫,是指无论市场利率如何波动都不构成利率风险。

下面我们通过一个例子予以说明。

► **例10-5-1**

假定2015年,某保险公司收到某投保人缴纳的1000元保费,承诺在5年后(即2020年)支付给投保人1469元(相当于1000元按8%的复利投资5年的全部收益),在投保人退休时一次性支付。保险公司将1000元投资于期限为6年且票面利率为8%的息票债券,当前市场利率为8%。那么假定5年中市场利率出现以下三种不同变化,该保险公司是否都可以保证上述款项的如期支付?

①利率保持8%不变;

②利率下降至7%;

③利率上升至9%。

解答:

①利率保持8%不变,保险公司的投资收益将由以下部分构成:

5年的息票利息和再投资收益:$80 \times \dfrac{1.08^5 - 1}{0.08} = 469$(元);

在第5年末出售债券:$\dfrac{1080}{1.08} = 1000$(元),

因此,总收益恰好为其承诺支付的1469元。

②利率下降至7%,保险公司的投资收益将由以下部分构成:

5年的息票利息和再投资收益:$80 \times \dfrac{1.07^5 - 1}{0.07} = 460$(元);

在第 5 年末出售债券：$\dfrac{1080}{1.07} = 1009(元)$，

因此，总收益恰好为其承诺支付的 1469 元。

③利率上升至 9%，保险公司的投资收益将由以下部分构成：

5 年的息票利息和再投资收益：$80 \times \dfrac{1.09^5 - 1}{0.09} = 478(元)$；

在第 5 年末出售债券：$\dfrac{1080}{1.09} = 991(元)$，

因此，总收益为 1469 元。

可见，无论利率发生何种变动，保险公司一定能支付其承诺的 1469 元。

下面我们分析例 10-5-1 中该交易组合实现利率免疫的原理。首先，对保险公司而言，其融资所得的 1000 元负债，其久期为 5 年；而保险公司投资的 6 年期息票债券，由息票债券久期计算公式可得，其久期也约为 5 年。因此，在该项投资中，保险公司将资产和负债的久期进行了匹配，从而使得 5 年内，无论市场利率发生何种变动，其始终能够如期偿付。在现实中，可能并不容易找到刚好和负债久期相匹配的资产，而实际上只需要构建一个加权平均久期刚好与负债相匹配的资产组合即可。因此，运用久期来免疫利率风险，成为金融机构最为常见的一种做法。

【微视频】
久期计算及其
应用

二、久期模型的计算步骤

通过金融机构资产与负债组合的久期缺口来管理利率风险的方法，称为久期模型。久期模型的基本计算步骤如下：

第一步：分别计算资产组合和负债组合的加权平均久期，其公式分别如下：

$$D_A = W_{A1} \cdot D_{A1} + W_{A2} \cdot D_{A2} + \cdots + W_{Am} \cdot D_{Am} = \sum_{i=1}^{m} W_{Ai} \cdot D_{Ai} \qquad (10\text{-}5\text{-}1)$$

$$D_L = W_{L1} \cdot D_{L1} + W_{L2} \cdot D_{L2} + \cdots + W_{Ln} \cdot D_{Ln} = \sum_{j=1}^{n} W_{Lj} \cdot D_{Lj} \qquad (10\text{-}5\text{-}2)$$

其中，A 代表资产，L 代表负债，D_A 和 D_L 分别代表资产组合和负债组合的加权平均久期，W_{Ai} 代表第 $i(i = 1, \cdots, m)$ 项资产占总资产的权重，W_{Lj} 代表第 $j(j = 1, \cdots, n)$ 项负债占总负债的权重，D_{Ai} 代表第 $i(i = 1, \cdots, m)$ 项资产的久期，D_{Lj} 代表第 $j(j = 1, \cdots, n)$ 项负债的久期。

下面列举一例说明资产组合和负债组合的加权平均久期算法。

例10-5-2

某金融机构的简化资产负债表如下：

资产	金额（亿元）	久期（年）	负债和所有者权益	金额（亿元）	久期（年）
短期国债	90	0.5	存款	2092	1.0
中期国债	55	1.0	商业票据	238	3.0
长期国债	176	5.0	股权资本	715	
贷款	2724	3.0			
合计	3045		合计	3045	

请计算该机构：

①资产组合的加权平均久期；

②负债组合的加权平均久期。

解答：

① $D_A = \sum_{i=1}^{m} W_{Ai} \cdot D_{Ai}$

$= \frac{90}{3045} \times 0.5 + \frac{55}{3045} \times 1.0 + \frac{176}{3045} \times 5.0 + \frac{2724}{3045} \times 3.0 \approx 3.01（年）$

② $D_L = \sum_{j=1}^{n} W_{Lj} \cdot D_{Lj}$

$= \frac{2092}{2092 + 238} \times 1.0 + \frac{238}{2092 + 238} 3.0 \approx 1.20（年）$

可见，该金融机构全部资产的加权平均久期为3.01年，而负债的加权平均久期为1.20年。

第二步：计算加权平均久期缺口 $D_{\text{Gap}} = D_A - D_L \times k$，并根据久期缺口分析利率变化对金融机构股权资本或市值的影响。其计算公式如下（公式证明见章节附录3）：

$$\Delta E = -\left[D_A - D_L \cdot k\right] \times A \times \frac{\Delta r}{1 + r} \tag{10-5-3}$$

其中，ΔE 为股权资本或市值的变动，$D_A - D_L \cdot k$ 为杠杆调整久期缺口，$k = \frac{L}{A}$，为资产负债率，A 代表资产，L 代表负债，r 为初始市场利率，Δr 为利率变动。

下面我们列举一例说明如何计算久期缺口，并以此测算利率变动对权益资本的影响。

► **例10-5-3**

请在例10-5-2基础上计算，当初始市场利率由10%上升至10.1%时：

①利率变动对该金融机构权益资本的影响；

②该金融机构应该如何调整，可以使其免疫于利率变动的影响。

解答：

①由例10-5-2可知，该金融机构的 $D_A = 3.01$ 年，$D_L = 1.20$ 年，资产 $A = 3045$ 亿元，$L = 2092 + 238 = 2330（亿元）$，$k = \frac{2330}{3045} \approx 0.765$，$r = 10\%$，$\Delta r = 0.1\%$，则

$$\Delta E = -\left[D_A - D_L \cdot k\right] \times A \times \frac{\Delta r}{1 + r} = -\left[3.01 - 1.20 \times 0.765\right] \times 3045 \times \frac{0.1\%}{1 + 10\%} \approx -5.79（亿元）$$

这表明，利率上升0.1%之后，对存在这样一个规模久期缺口的金融机构而言，其股权资本将损失5.79亿元。

②由于该金融机构存在一个 $3.01 - 1.20 \times 0.765 \approx 2.092$ 年的杠杆调整久期缺口，要使其免疫于利率变动的影响，则必须减少资产组合的加权平均久期，或者增加负债组合的加权平均久期，使上述缺口最终为0。

三、久期缺口分析

从持续期分析公式来看，利率变化对金融机构股权资本的市值或净值 ΔE 的影响，分为

三个部分:经杠杆调整久期缺口 $D_A - D_L \cdot k$、金融机构资产规模 A 和利率冲击 $\dfrac{\Delta r}{1 + r}$。A 总是大于零,因此:

当 $\dfrac{\Delta r}{1 + r} > 0$ 时,如果 $D_A - D_L \cdot k > 0$,则 $\Delta E < 0$;当 $\dfrac{\Delta r}{1 + r} > 0$ 时,如果 $D_A - D_L \cdot k < 0$,则 $\Delta E > 0$。这表明当金融机构预期利率上升,会倾向于保持负向久期缺口。

同理,当 $\dfrac{\Delta r}{1 + r} < 0$ 时,如果 $D_A - D_L \cdot k > 0$,则 $\Delta E > 0$;当 $\dfrac{\Delta r}{1 + r} < 0$ 时,如果 $D_A - D_L \cdot k < 0$,则 $\Delta E < 0$。这表明当金融机构预期利率下降,会倾向于保持正向久期缺口。

四、对久期模型的评价

久期模型考虑了市场价值及金融机构资产负债的期限分布,因此能准确地反映金融机构的利率风险。目前,国内外大量的金融机构采用久期模型来管理利率风险。不过久期模型在实际应用过程中也存在一些不足:

第一,存在久期匹配的代价。理论上金融机构的管理人员可以通过调整利率久期免疫资产负债,但这对一家大型综合性金融机构而言,却是一项耗时、费钱的工作。同时,久期本身会随着到期期限的靠近而不断发生变化,这个特点表明久期匹配是个动态问题,它要求管理人员不断调整其投资组合的结构,这将进一步增加匹配的成本。所以大多数金融机构只是间隔一段时间,例如一个季度,才调整一次投资组合的结构。尽管如此,随着基金市场、资产证券化和贷款出售市场的发展,以及金融机构越来越多地利用金融衍生工具,这种久期匹配的成本正在大幅度下降,久期匹配的速度也在大幅提高。

第二,较大幅度利率变动带来的凸性效应。这一点在久期精度问题中有过详细说明。利率变动与价格变动之间存在非线性关系,这意味着,只有较小幅度的利率变动,久期反映的利率敏感度才较为精确,而较大幅度的利率变动将会使得仅依靠久期来衡量的利率敏感度的误差较大。这种价格—收益率曲线凸向原点带来的凸性效应,会使得即使实施了资产负债组合的久期匹配,在大幅度利率变动时,仍然存在遭受利率风险的可能性。

【微视频】
利率风险久期
管理

【延伸阅读】
利率市场化

【第十章小结】

【第十章附录】

【第十章练习】

第十一章
汇率风险管理

▶ **章节导图**

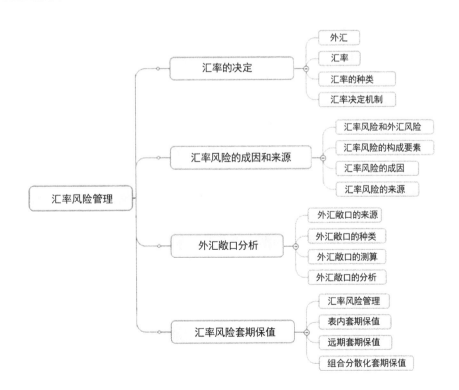

第一节　汇率的决定

全球有220多个国家和地区,流通的货币有190多种。全球外汇市场已经成为所有金融市场中规模最大的一个市场。其日均交易额突破6.6万亿美元,是全球债券市场交易规模的10倍,是股票市场交易规模的100多倍。外汇交易市场被称为全球最公平的市场,因为其交易规模庞大,没有哪家机构能够控制市场走势。事实上,外汇交易并不在像纽约股票交易所那样的交易所内交易,外汇交易市场是一个场外交易市场,在该市场中,数以百计的交易商(绝大多数都是银行)随时准备购买和出售以外币计价的存款。

一、外汇

外汇泛指以外币表示的可以用作国际清偿的资产。根据我国外汇管理条例规定,外汇的具体范围包括:①外币现钞,包括纸币、铸币;②外币支付凭证或者支付工具,包括票据、银行存款凭证、银行卡等;③外币有价证券,包括债券、股票等;④特别提款权;⑤其他外汇资产。

外汇和外汇储备是两个不同的概念,外汇储备特指一国中央银行及其政府机构所集中掌握的外汇资产。中国拥有世界上规模最庞大的外汇储备。据中国人民银行公布的统计数据,2019年4月末,我国外汇储备规模为30950亿美元。

二、汇率

汇率是指将一种货币兑换成另一种货币的比率。例如,2015年11月,美元兑人民币的汇率为6.3357,意思是指1美元可以兑换6.3357元人民币,我们可以将其写成USD 1 = CNY 6.3357,或者USD/CNY = 6.3357。有时,我们还可以用货币符号来表示,常见的有:人民币CNY(￥)、美元USD($)、英镑GBP(£)、欧元EUR(€)等。

汇率有两种标价方法:直接标价法和间接标价法。直接标价法是指将一单位的外国货币折算为一定数额的本国货币,例如,我国2015年11月4日公布的外汇牌价中,每100美元可以兑换633.57元人民币,这一标价方法就是直接标价法。我国对外币的标识就是使用直接标价法。间接标价法是指将一单位的本国货币折算为一定数额的外国货币,以前面的人民币和美元的汇率为例,采用间接标价法就是每100元人民币可以兑换15.78美元,英国采用的就是这种标价方法。

三、汇率的种类

汇率的种类繁多,这里有选择性地介绍与后续汇率风险讨论有关的几种。

(一)固定汇率和浮动汇率

固定汇率是指由政府规定该国货币同其他国家货币的比价,两国货币汇率波动被限制在一定幅度以内。这样的汇率制度,称为固定汇率制度。浮动汇率是指汇率水平完全由外汇市场上的供求决定,政府不加任何干预。这样的汇率制度,称为浮动汇率制度。和浮动汇率制度相比,固定汇率制度安排下的汇率相对稳定且波动幅度较小,可以降低汇率风险;但是固定汇率制度需要货币当局动用外汇储备干预外汇市场,当外汇储备有限,或者本国货币出现大幅度升值或贬值时,这样做极易引发汇率投机,从而造成更大幅度的汇率波动,例如1997年的东南亚金融危机。

(二)基本汇率和套算汇率

设有本币A,外币B和C,一国在折算其本国货币汇率时,总是先计算出A与B之间的汇率,再根据B与C的汇率,间接折算出A与C的汇率,那么,A与B之间的汇率称为基本汇率,A与C之间的汇率称为套算汇率,其中的B称为关键货币。套汇交易中的三角套汇交易,就是通过计算套算汇率来获利的。举例来说:在伦敦市场上1英镑等于1.3035美元,1美元等于1.3510加元(这就隐含着1英镑的套算汇率等于1.7610加元),而在法兰克福市场上1英镑等于1.7810加元。

(三)即期汇率和远期汇率

即期汇率和远期汇率是按外汇买卖的交割期限来划分的。即期汇率又称现汇汇率,是买卖双方成交后,在两个营业日之内办理外汇交割时所用的汇率,主要用于外汇的现货买卖。远期汇率又称期汇汇率,是买卖双方事先约定的,在未来的一定日期进行外汇交割的汇率,比如1个月后、3个月后或6个月后的汇率,用于外汇远期交易和期货买卖。

四、汇率决定机制

在不同的货币制度下,汇率决定的基础是不同的。

(一)金本位制度下的汇率决定

金本位制是以黄金为本位货币的货币制度。在历史上,曾有过三种形式的金本位制:金币本位制、金块本位制、金汇兑本位制。在金本位制下,每单位的货币价值等同于若干重量的黄金(即货币含金量);当不同国家使用金本位制时,国家之间的汇率由它们各自货币的含金量之比——金平价来决定。例如,1925—1931年,1英镑的含金量为7.3224克,1美元的含金量为1.504656克,那么1英镑可兑换4.8665美元。

(二)美元本位制度下的汇率决定

在1929—1933年世界性经济大危机的冲击下,各国纷纷放弃金本位制度,开始实行不兑现信用货币制度。第二次世界大战结束前夕,美国主导战后国际货币体系重建。1944年7月,在美国新罕布什尔州的布雷顿森林召开了44个国家参加的"联合国国际货币金融会议"。这次会议最终确定了美元取代英镑成为国际货币体系的核心,美元与黄金挂钩,一盎司黄金等于35美元,其他的货币再与美元形成固定汇率,这就是著名的"布雷顿森林体系"。该体系本质上是一种美元本位制度,在这种制度下,各国的汇率均与美元挂钩,而各国之间的汇率则通过本国货币与美元之间的汇率换算得到。在整套体系中,只要美元相对稳定,各国之间汇率也就得以保持相对稳定。

(三)"布雷顿森林体系"解体后的汇率决定

20世纪60—70年代,美国深陷越南战争泥潭,财政赤字巨大,国际收支恶化,美元信誉受到冲击,多次爆发美元危机。1971年7月,第七次美元危机爆发,尼克松政府于8月15日宣布实行"新经济政策",停止履行外国政府或中央银行可用美元向美国兑换黄金的义务。1971年12月,以"史密森协定"为标志,美元对黄金贬值,美联储拒绝向国外中央银行出售黄金。美元停止兑换黄金和固定汇率制的垮台,标志着以美元为中心的"布雷顿森林体系"瓦解。"布雷顿森林体系"崩溃以后,国际金融秩序动荡不安,1976年1月,国际货币基金组织临时委员会在牙买加会议上达成"牙买加协定","牙买加协定"正式确认了浮动汇率制的合法化,承认固定汇率制与浮动汇率制并存的局面,成员国可自由选择汇率制度,并使特别提款权(SDR)成为主要的国际储备资产。"牙买加协定"确立的多样化汇率安排适应了各国不同经济发展水平的需求,但多元化的国际储备缺乏统一稳定的货币标准,使得汇率大起大落,变动不定,汇率体系极不稳定。如果说在"布雷顿森林体系"下,国际金融危机是偶然的、局部的,那么,在牙买加体系下,国际金融危机就成为经常的、全面的和影响深远的。1973年浮动汇率制普遍实行后,西方外汇市场货币汇价的波动、金价的起伏经常发生,小危机不断,大危机时有发生。有关汇率决定机制的争论也远未形成定论。目前,形成了形形色色的汇率决定理论,例如购买力平价说、利率平价说、国际收支说、资产市场说等。

一价定律是理解汇率决定的出发点:如果两个国家生产同一种商品,假设运输成本和交易壁垒很低,那么世界范围内该商品的价格都应该相同,而不管该商品是在哪国生产的。英国《经济学人》杂志编制的"巨无霸汉堡包指数"就属于此类。举例而言,假设一个"巨无霸"在美国的售价为 $2.50,在英国的售价为 £2.00,那么英镑兑美元的汇率就是 $1.25/£1。如果现在美国的"巨无霸"涨价到 $3.00,而英国的售价没有变,那么英镑兑美元的汇率就变为 $1.50/£1,即英镑升值,美元贬值。

购买力平价说的基本思想是货币的价值在于其购买力,因此不同货币之间的兑换率取决于其购买力之比。也就是说,汇率与各国的价格水平之间具有直接的关联。假设英国汉堡包的价格上升了10%(£2.20),而美国汉堡包的价格保持不变($2.50),那么根据一价定律,英镑兑美元的汇率就是 $1.14/£1,即美元升值10%。购买力平价理论中假设两国商品完全同质且运输成本和交易壁垒非常低,但实际上商品同质的假设很难满足,例如日本丰田汽车和德国奔驰汽车是一样的吗?

利率平价说是以两国货币的利差来说明汇率的决定及其变动的另外一种学说。该理论认为,两国货币的利率差导致资本从利率较低的国家流向利率较高的国家,从而增加对利率较高的货币的需求,导致其即期汇率上升。利差还决定了即期汇率和远期汇率的关系。在均衡稳定的外汇市场条件下,利差与远期差价即远期汇率的升水或贴水应该是一致的。利率较低的货币,其远期汇率差价必为升水;利率较高的货币,其远期汇率差价必为贴水。升水或贴水的幅度约等于两国货币的利差。当利差发生变化与远期汇率差价不一致时,就会发生抵补套利活动,引起资本在两国间的流动,从而影响即期汇率和远期汇率的变动,直到利差与远期汇率差价重新一致,市场重新恢复稳定平衡。

第二节　汇率风险的成因和来源

一、汇率风险和外汇风险

(一)汇率风险的定义

汇率风险有狭义和广义之分。狭义的汇率风险,是指汇率的不利变动而引起外汇价值损失的不确定性。它的范围仅限于汇率对外汇(资产或负债)造成的影响。但实际上,汇率波动不仅对外汇价值造成影响,对以本币计价的其他资产同样也会产生影响。因此,广义汇率风险泛指汇率的不利变动对任何一种资产所造成的价值损失的不确定性。

(二)外汇风险的定义

外汇风险和汇率风险是两个不同的表述。外汇风险是指外汇可能发生的各种风险,包括外汇汇率风险、信用风险、政治风险等。因此,从两者比较来看,汇率风险强调风险的成因是汇率波动,而外汇风险则强调风险的载体是外汇。

在大多数情形下,有关汇率风险的讨论,都只局限于外汇汇率风险,即狭义汇率风险的范畴。

二、汇率风险的构成要素

汇率风险有两大构成要素:币种和时间。

(一)币种

一家企业的对外经济活动所发生的货币收付,如应收账款、应付账款、货币资本的借入或贷出等,如果在交易中只使用本币计价收付,那就不存在外汇汇率风险,因为它不会涉及外币与本币之间的兑换问题,所以不存在汇率波动的风险。

(二)时间

一笔应收或应付外币账款的时间结构对外汇汇率风险的大小具有直接的影响。时间越长,在此期间汇率波动的可能性就越大,外汇风险也相对越大;时间越短,在此期间汇率波动的可能性就越小,外汇风险就相对越小。

从汇率风险的构成要素可以得知,汇率风险管理的关键在于对外汇币种的管理和期限的管理两个维度上。

三、汇率风险的成因

(一)外部因素:汇率波动

造成一个经济主体汇率风险的原因,从外部因素来看,为汇率波动的不确定性。造成汇率波动的原因众多,既有长期的,也有短期的,主要包括:

第一,经济状况。货币是一国综合实力的写照,一个强大的国家必定有强大的货币,强大的货币必定表现为强势的汇率。一国相较于另一国的经济发展形势更好,该国的货币就会升值。

第二,国际收支。当一国的国际收支保持持续顺差,外汇市场上外国货币往往供大于求,从而造成汇率升值;反之则贬值。

第三,相对通货膨胀率(或物价水平)。货币对外价值(即汇率)的基础是对内价值。当一国出现超过他国水平的通货膨胀,造成物价上涨,则本国货币的实际购买力下降,对内贬值,从而带动汇率贬值。

第四,相对利率水平。利率是资金的价格,较高的利率水平,意味着较高的资金收益率。这一方面抑制国内资本的外流,造成外汇市场本国货币供应的减少;另一方面则吸引外资流入,造成外汇市场上外币供应增加,从而推动本国货币的汇率上升。

第五,心理预期。心理预期包括对国际收支状况、通货膨胀率、相对利率及对汇率本身的预期。尤其是对汇率的预期,当众多投资者(投机者)形成一致预期并开始促成一致行动,就会造成汇率的事实升值或贬值。

第六,央行干预。央行动用外汇储备对外汇市场进行干预,使汇率达到设定的目标。

第七,大规模的外汇投机。外汇投机者是外汇市场的重要参与者,大规模的外汇投机容易加剧汇率的波动,尤其是在发生金融危机时,容易造成外汇市场的踩踏效应,出现汇率过度升值或过度贬值的情况。

【案例讨论】
索罗斯狙击英镑

(二)内部因素:外汇敞口

除外部汇率波动带来经济主体汇率风险之外,造成一个经济主体汇率风险的另一个重要原因,来自其内部的外汇敞口大小。外汇敞口是指净裸露的外汇头寸,买入外汇的头寸多于卖出外汇的头寸形成外汇净多头,或者卖出外汇的头寸多于买入外汇的头寸形成外汇净空头。当经济主体持有的外汇头寸形成上述净裸露(净多头或净空头)时,其将面临汇率波动所带来的风险。

汇率波动和外汇敞口是构成经济主体汇率风险的两个必不可少的条件:如果汇率是一个确定的值,那么即使存在外汇敞口,也不会对经济主体构成风险;同样,如果不存在外汇敞口,即使汇率波动,也不会对经济主体产生影响。因此,只有存在外汇敞口,同时汇率波动具有不确定性,才会对一个经济主体造成影响。

由于经济主体只是被动地接受来自外部的汇率波动,则其外汇汇率风险更多只能通过对自身敞口大小的管理来实现。

四、汇率风险的来源

从汇率风险的来源看,汇率风险主要来源于国际贸易、国际融资、国际借贷、国际投资、国际中介业务、外汇交易等经济活动。

(一)国际贸易中的汇率风险

在商品、劳务进出口贸易中,从合同签订到货款结算的这一期间,其以外币计价的应收或应付款项将面临外汇汇率不利变化所产生的风险。对出口企业而言,如果这一期间本币升值外币贬值,或者,对进口企业而言,本币贬值外币升值,均将产生汇兑损失。

例11-2-1

请分析下列汇率波动对进口、出口贸易的影响:

① 一家中国外贸公司在2015年1月出口一套设备到美国,价格100万美元,双方协定三个月后交付并以美元结算,2015年1月美元兑人民币汇率为6.20,到2015年4月为6.18,请分析汇率变动对这家外贸公司的影响。

② 一家中国公司在2015年6月从美国进口一套设备,价格100万美元,双方协定三个月交付并以美元结算,2015年6月美元兑人民币汇率为6.12,到2015年9月为6.37,请分析汇率变动对这家公司的影响。

解答:

① 由于货款以美元结算,该出口企业在2015年1月时的100万美元,按照当时的汇率可以兑换620万元人民币;但到了4月份,美元贬值,按照美元兑人民币6.18的汇率,该企业实际收到618万元人民币,由此产生了2万元人民币的汇兑损失。

② 由于货款以美元结算,该进口企业9月需要支付100万美元货款,交付期间美元升值,企业从最初需要支付612万元人民币,实际支付时需要637万元人民币,比6月多支付25万元人民币。

从上述两例可以看出,进出口企业的贸易款项只要以外币计价,而不是以本币计价,企业就将由此承担汇率波动的风险。

(二)国际融资中的汇率风险

国际融资是指在国际金融市场上,通过发行股票或债券等方式,进行直接或间接资金融通的金融活动。在上述资金融通活动中,融入资金的一方,当发生本国货币贬值时,其以外币计价的债务,将需要用更多的本币来加以偿还,由此,其融资的成本将上升,债务压力将加大。

(三)国际借贷中的汇率风险

国际借贷是一国的银行、其他金融机构、政府、公司企业及国际金融机构,在国际金融市场上,向另一国的银行、其他金融机构、政府、公司企业及国际金融机构借款或贷款。在以外币计价的国际借贷中,债权债务在清偿过程中,存在汇率不利变动产生的风险。

例11-2-2

2009年1月,一家中国商业银行向美国一家石油公司提供了100万美元贷款,贷款期限为6年。2009年1月,1美元兑6.8223元人民币,到2015年1月,1美元兑6.1261元人民币。不考虑其他风险因素,请分析上述汇率波动对该家银行产生的影响。

解答:

根据题意,2009年这笔价值682.23万元的贷款,在2015年贷款到期时本金只值612.61万元,如果这家银行没有对这笔外汇贷款做相应的套期保值,仅本金损失就达到69.62万元。

(四)国际投资中的汇率风险

国际投资指跨国投资者在海外买卖有价证券,包括外国政府债券、外国金融机构债券、国际经济机构债券、跨国公司债券及股票;或者跨国公司等国际投资主体,将其拥有的货币资本或产业资本,通过跨国界流动和营运,以实现价值增值的经济行为。上述经营投资行为,也面临汇率波动的风险。

(五)国际中介活动中的汇率风险

国际中介活动是指金融机构接受客户委托,代客户从事国际结算、国际信托、国际租赁、国际咨询等相关代理业务,并从中收取手续费的中介活动。上述中介活动使得金融机构承受汇率风险。

(六)外汇交易中的汇率风险

除上述5大类经济活动之外,外汇市场还有大量的投机者,他们出于投机目的——通过预测汇率将来的变化趋势而买卖外汇。外汇投机者通过持有外汇头寸的多头或空头,从中赚取差价。但当其对走势做出错误预判,实际汇率发生不利其外汇头寸变动时,将产生交易损失风险。一国的政府部门一般不直接参与外汇交易,其买卖外汇主要出于外汇市场干预的需要,例如,防止本国货币过度投机造成大幅币值波动。

【微视频】
汇率风险的成
因和来源

第三节　外汇敞口分析

一、外汇敞口的来源

外汇敞口分析法是以商业银行为代表的金融机构常用的一类外汇风险评估方法。净裸露的外汇头寸称为外汇敞口或受险部分,通过外汇敞口大小来评估汇率风险暴露的方法称为外汇敞口分析法。

外汇敞口主要来源于商业银行表内外业务中外汇币种的金额错配和期限错配。

(一)币种金额错配

币种金额错配是指某一时点上,商业银行某一币种的外汇多头头寸与空头头寸不相匹配,例如,买入外汇的头寸多于卖出外汇的头寸形成外汇净多头,或者卖出外汇的头寸多于买入外汇的头寸形成外汇净空头,由此形成了外汇敞口。

(二)币种期限错配

币种期限错配通常是指金融机构外汇资产和负债的期限不相匹配。例如,将短期外汇借款(负债)用于长期的外汇贷款(资产),即"借短贷长",这种情况下,即使外汇币种不存在金额上的错配,但在期限结构上也存在错配,从而形成了外汇敞口。

二、外汇敞口的种类

在市场风险监管实践中,巴塞尔委员会将银行表内资产分为银行账户和交易账户两类。交易账户,是指能够在有组织的金融市场上被迅速买卖且持有时间较短的资产、负债和衍生产品头寸,包括债券、股票、外汇、某些商品及与这些头寸相关联的衍生产品,其目的是获得短期收益。银行账户,是指那些流动性较差或者持有时间较长的资产和负债所构成的头寸,包括存款、贷款等传统银行业务,也包括为银行账户头寸进行避险用的衍生产品,如掉期。因此,外汇敞口既存在于交易账户中,又存在于银行账户中。

根据上述账户分类,外汇敞口可以分为交易性外汇敞口和结构性外汇敞口两大类。

(一)交易性外汇敞口

交易性外汇敞口存在于银行交易账户,通常为银行自营、为执行客户买卖委托或做市,或为对冲以上交易而持有的外汇敞口。银行的交易性外汇风险主要来自两个方面:一是为客户提供外汇交易服务时未能立即进行对冲的外汇敞口头寸;二是银行对外币走势有某种预期而刻意持有的外汇敞口头寸。

(二)结构性外汇敞口

结构性外汇敞口,也称为银行账户外汇敞口。该类敞口源于银行资产、负债之间的币种不匹配,也包括商业银行在对资产负债表的会计处理中,将功能货币转换成记账货币时,因汇率变动产生的风险。目前,我国商业银行的外汇风险敞口主要以结构性敞口为主。

三、外汇敞口的测算

在进行敞口分析时,应当分析单币种的外汇敞口,以及各币种敞口折成报告货币并加总轧差后形成的外汇总敞口。

(一)单币种敞口测算

单币种敞口头寸为每种货币的交易性外汇敞口头寸和结构性外汇敞口头寸之和。其中,结构性外汇敞口头寸为外汇资产减去外汇负债;交易性外汇敞口头寸为买入外汇减去卖出外汇,包括即期外汇、远期外汇、外汇期权和其他种类。单币种敞口头寸主要用于反映单一货币的外汇风险。其计算公式如下:

外汇敞口$_i$ = 结构性外汇敞口$_i$ + 交易性外汇敞口$_i$

$$= (外汇资产_i - 外汇负债_i) + (买入外汇_i - 卖出外汇_i) \qquad (11\text{-}3\text{-}1)$$

式中的 i 代表第 i 种货币。

如果某种外汇的敞口头寸为正值,则说明机构在该币种上处于多头;如果某种外汇的敞口头寸为负值,则说明机构在该币种上处于空头。

(二)总敞口测算

总敞口头寸反映整个货币组合的整体外汇风险。外汇总敞口有三种常见的度量方法:累计总敞口头寸法、净总敞口头寸法和短边法。

一是累计总敞口头寸法,其等于所有外币的多头与空头的总和,这种计量方法比较保守。

二是净总敞口头寸法,其等于所有外币多头总额与空头总额之差,这种计量方法较为激进。

三是短边法,其取外汇净多头和外汇净空头中较大的一边作为外汇总敞口。短边法的优点在于既考虑到多头与空头同时存在的风险,又考虑到它们之间的抵补效应。短边法是一种为各国广泛运用的外汇风险敞口头寸计量的方法。

外汇敞口分析是银行业较早采用的汇率风险计量方法,具有计算简便、清晰易懂的优点。但是,外汇敞口分析也存在一定的局限性,主要是忽略了各币种汇率变动的相关性,难以揭示各币种汇率变动的相关性所带来的汇率风险。

下面我们用一个例子说明如何测算单币种外汇敞口和总敞口。

► **例11-3-1**

一家美国银行的月外汇头寸与外汇资产和负债情况如下表所示(2003年9月,按计价货币分类），请计算：

① 该机构的单币种外汇敞口；

②该机构的总敞口。

币种	（1）	（2）	（3）	（4）	（5）
	资产	负债	买入外汇*	卖出外汇*	净头寸
加拿大元（百万）	126812	130875	367077	369335	−6321
日元（10亿）	43969	43869	183081	187711	−4530
瑞士法郎（百万）	52152	57423	377101	384344	−12514
英镑（百万）	225987	223079	519818	528657	−5931
欧元（百万）	1113381	1072384	1848576	1867959	+21614

*包括即期外汇、远期外汇、外汇期权和其他。

解答：

①单币种外汇敞口

外汇敞口$_i$ =（外汇资产$_i$ − 外汇负债$_i$）+（买入外汇$_i$ − 卖出外汇$_i$）

由此可得加拿大元、日元、瑞士法郎、英镑、欧元的净头寸分别为 −6321、−4530、−12514、−5931 和 +21614。这表明：在这家美国银行持有的五种外汇中，有四种外汇处于净空头状态，分别是加拿大元、日元、瑞士法郎和英镑，因此面临着上述四种外汇对美元升值的风险；而欧元处于净多头状态，因此面临着欧元对美元贬值的风险。

②总敞口

累计总敞口头寸 = |−6321−4530−12514−5931| + 21614 = 50910

净总敞口头寸 = 21614 −（6321 + 4530 + 12514 + 5931）= −7682

短边法 = Max{21614,（6321 + 4530 + 12514 + 5931）} = Max{21614,29296} = 29296

从上可以看出，以累积总敞口头寸测算的该机构的整体外汇敞口最大，净总敞口头寸最小，短边法居于两者之间。

四、外汇敞口的分析

当一机构处于外汇净多头时发生外币贬值，或净空头时发生外币升值，将造成外汇损失，因此只要存在外汇敞口，就意味着有外汇头寸净暴露在汇率变动的风险之下。显然，金融机构可以使它们的各种外汇资产与负债相匹配，并且使交易账户中买入和卖出的货币相匹配，从而使其外汇净裸露降为零，从而避免外汇风险。它们还可以用外汇资产—负债组合的不平衡来冲销其交易账户中所存在的一种相反的不平衡，从而使自己在这种货币方面的净裸露头寸为零。

【微视频】
外汇敞口分析

第四节　汇率风险套期保值

一、汇率风险管理

商业银行的外汇敞口分为交易账户外汇敞口、银行账户外汇敞口（结构性外汇敞口）。交易账户外汇敞口风险可以采取限额管理方式，也称为内部敞口额度管理，即对每类交易员或每类业务设定持有汇率风险敞口的最高额度，并进行监测管理。而对结构性外汇敞口，则通过资产负债的结构匹配及金融衍生产品来管理。我们结合一个实例来加以介绍，该实例来自安东尼·桑德斯（Anthony Saunders）和马西娅·米伦·科尼特（Marcia Millon Cornett）著、王中华和陆军译的《金融风险管理》（第5版）。

▶ **例11-4-1**

一家美国的金融机构拥有下列资产和负债：

资产	负债
1亿美元一年期美国贷款（按美元计价，贷款利率9%） 1亿美元一年期英国贷款（按英镑发放，贷款利率15%）	2亿美元一年期美国定期存单（按美元计价，存款利率8%）

假设一年期美国定期存单的承诺利率为8%（年底按美元支付），美国一年期无风险信用贷款的收益率为9%，英国一年期无信用风险贷款的收益率为15%，同时假设年初汇率为\$1.60/£1，年底汇率为\$1.45/£1。

① 请结合该金融机构的上述资产负债信息，对其风险进行分析；

② 分析上述汇率波动，对该金融机构产生的影响。

解答：

1. 风险分析

这家美国金融机构所有2亿美元的负债都是按美元计价（一年期存单），但却将50%的资产投资于美元（一年期贷款），另外50%的资产投资于英镑（一年期贷款），为了简便起见，我们忽略了金融机构资产组合的杠杆比或净值。在本例中，金融机构资产和负债的有效期是匹配的（$D_A = D_L = 1$年），即不存在期限错配问题。但其资产和负债组合的货币构成却是不匹配的，因此，就有可能在汇率发生波动时，对其收益产生影响，即面临汇率风险。

2. 汇率波动的影响分析

第一步：年内汇率维持\$1.60/£1不变时，投资净收益为：

资产的平均收益 = 0.5×0.09+0.5×0.15 = 12%

资金的平均成本 = 8%

投资净收益 = 资产的平均收益−资金的平均成本 = 12% − 8% = 4%

第二步：年内英镑兑美元汇率贬值为\$1.45/£1时，投资净收益为：

（1）英国贷款投资收益

①年初按 \$ 1.60/£ 1 出售 1 亿美元换取英镑：\$ 1 亿 ÷ 1.60 = £ 6250 万

②在英国按 15% 的利率发放英镑一年期贷款：£ 6250 万 × 1.15 = £ 7187.5 万

③年底按照 \$ 1.45/£ 1 的汇率换回美元：£ 7187.5 万 × 1.45 = \$ 1.0422 亿

因此，英国贷款投资收益率 = 4.22%

（2）投资净收益

资产的平均收益 = 0.5 × 0.09 + 0.5 × 0.0422 = 6.61%

资产的平均成本 = 8%

投资净收益 = 资产的平均收益 − 资金的平均成本 = 6.61% − 8% = −1.39%

因此，当英镑贬值、美元升值时，该投资由 4% 的投资净收益变为亏损 1.39%。

从例 11-4-1 的分析可以看出：该金融机构出现亏损的原因在于，英镑从 \$ 1.60 贬值到 \$ 1.45 之后，抵消了英镑贷款诱人的高收益（与美元贷款相比）。如果这一年内英镑兑美元不贬值反而升值（比如上升为 \$ 1.70/£ 1），那么美国金融机构英镑贷款的美元收益为：

£ 7187.5 万 × 1.70 = \$ 1.22188 亿

即收益率为 22.188%。这样，美国金融机构将从英国的投资中获得双重利益：一年投资期内英镑贷款的高收益率加上英镑升值的好处。

由于金融机构的经理不可能事先知道年底时英镑兑美元的汇率会怎样变化，金融机构资产组合不平衡，或者拥有价值为 1 亿美元的英镑净多头（即 6250 万英镑）的投资策略是有风险的。正如我们所介绍的，如果英镑从 \$ 1.60 升值到 \$ 1.70，英国贷款的收益率为 22.188%；如果英镑兑美元贬值为 \$ 1.45，则英国贷款的收益率仅为 4.22%。

从原则上讲，金融机构的经理可以用两种主要方法来较好地控制其外汇裸露的风险：表内套期保值和表外套期保值。表内套期保值指通过表内资产和负债的调整，来防止外汇风险对金融机构利润的影响；表外套期保值并不涉及表内调整，而是通过从事远期或其他衍生证券交易来对外汇风险进行保值。

二、表内套期保值

下面的例子告诉我们，如何通过表内调整来控制外汇风险。

▶ **例 11-4-2**

假设利率为 15% 的 1 亿美元英国贷款投资的资金不是来自美国的定期存单，金融机构是以利率为 11% 的英镑定期存单来为 1 亿美元英国贷款筹资。此时，银行的资产负债表如下：

资产	负债
1 亿美元美国贷款（9%）	1 亿美元美国定期存单（8%）
1 亿美元英国贷款（15%），按英镑发放	1 亿美元英国定期存单（11%），吸收英镑存款

请分析：

① 当英镑贬值，即由 \$ 1.60/£ 1 贬值为 \$ 1.45/£ 1 时，该金融机构的投资收益率。

② 当英镑升值,即由 \$ 1.60/£ 1 升值为 \$ 1.70/£ 1 时,该金融机构的投资收益率。

解答:

在这种情况下,金融机构资产负债表账户的期限和货币种类都是匹配的。我们可以分析下列两种情况下金融机构的盈利能力,即资产收益和资金成本之差:一是这一年内英镑兑美元从 \$ 1.60/£ 1 贬值为 \$ 1.45/£ 1;二是这一年内英镑从 \$ 1.60/£ 1 升值为 \$ 1.70/£ 1。

(1)当英镑贬值时

当英镑贬值为 \$ 1.45/£ 1 时,英镑贷款组合的收益率为 4.22%。现在我们以美元来衡量 1 亿美元英镑债务的成本:

①年初,按 \$ 1.60/£ 1 的汇率计算,需要借取的英镑为:

\$ 1 亿/1.6 = £ 6250 万

②金融机构按 11% 的利率发行价值为 1 亿美元的一年期英镑定期存单。年底时,银行向英镑定期存单持有者支付本息:

£ 6250 万 × 1.11 = £ 6937.5 万

③如果英镑这一年内贬值到 \$ 1.45/£ 1,那么以美元衡量的还款额为:

£ 6937.5 万 × \$ 1.45/£ 1 = \$ 1.0059 亿

即以美元衡量的资金成本为 0.59%。

④年底的情况如下:

资产平均收益 = 美国资产的收益 + 英国资产的收益

= 0.5 × 0.09 + 0.5 × 0.0422 = 0.0661 = 6.61%

资金平均成本 = 美国的资金成本 + 英国的资金成本

= 0.5 × 0.08 + 0.5 × 0.0059 = 0.04295 = 4.295%

净收益 = 资产平均收益 − 资金平均成本

= 6.61% − 4.295% = 2.316%

(2)当英镑升值时

当英镑在这一年从 \$ 1.60/£ 1 升值为 \$ 1.70/£ 1 时,英国贷款的收益率为 22.188%。现在来看,年底美国金融机构向英国一年定期存单的持有者支付本息时的美元成本为:

£ 6937.5 万 × \$ 1.70/£ 1 = \$ 1.179375 亿

即按美元衡量的资金成本为 17.9375%。因此,年底时:

资产平均收益 = 0.5 × 0.09 + 0.5 × 0.22188 = 0.15594 = 15.594%

资金平均成本 = 0.5 × 0.08 + 0.5 × 0.179375 = 0.12969 = 12.969%

净收益 = 15.594% − 12.969% = 2.625%

因此,通过直接使自己的外汇资产和负债账户相匹配,金融机构能够稳定地获得一笔正的收益或利差,而不管投资期内的汇率朝哪个方向变化。比如,即使美国国内银行业务的利润相对较低(即资产收益和资金成本之间的利差较小),金融机构总体上也能获得可观的利润。具体而言,金融机构可以锁定外国存贷利率之间存在的大额正利差。在我们的例子中,英国一年期的存贷利差为 4%,而美国国内的利差只有 1%。

【微视频】
汇率风险表内
套期保值

三、远期套期保值

金融机构可以不选择表内套期保值,而通过成本较低的外汇远期交易策略来进行套期保值,比如,在一年远期市场卖出英镑、买入美元。这里,我们将说明,如何消除例11-4-2中的金融机构所面临的外汇风险。任何远期交易都不会在资产负债表中出现,它将以表外或项目的形式出现。远期外汇合约的作用是能够消除一年投资期结束时未来英镑即期汇率的不确定性。金融机构不必等到年底时,按未知的即期汇率将英镑重新换成美元,它可以通过签订一份远期合约,将预期的贷款本息收益按当前已知的英镑兑美元的远期汇率在远期市场出售,等到年底时再向远期合约中的买方交付英镑资金。通过按当前已知的(远期)汇率在远期市场出售英镑贷款的预期收益,金融机构消除了未来即期汇率的不确定性,因此也消除了英镑贷款投资收益的不确定性。

▸ **例11-4-3**

资产	负债
1亿美元一年期美国贷款(按美元计价,贷款利率9%)	2亿美元一年期美国定期存单(按美元计价,存
1亿美元一年期英国贷款(按英镑发放,贷款利率15%)	款利率8%)

请分析:金融机构在外汇市场出售一年期英镑贷款远期的投资净收益,假定英镑兑美元的即期汇率为$1.6/£1,一年远期汇率为$1.55/£1。

解答:

金融机构通过直接在远期外汇市场出售一年期英镑贷款预期收益来进行外汇套期保值时,将采用下列交易步骤:

①美国金融机构按当前的即期汇率出售美元并购买英镑:$1亿/1.6 =£6250万。

②金融机构立即按15%的利率向英国客户提供£6250万的一年期贷款。

③金融机构按当前的远期汇率将预期的英镑贷款本息收益在一年的远期市场出售。假设英镑兑美元的一年远期汇率为$1.55/£1,比即期英镑贴水5美分,折算出的贴水百分比为:

($1.55 − $1.60)/ $1.6 =−3.125%

这说明一年后,金融机构向远期买方支付£7187.5万的贷款收益时,远期英镑的买方承诺将向金融机构(远期的卖方)支付:

£6250万 × 1.15 × $1.55/£1 = £7187.5万 × $1.55/£1 = $1.11406亿

④ 一年后,英国借款人向金融机构偿还英镑贷款的本息为£7187.5万。

⑤ 金融机构将£7187.5万交付给一年远期合约的买方,并按承诺收到$1.11406亿。

如果英镑借款人不对贷款违约,且远期的买方不对远期合约违约,那么金融机构在投资之初就知道,它肯定能将英镑贷款的收益锁定为:

$$\frac{\$111.406 − \$100}{\$100} = 0.11406 = 11.406\%$$

具体而言,持有一年期贷款的投资收益,完全不会受到任何英镑兑美元汇率变化的影响。在英镑贷款收益既定的情况下,金融机构资产组合的总预期收益率为:

$0.5 \times 0.09 + 0.5 \times 0.11406 = 0.10203 = 10.203\%$

由于假设金融机构2亿美元定期存单的资金成本为8%,这一年它能锁定的无风险利差为2.203%——无论初始外国(贷款)投资的即期汇率与一年后外国贷款收益汇回国内时的即期汇率之间发生何种变化。

在上面的例子中,我们还可以进一步得出:

第一,远期套期保值活动会提高即期汇率。金融机构可以通过降低国内美元的贷款,并进行英镑贷款的套期保值来获取利润,因为对外国贷款保值之后得到的11.406%的收益,要大大高于国内贷款9%的收益。随着金融机构向英国贷款投资的增加,它对即期英镑的需求会更大。这会使英镑兑美元的即期汇率高于 $ 1.60/ £ 1。

第二,远期套期保值活动会造成远期汇率下降。金融机构要出售更多的远期英镑(英镑贷款的收益)以换取美元,因此会使远期汇率降到 $ 1.55/ £ 1 以下。这种结果将造成英镑兑美元的远期和即期汇率之间的差别扩大,从而导致英镑投资的远期保值吸引力下降。

第三,远期套期保值活动使市场平衡。上述过程将一直持续到金融机构的美元筹资成本与英镑贷款的远期保值收益正好相等为止。此时,金融机构再也不能通过借取美元并在对英国贷款投资进行远期保值的情况下来获取利润了。此时,无风险的套利机会消失,市场趋于平衡。

四、组合分散化套期保值

我们在前面的例子中,分析了一种外汇资产与负债组合的匹配问题。许多金融机构,包括银行、共同基金和养老基金等都持有多种外汇资产和负债头寸。就多种外汇交易组合而言,将资产和负债分散于许多不同的市场,有可能降低组合收益的风险及资金成本。由于国内外利率或股票收益率随时间的变化并非紧密相关,因而资产和负债组合分散化的潜在利益,能够抵消某种外汇资产和负债头寸不匹配的风险。

【微视频】
汇率风险表外
套期保值

【第十一章小结】

【第十一章练习】

第十二章
信用风险管理

知识目标

通过本章的学习,您可以了解或掌握

1.信用与信用风险内涵、信用风险的分类与特点。

2.信用风险度量的主要参数及主要的方法。

3.征信的内涵、模式与征信机构的类型。

4.信用评级的含义、分类、评级程序、评级体系和评级报告。

5.内部评级体系、非零售内部评级和零售外部评级。

6.商业银行公司客户内部评级实例和个人客户评级实例。

7.服务于资本市场的外部评级、服务于商业活动的征信评级。

8.个人征信、FICO信用评分、ZestFinance信用评分和芝麻信用评分、个人征信报告。

9.信用风险的监测、预警、控制、分散、转移、对冲和抵补策略。

【案例导读】
雷曼迷你债事
件造成银行声
誉急剧下滑

► 章节导图

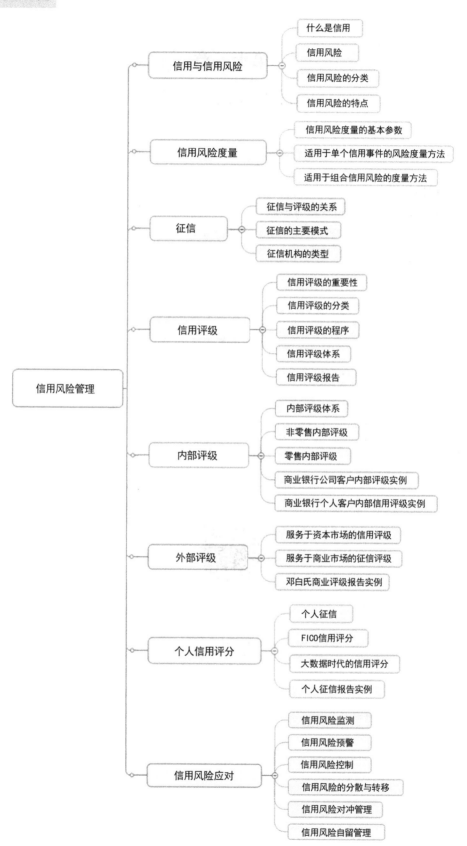

第一节 信用与信用风险

一、什么是信用

所谓信用（credit），是指依附在人与人之间、单位之间和商品交易之间形成的一种相互信任的生产关系和社会关系。一般而言，社会学范畴的信用一词包含三层含义：

其一，信用作为一种基本道德准则，是指人们在日常交往中应当诚实无欺、遵守诺言的行为准则。"无信不立"是我国传统道德的核心，一个人失去信用就意味着与之交往的人将面临不可预测的道德风险。

其二，信用作为经济活动的基本要求，是指一种建立在授信人对受信人偿付承诺的信任的基础上，使后者无须付现金即可获取商品、服务或货币的能力。由于现代市场经济中的大部分交易都是以信用为中介的交易，信用是现代市场交易的一个必须具备的要素。

其三，信用作为一种法律制度，是依法可以实现的利益期待，当事人违反诚信义务的，应当承担相应的法律责任。在现实生活中，合同债权、担保、保险、票据等均以信用为基础，同时，诚信也是民商事活动的基本原则。从市场经济的角度看，信用是市场经济的生命和灵魂，西方人将诚信看作"最好的竞争手段"。从这个意义上讲，市场经济就是信用经济，诚信为本是市场经济的基本准则。

二、信用风险

信用风险（credit risk）来源于贷款的借贷方、债券发行人及衍生产品的交易对手的违约可能性，是指债务人或交易对手未能履行合同规定的义务或信用质量发生变化，影响金融产品价值，从而给债权人或金融产品持有人造成经济损失的风险。

这一定义包含两层含义：一是债务人未能如期偿还债务而给债权人造成的违约风险；二是债务人或交易对手信用质量下降（如信用评级下调），造成与之相关的资产价格发生不利变动的风险。我们可以把第一层含义理解为狭义的信用风险，属于单侧风险，是传统意义上的信用风险范畴；而第二层含义则为广义的信用风险，属于双侧风险。

三、信用风险的分类

（一）按来源分

从信用风险的来源看，可以分为表内信用风险和表外信用风险。信用风险既存在于传统的贷款、债券投资等表内业务中，又存在于信用担保、贷款承诺及衍生产品交易等表外业务中。信用风险对基础金融产品和衍生产品影响不同。对基础金融产品（如债券、贷款）而言,信用风险造成的损失最多是债务的全部账面价值;而对于衍生产品而言,对手违约造成的损失虽然小于衍生产品的名义价值,但由于衍生产品的名义价值通常十分巨大,潜在的风险损失便不容忽视。

(二)按性质分

按性质分,可以分为违约风险、交易对手信用风险、信用评级风险。

1.违约风险

违约风险是指债务人未能如期偿还债务而给债权人造成的风险,如信贷违约风险,或者有价证券发行人在证券到期时无法还本付息的风险。

2.交易对手信用风险

巴塞尔委员会将交易对手信用风险定义为,在交易最终结算前,因交易对手违约而造成经济损失的风险。即当交易对手违约时,若交易合同的经济价值为正,则给己方带来经济损失。交易对手信用风险主要来源于衍生品交易和证券融资交易。前者包括利率掉期、外汇远期、外汇掉期、交叉货币利率掉期、CDS等;后者包括回购、逆回购及证券借贷等。交易对手信用风险具有两个方面的特性:一是动态的风险敞口。传统信贷风险在交易初期就已经确定了风险暴露的大小,其风险敞口是静态的;对于交易对手信用风险而言,由于合约的经济价值取决于未来现金流的净值,可为正,可为负,具有极高不确定性,在违约时点上,交易对手的实际风险暴露存在不确定性,其风险敞口是动态变化的。二是风险敞口是双向的。对于传统信贷业务,仅由资金借出方承担风险,而对于衍生产品和证券融资业务,风险是双向的。当合约价值为正时,交易对手可能违约,己方存在交易对手风险;当合约价值为负时,己方可能违约,交易对手承担违约风险。因此风险敞口是双向的。

3.信用评级风险

信用评级风险是指债务人的信用评级面临调降的风险。

(三)按形式分

从信用形式看,可分为商业信用风险、银行信用风险、国家信用风险、消费信用风险、信托信用风险、民间信用风险、保险信用风险及一些其他形式的信用风险。

(四)按主体分

从信用主体来看,可以分为公共(政府)信用风险、企业(包括工商企业和银行)信用风险与消费者个人信用风险。

四、信用风险的特点

(一)具有明显的非系统性风险特点

尽管债务人的还款能力会受到宏观经济因素(如经济周期、行业形势等)影响,但大多数情形下信用风险由个体因素所决定,可以通过多样化投资来分散,具有较明显的非系统性特点。

(二)信用数据可获得性差,信用风险测量难度大

信用数据透明度差,获取难度大。由于交易双方信息不对称问题突出,信用数据往往又涉及大量的财务或隐私等关键信息,加之信贷周期长,想要及时获取债务方或者交易对手在整个持有期内信用质量变化的信息是非常困难的。与市场风险相比,信用资产价格发现能力弱,测量难度大。由于贷款等信用产品的流动性差且缺乏公开的二级交易市场,形成信用资产的市场价格用于及时捕捉信用变化比较困难,信用风险的计量很大程度上依赖于内部信用评级,而这又受限于信用数据的积累。

(三)信用风险概率分布的有偏性

有偏性是和对称的正态分布相比较而言的,信用风险的分布形态具有非对称的左偏特性,即左尾的损失分布长而薄,右尾的收益分布短而厚。一方面,在贷款合约期内,债权人回收贷款并获取约定利息收入的可能性较大;另一方面,贷款一旦被违约,面临的损失将远超出其获取的收益。因此小概率的大额损失和大概率的小额收益形成上述的左偏特性。此外,信用风险的概率分布除左偏特性外,还具有厚尾特性,即尾部事件的发生概率要高于正态分布,这表明大额信用损失事件的发生概率比正态分布假定要高。

第二节 信用风险度量

信用评级的核心是对信用风险的度量。信用风险度量的参数和模型众多。本节重点对此予以介绍。

一、信用风险度量的基本参数

(一)信用等级

信用等级是评级机构(内部或外部)对不同信用质量被评级对象(贷款的借贷方、债券发行人、衍生产品的交易对手等)信用风险的评价。被评级对象所获得的信用等级越高,其信用风险越小;获得的信用等级越低,其信用风险越大。

(二)信用得分

信用得分是评级机构(内部或外部)采用打分方式对被评级对象(主要指个人消费者或小微企业)的信用风险予以评估,并以分值方式反映被评级对象的信用状况。被评级对象所获得的信用评分越高,表明其信用状况越好,信用风险越低;被评级对象所获得的信用评分越低,表明其信用状况越差,信用风险越高。

(三)违约概率

违约概率(probability of default,PD)是指债务人或交易对手在未来一段时期内发生违约的可能性。

巴塞尔委员会关于违约事件的认定标准包括:已经判明债务人不准备全部履行其债务义务(本金、利息或手续);与债务人的任何义务有关的信用损失,比如债务注销、提取了特定准备金、债务重组,包括本金、利息和手续费的减免或延期支付;债务人未能履行某些信用义务,逾期超过90天;债务人已经申请破产或向债权人申请保护。

银监会2012年第1号令《商业银行资本管理办法(试行)》的附件5《信用风险内部评级体系监管要求》规定:银行信贷关系中债务人出现以下任何一种情况应被视为违约:一是债务人对银行集团的实质性信贷债务逾期90天以上;二是若债务人违反了规定的透支限额或者重新核定的透支限额小于目前的余额,则各项透支将被视为逾期;三是商业银行认定,除非采取变现抵质押品等追索措施,债务人可能无法全额偿还对银行集团的债务。

债务人出现以下任何一种情况,商业银行应将其认定为"可能无法全额偿还对商业银行的债务"。第一,商业银行对债务人任何一笔贷款停止计息或应计利息纳入表外核算。第二,发生信贷关系后,由于债务人财务状况恶化,商业银行核销了贷款或已计提一定比例的贷款损失准备。第三,商业银行将贷款出售并承担一定比例的账面损失。第四,由于债务人财务状况恶化,商业银行同意进行消极重组,对借款合同条款做出非商业性调整,具体包括但不限于以下情况:一是合同条款变更导致债务规模下降;二是因债务人无力偿还而借新还旧;三是债务人无力偿还而导致的展期。第五,商业银行将债务人列为破产企业或类似状态。第六,债务人申请破产,或者已经破产,或者处于类似保护状态,由此将不履行或延期履行偿付商业银行债务。第七,商业银行认定的其他可能导致债务人不能全额偿还债务的情况。

违约概率常用历史违约数据来估计。表12-2-1中的数据是穆迪公司(Moody's)统计的1920—2007年不同信用级别债券的平均累积违约概率。表中显示,穆迪公司(Moody's)的A级债券一年内违约的概率为0.073%,两年内违约的概率(即累积概率)为0.237%。由此也可以推算出,信用级别为A级的债券在第2年内违约的概率为0.237% − 0.073% = 0.164%。从表中数据可以看出:第一,所有级别债券的平均累积概率都随着期限的增加而增加,这表明,任何级别的债券,持有期限越久,其发生违约的概率越高。第二,所有评级较高的债券在一年内违约的概率会随着期限的增加而增加(例如A级债券在第1、2、3、4及第5年的违约概率分别为0.073%、0.164%、0.263%、0.308%、0.308%)。这是因为在发行初期,债券的信用级别较好,但随着时间的推移,公司信用出现问题的可能性也会随之增大。第三,对于初期信用级别较差的债券,每年的违约概率通常是时间期限的递减函数(例如Caa-C级别的债券在第1、2、3、4及第5年的违约概率分别为13.728%、8.732%、6.569%、4.887%、3.722%)。产生这一现象的原因是:如果一个债券的信用较差,企业在今后一两年的生存会面临巨大挑战;但如果企业能够顺利渡过难关,今后的财务前景会变得乐观。

表12-2-1　穆迪公司1920—2007不同信用级别的平均累积违约率（单位：%）

评级级别	第1年	第2年	第3年	第4年	第5年	第6年	第7年	第8年	第9年	第10年
Aaa	0	0	0.019	0.077	0.163	0.255	0.368	0.531	0.701	0.897
Aa	0.061	0.181	0.286	0.446	0.704	1.013	1.336	1.651	1.953	2.294
A	0.073	0.237	0.5	0.808	1.116	1.448	1.796	2.131	2.504	2.901
Baa	0.288	0.85	1.561	2.335	3.142	3.939	4.707	5.475	6.278	7.061
Ba	1.336	3.2	5.315	7.49	9.587	11.56	13.363	15.111	16.733	18.435
B	4.047	8.786	13.494	17.72	21.425	24.656	27.594	30.037	32.154	33.929
Caa-C	13.728	22.46	29.029	33.916	37.638	40.584	42.872	44.921	46.996	48.981

资料来源：穆迪公司官网。

表12-2-1中，A级债券在第2年内违约的概率为0.164%，这一违约概率称为无条件违约概率（unconditional default probability）。它是指在最初，即0时间所看到的第2年的违约概率。A级债券在第1年年底不违约的概率为1 − 0.073% = 99.927%，因此，我们可以得出在第1年没有违约的条件下，该债券在第2年违约的条件概率为0.164% ÷ 99.927% = 0.164%。这一条件概率，也称为违约密度（default intensity）或风险率（hazard rate），它是指在时间t之前没有违约的条件下，违约发生在$t+\Delta t$之间的概率。

（四）违约损失率

违约损失率（loss given default，LGD）是指违约后损失的金额占违约风险暴露的比例，也可以用1减回收率得到，即

$$违约损失率（LGD）= \frac{违约损失}{违约风险暴露（EAD）} = 1 - 回收率（RR）$$

其中，违约风险暴露（exposure at default，EAD）指可能发生违约风险的债务规模或敞口大小。回收率（recovery rate，RR）指债务违约后可回收的金额占违约风险暴露的比例。

（五）信用等级转移概率

信用等级随着时间的推移而发生变化。信用等级的变化可以用信用等级转移概率来衡量。信用等级转移概率是指在获得某一初始信用等级的债项（或债务人），在一段时期后评级发生变动的概率。确定信用等级转移概率最重要的环节是确定初始信用等级和期限，一般通过编制不同期限的信用等级转移矩阵来刻画，并用历史违约事件来估算。表12-2-2是穆迪公司根据1970—1993年的经验数据，编制的被评级企业在1年内从一个信用风险级别转移到另一个信用风险级别的转移矩阵。矩阵主对角线上的数值反映了在期末评级保持不变的概率。

表12-2-2　穆迪公司1970—1993被评级企业1年内信用转移矩阵（单位：%）

从\到	Aaa	Aa	A	Baa	Ba	B	Caa	违约	评级撤销
Aaa	89.6	7.2	0.7	0.0	0.0	0.0	0.0	0.0	2.5

续 表

从\到	Aaa	Aa	A	Baa	Ba	B	Caa	违约	评级撤销
Aa	1.1	88.8	8.9	0.3	0.2	0.0	0.0	0.0	2.8
A	0.1	2.5	89.0	5.2	0.6	0.2	0.0	0.0	2.5
Baa	0.0	0.2	5.2	85.3	5.3	0.8	0.1	0.1	3.0
Ba	0.0	0.1	0.4	4.7	80.1	6.9	0.4	1.5	5.8
B	0.0	0.1	0.1	0.5	5.5	75.7	2.0	8.2	7.8
Caa	0.0	0.4	0.4	0.8	2.3	5.4	82.1	20.3	3.4

资料来源：穆迪公司官网。

（六）信用价差

信用价差是指为了补偿违约风险,债权人向债务人索取的高于无风险利率部分的利差。一般无风险利率以同期的国债到期收益率作为参照对象。举例来说,市场的基准利率(无风险利率)为5%,某企业发行的债券利率为8%,则信用价差为3%。如果市场利率下降到3%,则该企业的信用价差增加到5%。之所以会产生信用价差,是因为持有该企业债券的违约风险较高,债权人承担了高于市场的额外风险,从而向债务人索取额外回报作为补偿。因此,信用价差越大,实际上也就表明该企业违约风险越高。

（七）预期信用损失

预期信用损失(expected credit losses,ECL)是信用损失的期望值。在已知各债务违约概率、违约损失率和违约风险暴露的基础上,构建基于债务组合的信用损失概率分布,并通过对信用损失的概率加权求总得出预期信用损失。

▶ 例12-2-1

将100万元投资于A、B两种债券,假定A和B违约与否相互独立,相关的违约概率、违约损失率和违约风险暴露分别如下表所示：

债券	违约风险暴露(万元)	违约损失率	违约概率
A	40	0.8	0.05
B	60	0.9	0.1

请计算上述债券组合的预期信用损失。

解答：

先构建上述债券组合的信用损失分布。

可能的违约情况	信用损失(万元)	概率
无	0	$0.95 \times 0.9 = 0.855$
A	$40 \times 0.8 = 32$	$0.05 \times 0.9 = 0.045$
B	$60 \times 0.9 = 54$	$0.95 \times 0.1 = 0.095$
A+B	$32 + 54 = 86$	$0.05 \times 0.1 = 0.005$

在上述信用损失分布基础上,计算预期信用损失 ECL:

$$ECL = 0 \times 0.855 + 32 \times 0.045 + 54 \times 0.095 + 86 \times 0.005 = 7(万元)$$

因此,持有上述债券组合的预期信用损失为7万元。

(八)信用风险价值

信用风险价值(credit value at risk, CVaR),是指在一定置信水平下,持有某一信用资产或信用资产组合在一定时期内的最大信用损失。信用风险价值实际上是一个分位数,在原理上和市场风险价值并无本质差别,是风险价值方法在信用风险度量中的一种应用,具体内容见第九章。

二、适用于单个信用事件的风险度量方法

(一)基本思路

适用于单个信用事件的风险度量方法最大的特点在于,其衡量的对象是某一特定的个体(个人、企业、主权国家、交易对手)或事项(某笔贷款、某一债券)的信用风险,而非信用组合的风险。这类方法更多应用于信用评级(或信用评分),且评价结果的最终表现形式为信用等级或信用得分,因此,也被称为信用评级(或信用评分)方法。

从现有评价模型使用来看,种类非常繁多,包括专家定性评价法、打分卡模型、概率统计模型(如判别分析模型、Logit模型、Probit模型)、非参数模型(线性规划模型、神经网络模型、决策树模型)等,具体见图12-2-1。

这类方法的评价思路为:首先,将受评对象划分为若干信用维度,并从各个维度中提炼核心的信用要素;其次,选择合适的评级模型并测算相关的信用风险参数;最后,转换为信用等级或信用得分。

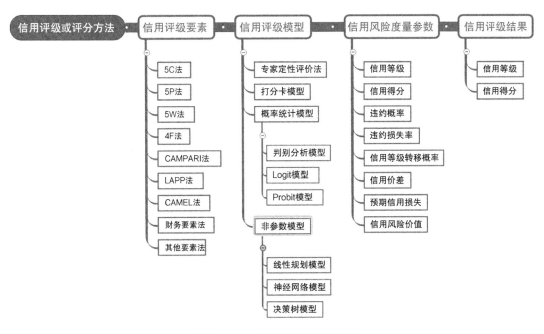

图 12-2-1 信用评级或评分方法

(二)典型方法

1.要素评价法

要素评价法的思路是将信用评价集中在少数几个关键的信用要素上,然后采用定性、定量或半定量的方法,对这些关键要素进行逐项评分(或评级),最后将各项要素的评分(或评级)进行综合,得出最终信用分(或等级)。基于信用要素甄选上的差异,形成了多种要素评价体系,常见的有5C法、5P法、5W法、4F法、CAMPARI法、LAPP法、CAMEL骆驼评级体系等。要素评价法的特点是将影响主体信用的因素聚焦在少数几个关键要素,而不是全部要素上,且在各要素及评价结果的评判上,更多依赖于评价人员的主观经验判断,即专家定性评价,因此评价结果受评价人员的影响较大。

【延伸阅读】
骆驼评级体系
(CAMEL)

表12-2-3 不同要素评价法对信用要素的甄选

要素评价法	信用要素
5C法	借款人品德(character)、经营能力(capacity)、资本(capital)、资产抵押(collateral)、经济环境(condition)
5P法	个人因素(personal factor)、资金用途因素(purpose factor)、还款财源因素(payment factor)、债权保障因素(protection factor)、企业前景因素(perspective factor)
5W法	借款人(who)、借款用途(why)、还款期限(when)、担保物(what)及如何还款(how)
4F法	组织要素(organization factor)、经济要素(economic factor)、财务要素(financial factor)、管理要素(management factor)
CAMPARI法	品德,即偿债记录(character)、借款人偿债能力(ability)、企业从借款投资中获得的利润(margin)、借款的目的(purpose)、借款金额(amount)、偿还方式(repayment)、贷款抵押(insurance)
LAPP法级	流动性(liquidity)、活动性(activity)、盈利性(profitability)和潜力(potentialities)
CAMEL骆驼评估体系	资本充足率(capital adequacy)、资产质量(asset quality)、管理水平(management)、收益状况(earnings)、流动性(liquidity)

2.财务要素评价法

财务要素评价法将信用评价结果聚焦在可量化的少量财务要素上,其首先需要筛选出与企业信用息息相关的核心财务比率指标,然后建立与上述财务比率指标相关的多元统计模型,并以此预测违约风险。这里的统计模型包括Probit模型、Logit模型、判别分析模型等。财务要素评价法最大的特点在于其评价结果完全依赖于财务指标,而且全部采用量化方法,因此评价人员的主观因素对评价结果的影响非常小。这类方法中最有名的当属爱德华·阿特曼(Edward Altman)在1968年提出的Z值模型。

爱德华·阿特曼最先提出以公司的财务指标比率来预测违约率,1968年他开发出著名的Z-得分模型(Z-score Model),采用统计学中的判别分析法并从企业的5个财务比率入手来预测违约率。

$$Z = 1.2X_1 + 1.4X_2 + 3.3X_3 + 0.6X_4 + 0.999X_5$$

上述公式来源于对66家制造业上市公司进行的采样。式中,X_1为流动资金/总资产,X_2

为留存收益／总资产，X_3为息税前利润／总资产，X_4为股票市值／总负债，X_5为销售收入／总资产。对于一家公司而言，如果Z-得分大于等于3.0，则违约的可能性不大；如果Z-得分为2.7~3.0，则信用处于警戒状态；如果Z-得分为1.8~2.7，则有一定的违约可能性；如果Z-得分小于1.8，则违约的可能性很大。

▶ **例12-2-2**

有一家公司，其流动资金为170000美元，总资产为670000美元，息税前利润为60000美元，销售收入为200000美元，股票市值为380000美元，总负债为240000美元，留存收益为300000美元，请用Z-得分模型判断这家公司违约的风险。

解答：

首先根据上述数据分别计算得到$X_1 = 0.254$，$X_2 = 0.448$，$X_3 = 0.0896$，$X_4 = 1.583$，$X_5 = 0.299$，根据Z-得分模型可知：

$$Z = 1.2 \times 0.254 + 1.4 \times 0.448 + 3.3 \times 0.0896 + 0.6 \times 1.583 + 0.999 \times 0.299 = 2.48$$

这一得分显示这家公司有一定的违约可能性。

三、适用于组合信用风险的度量方法

（一）Credit Metrics模型

1997年4月由J.P.摩根银行提出的Credit Metrics模型，是第一个用于度量组合信用风险的模型。它是一种基于VaR的计算框架，特别适用于贷款、私募债券等这样的非交易性信用资产的估值与风险计算。其根据信用等级转移、债务人信用质量及违约事件来确定信用资产的市场价值并基于信用资产价值来计算VaR，所以该模型也称为基于信用等级转移的盯市模型。

（二）Credit Monitor模型

KMV公司1997年创建的Credit Monitor模型，其建模思想来源于默顿（Merton）在1970年提出的期权定价理论，是默顿模型在信用风险上的应用。Credit Monitor模型适用于上市公司，通过观测公司股市价值来推测公司资产价值及资产收益的波动性等，据此估计公司的违约概率。其计算违约概率分为三个步骤：第一，估计公司资产价值和资产收益率波动性；第二，计算违约距离；第三，利用违约距离推算预期违约率。

（三）Credit Portfolio View模型

Credit Portfolio View模型，也称信用组合观点模型，是由麦肯锡（Mckinsey）在1998年开发的一个多因子模型，可以用于模拟既定宏观因素取值下各个信用等级对象之间联合条件违约分布和信用转移概率。Credit Portfolio View模型将观测到的违约概率和信用潜移概率与宏观经济因素联系起来，可以视作Credit Metrics模型的补充，其与Credit Metrics的模型最大的不同在于使用条件信用等级转移矩阵来替代无条件信用等级转移矩阵。Credit Portfolio View模型主要适用于投机级债务人，而不太适合于投资级债务人。因为投资级债务人的违约率相对稳定,而投机级债务人的违约率会受周期性宏观经济因素的影响而剧烈变动,所以要根据宏观经济状况适时调整违约概率及其对应的信用等级转移矩阵。

(四)Credit Risk+模型

受财产保险精算思想和方法的启发,瑞士信贷集团于1997年10月提出Credit Risk⁺模型。该方法只考虑违约或不违约两种状态(违约损失率为1),分别构建基于违约事件数和违约风险暴露的损失分布,通过卷积等方式将上述两类分布聚合成总损失的分布,并以此估计预期信用损失或信用风险价值等。因此Credit Risk⁺模型是一种违约模型而非盯市模型。

(五)死亡率模型

1980年,阿特曼和其他学者运用寿险精算的思想,以贷款和债券组合及其在历史上的违约记录为基础,计算在未来一定持有期内不同信用等级的客户/债项的违约概率(即死亡率),通过估计边际死亡率或累积死亡率,将其与违约损失率结合,推算预期信用损失。

第三节　征信

一、征信与评级的关系

(一)征信的内涵

征信(credit reporting)是指依法收集、整理、保存、加工自然人、法人及其他组织的信用信息,并对外提供信用报告、信用评估、信用信息咨询等服务,帮助客户判断、控制信用风险,进行信用管理的活动。征信包括企业征信和个人征信。

(二)征信和评级

征信和评级是既有关联又有区别的两个概念:从关联上讲,征信和评级都属于信用信息中介服务活动,两者都有助于降低交易双方的信息不对称程度,为保证信用活动的顺利进行提供决策依据;从区别上来讲,征信主要侧重于信用信息的采集、加工和存储,其核心在于"征",而评级则更多强调对信用信息的分析和应用,其核心在于"评"。可以说,信用评级活动是征信活动的延伸。

二、征信的主要模式

从世界各国的征信模式来看,征信大致可以分为三大类。

(一)市场主导型模式

市场主导型模式以美国、加拿大和英国为代表。这些国家的征信机构以营利为目的，收集、加工个人和企业信用信息，为信用信息使用者提供独立的第三方服务。在社会信用体系中，政府一方面是促进信用管理立法，另一方面是监督信用管理法律的贯彻执行。

(二)政府主导型模式

政府主导型模式以法国、德国等欧洲大陆国家为代表。这类模式以中央银行为主导，私营征信机构为辅助。中央银行通过建立中央信贷登记系统收集企业和个人信贷信息，供银行内部使用，服务于商业银行防范贷款风险和中央进行金融监管及执行货币政策，其是非营利性的。

(三)会员制模式

会员制模式以日本为代表。该模式以行业协会为主导建立信用信息中心，为协会会员提供个人和企业信用信息互换平台，通过内部信用信息共享机制实现征集和使用信息的目的。协会信用信息中心不以营利为目的，只收取成本费用。

【延伸阅读】
中国的征信体系

三、征信机构的类型

征信机构是负责管理信用信息共享的机构，从事个人和(或)企业信用信息的采集、加工处理，并为用户提供信用报告和其他基于征信系统数据的增值产品。

从全球实践来看，征信机构一般分为三类：个人征信机构(credit bureau)、信贷登记系统(credit registry)和企业征信机构(commercial credit reporting company)。三类机构的经营模式和目标服务市场各有差异。

(一)个人征信机构

个人征信机构(credit bureau)通常是私营的，是按照现代企业制度建立、完全市场化运作的征信机构，主要为商业银行、保险公司、贸易和邮购公司等信息使用者提供服务。美国采用的是典型的私营征信机构模式，商业化征信机构拥有全面的信用信息系统。美国有三大信用局：环联公司(Trans Union)、艾可菲公司(Equifax)和益博睿公司(Experian)。关于这部分内容的相关介绍请看本章第七节部分。

个人征信机构主要为信贷机构提供个人借款人及微型、中小型企业的信用信息。它们从银行、信用卡发行机构和其他非银行金融机构等各类信贷机构采集标准化的信息，同时还采集各类公共信息，如法院判决、破产信息、电话簿信息，或担保物权登记系统等第三方数据库的信息。此外，它们也会采集一些非传统信用数据，如零售商对消费者的赊销信息，以及煤气、水、电等公共事业缴费信息，有线电视、电话、网络等其他先使用服务后付费服务的缴费数据，以便提供更好、更完善的信用报告。对从未与银行发生过信贷关系的个人及微型、中小型企业而言，不断拓宽信息来源非常有益，可以帮助它们在没有银行信贷记录的情况下建立起信用档案,从而有效解决因为没有信用档案而无法获得银行贷款的难题。

一直以来,个人征信机构主要采集个人信息。近年来,随着微型及中小企业信贷业务的发展、信息技术的进步,越来越多的个人征信机构开始采集微型及中小企业的信用信息,并提供其信用报告。根据世界银行《2012 全球营商环境报告》对全球 100 家个人征信机构的调查,超过 80%的征信机构或多或少都采集企业信息。这样做的好处是可以把对企业与业主的信用评估结合起来,因为微型和中小企业的业主经常把个人财务和企业财务混在一起,所以企业业主的信用记录是评估小企业信用风险的重要参考因素。

个人征信机构通常采取数据提供者自愿报数(通过签署数据共享互惠协议)的模式,广泛采集各类信用数据,并提供多样化的征信产品和服务,帮助信贷机构做出信贷决策。在一些国家和地区,通常是在征信业的发展初期,法律会强制要求有关各方进行数据共享,并使用征信机构的服务,此外,还会赋予监管机构相应的权利,以督促信贷机构加入征信系统并监控其加入情况。

(二)信贷登记系统

信贷登记系统(credit registry)起源于欧洲。从历史上看,信贷登记系统建立的目的与个人征信机构不同。大多数信贷登记系统最初是作为中央银行的内部数据库而设立,而且目前仍然有很多信贷登记系统用于中央银行的宏观金融监管。根据世界银行的调查,越来越多的国家政府鼓励成立信贷登记系统来监督商业银行的信贷活动。因此,这些数据库通常采集贷款额度在一定金额以上的大额信贷业务数据。最初,信贷登记系统的信息仅限于央行内部使用,但随着时间的推移,信贷登记系统也开始向受监管的信贷机构提供信用报告。而且,随着消费信贷的发展,信贷登记系统普遍降低或取消了数据采集门槛。在许多国家,如法国、阿根廷、西班牙、秘鲁、意大利、比利时等,信贷登记系统已经开始提供与个人征信机构类似的产品和服务。通常,法律要求所有受监管的金融机构都要向信贷登记系统报送数据。

信贷登记系统既采集个人信息,也采集企业信息。个人信息通常包括个人的身份验证信息、贷款类型和贷款特征信息、负面信息、担保和保证类信息及还款记录信息。企业信息通常包括企业的身份标识信息、企业主的信息、贷款类型和贷款特征信息、负面信息及还款记录。

(三)企业征信机构

企业征信机构(commercial credit reporting company)提供关于企业的信息,这些企业包含个人独资企业、合伙企业和公司制企业,并通过公共渠道、直接调查、供货商和贸易债权人提供的付款历史来获取信息。企业征信机构所覆盖的企业在规模和经营收入上都小于信用评级机构所覆盖的企业,其采集的信息一般用于信用风险评估或信用评分,或是用于贸易信用展期等其他用途。邓白氏(Dun & Bradstreet)是美国乃至世界上最大的全球性企业征信评级机构,关于这部分内容的相关介绍请阅读本章第六节部分。

企业征信机构与个人征信机构的差异体现在以下几个方面:企业征信机构采集的信息不包括个人敏感信息,所覆盖的交易规模也大得多。与个人征信机构相比,企业征信机构往往需要采集更多的有关企业借款人的支付信息和财务信息。为了保护个人数据主体的权利,个人征信机构会披露数据提供者的身份,但企业征信机构却不会让企业数据主体知道其数据来源或用户的身份。

　　企业征信机构也可能会采集小企业的信息,但由于其报告的数据并不适合小企业,采集的信息往往有限。正如前面提到的,由于小企业往往不会公开自身的财务信息,其企业主的信用记录对评估小企业的信用情况非常有用。但企业征信机构并不采集个人数据。此外,由于微型或小型企业的信用信息采集成本往往较高,与企业征信机构相比,个人征信机构往往能更好地满足对微型和中小型企业的征信需求。

　　除以上征信机构外,现实中,很多发展中国家的征信机构以欧洲模式为基础,在发展过程中又向美国模式倾斜,呈现出混合模式的特点。

　　国际上征信系统的建设和运行越来越呈现出多元化特别是市场化的特点,很难说某个征信机构是公共的还是纯商业性的。机构的性质不只是两个极端,即便政府出资筹办的事业或投资机构,很多也是在不同程度上进行市场化运作的。目前,新兴市场经济国家尤其是亚洲国家的征信机构都是运用市场的力量来建设和运行公共征信系统,针对为金融机构和社会提供的服务收费,实现征信机构的可持续发展。

第四节　信用评级

一、信用评级的重要性

　　信用评级(credit rating),又称资信评级,是指由独立的评级机构或部门,对评级对象偿还债务的能力与意愿进行评价,并用简单明了的等级符号标定其信用等级的一种评价行为。

　　资信评级最早始于穆迪的铁道债券资信评级。1902年,穆迪公司的创始人约翰·穆迪开始对当时发行的铁路债券进行评级。信用评级之所以如此重要,原因就在于金融市场广泛存在道德风险和逆向选择问题。通过向资金的供给方提供有关融资方的详细信息,有助于消除交易双方信息的不对称,从而有助于促进金融市场的健康有序发展。

二、信用评级的分类

(一)按照评价对象划分

　　按照评价对象划分,信用评级可以分为债务人评级和债项评级。债务人评级又可以分为主权评级、企业信用评级、金融机构评级和公用事业单位评级。主权评级是对一国资信情况的整体评价,主要反映一国偿还外债的意愿与能力。主权评级并不只是对政府部门信用的评价,而是对该国偿还全部外债能力的评价,包括公共事业和私人债务。企业信用评级、金融机构信用评级和公用事业单位评级,主要对企业、金融机构和公用事业单位的信用状况进行评价。债项评级是对债务人(包括政府、企业、金融机构和公用事业单位)发行的各种长、短期债务工具的信用评级。长期债务工具包括各种信用债券、抵押债券、中期票据、可转换债券、保险单、中长期银行贷款等;短期债务工具包括与商业票据有关的信用工具及短期银行贷款等。

(二)按照评级主体划分

按照评级主体划分,信用评级分为外部评级和内部评级。外部评级是相对于银行这样的内部评级主体而言的,是指由独立的第三方信用服务中介机构对债务人偿还债务的能力和意愿进行评价并给定其信用级别。当前国际上最具影响力的信用评级机构有三家:美国的穆迪投资服务公司(Moody's Investors Service)、标准普尔(Standard & Poor's)公司和惠誉国际信用评级有限公司(Fitch Ratings)。国内有中诚信、联合资信、上海新世纪、大公国际等,但整体实力远不如国际三大评级公司。从事外部评级的机构主要给第三方提供信用信息咨询,并收取评级服务费。内部评级是以商业银行为代表的金融机构,为满足外部监管要求,以及方便自身开展信用活动,针对不同风险暴露(主权风险暴露、金融机构风险暴露、公司风险暴露、零售风险暴露、股权风险暴露和其他风险暴露)实施的债务人评级和债项评级活动。

(三)按照债务时间长短划分

按照债务时间长短划分,信用评级可以分为短期评级和长期评级。长期评级反映的是1年及以上债务的相对信用风险,例如穆迪公司和标准普尔对长期债务的信用评级。短期评级则是对不足1年的短期债务进行的信用评级,例如穆迪公司和标准普尔对短期债务的信用评级。对于长、短期债务评级来说,评级的侧重点不同,各评级机构采用的评级符号体系也不相同。

三、信用评级的程序

评级的基本程序一般包括以下环节。

(一)前期准备阶段

由评级对象发起评级申请,评级机构在接到评级委托方的申请后,如同意接受申请,双方签署信用评级委托协议,明确双方权利与义务。

(二)信息收集阶段

评级机构根据评级对象特点成立专门的评级小组,明确分工。评级对象向评级机构提供评级所需的真实、完整的有关资料、报表;评级机构对评级对象的经营及财务现状组织现场调查和访谈。

(三)信息处理阶段

评级机构收到评级对象提供的资料、报表后,对其真实性进行审核,并对评级资料进行清洗、整理、归类、分析、存储。

(四)确定初步等级阶段

评级小组依据信用评级的标准,对评级资料进行定性定量分析,加以综合评价和判断,形成小组意见,内部信用评级评审委员会确定评级初步结果。

(五)复评阶段

评级机构与评级对象就初步评级结果进行充分沟通,征求其对资信评级报告的看法,判断相关评级的事实依据是否存在出入,收集保密处理问题意见及评级基本观点。如果评级对象对评级结果存在异议,可以在规定时限内向评级机构提出复评申请,并提供补充资料。

(六)评级结果公布阶段

最终信用等级确定后,评级机构根据情况决定是否公布,以及公布的范围与内容。

【延伸阅读】
穆迪的评级程序

(七)跟踪评级阶段

在首次发布信用评级信息后,评级机构还需要在信用评级服务时效期内进行跟踪评级。时刻关注评级对象的信用动态,进行必要的信用展望。如果评级对象信用出现较大变动,则需要更改原有的评级结果。

下图12-4-1展现了标准普尔对发债人的评级流程:

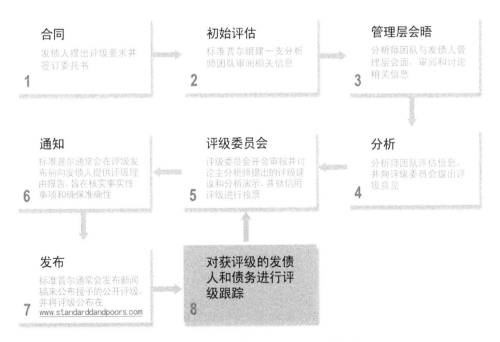

图12-4-1 标准普尔对发债人的评级流程

四、信用评级体系

一个完整的信用评级体系一般包括以下六个方面:信用评级要素、信用评级指标体系、信用评级指标的权重、信用评级的模型、信用评级标准和信用等级。

(一)信用评级要素

评级机构要建立信用评级指标体系,首先要明确评级的内容从哪些方面入手,即评价的维度,称为评级要素,它体现了评级机构对信用内涵的理解。早先国际上流行着许多种要素评价方法,包括5C法、5P法、5W法、4F法、CAMPARI法、LAPP法、CAMEL骆驼评估体系等,这些方法直到今天还有大量的机构在采用。要素评价方法的核心就是将信用浓缩为少数几个核心的信用要素,以5C法为例,该方法从借款人的品德、经营能力、资本、资产抵押、经济环境五个维度来开展信用评级。关于要素评价法的详细内容可以阅读本章第二节。

(二)信用评级指标体系

信用评级指标体系是体现信用评级要素的具体项目,也是对评级内容的细化。评级要素只是规定了大的方面,而这些方面又要通过一些指标加以衡量。例如,要分析企业的基本素质,可以从管理人员的素质、员工的素质、企业的人员构成、企业的技术装备情况等指标入手;要分析企业的资金信用情况,要看企业的自有资金占比、资产负债率、流动比率、利息保障倍数、贷款逾期率、贷款的违约次数及数量等方面的指标;企业的盈利能力可以通过销售利润率、资本金利润率和成本费用利润率等指标加以体现。一般来说,信用评级的指标有定量指标和定性指标。

(三)信用评级指标的权重

信用评级指标的权重是指在评级指标体系中各项要素与指标的重要性表示。影响企业或者证券信用状况的因素是多种多样的,而不同因素的影响力不尽相同,因此,在进行信用评级时,对各项指标在信用评级指标体系中的作用不可能等同看待。如果一些指标在评级中占有重要地位,对企业的信用等级起到决定性作用,就要给以大一些的权重,而有些指标的作用可能小一些,其权重也就相对要小。

(四)信用评级的模型

信用评级的模型种类非常繁多,主要包括专家定性评价法、打分卡模型、概率统计模型(如判别分析模型、Logit模型、Probit模型)、非参数模型(线性规划模型、神经网络模型、决策树模型)等(相关内容见本章第二节)。

(五)信用评级标准

评级标准的制定必须十分慎重。标准定得过高,可能夸大了受评对象的信用风险,从而导致信用级别被人为压低;标准定得过低,可能低估了受评对象的信用风险,从而导致信用级别被人为抬高。这两者都不利于信用评级。一般来说,信用评级标准的制定,既要遵从一些国际上通用的评级标准，同时也要根据各国自身的国情，结合受评对象所在行业的整体水平来综合加以制定，并适时做出调整。

(六)信用等级

信用等级是反映信用等级高低的符号和级别。穆迪最早引入等级符号来区分不同公司的信用等级。目前，不同评级机构采用的评级等级体系各有不同，有的采用4级，有的采用5级，有的采用7级，有的采用9级，也有的采用10级或更多级别。总体来说，长期债务时间长，影响面广，信用波动大，故采用较宽的级别；而短期债务时间短，信用波动小，一般级别较窄(具体内容见本章第五节和第六节部分)。

五、信用评级报告

信用评级报告是信用评级工作的最终成果，是在大量信用评级资料系统分析的基础上，对受评对象信用状况的最终综合判断，并用文字报告形式呈现出来，供使用方参考。

一般各家评级机构出具的信用报告格式各有差异，但核心要素大致相似。在本章第五节至第七节，提供了多份专业的信用评级报告，可以参看。

第五节　内部评级

一、内部评级体系

(一)内部评级的含义

内部评级是以商业银行为代表的金融机构，为满足外部监管要求，以及方便自身开展信用活动，针对不同风险暴露(主权风险暴露、金融机构风险暴露、公司风险暴露、零售风险暴露、股权风险暴露和其他风险暴露)实施的债务人评级和债项评级活动。

信用风险是商业银行面临的最重要的一类风险。目前在全球范围内，巴塞尔委员会鼓励有条件的商业银行使用基于内部评级的方法(Internal Rating – Based Approach, IRB Approach)来度量信用风险。依据中国银行业监督管理委员会颁布实施的《商业银行信用风险内部评级体系监管指引》(银监发〔2008〕67号，下简称《指引》)，我国商业银行采用内部评级法计量信用风险资本，并按照《指引》要求建立内部评级体系。

(二)内部评级体系的构成要素

内部评级体系包括以下基本要素：第一，内部评级体系的治理结构；第二，非零售风险暴露内部评级和零售风险暴露风险分池的技术标准，确保非零售风险暴露每个债务人和债项划入相应的风险级别，确保每笔零售风险暴露划入相应的资产池；第三，内部评级的流程;第四,风险参数的量化,将债务人和债项的风险特征转化为违约概率、违约损失率、违约风险暴露和期限等风险参数;第五,IT和数据管理系统,收集和处理内部评级相关信息,为风险评估和风险参数量化提供支持。

按照《指引》,商业银行内部评级体系包括对主权、金融机构和公司风险暴露(以上三类也称非零售风险暴露)的内部评级体系和零售风险暴露的风险分池体系两类。接下去分别对其进行介绍。

二、非零售内部评级

非零售风险暴露的内部评级包括债务人评级和债项评级两个相互独立的维度。

(一)非零售债务人评级

1. 评级方法论

债务人评级用于评估债务人违约风险,仅反映债务人风险特征,一般不考虑债项风险特征。违约债务人的违约概率为100%;商业银行既可以设定1个违约债务人级别,也可以根据本银行管理需要按预期损失程度设定多个违约债务人级别。不同债项的同一债务人评级应保持一致。债务人级别应按照债务人违约概率的大小排序;若违约债务人级别超过1个,则应按照预期损失大小排序。

2. 等级设定

商业银行债务人评级最少应具备7个非违约级别、1个违约级别,并保证较高级别的风险小于较低级别的风险。根据资产组合的特点和风险管理的需要,商业银行可以设定高于《指引》规定的债务人级别,但应保持风险级别间排序的一致性和稳定性。若单个债务人级别风险暴露超过所有级别风险暴露总量的30%,商业银行应有经验数据向监管部门证明该级别违约概率区间合理并且较窄,该级别中所有债务人的违约概率都在该区间内。

3. 评级考虑因素

债务人评级应同时考虑影响债务人违约风险的非系统性因素和系统性因素。前者所称非系统性因素,是指与单个债务人相关的特定风险因素;后者系统性因素,是指与所有债务人相关的共同风险因素,如宏观经济、商业周期等。商业银行的债务人评级既要考虑债务人目前的风险特征,又要考虑经济衰退、行业发生不利变化对债务人还款能力和还款意愿的影响,并通过压力测试反映债务人的风险敏感性。如果数据有限,或难以预测将来发生事件对债务人财务状况的影响,商业银行应进行保守估计。

(二)非零售债项评级

商业银行可以采用初级和高级两种内部评级法对非零售债项进行评级。

1. 初级内部评级法

采用初级内部评级法,债项评级可以基于预期损失,同时反映债务人违约风险和债项损失程度;也可以基于违约损失率,反映债项损失的风险。债项评级是针对交易本身的特定风险进行计量和评价,债项评级应按照债项违约损失的严重程度排序。

2. 高级内部评级法

采用高级内部评级法,应通过独立的债项评级评估债项的损失风险,债项级别按照违约损失率大小排序。商业银行应考虑影响违约损失率的所有重要因素,包括产品、贷款用途和抵质押品特征等。对违约损失率有一定预测能力的债务人特征,也可以纳入债项评级。经监管部门认可,商业银行可以对不同资产考虑不同风险因素,以提高风险估计的相关性和精确度。

商业银行应避免同一债项级别内不同风险暴露的违约损失率差距过大。债项评级的标准应基于实证分析,如果风险暴露在特定债项级别的集中度较高,商业银行应保证同一级别内债项的损失严重程度相同。

三、零售内部评级

(一)零售风险暴露的种类

商业银行零售风险暴露分为三大类,即个人住房抵押贷款、合格循环零售风险暴露和其他零售风险暴露。(1)个人住房抵押贷款是指以个人买房为目的并以所购房产为抵押的贷款。(2)合格循环零售风险暴露是指各类无担保的个人循环贷款,合格循环零售风险暴露中对单一客户最大信贷余额不超过100万元人民币。(3)其他零售风险暴露是指除个人住房抵押贷款和合格循环零售风险暴露之外的其他对自然人的债券。

若同时符合以下三个条件,可纳入其他零售风险暴露:(1)企业符合国家相关部门规定的微型和小型企业认定标准;(2)商业银行对单家企业(或企业集团)的风险暴露不超过500万元;(3)商业银行对单家企业(或企业集团)的风险暴露占本行信用风险暴露总额的比例不高于0.5%。

(二)零售风险分池

商业银行应根据数据情况,选择适合本银行实际的分池方法,可以根据单笔风险暴露的评分、账龄等风险要素进行分池,也可根据单笔风险暴露的违约概率、违约损失率和违约风险暴露等风险参数进行分池。

零售风险暴露的风险分池应同时反映债务人和债项主要风险特征。同一池中零售风险暴露的风险程度应保持一致,风险特征包括但不限于下列因素:第一,债务人风险特征,包括债务人类别和人口统计特征等,如收入状况、年龄、职业、客户信用评分、地区等;第二,债项风险特征,包括产品和抵质押品的风险特征,如抵质押方式、抵质押比例、担保、优先性、账龄等;第三,逾期信息。商业银行选择风险因素时,可以采用统计模型、专家判断或综合使用两种方法。

商业银行应确保每个资产池中汇集足够多的同质风险暴露,并能够准确、一致地估计该池的违约概率、违约损失率和违约风险暴露。采用信用评分模型或其他信用风险计量模型估计零售风险暴露的风险参数。

四、商业银行公司客户内部评级实例

下面以国内某大型国有商业银行机构公司客户评级为例加以介绍。机构公司客户信用评级属于非零售债务人评级。

（一）评级对象

评级对象为在该行授信的企(事)业法人客户、具有独立融资权的非法人企业客户。后者包括：(1)根据我国法律规定，持有非法人营业执照、贷款卡，并持有具有法人资格上级公司融资授权的非法人企业(主要指企业法人的分支机构)，该类客户具有借款人资格；(2)私营企业中的独资企业和合伙企业，具有工商机关核发的"个人独资企业营业执照"和"合伙企业营业执照"，但无法人资格。

若上述非法人企业客户申请该行公司授信，纳入该行客户信用评级范围进行信用评级，则对于第一类非法人企业，如果编制了独立完整的财务报表，则应使用其本身的财务报表评级，如果没有编制独立完整的财务报表，则应采用其上级法人公司本部的报表进行信用评级，但不应高于上级法人公司评级结果。

（二）评级模型

该行客户信用评级根据客户性质，分别采用一般统计模型和打分卡模型。

1.一般统计模型

一般统计模型用于对一般企业的评级。通过统计分析的方法，运用一系列定量和定性指标，计算客户在未来一年的违约概率，并根据该违约概率确定客户的信用等级。模型指标与具体的评分标准有可能根据模型返回检验结果进行调整。一般统计模型共划分为以下基本类型：大型制造业、中型制造业、大中型建筑和公共设施业、大中型服务业、小型制造和公共设施业、小型服务业。行业类型划分及具体包括的子行业类别，依照中华人民共和国国家标准《国民经济行业分类》确定。

2.打分卡模型

打分卡模型用于对事业单位、新组建企业的评级，主要从偿债能力、获利能力、经营管理、履约情况及发展能力和潜力等方面对客户信用状况进行评分，并根据各项指标评分之和确定客户的信用等级。打分卡模型划分为事业类和新组建企业类两个基本类型。事业类模型适用于事业法人，包括三个子类型：医疗机构，包括医院、疗养院、卫生院等；教育机构，包括大中专院校、中小学、职业学校、幼儿园等；其他事业类，包括除医疗和教育机构以外的事业法人。新建类模型适用于符合新组建企业标准的企业，不再细分子类型。

（三）评级指标体系及评分标准

一般统计模型评级指标与评分标准，在模型开发阶段确定。模型使用的定量指标主要是客户的财务指标，例如：现金比率、债务覆盖率、存货周转率、税前利润率、资产负债率、资本周转率等。定性指标全部是客观定性指标。模型指标与具体的评分标准有可能根据模型返回检验结果进行调整。

打分卡模型的评级指标体系及评分标准因对象而异,根据事业单位、新组建企业分类设计。新组建企业信用评级指标体系与计分标准表详见【延伸阅读】。打分卡模型的信用评分与信用等级对应关系见表12-5-1。

【延伸阅读】
新组建企业信用
评级指标体系与
计分标准表

(四)客户信用等级

该行按信用等级将客户划分为A、B、C、D四大类,分为AAA、AA、A、BBB+、BBB、BBB−、BB+、BB、BB−、B+、B−、CCC、CC、C、D共十五个信用等级。D级为违约级别,其余为非违约级别。各信用等级含义见表12-5-1。

表12-5-1 客户信用等级符号及相关定义

评级符号	相关定义	打分卡模型的信用评分与信用等级对应关系
AAA	信用极佳,具有很强的偿债能力,未来一年内几乎无违约可能性。	90~100分
AA	信用优良,偿债能力强,未来一年内基本无违约可能性。	85~89分
A	信用良好,偿债能力较强,未来一年内违约可能性小。	80~84分
BBB+	信用较好,具有一定的偿债能力,未来一年内违约可能性较小,违约概率可能性略低于BBB级。	70~79分
BBB	信用较好,具有一定的偿债能力,未来一年内违约可能性较小。	
BBB−	信用较好,具有一定的偿债能力,未来一年内违约可能性较小,违约可能性略高于BBB级。	
BB+	信用一般,偿债能力不稳定,未来一年内存在一定的违约可能性,违约可能性略低于BB级	65~69分
BB	信用一般,偿债能力不稳定,未来一年内存在一定的违约可能性。	
BB−	信用一般,偿债能力不稳定,未来一年内存在一定的违约可能性,违约可能性略高于BB级。	
B+	信用欠佳,偿债能力不足,未来一年内违约可能性较高,但违约可能性略低于B−级。	60~64分
B−	信用欠佳,偿债能力不足,未来一年内违约可能性较高。	
CCC	信用较差,偿债能力弱,未来一年内违约可能性高。	50~59分
CC	信用很差,偿债能力很弱,未来一年内违约可能性很高。	45~49分
C	信用极差,几乎无偿债能力,未来一年内违约可能性极高。	40~44分
D	截至评级时点客户已发生违约。	40分以下

(五)客户评级流程

客户信用评级流程包括评级发起、评级认定、评级推翻和评级更新。评级发起与评级审核认定人员应相互独立。同时,还需要进一步明确评级时效、评级频率和评级有效期等事项。

第一,评级发起。各级机构授信业务部门是客户信用评级发起部门。各级机构业务部门在调查、分析的基础上,进行客户信用等级初评,对授信客户核定客户债务承受额,将信用评级材料报送本级或上级风险管理部门审核。

第二,评级认定。各级风险管理部门及获得评级认定转授权的中小企业业务部门是客户信用评级认定部门。评级认定分为专业审核和终审认定:风险管理部门评级专业人员对客户信用评级进行审核,审核后将本级机构认定权限内的评级报送本级机构有权认定人认定,将超本级机构认定权限的评级报送上级行审核;有权认定人对认定权限内的客户信用评级进行终审。

第三,评级推翻。评级推翻包括评级人员对计量模型评级结果的推翻和评级认定人员对评级发起人员评级建议的否决,包括向下推翻和向上推翻。向下推翻是指评级人员根据客户实际情况,对模型输出等级在评级系统内进行等级下调。后手审核人员可对前手审核人员的向下调级进行回调,但调整后的信用等级不得高于模型输出等级。向上推翻是指评级发起部门根据客户实际情况,对模型输出等级有上调要求,发起向上推翻申请并按程序报批。向上推翻仅适用于使用一般统计模型评级的授信客户,其他评级客户不得进行向上推翻。

第四,评级更新。评级更新包括年度评级更新和动态评级更新。年度评级更新是根据客户最新年度财务报表及其他经营管理状况进行的评级,每年至少进行一次。动态评级更新是指客户在年度评级更新后的有效期内,客户情况发生重大变化,评级发起部门及时进行的评级。

(六)特殊类型评级

1.集团客户信用评级

集团客户评级范围,原则上,应对集团客户、集团板块、集团成员分别进行信用评级。集团客户信用评级应基于集团合并报表。评级发起部门应尽量获取集团合并报表,如果由于集团客户尚未编制合并报表,或集团客户属我行管理意义上的集团而非实体集团,无法编制合并报表,则暂不对集团客户进行信用评级。除以下情况外,集团客户评级的具体要求与单一客户相同:①集团客户履约情况、授信资产风险分类结果,按照集团母公司(本部)的情况掌握,如本部在该行无授信,可参考其他重要成员情况掌握;②集团客户的评级类型选择,以集团营业收入中占比最高的行业选择主行业进行评级;③当以集团母公司为评级对象时,应以母公司的审计报告和财务报表进行评级,如果确属无法获取母公司报表的,可用集团合并财务报表进行信用评级,但应将集团合并报表内"长期股权投资""少数股东权益"作为无效资产从"所有者权益"中扣除,并在此基础上酌情进行等级下调。各分行风险管理部应严格控制审核此类评级。

2.中小企业信用评级

适用范围为中小企业业务部门管理的中小企业业务新模式下的中小企业客户。

3.异地客户信用评级

对于注册地在异地(跨一级分行管辖范围)的授信或担保客户,评级发起前应先查询该客户是否已存在评级。如果已存在授信客户评级,应以该评级为准;如果已存在担保客户评级,拟进行授信客户评级,在获得信息符合评级更新条件后,应在三个月内完成评级更新。多家分支机构对同一客户授信时,原则上由主办行负责评级工作。

【延伸阅读】
集团法人客户
的信用评级

五、商业银行个人客户内部信用评级实例

　　个人贷款业务所面对的客户主要是自然人,其特点是单笔业务资金规模小但数量巨大。商业银行在对个人客户的信用风险进行识别和分析时,同样需要个人客户提供各种能够证明个人年龄、职业收入、财产、信用记录、教育背景等相关资料。

　　除了关注申请人提交的材料是否齐全、要素是否符合商业银行的要求外,还应当通过与借款人面谈、电话访谈、实地考察等方式,了解并核实借款人及保证人、出质人、抵押人的身份证件是否真实、有效,担保材料是否符合监管部门和商业银行内部的有关规定,借款人提供的居住情况、婚姻状况、家庭情况、联系电话等是否真实,借款人提供的职业情况、所在单位的任职情况等是否真实,尽可能地通过对借款人的资信情况(特别是第一还款来源)、资产与负债情况、贷款用途及还款来源、担保方式的调查,有效识别个人客户潜在的信用风险。

　　由于个人贷款的抵押权实现困难,商业银行应当高度重视借款人的第一还款来源,要求借款人以不影响其正常生活的可变现的财产作为抵押,并且要求借款人购买财产保险。

　　目前,很多商业银行已经开始使用个人客户贷款申请并受理信息系统,直接将客户的相关信息输入个人信用评分系统,由系统自动进行分析处理和评分,根据评分结果即可基本做出是否贷款的决定。实践表明,个人信用评分系统是有效管理个人客户信用风险的重要工具,有助于大幅扩大个人信贷业务的规模,提高个人信贷业务的效率。[①]表12-5-2所示为商业银行信用卡综合评分。

表12-5-2　商业银行信用卡综合评分示例

1.年龄	分数	得分	5.住房	分数	得分	8.职务	分数	得分
18~25岁	2		已购商品房	10		局级以上或大公司管理人员	20	
26~35岁	8		已购微利房	8		处级以上或大公司中级管理人员	15	
36~55岁	10		已购福利房	7		科级以上或大公司一般管理人员	10	
55岁以上	6		租房	2		科级以下	5	
2.婚姻状况	分数	得分	6.所在单位	分数	得分	9.职级	分数	得分
已婚	10		党政机关、事业单位	10		高师	10	
未婚	3		国有企业、上市公司	8		中师	8	
3.学历	分数	得分	股份制或集体企业	6		助师	5	
硕士及以上	10		三资企业	4		助师以下	0	
本科	8		个体及其他	2		10.保证金	分数	得分
大专	5		7.月收入	分数	得分	10000元以下	20	
中专、技校、高中	3		10000元以上	20		8000元	18	
初中	1		8000~9999元	15		5000元	15	
小学	0		5000~7999元	13		3000元	10	

---

①银行业专业人员职业资格考试办公室. 风险管理(中级)[M]. 北京:中国金融出版社,2016.

续 表

4.工作年限	分数	得分	7.月收入	分数	得分	11.业务关系	分数	得分
8年以上	10		3000~4999元	10		私人业务大客户	50	
5~8年	8		2000~2999元	8		本行卡业务大客户	50	
3~5年	5		1000~1999元	6		我行消费信贷客户	10	
3年以下	0		600~999元	3		我行公司业务大客户	50	
			600元以下	0				

第六节　外部评级

尽管征信和评级是两个不同的概念,但征信机构和评级机构的区分其实没有那么的泾渭分明。穆迪、标准普尔和惠誉一般被称为评级公司,因为它们更多专注于提供信用评级服务。而邓白氏(Dun & Bradstreet)、益博睿(Experian)、艾可菲(Equifax)和环联(Trans Union)一般称为征信机构,因为它们更擅长于提供信用信息服务;其实,它们也提供信用评级服务,但只是将其作为征信服务的延伸。因此,将它们称为征信评级机构更为贴切。

外部评级和内部评级相对应,主要是由第三方信用中介机构提供的评级服务。外部评级大致可以分为三类:第一类,服务于资本市场的信用评级;第二类,服务于商业市场的征信评级;第三类,服务于个人消费市场的征信评级或信用评分。本节将重点介绍前面两类,第三类在下一节中单独予以介绍。

一、服务于资本市场的信用评级

(一)主要评级公司

服务于资本市场的信用评估机构,即指对国家、银行、证券公司、基金、债券及上市大企业的信用进行评级的公司。当前国际上最具影响力的信用评级机构有三家:美国的穆迪投资服务公司(Moody's Investors Service)、标准普尔(Standard & Poor's)公司和惠誉国际信用评级有限公司(Fitch Ratings),见表12-6-1。

表12-6-1　世界三大评级公司比较

项目	穆迪	标准普尔	惠誉
成立时间	1909年	1860年	1913年
总部	纽约	纽约	纽约和伦敦
控股资本	美国	美国	法国
业务范围	涵盖债务工具和证券的信用评级和研究	包括政府、公司、金融行业、结构化融资实体与证券评级	包括金融机构、企业、国家、地方政府和结构融资评级

项 目	穆迪	标准普尔	惠誉
业务规模	2018 年收入达 44 亿美元,在全球拥有约13200 名员工,并在42 个国家保持业务。	1500 位信用分析师,在全球128 个国家和地区提供信用分析,已发布信用评级超过100 万项,受评债券规模达46.3 万亿美元。	在全球设有40 多个分支机构,拥有1100 多名分析师。完成1600 多家银行及其他金融机构评级、1000 多家企业评级及1400 个地方政府评级,以及全球78% 的结构融资和70 个国家的主权评级。

资料来源:三家公司官方网站。

(二)评级符号体系

穆迪的长期评级共分几个级别:Aaa、Aa、A、Baa、Ba、B、Caa、Ca 和 C。其中:Aaa 级债务的信用质量最高,信用风险最低;C 级为最低债券等级,收回本金及利息的机会微乎其微。穆迪的短期评级依据发债方的短期债务偿付能力从高到低分为 P-1、P-2、P-3 和 NP 四个等级。

标普的长期评级主要分为投资级和投机级两大类,投资级的评级具有信誉高和投资价值高的特点,投机级的评级则信用程度较低,违约风险逐级加大。投资级包括 AAA、AA、A 和 BBB,投机级则分为 BB、B、CCC、CC、C 和 D。信用级别由高到低排列:AAA 级具有最高信用等级;D 级最低,视为对条款的违约。标普的短期评级依次为 A-1、A-2、A-3、B、C、R 和 SD'/D。其中,A-1 表示发债方偿债能力较强,此评级可另加"+"号表示偿债能力极强。

惠誉的长期评级用以衡量一个主体偿付外币或本币债务的能力。长期信用评级分为投资级和投机级,其中投资级包括 AAA、AA、A 和 BBB,投机级包括 BB、B、CCC、CC、C、RD 和 D。以上信用级别由高到低排列:AAA 等级最高,表示最低的信贷风险;D 为最低级别,表明一个实体或国家主权已对所有金融债务违约。惠誉的短期信用评级大多针对到期日在 13 个月以内的债务。短期评级更强调发债方定期偿付债务所需的流动性。表 12-6-2 和表 12-6-3 分别为三家机构长期评级和短期评级的符号比较。

表 12-6-2 穆迪、标准普尔与惠誉的长期评级符号比较

	穆迪	标准普尔	惠誉
投资级	Aaa	AAA	AAA
	Aa(Aa1/Aa2/Aa3)	AA(AA+/AA/AA-)	AA(AA+/AA/AA-)
	A(A1/A2/A3)	A(A+/A/A-)	A(A+/A/A-)
	Baa(Baa1/Baa2/Baa3)	BBB(BBB+/BBB/BBB-)	BBB(BBB+/BBB/BBB-)
非投资级	Ba(Ba1/Ba2/Ba3)	BB(BB+/BB/BB-)	BB(BB+/BB/BB-)
	B(B1/B2/B3)	B(B+/B/B-)	B(B+/B/B-)
	Caa(Caa1/Caa2/Caa3)	CCC(CCC+/CCC/CCC-)	CCC(CCC+/CCC/CCC-)
	Ca	CC	CC
	C	C	C
违约	D	D	RD
			D

表12-6-3 穆迪、标准普尔与惠誉的短期评级符号比较

短期评级		
穆迪	标准普尔	惠誉
P-1	A-1	F1
P-2	A-2	F2
P-3	A-3	F3
NP	B	B
	C	C
	R	RD'
	SD'/D	D

(三)评级方法论

标准普尔的信用评级是对发债人(如企业、州、省或市政府)完全并及时履行财务责任的能力及意愿的意见。除此之外,信用评级还能揭示特定债务(如公司票据、市政债券或住房抵押贷款支持证券)的信用质量及该债务违约的相对可能性。标准普尔通常对所有发债人(包括企业、政府和金融机构)采取相似的评级流程,但对包括结构性融资工具进行评级时会有些不同。差异体现在流程的开始和执行、所采用的评级标准和假设,以及分析师所审阅的特定信息类型上。

穆迪信用分析主要集中在与发行人长期和短期风险状况有关的基本因素及重要业务的推动元素上。穆迪评级方法的基础是:①债权人存在无法按时获得该债务证券的本金及利息的风险;②该风险水平与所有其他债务证券的比较。穆迪评估发行人未来获得现金的能力。因此,评定未来获得现金能力的可预测性就成为穆迪分析的首要因素,而评定的依据是对个别发行人及其相对于全球同业的优劣势进行分析的结果。穆迪还会审查各种外部因素,包括行业(或国家)可能影响实体履行其债务责任能力的发展趋势。穆迪尤其关注在行业环境出现不利变动的情况下管理层维持现金来源的能力。穆迪在达成评级意见时会分析所有相关风险因素及观点,并需遵守一定的分析原则,包括:①着眼长远——穆迪的分析重点是影响发行人长期偿债能力的基本因素,例如经济严重下滑、管理策略出现重大变化或出现重要的监管变化,评级不会随业务或供需周期性变化而变动,也不会反映短期市场波动;②强调现金流的稳定性及可预测性——穆迪的分析重点之一是了解影响现金流的因素,尤其是现金流的可预测性及持续性。穆迪会通过财务分析判断发行人的现金流在经济不景气时的弹性。根据行业的不同,评级需要考虑的具体风险因素也会有很大差别。

二、服务于商业市场的征信评级

(一)企业征信评级机构

服务于商业市场的信用评级机构,即指对各类大中小企业进行信用调查评级的公司。邓白氏(Dun & Bradstreet)是美国乃至世界上最大的全球性征信评级机构,也是目前美国商业信用市场唯一的征信评级公司。邓白氏成立于1841年,刘易斯·大班(Lewis Tappan)创立

美国邓白氏,包括林肯在内的4名美国总统曾就职于邓白氏。邓白氏的全球商业信息数据覆盖200多个国家和地区,系统收录了超过3亿家企业的档案。该集团自1994年起开始在中国市场开展商业信用活动,在上海设立了邓白氏国际信息(上海)公司。2006年,美国邓白氏和华夏信用集团合资成立华夏邓白氏,提供企业信用管理、市场营销和商业培训服务。

【延伸阅读】邓白氏评级、邓白氏付款指数和邓白氏风险预警评分

邓白氏创造了全球统一的9位数邓氏编码,被广泛应用于企业识别和商业信息的组织及整理,按照4个级别7种排列组合方式,每组编码可以得出16384种不同结果,使邓氏编码的应用价值大大提高。每个邓氏编码对应的是邓白氏全球数据库中的一条企业记录,借此可以识别和迅速定位全球超过3亿家企业的信息。邓氏编码是被全球广泛认可的企业信用标识,该编码归集了与企业信用状况有关的信息,是企业商业符号的象征。

邓白氏通过不同的渠道采集数据,包括公共记录、交易记录、电话供应商、电话采访、印刷品、数据和商业公开资料等,建立起横跨全球200多个国家和地区的超过3亿家企业的档案。

邓白氏的产品和服务分为三个领域:金融解决方案(信用和风险管理)、运营解决方案(供应链管理)、销售与市场营销解决方案(导引性营销、集成应用程序编程接口的公司方案、社交媒体、第三方信息和数据即服务工具)。其中,风险管理解决方案最为重要,占总收入的63%。[1] 这些方案具体包括:基于邓白氏全球信息网络的"DUNSRIGHT"信息查询服务、商业征信报告、邓白氏数据即服务(Data as a Service)、邓白氏量化信用评估、邓白氏合规性产品等。

(二)企业征信评级方法

邓白氏公司的产品和服务能够得到市场认可的原因,除高质量的基础数据外,关键在于体现其权威的评级、评分类产品。评级(评分)是运用统计和数据挖掘方法,利用反映借款人资信状况的海量数据,建立预测其未来发生信用违约可能性的信用评分模型。成熟、科学的评分产品可以更准确地预测未来的违约概率,而大量的行业数据、复杂的科学模型和样本数据的检验,成为征信机构的核心竞争优势。

【延伸阅读】《标普企业评级方法论》

邓白氏的信用评估工具包括邓白氏评级(D&B Rating)、邓白氏付款指数(D&B Payment Score)和邓白氏风险预警评分(D&B EMMA Score)。

(三)企业征信评级报告

企业信用报告是全面记录企业各类经济活动、反映企业信用状况的文书,是企业征信系统的基础产品。企业信用报告客观地记录企业的基本信息、信贷信息及反映其信用状况的其他信息,全面、准确、及时地反映其信用状况,是信息主体的"经济身份证"。

【延伸阅读】企业征信评级报告

邓白氏集团公司进行信用评估业务主要有两种模式:一种是在企业之间进行交易时对

---

①刘新海. 征信与大数据[M]. 北京:中信出版社,2016:117.

企业所做的信用评级;一种是企业向银行贷款时对企业所做的信用评级。按照信用风险程度的高低,邓白氏集团公司向需求者提供不同等级的信用报告。这两种模式在咨询对象和咨询内容上都有一些区别,但大致包括以下几个方面的内容。

①公司基本信息:公司名称、公司地址、电话号码、企业性质、网站、电子邮箱、成立年份、历史记录、进出口、员工规模、主要负责人、主营业务范围、邓氏编码等。

②付款记录和分析:公司12~24个月的拖欠账款记录、同行业企业付款情况的比较分析、对公司的付款能力和风险的分析预测和评估。

③财务状况分析:依据资产负债表、损益表等财务报告的相关财务指标,对公司财务状况的分析,对公司的财务表现、财务压力和风险的评估及预测。

④经营表现分析:诉讼记录、公众记录、新闻机构对公司的评价。

⑤营运状况:产品品种、生产能力、产量、交易方式、销售地区、原料来源、顾客类别等资料。

⑥风险评估结果:风险预警评分、邓白氏评级、邓白氏付款指数。

三、邓白氏商业评级报告实例

【延伸阅读】
邓白氏商业评
级报告

【延伸阅读】中是一份由上海华夏邓白氏商业信息咨询有限公司提供的商业评级报告的样本。通过阅读该报告,可以详细了解邓白氏商业评级报告的基本格式、评级的主要内容和方法。

第七节　个人信用评分

一、个人征信

(一)个人征信的模式

个人征信模式分为三类:第一类是以美国、加拿大和英国为代表的市场主导型模式;第二类是以法国、德国等欧洲大陆国家为代表的政府主导型模式;第三类是以日本为代表的会员制模式。

(二)美国三大信用局

在美国,对消费者进行信用评估的机构称为信用局,也称为消费信用报告机构或征信所。所谓信用局,是向需求者提供消费者个人信用调查报告的供应商。信用局的基本工作是收集消费者个人的信用记录,合法地制作消费者个人信用调查报告,并向法律规定的合格使用者有偿传播信用报告。美国有三大信用局:环联公司(Trans Union)、艾可菲公司(Equifax)和益博睿公司(Experian)。三大信用局的相关情况及比较见表12-7-1。

表12-7-1　美国三大信用局比较

项目	环联公司（Trans Union）	艾可菲公司（Equifax）	益博睿公司（Experian）
创立时间	1968年	1899年	1826年
公司总部	美国芝加哥	美国亚特兰大	爱尔兰都柏林
商业模式和业务范围	针对机构用户的信用服务（基本信用信息、市场营销和决策分析）；针对个人消费者的信用服务（信用报告、信用评分、信用监控、身份欺诈、金融理财和信用教育）。	征信服务（信用评分、信用管理、风险控制、预防欺诈、行业分析、市场前景预测、客户筛选等）、人力资源解决方案（信息验证、雇主服务）、消费者在线服务。	信用服务（个人消费者和小微企业）、决策分析服务（信用评分、反欺诈工具、反洗钱和身份认定等）、市场营销服务和个人消费者服务（信用报告、信用评分、信用监视、信用专家）。
业务规模	拥有企业客户6.5万个，个人消费者客户3500万个，个人消费者档案10亿份；拥有9万个数据源超过30BP的数据。在30多个国家开展业务，2014年员工人数约4200。2015年在纽约证券交易所上市。2014年收入13亿美元。	数据规模超过全球6亿消费者和8100万企业，2亿雇佣记录。每个月产生1580亿个信用评分更新，每秒对消费者数据进行6万次更新。雇员超过7000人，1971年在纽约证券交易所上市，标普500指数成分股。2014年收入达24亿美元。	遍布39个国家1.65万名员工，全球超过1.2万家企业客户；在伦敦证券交易所（EXPN）上市，伦敦金融时报100指数（FTSE-100）的成分股之一；拥有全球8.9亿个消费者记录和1.03亿个企业（主要是小微企业）记录。
业务构成、收入和市场地位	2014年美国国内机构用户服务收入占比62.74%，消费者征信服务收入占比17.68%，国际业务占19.58%。	据2014年年报，在不同行业的业务比重，银行、房贷和消费者信贷占56%；业务条线中，美国信息服务占比达45%，国际业务占26%，人力资源解决方案占20%，消费者在线服务占9%，企业征信仅占5%。	信用服务占49%（主要集中在美国和加拿大），决策分析服务占12%，市场营销服务占18%，个人消费服务占21%。

二、FICO信用评分

个人信用评分方法是个人信用评级方法中最常用的一种。信用评分是征信最重要的产品之一，在西方发达国家，信用评分技术是信用风险管理的有效工具，广泛应用于中小企业贷款、个人贷款、信用卡和保险业务等领域。在我国，随着个人信贷和信用卡业务的发展，信用评分也开始用于商业银行的贷款决策、贷款定价和贷后管理等方面。

（一）费埃哲与FICO评分

美国的个人信用评分，最著名的要算费埃哲公司（Fair Isaac Company）的FICO评分。费埃哲公司是信用风险评分的领军企业，FICO评分也是个人消费者信用的衡量标准。费埃哲评分（FICO® Score）是最常用的信用评分，也是贷款机构广泛采用的评分。费埃哲公司由工程师Bill Fair和数学家Earl Isaac在1956年创办。1958年FICO为American Investments构建首个信用评分系统。1981年，Bill Fair和Earl Isaac与FICO团队其他成员一起推出了首个FICO征信机构风险分数。1991年FICO征信机构评分可在美国三大信用报告机构（即艾可菲公司的BEACONsm、环联公司的MiriCA®，以及益博睿公司的Experican/FICO）获取。

表12-7-2　三大信用局FICO评分系统种类

信用管理局名称	FICO评分系统名称
艾可菲公司（Equifax）	BEACONsm
益博睿公司（Experian）	Experican/FICO
环联公司（Trans Union）	MiriCA®

资料来源：https://www.fico.com/cn/

自1956年以来，FICO在数据与分析领域拥有超过50年的历史。FICO Fraud System拥有全球各地2亿张信用卡，FICO评分多达100亿个。FICO的客户既包括半数以上的世界排名前100大银行、北美洲和欧洲的600多家个人与商业保险公司（包括美国前10大个人保险公司）、400多家零售商和综合商家，又包括三分之一的美国前100大零售商、美国100家最大金融机构中的95家，以及美国100家最大的信用卡发行商。

（二）FICO评分模型的原理

FICO® Score有很多个版本（目前最新版本为FICO® Score 9），且不同版本应用场景也各不相同，但各个版本的评分原理基本相似。影响FICO评分的因素主要有五类：付款历史记录、欠款金额、信用历史记录长度、新信用记录和信用组合。详细了解如何计算FICO®分数请阅读"【延伸阅读】如何计算我的FICO®分数？"。

【延伸阅读】
如何计算我的
FICO®分数？

根据美国《公平信用机会法》的相关规定，有一部分信息不能作为判断的依据，以保护客户的隐私不受侵犯，防止客户遭受歧视。下面几类信息是FICO评分中不考虑的：①种族、肤色、宗教、性别、婚姻状况等信息。美国的《客户信用保护法》中规定，这些因素不能参与信用评分，否则就侵犯了客户的权利。②年龄。年龄因素在有些信用评分系统中作为影响因素之一，但在FICO评分系统中，不作为影响因素。③工资、职业、头衔、雇主、受雇时间、受雇历史。这些信息在FICO评分系统中不作为影响因素，但贷款方在审批贷款时会考虑这些因素，因为这些因素会跟客户的还款能力有关。④客户居住地点。⑤已有的信用账户的适用利率。⑥儿童（家庭）赡养义务和租约规定事项。⑦特定类型的查询。在FICO评分系统中，不记录客户自己的查询，不记录雇主的查询，也不记录准备授信但还没有授信的贷款方的查询。⑧任何不包括在信用报告上的信息。⑨任何未被证实的与预测客户未来信用状况有关的信息。[①]

FICO评分系统得出的信用分数范围为300~850分。分数越高，说明客户的信用风险越小。但是分数本身并不能说明一个客户是"好"还是"坏"，贷款方通常会将分数作为参考来进行贷款决策。每个贷款方都会有自己的贷款策略和标准，并且每种产品都会有自己的风险水平，从而决定了可以接受的信用分数水平。一般地说，如果借款人的信用评分达到680分以上，贷款方就可以认为借款人的信用极佳，可以毫不迟疑地同意发放贷款。如果借款人的信用评分低于620分，贷款方或者要求借款人增加担保，或者干脆寻找各种理由拒绝贷

①姜琳．美国FICO评分系统述评[J]．商业研究，2006(20)．

款。如果借款人的信用评分为620—680分,贷款方就要做进一步的调查核实,采用其他的信用分析工具,做个案处理。目前,美国的信用分数分布状况见图12-7-1。[1]

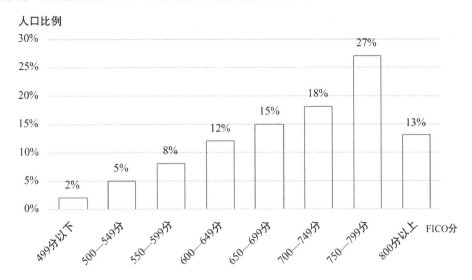

图12-7-1　美国FICO信用分数的分布

　　FICO评分系统的评分模型在建立数学模型的基础上,对借款人的信用相关数据信息进行定量分析,FICO评分系统采用的数学模型是稳定性和可解释性较高的Logistic回归模型,为金融机构的信用风险管理提供了很强的支持。但是其缺点是信息维度较为单一,无法在大数据环境下得到较好的扩展和应用。

　　在个人信用评分领域,费埃哲公司尽管处于领先地位,但也受到其他一些数据挖掘公司的挑战。美国三大信用局也曾联手开发独立的信用评分系统,称为FAKO评分系统,但其目前还无法与FICO评分系统相抗衡。此外,一些专业的征信机构,例如伊诺威士(Innovis)、不良信用记录系统(Chex Systems)和支付信息征信公司也开发出信用评分,并且被借贷者所使用。目前,FICO评分系统有多个版本,适用于不同的应用场景,同时费埃哲公司也在不断地完善其算法。

表12-7-3　美国三大信用局在不同场景使用的FICO®版本

应用场景	益博睿公司(Experian)	艾可菲公司(Equifax)	环联公司(Trans Union)
使用最广泛的版本	FICO® Score 8	FICO® Score 8	FICO® Score 8
汽车贷款	FICO® Auto Score 8 FICO® Auto Score 2	FICO® Auto Score 8 FICO® Auto Score 5	FICO® Auto Score 8 FICO® Auto Score 4
信用卡	FICO® Bankcard Score 8 FICO® Score 3 FICO® Bankcard Score 2	FICO® Bankcard Score 8 FICO® Bankcard Score 5	FICO® Bankcard Score 8 FICO® Bankcard Score 4
抵押贷款	FICO® Score 2	FICO® Score 5	FICO® Score 4
最新版本	FICO® Score 9 FICO® Auto Score 9 FICO® Bankcard Score 9	FICO® Score 9 FICO® Auto Score 9 FICO® Bankcard Score 9	FICO® Score 9 FICO® Auto Score 9 FICO® Bankcard Score 9

资料来源:https://www.myfico.com/

①姜琳.美国FICO评分系统述评[J].商业研究,2006(20).

当前三大信用局使用最多的FICO® Score 8版本，与以前版本基本一致，但有几个独特的特征：

①信用卡使用率高。尽管所有FICO®分数版本都认为高信用卡利用率反映了更高的风险，但FICO® Score 8对高利用率的信用卡更为敏感。因此，如果信用报告显示高余额接近卡的限制，FICO® Score 8可能会比以前的分数版本受到更大的影响。

②单独逾期付款。如果贷款机构向信贷局报告付款延迟了至少30天，则很可能导致所有FICO®分数版本中的分数损失。如果延迟付款是一个孤立的事件，并且其他账户的信誉良好，那么与以前的FICO®分数版本相比，FICO® Score 8更为宽容。

③信用卡授权用户。计算FICO分数时，所有FICO®分数版本都包括授权用户信用卡账户。这可以帮助人们从信用卡账户的共享管理中获益。它还通过提供基于消费者信用历史完整的信用评分来帮助贷款人。为了保护贷款人和诚实的消费者，FICO® Score 8大大降低了所谓的"贸易线租赁"的任何好处。FICO® Score 8是一种信贷修复做法，诱使消费者加入陌生人的信贷账户，以便向贷款人隐瞒其信贷风险。但是，如果信用报告显示有许多逾期付款，则FICO® Score 8可能会比以前的FICO®分数版本损失更多分数。

④小额余额收款账户。FICO® Score 8忽略了原始余额低于100美元的小额"麻烦"收款账户。保持信用卡余额低可以帮助维持或提高分数。

（三）FICO信用报告

FICO的信用报告里有什么？

尽管每个信贷报告机构的格式和内容都不同，但所有信贷报告都包含基本相同的信息类别。FICO的信用报告包括以下信息：①社会保险号、出生日期和就业信息，用于识别客户的身份。②识别信息，包括客户的姓名、地址、社会保险号、出生日期和就业信息，用于识别客户的身份。以上两类因素不用于信用评分。此信息的更新来自客户向贷款人提供的信息。③交易记录，指客户的信用账户。出借人报告客户与他们建立的每一个账户情况，包括账户类型（银行卡、汽车贷款、抵押贷款等）、客户开户日期、客户的信用额度或贷款金额、账户余额和客户的付款历史记录。④信用查询。当客户申请贷款时，授权客户的贷方索取客户的信用报告的副本。查询部分包含过去两年内访问客户信用报告的所有人的列表。客户看到的报告列出了由客户自己的信贷请求所引发的"自愿"查询和"非自愿"查询，例如贷方何时订购客户的报告，以便在邮件中为客户提供预先批准的信贷报价。⑤公共记录和收藏。征信机构还向州和县法院收集公共记录信息，向金融机构收集逾期债务信息。公共记录信息包括破产和民事诉讼信息。

三、大数据时代的信用评分

（一）泽斯塔金融公司信用评分

泽斯塔金融公司（Zest Finance）是一家专门在大数据环境下进行信用风险评估的美国公司，2009年成立于洛杉矶。该公司的业务理念是一切数据都与个人信用密切相关，业务特长是通过获取大数据全面评价用户信用风险等级。从数据来源看，泽斯塔金融公司比较多元化,既有来自于第三方的专业数据,如信用卡、银行贷款信息等专业金融业务数据信息,也有法律诉讼、家庭地址变动情况等非传统信用评级所需的数据;互联网大数据是其非常重要的数据来源之一,包括IP地址、Web浏览器的版本、网络上的各种行为信息及用户在社交网站上的数据等;此外,泽斯塔金融公司还让用户提交一些类似于水电煤气账单、手机电话账单等公共记录凭证,通过与用户直接交互,让用户回答一些能够反映用户信用等级的问题等方式,获取第一手用户数据。泽斯塔金融公司运用这些多维度的大数据,建立个人信用风险评估模型,能够不完全依赖于FICO等传统征信模型,从不同侧面对个人客户全面评估其信用风险状况。

先进的机器学习算法和集成学习模型是泽斯塔金融公司信用评估模型的理论基础,但具体的机器学习预测模型细节被其视为核心机密并不对外公布。泽斯塔金融公司具有强大的数据挖掘能力,通过将机器学习中较为先进的技术引入个人信用风险评估领域,构建出一些稳定的评估模型,对客户信用风险进行较为精确的量化,具有较强的竞争能力。利用传统方法构建个人信用风险评估模型时,往往从几十个变量中寻找关键变量,利用Logistic回归模型等进行信用量化评估;而泽斯塔金融公司的模型由于采用了机器学习的相关理论,可以从几千个数据项中,提取上万个变量,建立多个信用风险预测子模型,然后进行集成学习或多角度学习,最终得到个人客户的综合信用评分分数。

(二)芝麻信用评分

芝麻评分是蚂蚁金服旗下个人征信机构在国内率先推出的个人信用评分,类似于FICO评分模型的原理,芝麻信用评分主要通过收集和评估互联网数据,对不同的个人客户进行综合信用评分,得分结果即为"芝麻分"。芝麻分在评估时综合考虑了个人的身份特征、人脉关系、信用记录历史、行为方面的偏好及个人履约能力五个方面的情况。从目前收集数据的渠道来看,芝麻评分使用的主要数据包括阿里巴巴生态系统数据(阿里小贷、淘宝、天猫等)、政府公共部门数据(公安、工商、法院、税务、移动等)及合作机构(Linkedin、新浪微博、滴滴打车等)的数据等,同时还包括了部分公共事业机构的数据,例如学籍和学历部门的数据、水电煤气等公司的数据。蚂蚁金服依靠交换、合作或者购买等方式获取大量的外部机构数据,但是最核心的外部金融机构数据却仍未被统计在内。虽然阿里旗下第三方支付平台支付宝已经与很多商业银行开展了业务合作,但拿到银行的核心信贷业务数据还非常困难。

在信用评级模型的构建上,与传统FICO评分类似,芝麻信用评分模型也是以Logistic回归为主,但也采用了决策树模型、神经网络模型等先进的机器学习算法。芝麻信用模型采用了严密的云计算信用模型系统体系,主要包括自动用户评估系统、用户画像信息档案、关系识别与评价、个人评分系统等。

四、个人征信报告实例

中国人民银行征信中心出具的个人信用报告是个人征信系统提供的最基础产品,它记录了客户与银行之间发生的信贷交易的历史信息,只要客户在银行办理过信用卡、贷款、为他人贷款担保等信贷业务,他在银行登记过的基本信息和账户信息就会通过商业银行的数据报送而进入个人征信系统,从而形成了客户的信用报告。

个人信用报告的使用目前仅限于商业银行、依法办理信贷的金融机构(主要是住房公积金管理中心、财务公司、汽车金融公司、小额信贷公司等)和人民银行,消费者也可以在人民银行获取自己的信用报告。根据使用对象的不同,个人征信系统提供不同版式的个人信用报告,包括银行版、个人查询版和征信中心内部版三种版式,分别服务于商业银行类金融机构、消费者和人民银行。

【延伸阅读】
个人信用报告
(个人版)样本

个人信用报告中的信息主要有六个方面:公安部身份信息核查结果、个人基本信息、银行信贷交易信息、非银行信用信息、本人声明及异议标注和查询历史信息。

第八节　信用风险应对

一、信用风险监测

(一)信用风险监测的含义

信用风险监测是指风险管理人员通过各种监控技术,动态捕捉信用风险指标的异常变动,判断其是否已达到引起关注的水平或超过阈值。如果已经达到关注水平或超过阈值,就应当及时调整授信政策,优化资产组合结构,利用资产证券化等分散或转移信用风险,将风险损失降到最低。

(二)信用风险监测的分类

根据监测对象的不同,信用风险监测可以分为单一客户风险监测和组合风险监测。

1.单一客户风险监测

单一客户的风险监测方法包括一整套贷后管理的程序和标准,并借助客户信用评级、贷款分类等方法。商业银行监测信用风险的传统做法是建立单个债务人授信情况的监测体系,监控债务人或交易对方各项合同的执行,界定和识别有问题贷款,判断所提取的准备金和储备是否充分。

客户风险的内生变量包括基本面指标(品质类指标、实力类指标、环境类指标)和财务指标(偿债能力指标、盈利能力指标、营运能力指标、增长能力指标)。从客户风险的内生变量来看,借款人的生产经营活动不是孤立的,而是与其主要股东、上下游客户、市场竞争者等(简称"风险域")持续交互影响的。这些相关群体的变化,均可能对借款人的生产经营和信用状况造成影响。因此,对单一客户风险的监测,需要从个体延伸到"风险域"企业。

客户信用风险监测的结果应当在信贷资产风险分类时有所体现。信贷资产风险分类是商业银行信贷分析和管理人员综合能够获得的全部信息并运用最佳判断,对信贷资产的质量和客户风险程度进行持续监测和客观评价,目的在于掌握信贷资产质量状况,以便对不同类型的资产分门别类地采取措施和相应的处置手段,提高贷后管理与风险控制水平。

2.组合风险监测

组合层面的风险监测把多种信贷资产作为投资组合进行整体监测。商业银行组合风险监测主要有两种方法：

第一，传统的组合监测方法。传统的组合监测方法主要是对信贷资产组合的授信集中度和结构进行分析监测。授信集中是指相对于商业银行资本金、总资产或总体风险水平而言，存在较大潜在风险的授信。结构分析包括行业、客户、产品、区域等的资产质量、收益（利润贡献度）等维度。商业银行可以依据风险管理专家的判断，给予各项指标一定权重，得出对单个资产组合风险判断的综合指标或指数。

第二，资产组合模型法。商业银行在计量每个暴露的信用风险，即估计每个暴露的未来价值概率分布的基础上，就能够计量组合整体的未来价值概率分布。这通常有两种方法。方法一，估计各暴露之间的相关性，从而得到整体价值的概率分布。当然，估计大量个体暴露之间的相关性非常困难，一般把暴露归成若干类别，假设每一类别内的个体暴露完全相关。在得到各个类别未来价值的概率分布后，再估计风险类别之间的相关性，从而得到整体的未来价值概率分布。方法二，不处理各暴露之间的相关性，而把投资组合看成一个整体，直接估计该组合资产的未来价值概率分布。组合监测能够体现多样化投资产生的风险分散效果，防止国别、行业、区域、产品等维度的风险集中度过高，实现资源的最优化配置。

（三）风险监测主要指标

信用风险监测指标体系通常包括潜在指标和显现指标两大类，前者主要用于对潜在因素或征兆信息的定量分析，后者则用于显现因素或现状信息的量化。在信用风险管理领域，重要的风险监测指标有不良贷款率、关注类贷款占比、逾期贷款率、贷款风险迁徙率、不良贷款拨备覆盖率、贷款拨备率、贷款损失准备充足率、单一（集团）客户授信集中度、关联授信比例等。

二、信用风险预警

（一）信用风险预警的含义

信用风险预警是指商业银行根据各种渠道获得的信息，通过一定的技术手段，对自身信用风险状况进行动态监测和早期预警，实现对风险"防患于未然"的一种"防错纠错机制"。

（二）信用风险预警的分类

1.根据预警的内容划分

根据预警的内容，大致可以划分为以下几种：

（1）适应监管底线的风险预警管理。通常会根据不同的监管底线要求，制定和实施不同的预警管理机制。例如，资本充足率预警管理、存贷比监管预警管理、信贷不良资产及不良资产占比预警管理、产品风险监测预警管理、拨备覆盖比预警管理、集中度风险预警管理、重大风险事件预警管理等。

（2）适应本行内部信用风险执行效果的预警管理。例如，除了监管底线的风险预警指标外的本行管理需要的风险预警管理，如主要风险暴露预警管理、重点客户预警管理、行业风险预警管理、产品组合风险预警管理、机构风险预警管理等等。

（3）适应有关客户信用风险监测的预警管理。这指的是为了对信贷客户进行日常信用风险监测而进行的预警管理。例如，存量客户管理层的重大变动、现金流监控、重大财务变动、产品技术风险、行业和市场风险等等。

2.根据预警的范围划分

根据预警的范围，大致可以分为中观层面上的行业风险预警和区域风险预警，以及微观层面上的客户风险预警。

（1）行业风险预警包括对行业环境风险因素（如经济周期、财政政策和货币政策、国家产业政策、法律法规）、行业经营因素（如市场供求、产业成熟度、行业垄断程度、产业依赖度、产品替代性、行业竞争主体的经营状况、行业整体财务状况）、行业财务风险因素（如行业盈利能力、行业资本增值能力和资金营运能力）、行业重大突发事件的风险预警。

（2）区域风险预警包括对区域政策法规发生重大变化（如国家政策法规、地方政府政策措施变化给当地带来不利或有利影响）、区域经营环境恶化（如区域经济整体下滑）、区域商业银行分支机构出现问题（区域资产质量明显下降）的风险预警。

（3）客户风险预警包括对客户的财务风险预警（如现金流状况恶化、应收账款比率急剧增加、流动负债或长期负债异常增加等等）和非财务风险预警（公司高管异常变动、关键人员人事变动等）。

三、信用风险控制

（一）流程控制

信贷业务流程包括授信权限管理、贷款定价、信贷审批、贷后管理等。

1.授信权限管理

授信权限管理包括：给予每一交易对方的信用必须得到一定权力层次的批准；集团内所有机构在进行信用决策时应遵循一致的标准；债项的每一个重要改变（如主要条款、抵押结构及主要合同）应得到一定权力层次的批准；交易对方信用限额的确定和对单一信用风险暴露的管理应符合组合的统一指导及信用政策，每一决策都应建立在风险—收益分析的基础之上；根据审批人的资历、经验和岗位培训，将信用授权分配给审批人并定期进行考核。

2.贷款定价

贷款定价是商业银行制定的向客户发放贷款的价格条件。其内容包括：①贷款利率。由银行贷出资金成本（即可用资金成本）、发放或提供贷款的费用、补偿贷款信用风险而收取可能发生的亏损成本和银行目标利润等四项构成。②承诺费。指银行对已经答应提供但实际并没有使用的那部分贷款而收取的补偿费用及创始费用。③补偿余额，又称贷款回收。银行要求借款人按贷款金额的一定比例以活期存款或低利率定期存款方式回存银行，形成变相提高的贷款利率。④隐含价格。指由银行通过变更借款条件使借款人增加实际成本、降低银行贷款风险形成的贷款定价中的非货币性内容。此外,商业银行还应考虑到借款人的信用状况、借款人与银行的业务关系、借款人的盈利能力等因素,因人制宜地确定不同的贷款价格。

3.信贷审批

信贷审批是在贷前调查和分析的基础上,由获得授权的审批人在规定的限额内,结合交易对方或贷款申请人的风险评级,对其信用风险暴露进行详细的评估之后做出信贷决策的过程。

4.贷后管理

贷后管理是指从贷款发放或其他信贷业务发生之日起到贷款本息收回或信用结束之时信贷管理行为的总称,是信贷全过程管理的重要阶段。贷后管理的主要内容包括:贷后审核、信贷资金监控、贷后检查、担保管理、风险分类、到期管理、考核与激励及信贷档案管理等。

(二)限额管理

限额管理对控制商业银行业务活动的风险非常重要,目的是确保所发生的风险总能被事先设定的风险资本加以覆盖。在商业银行的风险管理实践中,限额管理主要包含两个层面的内容:

1.银行管理层面

从银行管理层面来说,限额的制定过程体现了商业银行董事会对损失的容忍程度。反映了商业银行在信用风险管理上的政策要求和风险资本抵御及消化损失的能力。商业银行消化信用风险损失的方法,首先是提取损失准备金或冲减利润,在准备金不足以消化损失的情况下,商业银行只有使用资本来弥补损失。如果商业银行的资本不足以弥补损失,则银行将破产倒闭。因此,商业银行必须就资本所能抵御和消化损失的能力加以判断及量化,利用经济资本限额来制约信贷业务的规模,将信用风险控制在合理水平。

2.信贷业务层面

从信贷业务层面来讲,商业银行分散信用风险、降低信贷集中度的通常做法是对客户、行业、区域和资产组合实行授信限额管理。具体到每一个客户授信限额,是商业银行在客户的债务承受能力和银行自身的损失承受能力范围内所愿意并允许提供的最高授信额。只有当客户给商业银行带来的预期收益高于预期损失时,商业银行才有可能接受客户的申请,向客户提供授信。

(三)信用风险抵补

银行通过抵押担保或质押担保的方式进行信用风险抵补。

1.抵押担保

抵押担保是指债务人或第三人在不转移其财产占有的情况下,将该财产作为债权担保的物权制度。当债务人不履行债务时,债权人有权以该财产折价或以拍卖、变卖该财产的价款等方式得到优先受偿。

2.质押担保

质押担保是指债务人或第三人向债权人移转某项财产的占有权,并由后者掌握该项财产,以作为前者履行某种支付金钱责任或履约责任的担保。

质押和抵押的根本区别在于是否转移担保财产的占有权。抵押不转移对抵押物的占管形态,仍由抵押人负责抵押物的保管;质押改变了质押物的占管形态,由质押权人负责对质押物进行保管。债权人对抵押物不具有直接处置权,需要与抵押人协商或通过起诉由法院判决后完成抵押物的处置;对质押物的处置不需要经过协商或法院判决,只要超过合同规定的时间债权人就可以处置。

商业银行的合格抵(质)押品包括金融质押品、实物抵押品(应收账款、商用房地产和居住用房地产)及其他抵(质)押品。

(四)不良资产处置

1.清收处置

不良贷款清收,是指不良贷款本息以货币资金净收回。不良贷款清收管理包括不良贷款的清收、盘活、保全和以资抵债。

按照是否采用法律手段,清收可以分为常规催收、依法收贷等。按照对于债务人资产处置等的方式,处置可以分为处置抵押质押物、以物抵债及抵债资产处置、破产清算等。

2.贷款重组或债务重组

贷款重组是当债务人因种种原因无法按原有合同履约时,商业银行为了降低客户违约引致的损失,而对原有贷款结构(期限、金额、利率、费用、担保等)进行调整,重新安排,重新组织的过程。

3.贷款核销

核销是指对无法回收的、认定为损失的贷款进行减值准备核销。核销是银行内部账务处理的过程,银行继续保留对贷款的追索权。

四、信用风险的分散与转移

(一)信用风险分散

1.集中度风险

风险分散是银行经营和管理的最基本策略。但在实践中,一些业务的集中在带来诱人的短期效益的同时可能会带来风险。集中度风险是指银行对源于同一及相关风险的风险敞口过大。如,同一业务领域(市场环境、行业、区域、国家等)、同一客户(借款人、存款人、交易对手、担保人、债券等融资产品发行体等)、同一产品(融资来源、币种、期限、避险或缓险工具等)的风险敞口过大,可能造成巨大损失,甚至直接威胁到银行的信贷、持续经营能力乃至生存。集中度风险的情形有:交易对手或借款人集中风险、地区集中风险、行业集中风险、信用风险缓释工具集中风险、资产集中风险、表外项目集中风险和其他集中风险。

集中度风险从总体上讲与银行的风险偏好密切相关,属于战略层面的风险,它既是一种潜在的、一旦爆发就损失巨大的风险,又是一种派生性风险,通常依附于其他风险之中。

当前,我国银行类机构经营战略、信贷重点投放的行业或领域、信贷产品、表外业务等方面的同质化问题十分突出,风险集中度也很相同,一旦集中度风险暴露,那么整个银行业就会遭受较大的损失,甚至引发金融风波。

2.集中度风险管理

实践中,集中度风险管理的最佳方式是限额管理。在限额设定上,商业银行不仅要考虑表内业务的风险集中度,还要考虑表外业务的风险集中度;不仅要考虑客户本身的信贷风险集中度,还应把与其关联密切的上下游客户的风险包括进来,形成一个完整的最高综合授信限额。同时要严格按限额执行,银行所有表内外附属机构都要按设定的限额执行,再好的客户也必须严格按既定的、统一的限额执行。

(二)信用风险转移

1.保证担保

根据《中华人民共和国担保法》,担保方式分为保证、抵押、质押、留置和定金五种。其中,保证担保是指保证人和债权人约定,当债务人不履行债务时,由保证人按照约定履行主合同的义务或者承担责任的行为。涉及保证合同的法律主体是债权人、债务人和保证人。

由于保证担保指债务人以外的第三人为债务人履行债务而向债权人所做的一种担保,因此保证担保被称为人的担保。而抵押担保和质押担保是指担保人以一定财产提供的担保,因此属于物的担保。保证担保属于信用风险转移手段,而质押担保和抵押担保则属于信用风险的抵补手段。

2.信用保证保险

信用保证保险是以信用风险为保险标的的保险,它实际上是由保险人(保证人)为信用关系中的义务人(被保证人)提供信用担保的一类保险业务。在业务习惯上,因投保人在信用关系中的身份不同,信用保证保险分为信用保险和保证保险两类。尽管两者都以信用关系中的信用风险为标的,但由于信用保险与保证保险的具体投保人在信用关系中的身份不同,以及两者所涉业务领域的不同,信用保险与保证保险在产品定义、产品类型、风险程度等方面都有着不小的区别。例如,信用保险是指权利人作为投保人向保险人投保,保证保险则是指义务人作为投保人向保险人投保。此外,在信用保险中,被保险人缴纳保险费是为了把因义务人不履行义务而使自己受到损失的风险转嫁给保险人,保险人承担着实实在在的风险;在保证保险中,义务人缴纳保险费是为了获得向权利人履行义务的凭证,保险人出立保证书,履行的义务还是由义务人自己承担,风险并没有转移,在义务人没有能力承担的情况下,才由保险人代为履行。所以,信用保险相对保证保险来说承担的风险较大。

3.信贷资产证券化

商业银行通过资产证券化的真实出售和破产隔离保护功能,可以将风险转移出来,并缓解商业银行的流动性压力,提高银行的资本充足率,改善银行的收入结构,增强盈利能力。目前,我国的资产证券化业务有三种实现形式:中国人民银行和银保监会主管的信贷资产支持证券、证监会主管的企业资产支持证券及中国银行间市场交易商协会主管的资产支持票据。

4.不良贷款转让

不良贷款转让是指银行将不良贷款进行重组,通过协议转让、招标、拍卖等形式,将不良贷款及全部相关权利、义务转让给资产管理公司的行为。

5.不良贷款证券化

不良贷款证券化能够拓宽商业银行处置不良贷款的渠道,加快不良贷款处置速度,有利于提高商业银行资产质量;同时,能够更好地发现不良贷款价格,有利于提高商业银行对于不良贷款的回收率水平。2005年我国进行资产证券化首次试点以来,国内四大资产管理公司(中国东方资产管理公司、中国长城资产管理公司、中国华融资产管理公司、中国信达资产管理公司)曾试行不良资产的证券化,但并不成功。2016年4月19日,中国银行间市场交易商协会发布《不良资产支持证券信息披露指引(试行)》,拉开了不良资产证券化的序幕。2016年5月26日,中国银行"中誉2016年第一期不良资产支持证券"、招商银行"和萃2016年第一期不良资产支持证券"在银行间市场成功簿记发行,发行规模分别为3.01亿元和2.33亿元,这是国内信贷资产支持证券化业务重启试点以来首次发行公司不良贷款资产支持证券。

五、信用风险对冲管理

(一)信用衍生工具的价值

信用衍生产品最早出现于1992年的美国纽约互换市场。信用衍生工具是一种金融合约,提供与信用有关的损失保险。对于债券发行者、投资者和银行来说,信用衍生工具是贷款出售及资产证券化之后的新的管理信用风险的工具,可以用来分离和转移信用风险,具有分散信用风险、增强资产流动性、提高资本回报率、扩大金融市场规模与提高金融市场效率等五个方面的功效。

(二)信用衍生工具的类型

比较有代表性的信用衍生产品主要有信用违约互换、总收益互换、信用联系票据和信用利差期权四种。

1.信用违约互换

信用违约互换(credit default swap),也称信用违约掉期,是将参照资产的信用风险从信用保障买方转移给信用保障卖方的交易。信用保障的买方向愿意承担风险保护的信用保障卖方在合同期限内支付一笔固定的费用;信用保障卖方在接受费用的同时,承诺在合同期限内,当对应信用违约时,向信用保障的买方赔付违约的损失。对应参照资产的信用既可以是某一信用,也可以是一篮子信用。只要一篮子信用中出现任何一笔违约,信用保障的卖方都必须向对方赔偿损失。

2.总收益互换

总收益互换(total return swap)是指信用保障的买方在协议期间将参照资产的总收益转移给信用保障的卖方,总收益可以包括本金、利息、预付费用及因资产价格的有利变化带来的资本利得;作为交换,信用保障卖方则承诺向对方交付协议资产增值的特定比例,通常是利率加一个差额，以及因资产价格不利变化带来的资本亏损。

3.信用联系票据

信用联系票据（credit-linked note）是普通的固定收益证券与信用违约互换相结合的信用衍生产品。信用联系票据的购买者提供信用保护，如果信用联系票据的标的资产发现违约问题。信用票据的购买者就要承担违约所造成的损失。信用联系票据的发行者相当于保护的购买者，他向信用联系票据的购买者支付一定的利息。如果违约情况未发生，他还有义务在票据到期时归还本金；如果违约发生，则只须支付信用资产的残留价值。

4.信用利差期权

信用利差期权（credit spread option）假定市场利率变动时，信用敏感性债券与无信用风险债券（如国库券等）的收益率是同向变动的，信用敏感性债券与无信用风险债券之间的任何利差变动必定是对信用敏感性债券信用风险预期变化的结果。信用保障的买方，即信用利差期权购买者，可以通过购买利差期权来防范信用敏感性债券因信用等级下降而造成的损失。

六、信用风险自留管理

（一）拨备管理

拨备是对银行贷款损失减值准备的俗称。贷款损失准备是银行用于抵御贷款风险的准备金，包括一般准备、专项准备和特种准备。我国商业银行按照贷款损失余额计提的贷款呆账准备金就相当于一般准备；银行在贷款分类的基础上，按照有关规定及时足额计提专项准备；银行再针对贷款组合中的特定风险计提特别准备。银行也在贷款损失准备监管方面建立两项制度：贷款拨备率和拨备覆盖率监管制度，以及动态贷款损失准备制度。

（二）信用资本

银行是经营风险的特殊机构。通过拨备管理，一定程度上，银行实现了对预期损失风险的覆盖，但有时仍然会发生一些超出预期的巨额损失事件，仅仅依靠计提风险准备金，还不足以保证银行的稳健运行，这就必须通过银行自有资本来弥补。

《巴塞尔协议》对商业银行信用风险提出了建立资本充足率监管的具体要求。我国《商业银行资本管理办法（试行）》参照《巴塞尔协议》的相关标准，采用两种信用风险资本计量方法（权重法和内部评级法）来计提信用风险监管资本，并以此约束商业银行的行为，提高经营的稳健性。

【第十二章小结】

【第十二章练习】

第十三章
财产风险管理

▶ **知识目标**

通过本章的学习,您可以了解或掌握

1. 企业财产的权益。

2. 企业财产面临的风险类型及其形成的基本原因。

3. 企业损失风险的特点。

4. 运用重置成本法对财产价值进行评估。

5. 主要灾害事故的防范措施。

【案例导读】
电梯受损拒赔案

▶ **章节导图**

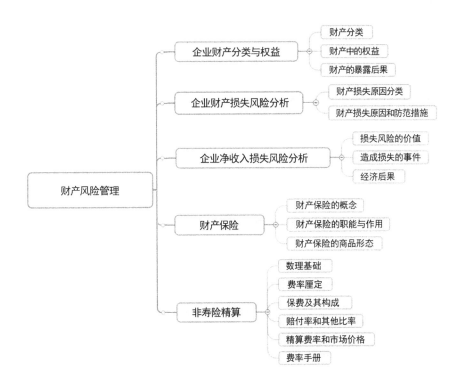

第一节　企业财产分类与权益

一、财产分类

（一）不动产

不动产包括以下两类。

一是未改良的土地。这类土地未被使用,但因其将来会被使用而具有价值,可以通过地役权来获得其财产所有权。不动产的价值难以确定,因为这种土地包含:①湖泊、河流、泉水、地下水等水资源;②煤、铁、铜、沙石等矿藏;③山洞、古迹、温泉等景观;④生长中的植物;⑤野生动物。此外,这类土地的价值还取决于其所在的地理位置,使未改良的土地遭受损失的原因有:森林火灾、虫害、旱灾、土壤侵蚀等。

二是建筑物和其他建筑。其损失风险主要取决于它们的建筑结构、占用性质、防损措施和险位。正在施工的建筑物会有一些特殊的危险因素,例如,安全保卫制度不如完工建筑物,防损装置尚未安装,工地上堆放易燃物资,在同一工程项目中可能有数个分包商在施工。

（二）动产

动产可以分为有形财产和无形财产两类。其中,有形财产可以分为以下几类。

（1）货币和证券。包括现金、银行存款、存款单、证券、票据、汇票、债务凭证等所有货币资产,其损失风险程度因企业而异。

（2）应收账款记录。这些记录会遭受遗失或盗窃,一般难以复制,或者要花相当大的费用去复制。

（3）存货。包括待售货物、原材料、在制品、制成品等。

（4）办公用具、设备和用品。

（5）机器。一般具有较高价值,但会迅速折旧。

（6）数据处理的硬件、软件和媒体。许多企业已配备了电子数据处理设备,因此也把它作为一类财产。

（7）重要文件。包括会计、财务和统计资料,影片、照片、地图、契约等。

（8）运输工具。包括汽车、飞机、船等运输工具。

无形财产,主要包括商誉、版权、专利权、商标、租赁权益、营业执照、商业秘密等。其主要特点是难以确定价值,一般只能根据是否比同类和拥有相同金额有形财产企业持续获得更多的利额来加以评估,把它的一部分利润看作由无形财产产生的。

二、财产中的权益

财产对应相应的权益,只有对财产拥有合法权益的个人或组织才可能因财产损毁而遭受一定的经济损失。在识别和评估企业商业活动中所涉及的财产风险暴露时,必须了解与财产有关的各种权益,这样才能对潜在的财产损失进行评价。

财产合法权益的拥有者主要有所有者、持有担保品的债权人、卖方和买方、承租人、受托人、所有者代理人六类。

三、财产的暴露后果

财产面临着多种多样的风险,这些风险暴露的后果即为财产的损失。从损失的性质出发可以分为直接后果、间接后果和时间因素后果。

(一)直接后果

直接后果是指风险直接作用于真实物体,从而引起物体价值的改变,如果物体价值减少,就是直接损失。例如,在一次爆炸事故中,公司的一栋建筑物被毁,直接损失就是修复这栋建筑物的费用,或者这栋建筑物被毁之前的价值减去现存价值。直接后果并不都是损失,投机风险的一些直接后果就可能是收益。比如,将资金投资到股市上,就面临股票价格变动的风险,如果股票价格向有利的方向变动,投资者低买高卖,这种直接后果就是收益。

(二)间接后果

间接后果是指在风险因素对物体发生直接作用导致直接后果以后,进一步产生的后果。例如,暴风雨摧毁了输电线和变压器,使得居民家中储藏在冰箱的食品变质了,这里,直接后果是修复受损电线和变压器的费用,间接后果是变质的食品的价值。显然,食品变质所带来的损失并不是由暴风雨直接造成的。同样,间接后果也可能是收益。

(三)时间因素后果

时间因素后果实质上也是一种间接后果,但和一般的间接后果不同的是,它的大小和时间有很大关系。

一般地,如果财产受到直接损失后,有一段时间无法使用,那么在这段时间内就会发生时间因素损失。例如,某企业的组装车间发生事故,厂房被毁,企业为了保证业务流程的正常进行,另租房维持生产,直到原厂房修复完毕可以使用。这里企业在他处租房的费用就是一种时间因素损失,因为房租的多少与原厂房不能使用的时间长度直接相关。因此,时间长度和由此带来的后果之间的密切关系是时间因素后果区别于其他间接后果的重要特征。

第二节　企业财产损失风险分析

一、财产损失原因分类

（一）自然原因

自然原因是指由自然力造成的财产损失的原因,例如水灾、干旱、地震、风灾、虫灾、塌方、雷击、温度过高等。

（二）社会原因

社会原因包括违反个人行为准则的行为,如纵火、爆炸、盗窃、恐怖活动、污染、放射性污染、疏忽大意等,以及群体的越轨行为,如暴乱等。

（三）经济原因

经济原因是指经济衰退等方面的原因,这些原因不像自然原因和社会原因那样对财产损失有着明显的影响,它对财产的致损作用更加隐蔽和复杂。如股价下跌导致股票贬值、技术进步导致设备贬值等。

损失原因的一般分类见表13-2-1。

表13-2-1　损失原因的一般分类

自然原因				
塌方	山崩	沉降	倒塌	雷击
温度过高	腐蚀	流星	潮汐	干旱
霉	海啸	地震	梅雨	野生植物
蒸发	严寒	虫灾	侵蚀	狂风
火山爆发	膨胀性土壤	流冰	火灾	洪水泛滥
波浪	杂草	真菌	沙洲	风灾
雹灾	暗礁	湿度过高	腐烂	冰冻
生锈静电				
人为原因				
纵火	爆炸	皱缩	温度变化	火灾和烟熏
声震	化学品泄漏	错误	恐怖行为	玷污
溶化物质	盗窃、伪造、欺诈	变色	污染	空中物体坠落
歧视	电力中断	恶意行为	灰尘	放射性污染
震动	超负荷	骚乱	水锤	贪污
故意破坏	串味			
经济原因				
消费者嗜好	征用、没收	股市下跌	币值波动	通货膨胀

续　表

经济原因				
罢工	萧条	过时	技术进步	衰退
战争				

二、财产损失原因和防范措施

本书对主要风险的构成原因、认定标准及防范措施进行分析。

（一）火灾

火灾是一种发生频率很高、对人威胁较大的风险，一直被认为是财产损失的主要原因。火灾是燃烧并快速蔓延形成的，燃烧的基本条件是点火源、可燃物、助燃物、空气并存，并在此基础上达到一定温度。从我国的火灾统计资料看，火灾的起因主要有以下几种：

（1）人们思想麻痹，缺乏知识，或者不遵守必要的防火安全制度；

（2）自燃或雷击；

（3）纵火，例如，犯罪分子纵火、精神病患者纵火。

火灾的防范除了要注意向人们宣传防火知识，提高人们的防火意识，让人们学会使用灭火器械外，在各种场所，如厂房、居民楼等，都要明确防火条例或操作规则。另外，还需注意建筑物的防火设施建设，如选择合适的防火门和防火墙等。在建造房屋时，要根据不同的建筑物的用途确定建筑物之间的最小防火距离，严禁违章建筑。

对火灾损失的控制，首先要建立火情的识别和报警系统。火情识别系统主要根据火焰的特征（如烟雾、热量、火光或紫外线等）来设计火情探测器，常见的有热量探测器、烟雾探测器、火光探测器等。要根据场所和防火要求来选择合适的探测器，或选择多种探测器综合识别火情。探测器发现火情后一般会通过报警系统发出报警信号，之后可通过人工使用灭火器来灭火，也有的探测器直接和灭火系统连接，如自动喷水系统，这些系统一旦发现火情马上就自动灭火。

（二）爆炸

存储在密闭容器内的可燃性气体的一小部分着火时，随着火焰传播，容器内温度急剧上升，压力增加，当此容器无法承受其压力时即引起爆裂，这种现象就是爆炸。除前面列出的起火原因外，爆炸也是造成火灾的重要原因之一。燃烧与爆炸的后果完全不同，燃烧不存在瞬间将物品破坏的现象，而爆炸是在瞬间产生巨大的力量，进而破坏物品。爆炸一般分为以下几种：

（1）物理性爆炸，压力容器、锅炉、中空空气的破裂及电线爆炸等；

（2）化学性爆炸，气体、粉尘、液滴、火药及其他爆炸物，以及两种以上物质化合所引起的爆炸；

（3）核子爆炸，如核子分裂、核聚合。

其中，尘爆是一种容易发生但又容易被人们忽视的爆炸。简单地说，尘爆就是空气中的尘埃经氧化后，释放大量的热量而引发的爆炸。下面以某饲料公司的尘爆事件为例，说明可能引起尘爆的原因。某公司所制造的产品为单纯的禽犬饲料,并非易燃易爆产品。在爆炸事件发生后,专家分析尘爆的可能性最大,而造成尘爆的可能原因有:静电引燃饲料生产时产生的粉尘;机械摩擦产生尘爆;电线走火引起尘爆;烟蒂引燃尘爆。尘爆一般的防范措施有:清除尘埃、稀释空气、驱散热量、制定防爆建筑的特殊标准。

(三)洪水

洪涝成因有自然条件、洪水自然变异强度超过防洪能力、社会原因、人类活动对灾害的加剧等。例如,地理位置与季风、地形、地势,降雨时空分布不均,河道特点与历史变迁等因素。人类在改变自然的同时也存在着促使洪水灾害增加的负效应,例如掠夺性垦殖。目前的洪涝灾害类型主要有暴雨洪水、山洪、融雪洪水、冰凌洪水、溃坝洪水、热带气旋、风暴潮、涝灾。

当前主要的防洪措施是:通过自然灾害综合调研组、水利部减灾研究中心、防汛抗旱总指挥部等快速而准确地获取洪水信息,做出洪水预报,加强堤坝与河道整治和分滞洪区建设与管理,组织好防汛抢险工作。

(四)地震

地震是指地球内部的能量积累到一定程度时,地壳内部介质快速断错形成地震波,地震波传播到地表引起地表附近物质震动的现象。震动作用于地表的建筑物上,达到一定程度就会造成震害。常用的两个衡量指标是:

(1)地震震级。地震震级表示地震本身大小程度和地震释放能量的多少。震级越大,释放能量也越多,根据震级大小分为微震(1—3级)、弱震或小震(3—5级)、强地震或中震(5—7级)及大地震(7级以上)。

(2)地震烈度。地震烈度反映地震时地面受到的影响和破坏的程度。

地震的防范措施有:首先,应做好地震预测。利用地震仪可以测量地面震动的加速度、速度和位移,地面震动的特征可以用振幅、频谱和持续时间去描述。同时建立地震资料库,分析烈度和地面震动参数之间的关系。在现代,可充分利用计算机来建立模拟系统,加强对地震的动态预测能力。其次,根据地质情况确定房屋建筑的抗震要求。最后,要加强立法,扩大地震知识的宣传面,使人们具备识别地震现象的知识,学会地震应急的办法。

(五)盗窃

盗窃是引起财产损失的常见原因。所以,对于风险管理人员来说,盗窃的防范应该是防止财产损失的主要任务。盗窃与抢劫、夜盗不同。盗窃是指故意地非法侵犯、夺取或转移他人的动产,通常具备四个特点:①故意地夺取;②非法侵犯他人而夺取;③物的转移;④夺取的是动产。

由此可见,盗窃主要是指侵犯他人财产的犯罪行为。抢劫是指违背他人意志,借暴力或恐怖手段夺取他人占有的动产,属于侵犯人身的犯罪行为。夜盗是指故意于夜间进入且破坏他人场所的犯罪行为。盗窃损失的发生原因相当复杂,有社会的、经济的等多种因素。企业风险管理人员不能忽视这种损失之

【微视频】
企业面临着哪些财产风险

防范措施。按照不同的需求,选择安全和经济的防范措施,如建立防盗监视系统、购置保险柜、安装防盗门、配备专职警卫等。

第三节 企业净收入损失风险分析

净收入损失风险是指由意外事故引起企业收入减少或费用增加的风险。净收入损失的一个显著特征就是正常的企业活动被中断了一段时间。所有的净收入损失都在一定程度上减弱了在既定成本基础上生产和获利的能力。

一、损失风险的价值

估计净收入损失风险需要预测将来在不发生意外事故造成生产或营业中断情况下的正常收入和费用。净收入损失风险的价值是预期的收入减去预期的费用,即将来一定时期内预期收入与预期费用之间的差额。由于风险管理注重意外损失风险而不是与经济周期相关的不确定性,风险管理人员在估计净收入损失风险时通常不考虑经济风险,除非另有充分理由的假设,否则一般都假定将来的收入和费用与以往相同。但是,可以根据设定的通货膨胀率和企业营业额的增减趋势对将来的收入和费用做一些适当的调整。因此,如果一个企业现在全部停产,那么它今后12个月内的净收入损失风险的价值一般被假定为等于前12个月的净收入。对于短期的生产或营业中断,如3个月或6个月,可以把以前12个月的净收入的1/4或1/2作为这3个月或6个月净收入损失风险的价值。

如果企业生产是季节性的,那么可以把一年前相同月份的净收入作为净收入损失风险的价值。

二、造成损失的事件

之所以称为造成损失的"事件"而不是"原因",是因为这里的造成损失是指造成净收入损失而不是物质损失。造成净收入损失的事件有以下三类。

(1)财产损失。可能造成企业净收入损失的财产分为以下两种。

①本企业控制的财产。包括本企业拥有、租赁或使用的财产。例如,工厂的机器损坏会使工厂的净收入受到影响。

②他人控制的财产。包括主要供应商、客户、吸引公众的场所、公用事业和其他市政部门控制的财产。例如,许多小商店的经营依靠附近吸引公众的大商场,一旦大商场因发生火灾而停业,小商店的净收入也会受到影响。

(2)法律责任。企业面临的实际或潜在的法律责任使企业需要支付律师费、咨询费、诉讼费等费用,这可能导致企业净收入减少。例如,新颁布的法律禁止企业排放污水,某企业因排放污水被起诉,该企业除了支付法律费用以外,还得停产或支付建造防污工程的大量费用,为此该企业的净收入明显受到影响。

（3）人员损失。企业因员工死亡、丧失工作能力、退休、辞职而遭受人员损失。特别是那些具有特殊技艺和才能的人员的丧失会减少企业收入，增加企业开支。

三、经济后果

衡量净收入损失程度需要考虑以下六个因素。

（1）停产或停业时间。停产或停业时间的长短取决于恢复受损财产所需要的时间。准确的修复时间是较难估计的，实际修复时间往往比预期的长，因为在估计时主要是根据以往的经验，没有考虑其他偶然不测事件，诸如天气、设备未按时到达、自然灾害等。

（2）停产或停业程度。停产或停业分为全部停工和各种程度的部分停工。

（3）收入减少。可供风险管理人员选择的计算收入减少的标准有下列三种。

①销售收入。商业企业的净收入风险是预期的正常销售收入与停业期预期销售收入之间的差额。

②生产销售价值。对制造企业收入减少的估计是较为复杂的，衡量收入减少的标准是生产销售价值，它是假设后续生产正常进行情况下的产值。生产销售价值是用来衡量生产力，而不是前一时期实际生产的金额。为了计算这一价值，必须做以下几种会计调整。

a.出发点为一个代表期的销售账面价值。第一个调整是加上企业正常经营中所获得的其他收入，诸如购买原材料所获得的回扣或佣金、出租场所的租金、营运资金的利息收入。

b.对销售账面价值的第二个调整是从销售账户上扣除给客户的回扣、报酬、备抵、坏账、预付运费，目的是使销售账面价值变为净值而不是总值。如果这些项目是分开记账的，就不必进行调整。

c.第三个调整是对一定时期内的存货变动进行调整，即减去期初以销售价计算的制成品的存货，再加上期末也以销售价计算的制成品的存货。如果存货增加了，则表明该企业在这一时期生产的比销售的多；如果存货减少了，则表明销售的比生产的多。存货损失被视作直接财产损失的一部分。存货增减表明生产活动的增减，也表明将来一段时期可供销售的产品数量。

对销售账面价值进行以上三项调整后，可以获知在不发生停工的情况下在一定时期内将会产生的收入金额。

③预期的投资收益。尽管投资项目在建时并无收益而只有支出，但预期将来会有收益。投资项目在建成之前遭受损失会使投资者丧失预期的投资收益。

（4）停产或停业期间的费用。包括以下三种。

①继续开支的费用。即使企业全部停产或停业，某些费用也必须继续开支，包括部分人员的工资、租金、法律和会计费、保险费、税收等。

②为了继续经营而发生的额外费用。有些企业即使发生生产或营业中断事故，也仍需继续经营，这就发生了超过其正常经营的费用。这些额外费用包括租借临时替代场所和设备的租金、交通费、广告费等。

③为了减少损失而发生的加急费用。企业为了尽快恢复生产或营业，宁可发生一些加急费用，包括加快处理受损财产和重建或修复受损财产的溢价、加班工资、快件运费等。

（5）净收入正常水平。一个净收入正常水平高的企业在停产或停业后会遭受大的净收入损失。对于季节性生产和销售的企业来说，如果旺季发生停产或停业，则会比淡季遭受更大的净收入损失。

（6）恢复到正常经营状况所需要的时间。恢复期不仅包括停产或停业的时期，还包括重新生产或营业后恢复到正常经营的一段时期。这里的正常经营是指收入金额已恢复到停产或停业前的状况。

第四节　财产保险

一、财产保险的概念

财产保险有很多不同的名称。意大利、德国、日本和韩国均称其为损害保险；有的国家或地区称为产物保险；有的则将其包括在非寿险中。非寿险一般包括财产保险、意外伤害保险和健康保险。产物保险，一般是以各种物质财物为保险标的的保险，其范围较窄，实际范围为财产损失保险。因此，非寿险、财产保险及财产损失保险三者的关系可表示为图13-4-1的形式。

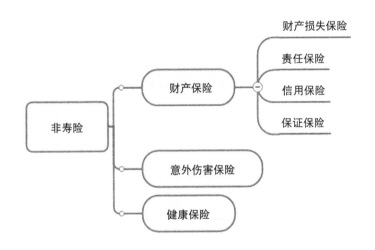

图13-4-1　非寿险、财产保险及财产损失保险的关系

我国的财产保险，理论上分为广义的财产保险和狭义的财产保险。

广义的财产保险是以财产及其有关利益为保险标的的一种保险。它是当保险财产遭受保险责任范围内的损失时由保险人提供经济补偿的一种保险。这里的财产是金钱、财物及民事权利与义务的总和。

狭义的财产保险是财产损失保险，是以物质财产及有关利益为保险标的的保险，可分为火灾保险（含企业财产保险、家庭财产保险、营业中断保险）、货物运输保险、运输工具保险、工程保险、农业保险。其中，运输工具保险可分为汽车保险、飞机保险、船舶保险；工程保险可分为建筑工程保险、安装工程保险、机器损坏保险、船舶工程保险、科技工程保险。其余各险种均可由此细分，并且各细分的险种还可进一步细分。

广义的财产保险包括狭义的财产保险(财产损失保险)、责任保险与信用保证保险，即：

广义的财产保险＝狭义的财产保险(财产损失保险)＋责任保险＋信用保证保险

一般意义上的财产保险均为广义的财产保险，本书所指的财产保险均属该范畴。

二、财产保险的职能与作用

(一)财产保险的职能

财产保险的职能是财产保险内在固有的功能，它是由财产保险的本质和内容决定的。

1.经济补偿职能

经济补偿职能是指在保险标的发生保险事故造成损失时，根据财产保险合同的约定对所保标的的实际损失数额在保险金额范围内给予赔偿。这是财产保险的基本职能。该职能的含义包括：赔偿的是损失；在保险事故范围内赔偿损失；该赔偿金额属于因保险事故引起的保险金额范围内的损失。

2.防灾防损职能

保险本身是风险管理的一项重要内容。其风险管理特点体现在防灾防损工作上，从承保前到承保后均体现这一功能。保险防灾防损工作的最大特点表现为主动参与、配合其他防灾防损主管部门扩展防灾防损工作。其作用主要体现为：减少保险事故，减少被保险人的损失，同时增加保险经营的收益。

3.融资职能

财产保险的融资职能是保险人参与社会资金融通的职能。其融资职能体现在两个方面：一方面，通过收取保险费体现筹资职能；另一方面，通过购买有价证券、不动产等投资方式体现投资职能。

(二)财产保险的作用

财产保险的作用分为宏观作用和微观作用。

1.宏观作用

财产保险的宏观作用是保险对全社会和整个国民经济总体所产生的经济效应，具体表现为以下方面。

(1)有利于国民经济持续稳定的发展。保险转移一定程度上规避了自然灾害和意外事故造成经济损失引起的企业生产、经营中断的可能，从而保证国民经济持续稳定发展。

(2)有利于科学技术的推广应用。财产保险为科学技术在创新、推广、应用时可能遭受的风险事故提供保障，加快新技术的开发利用。

(3)有利于社会的安定。保险补偿保障受损被保险人在最短的时间内恢复生产和经营，解除人们在经济上的后顾之忧，保障人们正常的经济生活，使社会得以稳定发展。

(4)有利于对外贸易和国际交往，促进国际收支平衡。保险是对外贸易和国际经济交往中不可缺少的环节。保险不仅可促进对外经济贸易、增加资本输出或引进外资，使国际经济交往得到保障,而且可带来巨额的无形贸易净收入,成为国家积累外汇资金的重要来源。

2.微观作用

(1)有利于企业及时恢复经营、稳定收入。保险作为分散风险的中介,每个经济单位都可通过向保险人交付保险费的方式转嫁风险,一旦遭受保险责任范围内的损失,便可及时得到保险人相应的经济补偿,同时也减少利润损失等间接损失。

(2)有利于企业加强经济核算。保险将企业难以预测的巨灾和巨额损失,化为固定的、少量的保险费支出,列入营业费用。

(3)有利于促进企业加强风险管理。保险公司作为经营风险的特殊企业,在经营中积累了丰富的风险管理经验,为专业风险管理咨询和技术服务创造条件,并主动促进企业防灾减损。

(4)有利于安定人民生活。保险人在被保险人遭受财产、信用责任风险时,通过各种保险向其提供赔付保险金来稳定经营,安定人民生活。

(5)有利于提高企业和个人信用。被保险人通过购买责任保险便可在发生对第三者依法应负的赔偿责任时在约定的责任限额内取得经济保障,购买保证保险则可为义务人的信用风险提供经济保障。因此,企业和个人因购买保险提高了偿债能力,也提高了自身的信用。

三、财产保险的商品形态

(一)财产保险的分类

随着社会经济和保险业的发展,财产保险的险种日益增多。为满足各种不同的需要,应按照一定的标准对财产保险业务进行归类。理论上财产保险可以有多种分类,这里仅仅介绍几种主要分类。

1.按照实施方式,可分为强制保险和自愿保险

强制保险又称法定保险,是以国家的有关法律为依据而建立保险关系的一种保险,通过法律规定强制实行,如机动车道路交通事故责任强制保险等,有些国家或地区则将雇主责任保险也作为强制保险。

自愿保险是保险人和投保人在自愿基础上通过签订保险合同而建立保险关系的一种保险,如家庭财产保险、企业财产保险、机动车损失保险等。

在财产保险中,强制保险和自愿保险的区别主要有:第一,范围和约束力不同。强制保险具有强制性和全面性,凡在法令规定范围内的保险对象,不论被保险人是否愿意,都必须投保;自愿保险的投保人是否投保则完全由投保人自愿决定。第二,保险费和保险金额的规定标准不同。强制保险的保险费和保险金额一般由国家规定的统一标准确定,自愿保险的保险费和保险金额则由投保人自行选定。第三,在支付保险费和赔款的时间上,强制保险都有一定的限制,而自愿保险仅仅在赔款方面有一定的限制。

2.按保险价值的确定方式,可分为定值保险和不定值保险

定值保险是保险合同的当事人事先约定保险标的的保险价值并在合同中给予载明,作为保险金额,在保险事故发生时根据载明的保险价值进行赔偿的保险。通常适用于价值变化较大或不易确定的特定物,如:字画、古玩等标的物,海上货物运输保险、飞机机身保险及船舶保险等。

不定值保险是指在保险合同中只载明保险标的的保险金额而未载明保险价值,在保险事故发生时,根据损失发生时的保险价值与保险金额对比予以赔偿的保险。财产保险多采用不定值保险。

3.按保险保障的范围不同,可分为财产损失保险、信用保证保险和责任保险

财产损失保险是以物质财产及有关利益为保险标的的保险。这是一种狭义的财产损失保险,可分为火灾保险、货物运输保险、运输工具保险、工程保险、农业保险等。

信用保证保险是以义务人(被保证人)的信用为保险标的的一种保险,分为信用保险与保证保险。

责任保险是以被保险人对第三者依法应负的赔偿责任为保险标的的保险,包括第三者责任保险和单独的责任保险。

4.按保险标的的内容,可分为物质财产保险、经济利益保险和责任保险

物质财产保险是以各类物质财产为保险标的的保险,如企业财产保险、运输工具保险等。

经济利益保险是以各类物质财产损失所产生的间接损失,或者对他人依法应履行的经济责任为保险标的的保险,如出口信用保险等。

责任保险是以被保险人对第三者依法应负的赔偿责任为保险标的的保险,如产品责任保险、公众责任保险、机动车第三者责任保险等。

5.按经营目的,可分为政策性财产保险和商业财产保险

政策性财产保险是政府为了实施某项经济政策而实施的一种非营利性自愿保险,通常简称为政策性保险。如出口信用保险、农业保险等。

商业财产保险是投保人根据财产保险合同的约定,向保险人支付保险费,保险人对于合同约定的可能发生的事故因其发生所造成的财产损失承担赔偿保险金责任的保险。如机动车保险、家庭财产保险、货物运输险等。

政策性保险和商业财产保险的共同点在于:均属于自愿保险;费率厘定的原理基本相同;都是通过签订保险合同建立保险关系。两者的区别在于:一是目的不同。政策性保险的经营目的是贯彻政府的某项经济政策,而非营利;而商业财产保险则以营利为目的。二是经营机构不同。政策性保险的经营机构是政府或政府委托的机构(如保险公司);而商业财产保险业务的经营机构是保险公司。

(二)财产保险的业务体系

财产保险是一个庞大的业务体系,它由若干险别及数以百计的具体险种构成,其体系如表13-4-2所示。

表13-4-2　财产保险业务体系

第一层次	第二层次	第三层次	第四层次(险种)
财产损失保险(以物质财产及其有关利益为保险标的,承保物质损失的风险)	火灾保险	企业财产保险	财产保险基本险等具体险种及其附加险
		家庭财产保险	普通家庭财产保险、还本家庭财产保险等
	运输保险	机动车保险	车身保险、第三者责任保险等
		船舶保险	普通船舶保险等
		飞机保险	机身保险、第三者责任保险、旅客责任保险等
		货物运输保险	海洋货物运输保险、国内货运保险等
	工程保险	建筑工程保险	建筑工程保险
		安装工程保险	安装工程保险
		机器损坏保险	机器损坏保险
		船舶工程保险	拆船保险、造船保险等
		科技工程保险	航天工程保险、核电保险、海洋石油开发保险等
	农业保险	种植业保险	农作物保险、林木保险
		养殖业保险	畜禽保险、水产养殖保险、特种养殖保险
责任保险(承保责任风险,随着法律制度的完善而发展)	公众责任险	场所责任保险	宾馆、展览馆、车库责任保险等
		承包人责任保险	建筑工程承包人责任保险等
		承运人责任保险	承运货物责任保险等
	产品责任保险	产品责任保险	各种产品责任保险
	雇主责任保险	雇主责任保险	雇主责任保险及各种附加险等
	职业责任险	职业责任保险	医生责任保险、设计师责任保险、监理师责任保险、会计师责任保险、律师责任保险等
信用保证保险(承保信用风险)	信用保险	商业信用保险	赊销保险、贷款保险等
		个人信用保险	个人信用保险
		出口信用保险	出口信用保险等
		投资保险	投资保险等
	保证保险	确实保证保险	产品质量保证保险等
		诚实保证保险	诚实保证保险

在上表所揭示的财产保险业务体系中,财产损失保险、责任保险、信用保证保险构成了现代财产保险业的三大支柱。

(三)财产保险商品的设计原则与方法

财产保险商品的不断演变,常称为财产保险形变。狭义的财产保险形变是对原有险种进行修改、增删,变化较小;广义的财产保险形变是设计、构造出满足顾客需要的新险种,即更新换代,产生新险种。发生财产保险形变的原因主要在于:适应保险市场营销的要求,满足顾客需要,提高保险公司的竞争力。财产保险的形变,对于新险种而言,在合法性条件下,其产品的设计一般应当同时达到无争议、销量大并有一定盈利的目标。

1.财产保险商品的设计原则

在进行财产保险商品的设计时,一般应遵循经济原则、技术原则和社会原则。经济原则强调经济核算,基于满足财产保险补偿功能的基础,使保险产品获得较大的经济效益;技术原则是指保险条款缜密和保险费率科学;社会原则是指保险产品的命名和内容务必合法,不得悖于公序良俗,要有利于社会发展。

2.财产保险商品的命名方法

财产保险商品的命名方法分为直观命名和寓意命名。直观命名是直接表现财产保险商品的保险对象和保险保障的具体内容而进行的命名,如火灾保险、海上货物运输保险;寓意命名是通过美好的愿望、祝愿等人们乐于接受的文字表明保险商品基本内容的命名方法,如"一路平安险"等。

【微视频】
企业财产保险与
精算

第五节　非寿险精算

一、数理基础

非寿险精算主要讨论费率的厘定、准备金的提取、再保险的安排和偿付能力的评估等问题。在讨论这些问题时,会涉及损失分布的研究。而这些损失的发生是随机性的,常常采用概率论中的随机变量来描述。本节将对概率论中相关的基本知识进行简要回顾。

(一)随机变量及其分布

定义13-1:随机变量是指其值依赖于随机现象及观察结果的变量,通常用大写字母(如 X, N 等)表示。

精算学中的许多研究对象都是随机变量,如被保险人的死亡年龄、从投保到死亡的时间、从残疾到恢复或死亡的时间、从保险事故发生到报告的时间、从报告到理赔的时间、赔付金额、一年中发生保险事故的次数、一年中的赔款总额等。在非寿险精算中,最常见的两个随机变量就是损失金额(用 X 表示)和损失次数(用 N 表示)。

为描述随机变量的统计规律性,引入分布函数的概念。

定义13-2:随机变量 X 的取值不超过实数 x 的概率,称为随机变量 X 的分布函数,记作 $F(x) = P\{X \leq x\}, x \in \mathrm{R}$。

随机变量 X 的分布函数 $F(x)$ 具有如下基本性质:

①对任意的 $x \in \mathrm{R}, 0 \leq F(x) \leq 1$;

② $F(-\infty) = 0$;

③ $F(+\infty) = 1$;

④ $F(x)$ 单调不减,即对任意的 $x_1, x_2 \in \mathrm{R}$,且 $x_1 < x_2$,都有 $F(x_1) \leq F(x_2)$;

⑤ $F(x)$ 右连续,即对任意的 $x_0 \in \mathrm{R}$, $\lim_{x \to x_0} F(x) = F(x_0)$。

分布函数全面描述了随机变量的统计规律性。例如,如果用 X 表示保险标的损失额, a 表示合同规定的免赔额,则保险公司承担保险责任的概率为 $P\{X > a\} = 1 - F(a)$,当损失额不超过 $b(b > a)$ 时,保险公司承担保险责任的概率为 $P\{a < X \leq b\} = F(b) - F(a)$。

(二)离散型随机变量和连续型随机变量

在保险期限内,保险标的发生保险事故的次数记为 N,其取值只能是 0,1,2 这种有限个值的随机变量,称为离散型随机变量。离散型随机变量除了可以用分布函数描述其规律外,还可以用分布列来反映其分布规律。

定义 13-3:设 X 为离散型随机变量,它的所有可能取值为 $x_1,x_2,\cdots$ 若 X 取各个可能值 x_i 的概率 $P_i=P\{X=x_i\}\geqslant 0(i=1,2,\cdots)$,且满足 $\sum_{i=1}^{+\infty}P_i=1$,则称 $P_i=P\{X=x_i\}$ 为随机变量 X 的分布列。

离散型随机变量的分布列和分布函数的关系可用下式表示:

$F(x)=1-P(x)$

离散型随机变量的分布函数是一个右连续的阶梯函数。

在非寿险精算中,一次事故的损失额或者保险期限内的全部损失额 X 的取值范围是 $(0,+\infty)$。像这种取值布满某个区间,并且有密度函数的随机变量,称为连续型随机变量。与离散型随机变量的分布列相对应,连续型随机变量可用密度函数来描述其概率分布。

定义 13-4:若一个定义在 R 上的函数 $f(x)$ 满足:

① $f(x)\geqslant 0$,

② $\int_{-\infty}^{+\infty}f(x)dx=1$,

则称 $f(x)$ 为某个连续型随机变量的密度函数。

当连续型随机变量的分布函数 $F(x)$ 是一个连续函数时,它与密度函数的关系可用下式表示:

$F(x)=\int_{-\infty}^{x}f(x)dx$ (x∈R)

连续型随机变量 X 的取值介于 a,b 之间的概率可用密度函数的定积分表示:

$P\{a<X\leqslant b\}=\int_{a}^{b}f(x)dx$。显然,连续型随机变量取任意实数 c 的概率 $P\{X=c\}=0$。

(三)随机变量的数字特征

随机变量的分布函数、分布列和密度函数全面描述了随机变量的分布规律,但是,在许多情况下,可能并不需要获得一个随机变量的全部信息,只要获得它的部分信息就可以了,如随机变量的平均取值、离散程度等,这就是随机变量的数学期望、方差等数字特征。

定义 13-5:设 X 为离散型随机变量,其分布列为 $P_i=P\{X=x_i\}(i=1,2,\cdots)$,如果级数 $\sum_{i=1}^{+\infty}x_iP_i$ 绝对收敛,则称 $\sum_{i=1}^{+\infty}x_iP_i$ 为随机变量 X 的数学期望,记作 $E(X)$。

定义 13-6:设 X 为连续型随机变量,其密度函数为 $f(x)$,如果 $\int_{-\infty}^{+\infty}f(x)dx$ 绝对收敛,则称 $\int_{-\infty}^{+\infty}f(x)dx$ 为随机变量 X 的数学期望,记作 $E(X)$。

两个随机变量 X 和 Y 的数学期望具有下述关系:

① $E(kX)=kE(X)$,其中 k 为常数;

②$E(X+Y)=E(X)+E(Y)$;

③若 X 与 Y 相互独立,则 $E(XY)=E(X)E(Y)$。

定义13-7:设 X 是一个随机变量,若 $E[X-E(X)]^2$ 存在,则称它为 X 的方差,记作 $D(X)=E[X-E(X)]^2$。

两个随机变量 X,Y 的方差具有以下关系:

①$D(kX)=k^2D(X)$,其中 k 为常数;

②$D(X)=E(X^2)-[E(X)]^2$;

③若 X 与 Y 相互独立,则 $D(X+Y)=D(X)+D(Y)$。

(四)条件概率和条件期望

定义13-8:设 A,B 是两个事件,且 $P(A)>0$,则称 $P(B|A)$ 为在事件 A 发生的条件下,时间 B 的条件概率。

下面建立两个条件概率相关的重要公式。

全概率公式:设 $A_1,A_2,\cdots,A_n$ 是一个完备事件组,且 $P(A_i)>0(i=1,2,\cdots)$,则对任一事件 B,有

$$P(B)=P(A_1)P(B|A_1)+P(A_2)P(B|A_2)+\cdots+P(A_n)P(B|A_n)$$

贝叶斯公式:设 $A_1,A_2,\cdots,A_n$ 是一个完备事件组,则对任一事件 B,$P(B)>0$,有

$$P(A_i|B)=\frac{P(A_iB)}{P(B)}=\frac{P(A_i)P(B|A_i)}{\sum_{i=1}^{n}P(A_i)P(B|A_i)}$$

由条件概率很自然地引出条件概率分布的概念。

定义13-9:设 (X,Y) 是二维离散型随机变量,其分布规律为

$$P\{X=x_i,Y=y_j\}=P_{ij} \quad (i,j=1,2,\cdots)$$

则当 $P\{Y=y_j\}>0$ 时,有

$$P\{X=x_i|Y=y_j\}=\frac{P\{X=x_i,Y=y_j\}}{P\{Y=y_j\}}=\frac{P_{ij}}{P_j}$$

称其为在 $Y=y_j$ 条件下随机变量 X 的条件概率的分布。

类似地,可定义 $X=x_i$ 时 Y 的条件分布列。

定义13-10:设二维连续型随机变量 (X,Y) 的概率密度为 $f(x,y)$,边缘概率密度为 $f_X(x),f_Y(y)$,则对一切使 $f_Y(y)>0$ 的 x,定义在 $Y=y$ 的条件下,Y 的条件密度函数为

$$f_{X|Y}(x|y)=\frac{f(x,y)}{f_Y(y)}$$

类似地,可定义 $X=x$ 时 Y 的条件分布密度函数。

其他二维随机变量,如风险理论和非寿险精算中常用的离散型随机变量(损失次数 N)和连续型随机变量(损失额 X)构成的 (X,N),也可用类似方法定义它们的条件概率分布。

有了条件分布列和条件分布密度函数的定义,就可以分别得到离散型随机变量和连续型随机变量的条件期望的计算公式:

$$E(X|Y=y_i)=\sum_{i=1}^{+\infty}x_iP\{X=x_i|Y=y_i\}$$

$$E(X|Y=y)=\int_{-\infty}^{+\infty}xf_{X|Y}(x|y)\,\mathrm{d}x$$

在条件期望的基础上,给定 Y=y,X 的条件方差定义为

$$VaR(X|Y=y)=E\{[X-E(X|Y=y)]^2|Y=y\}$$

$$=E(X^2|Y=y)-[E(X|Y=y)]^2$$

如果条件期望和条件方差中的 Y 为随机变量,那么

$E(X|Y)$ 和 $VaR(X|Y)$ 都是随机变量 Y 的函数,因而也是随机变量。关于这两个随机变量,有如下重要性质:

①$E(X)=E(E(X|Y))$;

②$VaR(X)=E(VaR(X|Y))+VaR(E(X|Y))$。

这两个性质是非寿险精算和风险理论中常用的。

二、费率厘定

(一)风险基础和风险单位

当保单持有人将其潜在损失转移给保险人时,保险人需要收取保险费。保险费应该与保单持有人的潜在损失成比例。而度量潜在损失大小的一个基本工具就是风险基础,它近似量化了风险的大小。因此,风险基础也就是保费基础,它的大小决定保费的高低。

从理论上讲,一个好的风险基础应该满足下述三个条件:

①风险基础应该是对潜在损失的准确度量,这样才能确保费率厘定结果的准确性;

②风险基础应该便于保险人实际使用和核实,否则无法用于费率厘定;

③风险基础应该不易受到人为操纵。

风险基础并不是真实的风险,只是真实风险的一种近似。真实风险通常是未知的,因为它经常处于不断变化之中,而且受许多因素的影响。譬如,当汽车停在车库时,汽车碰撞风险为零;而当一个醉汉驾驶汽车时,汽车碰撞风险将会很高。可见,汽车碰撞保险的风险基础(车年)仅仅反映了风险的平均情况,并不能反映实际风险的各种变化。

保费不仅与风险基础有关,而且与费率因子有关。风险基础与期望损失(纯保费)是一致的、连续的乘法关系,而费率因子与期望损失是离散的、非线性的关系。

在许多险种中,影响被保险人潜在损失的因素有很多,但并非所有的影响因素都可以在费率厘定中得到应用,其中的主要原因是:

①某些影响因素难以确定,过于主观,或波动很大。如在汽车保险的费率厘定中不会使用驾驶员的性格因素,尽管容易发怒的人更容易引起交通事故。

②某些影响因素不为社会所接受,如种族和宗教,即使损失数据可以证明它们与索赔频率有关,保险公司也不会使用这类变量厘定保险费率。

在影响期望损失的所有可以使用和量化的因素中,与期望损失最具有一致性关系的因素可以确定为风险基础,而其他因素则可以作为费率因子使用。

在不同的保险业务中,影响期望损失的因素千差万别,下面是一些主要保险业务常用的风险基础。

在财产保险中,玻璃破碎保险通常使用面积作为风险基础,而对于其他保险,通常使用保险金额作为风险基础。

在房主保险中,财产保险部分通常使用保险金额作为风险基础,而责任保险部分通常使用房屋数量作为风险基础。

在海上保险中,通常使用保险金额作为风险基础。

在航空保险中,机身保险通常使用保险金额作为风险基础,而责任保险通常使用元公里(货运)或人公里(客运)作为风险基础。

在盗窃保险中,通常使用保险金额作为风险基础。

在机器设备保险中,通常使用机器设备的台数作为风险基础。

在信用保险中,通常使用债务额作为风险基础。

在忠诚保险中,通常使用人数作为风险基础。

在保证保险中,通常使用合同金额作为风险基础。

在汽车保险中,通常使用车年数作为风险基础,但也有人建议使用耗油量或年行使里程数作为风险基础,事实上,国外某些保险公司在汽车保险中使用的风险基础就是年行驶里程数。

在劳工补偿保险中,通常使用工资额或工时作为风险基础。

在医疗责任保险中,医院责任保险通常使用被占用的病床数或门诊人数作为风险基础,而医生责任保险通常使用医生年(每个医生工作一年)作为风险基础。

在普通责任保险中,通常使用的风险基础有营业额、工资额或营业面积。

在再保险中,临时再保险的风险基础与原保险的风险基础相同;而在合同再保险中,通常使用原保险费作为风险基础。

(二)赔款和费用

赔款是指根据保险合同的约定应当由保险公司支付给索赔人的款项,包括已付赔款和未决赔款两部分。已付赔款是指已经支付给索赔人的款项,而未决赔款是保险公司预期需要支付给索赔人的款项。未决赔款包括个案准备金、已发生未完全报案赔款(IBNER)和已发生未报案赔款(IBNR)。个案准备金是保险公司根据已经报案的事故而估计在未来将要支付的赔款。已付赔款与个案准备金之和也称作已报案赔款或已发生赔款,即

已报案赔款 = 已付赔款 + 个案准备金

已发生未完全报案赔款是指考虑到个案准备金可能存在不足而对个案准备金进行的调整。在已报案赔款的基础上增加已发生未完全报案赔款和已发生未报案赔款,就得到了最终赔款,即

最终赔款 = 已报案赔款 + IBNR 准备金 + IBNER 准备金

最终赔款是指保险公司最终需要向索赔人支付的赔款。

在保险业务经营过程中,保险公司除了需要支付各种赔款之外,还要支付各种各样的费用,如承保费用和理赔费用。

承保费用包括代理人佣金、一般管理费用、广告费用和税金等。代理人佣金是保险公司支付给保险代理人的费用,通常按照承保保费的一定比例计算。在计算代理人佣金时,

也可能会考虑代理人所招揽的业务质量,并区分新业务和续保业务。在费率厘定中,承保费用通常区分为固定费用和变动费用两大类。固定费用是指与纯保费的大小无关的费用,变动费用是指与纯保费的变动直接相关的费用。

理赔费用是保险公司在结案过程中发生的费用,一般分为两种:直接理赔费用和间接理赔费用。直接理赔费用是指与具体案件的理赔直接相关的费用,如勘查费和诉讼费等;间接理赔费用是指理赔部门的整体运营费用,包括理赔部门的薪金、办公费用和数据处理费用等,不能分摊给具体的赔案。在厘定保险费率时,通常将直接理赔费用与赔款合并在一起处理,而将间接理赔费用按赔款的一定百分比进行分配。

三、保费及其构成

保费是投保人购买保险产品向保险人所支付的价格,由纯保费和附加保费构成。纯保费用于支付保险公司在未来的期望赔款,而附加保费用于支付保险人的各种费用并给保险人提供承保利润附加。保险费率简称费率,是指每一个风险单位的保费。

纯费率是指保险公司对每一风险单位的平均赔款金额,通常用赔款总额与风险单位数之比进行估计,其计算公式如下:

$$P = \frac{L}{E}$$

式中:P表示纯费率;L表示赔款总额;E表示风险单位数。

如果用N表示索赔次数,则纯费率也可以表示为:

$$P = \frac{N}{E} \cdot \frac{L}{N}$$

式中:N/E是索赔次数与风险单位数之比,表示每个风险单位的索赔次数,即索赔频率;L/N是赔款总额与索赔次数之比,表示每次索赔的赔款金额,简称索赔强度。由此可见,纯费率就是索赔频率与索赔强度的乘积。因此,在费率厘定中,精算师的重要工作之一就是预测索赔频率和索赔强度。

与风险单位数的统计量类似,在保费统计中,也区分承保保费、已赚保费、未赚保费和有效保费。承保保费是指保险人在一定时期内因承保业务而收取的保险费。已赚保费也称作满期保费,是指在保险人所收保费中,已尽保险责任所对应的那部分保费。未赚保费也称作未到期保费,是指在保险人所收保费中,未尽保险责任所对应的那部分保费。譬如,假设某保单的承保日期是2018年7月1日,保险期限是12个月,保险费是1000元,那么到2018年12月31日时,这份保单在2018年的承保保费是1000元,已赚保费是500元,未赚保费是500元。有效保费是指在某个时点上全部有效保单在整个保险期间的保费之和。

总保费与总的风险单位数之比就是总平均保费,它可以反映业务构成的变化,譬如,当高风险的业务所占比重增加时,总平均保费就会上升。费率厘定的通常方法是首先确定总平均保费,然后通过各种费率因子对总平均保费进行调整,得到各个风险类别的保费。厘定总平均保费的方法主要有纯保费法和赔付率法。

如前所述,除了补偿保险公司支付的赔款和费用外,保费中还应该包含合理的利润附加。利润附加可以看作对保险公司承担风险的补偿,因此其大小与保险公司承担的风险水平有关,传统上将其表示为保费的一定百分比。

由此可见,我们可以将保费表示为下述四项之和,即

保费 = 赔款 + 理赔费用 + 承保费用 + 利润附加

上述等式也称作保险方程。保险定价的目标就是要使上式达到平衡,即保险公司收取的保费应该足以补偿其预期的赔款和费用支出,同时可以实现保险公司的承保利润目标。

更具体地讲,保险公司收取的保费应该足以补偿下述各项成本和费用:

(1)赔款,即支付给被保险人的保险赔偿金;

(2)直接理赔费用,即可以直接分配到特定赔案的理赔费用;

(3)间接理赔费用,即不能直接分配到特定赔案的理赔费用;

(4)佣金和手续费,即支付给保险代理人和经纪人的报酬;

(5)其他展业费用,即除了佣金和手续费之外的展业费用;

(6)营业税金及附加;

(7)保险保障基金;

(8)保险监管费用;

(9)可能产生的应收保费等坏账损失;

(10)一般管理费用;

(11)承保利润和风险附加。

费率厘定过程是一种前瞻性预测,因此在应用经验数据对当前费率的充足性进行评价时,应该考虑到许多因素都会影响保险方程右边的各个项目。如经验期的费率变化、经营管理水平的变化、业务构成的变化、有关法律法规的变化和通货膨胀等,都有可能对赔款和费用等造成影响。因此,在应用经验数据厘定保验费率时,必须对这些数据进行适当的调整,即将它们调整到未来新费率的生效时期。

四、赔付率和其他比率

赔付率是指在每单位保费中用于支付赔款的部分,通常用赔款与保费之比进行估计。更严格地讲,为了实现保费和赔款之间的配比关系,应该用最终赔款与已赚保费之比进行估计。在保险和精算实务中,除了赔付率之外,还有一些比率指标比较常用,如理赔费用比率、承保费用比率、经营费用率、综合成本率、续保率和签约率等,下面分别予以介绍。

理赔费用比率是理赔费用与赔款之比。其中,理赔费用包括直接理赔费用和间接理赔费用。理赔费用比率的分母是赔款,而不是保费,因此,赔款和理赔费用比率不等于赔付率和理赔费用比率之和,而等于赔付率乘以(1 + 理赔费用比率),即

赔款和理赔费用比率 = 赔付率 × (1 + 理赔费用比率)

承保费用比率是每单位保费中用于支付承保费用的部分,可以用承保费用和保费之比进行估计。保险公司通常将承保费用分解为两部分:一部分是在保单签发时发生的承保费用(如代理人佣金、广告费用和保费税等);另一部分是在整个保险期间发生的承保费用(如一般管理费用)。

经营费用率是每单位保费中用于支付理赔费用和承保费用的部分,等于承保费用比率加上理赔费用与已赚保费之比,经营费用率可以用于监控公司的经营费用及其变化情况,

是决定保险公司总体利润水平的关键因素之一,其构成为:

经营费用率 = 承保费用比率 + 理赔费用 ÷ 已赚保费

综合成本率是赔款率与费用比率之和,是衡量保险业务利润水平的主要指标,传统上用下述公式计算:

综合成本率 = 赔付率 + 经营费用率

五、精算费率和市场价格

保险公司的财务目标可以分为两大类:一类是经营性目标,如利润、市场份额和市场地位等;另一类是安全性目标,它决定着保险公司的准备金提取、再保险安排、投资策略和偿付能力等。经营性目标和安全性目标之间是相互依存的,它们共同决定保险公司的经营策略,如保单设计、营销渠道、核保、理赔和定价等各个方面。

保险定价的过程就是根据保险公司的经营目标确定保险产品价格的过程。严格来讲,保险定价应该有两个方面的含义:厘定精算费率(或精算价格)和确定实际的市场销售价格。在本书中,如果没有特殊说明,定价通常是指厘定精算费率的过程。

精算费率是根据保险公司的长期利润目标,基于保险原理并考虑已经承保的业务及社会、经济、法律和技术等环境的变化而厘定的。在精算费率的基础上,再考虑保险公司的市场份额目标及其竞争环境,就可以确定实际收取的保费水平,即市场价格。与精算费率相比,市场价格更具有动态性,它会随着市场形势及管理层和股东的期望而不断调整。

精算费率除满足保险人的期望赔款、费用支出和利润要求外,还应该有利于激励保单持有人主动进行风险控制,譬如对装有防盗设备的车辆降低盗抢险费率,对装有消防设施的房屋降低火灾保险的费率等,这不仅可以降低保险人和保单持有人的损失,而且有利于提高全社会的安全水平。此外,精算费率还要满足监管者的要求,即费率应该是充足的,不过高,且没有不公平的差别对待。

保险产品的市场价格是根据保险公司的长期和短期目标,在精算费率的基础上考虑竞争对手的保险条款和价格水平而确定的,是保险公司在市场上实际销售保险产品的价格。确定保险产品市场销售价格的方法主要有下述几种:

(1)使用保险市场价格或与竞争对手相同的价格。这种方法不考虑公司的利润目标。

(2)根据利润目标确定价格。这种价格的一个特例就是精算费率,因为精算费率可以使支持保险产品所需的资本金获得预先确定的目标回报率。注意:支持保险产品所需的资本金不同于保险公司实际拥有的资本金。

(3)在期望保险成本的基础上增加一个百分比来确定价格,增加的这个百分比相当于费用附加和利润附加,譬如,将市场价格确定为已发生赔款的100/70倍。注意,在市场竞争较为激烈的情况下,使用较低的百分比会使得利润附加低于合理的水平。

(4)根据市场供求关系确定价格。这种方法不考虑保险公司的期望赔款、费用支出和利润附加,仅仅根据市场上消费者可以接受的价格销售保险产品。当市场需求旺盛时,价格会上升;当市场需求低迷时,价格会下降。

除了上述几种确定市场价格的主要方法外,还有一种基于再保险费率确定市场价格的方法。对于特别大的保险合同,如果保险人将其大部分进行了比例再保险,那么在确定这种合同的市场价格时,原保险人还可以采用再保险人的报价。

无论保险公司最终采用哪种方法确定市场价格,精算师都应该将市场价格与精算费率进行对比,分析市场价格对保险公司利润水平产生的影响。

六、费率手册

费率手册是保险公司对风险进行分类并计算其保费的一种文件,也称作费率计划。虽然许多保险公司都采用了自动化的费率厘定系统,但费率手册仍然是解释定价过程的一种有用工具。费率手册通常包括费率表、定价公式及其使用说明等。在实际应用中,费率手册通常需要与承保指南配合使用。

费率表列示了计算每种风险保费时所需要的输入量,包括基准费率和费率因子等。基准费率是一个特定风险类别的费率,这个风险类别称作基础类别,通常是由一系列最常见的风险特征所决定的。其他任何风险类别的费率都可以通过定价公式对基准费率进行调整而求得。最常见的一种调整方式是用各种费率因子乘以基准费率得到其他风险类别的费率。

定价公式给出了对基准费率进行调整的具体方法,如确定费率因子的使用顺序、规定费率因子是通过相加还是相乘对基准费率进行调整、最高保费和最低保费的约束、计算过程中舍入误差的处理等。

【第十三章小结】

【第十三章练习】

第十四章
责任风险管理

知识目标

通过本章的学习,您可以了解或掌握

1.公司所面临的典型责任问题的性质。

2.民事侵权责任体系的经济目标。

3.风险信息和交易成本的影响。

4.责任保险的特征、类别。

5.强制性员工赔偿的经济作用。

6.民事侵权责任中分配责任的不同方法。

7.损害赔偿的类型。

【案例导读】
网约车是否属
于"家庭自用
车"?

章节导图

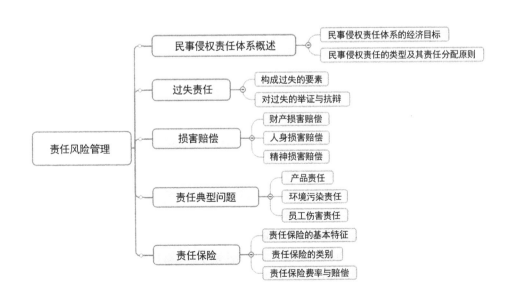

第一节　民事侵权责任体系概述

一、民事侵权责任体系的经济目标

在现实中,最优安全激励和最优赔偿两个目标有时在市场经济的作用下可以达到,但在有些条件下却不能达到这两个目标。最主要有两种情况:一种是当双方存在交易,也就是有价格作为联系的时候,风险信息不充分;另一种是双方不存在交易,额外的交易成本过高。此时,就需要有民事侵权责任体系。

法律的首要目的是通过提供激励机制,诱导当事人在事前采取从社会角度看最优的行动,即对行为人施加一种最优的安全激励,这是一种事前效率。但这毕竟是一种无形的压力,不可能做到万无一失,因此,法律还有另外一个目的,就是为受害者提供最优的赔偿,这是一种事后效率。两者的共同目标是实现社会风险成本的最小化。

这两个目标很多时候是不能同时达到的,当事前效率与事后效率发生冲突时,就要选择究竟以哪一方面为重。此外,在现实中,达到这些目标需要付出成本,所以,现实中的情况和理论中无交易成本假设下的情况是不同的。

(一)最优安全激励

最优安全激励,是指激励个人或公司进行最优的损失控制投资的标准。任何减少损失的措施都是有成本的,因此,最优的安全并不绝对安全,最优的安全激励也不是要使生产商等做到万无一失。一些情况下,虽然我们明知道风险或缺陷存在,但我们却不应改变它,因为它是"合理"的。

最优的安全激励应该激励人们只在边际收益超过边际成本时,才为额外的安全进行投资,而不是试图达到一个"零风险"的社会。

▶ **实例14-1-1**

假设H公司生产的某种家用电器可能使消费者受伤,事故的发生概率为0.07,若事故发生,消费者的损失为1万元。为简化计算,假设消费者要么是风险中性的,要么能以等于预期损失成本的保费(即纯保费)购买保险,那么从社会的角度来说,H公司应该花费多少钱使这种设备最安全?

解答:

在这个问题中,我们是从社会的角度,而不是从H公司利润最大化的角度来讨论最优的安全投入的问题。因为安全投入最终是由消费者来承担的,这里我们假设消费者拥有充分信息,即消费者完全知晓事故的发生概率及损失。

在不同的安全投入下,这种产品的风险水平变化及消费者的边际收益与边际成本见表14-1-1。

表14-1-1　H公司的安全成本分析

单位:元

安全投入	事故概率	消费者预期损失	消费者边际收益	消费者边际成本
0	0.07	700	—	—
50	0.06	600	100	50
130	0.05	500	100	80
220	0.04	400	100	90
440	0.03	300	100	180
610	0.02	200	100	210

由表14-1-1可以看出,如果要把产品的事故概率由当前的0.07降低到0.06,厂家需要投入50元成本,它要把这50元的成本转嫁给消费者,也就是将产品价格提高50元。而对于消费者来说,此时的预期损失由700元降低到600元,边际收益是100元,相对于50元的边际成本,消费者是合算的,他会愿意多拿50元来购买安全性更高的产品。实际上,只要不超过100元他都愿意拿出,所以,50元的安全投入是合理的。

如果要将产品的事故概率从0.07降低到0.05,需要投入130元。此时消费者又有100元的边际收益,相对于价格再增加80元来说,这也是合算的,因此,130元的投入也是合理的。

更进一步,如果将产品的事故概率从0.07降低到0.04,需要投入220元。此时消费者的边际收益仍然是100元,边际成本90元也还是合算的,所以220元也是合理的。

后面的情况就不一样了。当产品的安全性进一步提高,也就是事故发生概率降低到0.03时,厂家要投入440元,比起220元,消费者要多花220元,却只能减少100元的损失,这就不合算了,因此,风险中性的消费者不会多花这220元,而宁愿承受损失概率为0.04的风险。当安全投入为610元的时候,这样的问题就更突出了。

由上面的分析我们可以看出,在这种情况下,220元的安全成本是最优的,低于220元和高于220元都不合算。这就是民事侵权责任体系的目标,即激励H公司花费220元的安全成本,使风险成本达到最小化。低于这个标准,不够安全,而高于这个标准又过度安全,两者都不是最优的。

(二)最优赔偿

最优赔偿是指对受害者提供最优保护。许多人认为,受到伤害后,得到的赔偿越多越好,但是,巨额赔偿并不一定是好事,因为法律规定会向行为人提供某种价格体系,它会引导人们在制度中安排自己的行为。索赔会作用于潜在的原告,可能对其造成过度的安全激励,而某些人可能为了潜在的高额赔偿,消耗巨大精力、财力,结果,公司为了逃避这样的赔偿,或者投入过度的预防,或者改行。

无论哪种结果,都可能导致社会的不均衡。过度预防会导致公司成本上升,在市场上会竞争无力,甚至可能引起破产;改行可能会使社会中缺少某种产品,导致该种产品的需求上升,继而导致该产品的价格不合理地上升。

如果从整体和长远的角度来看,民事侵权体系的赔偿机制和保险非常类似。以产品责任为例,我们从产品伤害中得到的赔偿被生产商在事先或事后以期望赔偿的形式加在了产品价格里。就像保险一样,保险公司事先收取保费,等损失发生后,保险公司从这些保费中拿出一部分赔偿损失;生产商也是事先或事后估计出产品的损失风险,然后将期望损失加在价格上。

实际上,最优的赔偿就和最优的安全激励一样,是一种权衡,即期望赔偿和商品或劳务价格增加额之间的比较。民事侵权责任体系的目标不是单方面的问题,任何目标的达到都是有成本的,必须系统地来分析。当价格增加额超过一定限度时,人们可能就不再愿意支付这样的价格来获得高赔偿的权利。当我们不考虑安全目标,只从赔偿的角度来看时,这个限度是多少?也就是说,我们愿意购买多少保险?要回答这个问题,需要考察风险信息和交易成本的情况。

(1)风险信息。风险信息是指潜在的受害人对伤害风险的了解。如果消费者不知道某种产品存在风险,他便不会支付超额的价格。而如果消费者完全知道事故的风险,他愿意购买民事侵权体系中的多少赔偿呢?这和风险大小及风险偏好有关。赔偿并不是越多越好,如果法院判决的赔偿超出合理限度,表面上看,我们可能会觉得对方受到了严厉的惩罚,我们理应得到这样的保护,但实际上,这个法律体系是在强迫我们购买超额保险,这可能并不是我们所情愿的。

(2)交易成本。交易成本包括法律成本、道德风险和逆向选择。通过民事侵权体系来获得赔偿,要发生律师费、诉讼费,这就是法律成本。道德风险是由伤害、疼痛等难以度量的损失造成的。在很多赔偿中,赔偿的数额与受害人的收入成正比,同样的伤害,赔偿数额可能会不同,但在诸如产品责任这样的系统中,每个消费者支付的相当于保险费的价格增加值却是一样的,这就产生了逆选择。

如果民事侵权体系考虑了交易成本,或者说,保险条款中反映了交易成本,那么,受害人希望从民事侵权体系中获得多少赔偿?他愿意购买多少保险?大多数情况下,人们并不希望购买足额保险,也就是说,人们不希望民事侵权体系将所谓的所有损失都赔偿给自己。

二、民事侵权责任的类型及其责任分配原则

从某个角度来看,法律对损失责任的分配相当于进行风险损失的分摊。法律规定需要承担责任的一方就成为责任风险的承担者。

对他人造成伤害而需要承担的责任,在不同情况下是不一样的。比如,交通事故中的责任通常和产品伤害的责任不同。造成事故的一方,即通常所说的侵权人,所承担的责任包括免责、过失责任、严格责任、绝对责任和连带责任五种。

(一)免责

法院在很多情况下对慈善机构和政府的行为实行免责。

(1)慈善机构。慈善事业的财产不能被用于判决支付,因此,很长时间以来慈善机构在进行自己的活动时不必因自己的过失行为需承担法律责任而担忧。但现代的普通法已经规定,慈善机构对以下两类受伤害人群要负责任:① 因该机构挑选员工的过失,使得本应从该机构活动中受益却受到伤害的人;② 其他因该机构员工的行为或者过失而受到伤害的人。

(2)政府。对政府的一些行为实行免责,是为了维护与保持公众利益,如果政府总是因

其过失与错误行为而被诉讼纠缠,这种经济负担就会使其无法提供有利于大众的服务。自20世纪60年代以来,政府所享有的相当广泛的豁免权开始不同程度地减弱,但多数情况下,立法性的或纯粹的政府管理行为还是会受到法律豁免。

(二)过失责任

过失责任是一种普遍的分摊责任的方法,它使得一方承担由于其疏忽或轻信而给他人造成的损失。

过失行为属于非故意侵权行为,它与故意侵权行为不同。故意侵权行为是指有预谋或有计划,但不必事先预料到后果的行为,如非法侵占、侵占他人财产、胁迫、殴打、非法监禁、人格诽谤、侵犯他人隐私、诬告、破坏他人合同关系等。过失侵权行为则表现为行为人"丧失他的应有的预见性"而未达到应有的注意程度的一种不正常或不良的心理状态。过失分为两种:一种表现为行为人对自己行为的后果应当或者能够预见而没有预见;另一种表现为虽然预见到了其行为的后果,却轻信这种后果可以避免。在法庭上以过失为由起诉被告的时候,原告要举证说明下述四个方面:①被告具有法律规定的注意义务;②被告没有履行注意义务;③对义务的违反是伤害产生的近因;④这种伤害造成了实质的人身伤害或财产损失。同时,被告拥有一定的抗辩权利。

(三)严格责任

在过失责任下,侵害人要承担由自己的疏忽而给他人造成损失的赔偿责任,如果侵害人没有疏忽,就可以不承担责任,但许多行为的危险性较大,即使实施了合理的注意,侵害人也应该为损失负责,因此,很多情况下只要证明了行为的危险性,就可以起诉侵害人要求赔偿。这种情况下侵害人就承担了严格责任。

严格责任是指一种比没有尽到合理的注意义务而应负的比一般责任标准更加严格的一种责任。当承担严格责任时,如果应该避免的伤害事件发生,则无论当事人尽到了怎样的注意义务,采取了怎样的预防措施,他都必须为损失负责。此时,仍有一些(尽管是有限的)对责任的抗辩理由可以援引,只是已尽到合理的注意义务不能作为抗辩理由了。

严格责任是英美侵权行为法中的概念,在大陆法系的侵权法及我国的侵权行为法中,没有直接使用这一概念,而是使用含义非常类似的无过错责任这一概念。英美法系严格责任原则的适用范围大致等于大陆法系无过错责任原则的适用范围,加上过错责任原则的特殊形式(过错推定)适用的范围。

严格责任不仅适用所有人对动物致人损害的责任,也适用于高度危险作业致人损害的责任,还适用于部分产品责任案件、工伤事故案件等。

(四)绝对责任

在绝对责任的情况下,只要受害人能够证实侵害人行为导致了自己的损害,则侵害人就必须对受害人的损失负责。此时,侵害人并不一定有过失的行为,而且也没有任何权利为自己辩护。

绝对责任适用于极其危险的行为,如爆破、使用炸药、豢养危险宠物等。

（五）连带责任

共同侵权行为是指两个以上侵害人共同侵害他人合法权益并造成损害的侵权行为。共同侵权行为具有如下特点：

①共同侵权行为人的主体为两人以上；

②共同侵权行为人一般应具有共同过失；

③共同侵权行为的主体均实施了一定的行为；

④共同侵权行为的损害后果是同一的。

大多数大陆法系民法典都规定，共同侵权人对受害人各自负连带责任。《中国华人民共和国民法典》(以下简称《民法典》)第一千一百六十八条规定：二人以上共同侵权造成他人损害的，应当承担连带责任。第一百七十八条规定：二人以上依法承担连带责任的，权利人有权请求部分或者全部连带责任人承担责任。

连带责任是指由法律专门规定的应由共同侵权行为人向受害人承担共同的各自的责任。受害人有权向共同侵权行为人中的任何一人或者数人请求其承担全部侵权的民事责任，任何一个共同侵权行为人都有义务承担全部侵权的民事责任，已承担民事责任者可向其他共同侵权行为人进行追偿。

在共同侵权行为下，原告只能得到一次损害赔偿金，如果某些责任方没有赔偿能力，则所有赔偿责任将由其余的责任方承担。

表14-1-2总结了侵权责任及界定。

表14-1-2　侵权责任及界定

侵权主体人数	侵权人的责任	责任界定	实例
独立	免责	被告不负责任	对慈善机构和政府的行为实行免责
	过失责任	一方承担由其疏忽或轻信而给他人造成的损失；被告只要存在过失就要负责，但被告可以利用某些抗辩方法来回避责任	交通事故中的损害责任
	严格责任	被告即使没有过失也要承担责任，但被告可以利用某些抗辩方法来回避责任	公司对存在缺陷的产品造成的伤害应承担责任，动物致人损害责任，高危作业责任，工伤事故责任
	绝对责任	被告总是要承担责任，如果被告造成损害，不允许利用某些抗辩方法来回避责任	使用炸药造成的损害责任，如爆破等危险行为责任
两人以上	连带责任	共同侵害，受害人可以向一人或数人请求赔偿；任何共同侵权人都有义务承担全部侵权责任，已承担的可以向其他的责任人进行追偿	共同侵权责任

第二节　过失责任

大多数人身伤害或财产损失都是由过失行为导致的,例如,交通事故、医疗事故及一些产品事故。

一、构成过失的要素

在大多数情况下,要证明过失必须满足下面四个要素。

(一)具有法律义务

一个人或一个公司生存在法制社会,一方面享有广泛的权利和自由,另一方面又必须履行自己的义务,尊重他人的权利和自由。在某种行为上具有保护与之接触的其他方不受伤害的法律义务是过失原则应用的前提之一。例如,司机必须在看到红灯时停车,消防队员在灭火救人时不得有放任火势的心理。

(二)违背了法律义务

除了具有法律义务以外,在法庭上,原告还必须证明被告没有实施合理的注意,从而违反了法律义务。

没有实施合理的注意通常是证实过失侵权行为的基础,对注意的要求通常因环境和当事人的不同而不同。一般来说,在非商业性责任案件中,对于他人的权利负有一般义务的人,应当尽到一个"诚信善意之人"的注意义务;对于他人的权利负有特别义务的人,应当尽到法律法规、操作规程等所要求的特别注意义务。

所谓"诚信善意之人",是指一个受过一般教育,具有一般知识水平、技能及道德水准的人。"诚信善意之人"注意程度的标准在理论上是抽象的,只有将其运用于具体的案例,才可能得到较为具体的理解。在普通法系国家,也许陪审团成员所达成的共识能够反映其社会的道德水平、教育程度、技能程度等的"一般性",而在没有陪审制的诉讼中,这个"一般性"的界定就主要取决于法官的认识。除了上述的一般性之外,有些法律专门规定了在特定情况下特定的当事人的特别注意程度,例如,医生对于患者健康的注意程度、律师对于当事人诉讼权利的注意程度、运送乘客的运输公司对于客人生命健康安全的注意程度等。

在商业责任案件中,法庭通常采用一种经济标准,即看被告是否采取了具有"合理谨慎成本"的预防措施。所谓具有"合理谨慎成本"的预防措施,是指采取措施后损失减少的期望值大于措施成本的行为。

(三)行为和损害之间具有因果关系

因果关系的判断标准是,如果不是被告的行为,损失就不会发生。例如,汽车司机看到红灯时没有停车而把一名行人撞伤了,此时司机没有停车就是行人被撞伤的近因,因为如果司机看到红灯时停车,行人就不会被撞伤。相反,非因果关系的判断标准是,无论被告是否采取了足够的安全措施,损失都会发生。

在因果关系的判断中,比较复杂的就是有介入事件的情况。很多情况下,损害的发生并非只有唯一原因,而是由多个原因综合作用而成,这些原因可能是层层递进的串行关系,也可能是同时发生作用的并行关系。对于前者,如果被告能够理性地预见到他的行为可能造成的伤害风险,那么即使他的行为并不直接导致伤害,也会被认为与伤害之间存在因果关系;对于后者,要分析这些原因对于损害的发生是否有影响。

(四)造成损害结果

最后,要确认对方的行为是过失,受害人还必须证明自己实际遭受了人身伤害或财产损失,这些损失必须能够用金钱来衡量。

二、对过失的举证与抗辩

(一)举证

在过失原则下,举证责任由原告承担,即原告必须证明被告是有过失的。一个例外就是"不言自明"。例如,做完手术后,病人一直觉得伤口疼痛,几年后,一个偶然的机会,发现手术缝合针留在了病人肚子里。这就是所谓的事实自证,此时,举证责任由被告承担,被告要证明这个事实不是他导致的,否则就要承担责任。

(二)抗辩

过失责任中关键的一点是,被告的过失只是被告承担责任的必要条件,而不是充分条件。即使是过失,被告通过成功地应用抗辩,也可以避免对原告的损失承担责任。

①受害人同意。在英国和美国的法律中有"自愿者无损害可言"的原则,这是受害人同意作为抗辩理由的理论基础。如果受害人已经知道了某个行为中存在风险,可能导致损失,但仍然从事这项行为,那么就可以认为他自己愿意承担其中的风险。如果最终损害发生,被告可以以此为由进行辩护,摆脱责任。此时,被告需证明受害人有关于特定风险的知识,且自愿承担这一风险。

②受害人或第三人的过失。根据行为人对自己的行为负责的原则,因受害人的过失而造成的损失,应当由受害人自己承担责任。但受害人的过失作为抗辩理由较为复杂,这一抗辩理由的效力在不同情况下有所不同。一般来说,受害人过失有两种形式:第一种形式是重大过失,即受害人对自己的人身和财产安全极不注意,以至于造成自身的损害;第二种形式是一般过失,即在侵害人致受害人损害的过程中,受害人对损害的发生或扩大没有尽到一般注意义务。

当受害人的重大过失是造成损害的一种原因时,应当由受害人自己承担责任,发生免责效力。如果损害的发生是受害人的一般过失造成的,则只有在法律有明确规定的情况下,才能发生免责的效力。在受害人与侵害人都有过失的情况下,一般应减轻侵害人的赔偿责任。在受害人只有一般过失,而侵害人有重大过失时,不发生免除和减轻侵害人赔偿责任的效力。表14-2-1所示为过失责任划分。

表14-2-1　过失责任划分

		受害人		
		无过失	一般过失	重大过失
侵害人	无过失	—	减轻侵害人赔偿责任	侵害人免责,受害人自己承担全部责任
	一般过失	侵害人承担损害责任	法律明确规定情况下减轻	减轻侵害人承担的损害责任
	重大过失	侵害人承担损害责任	不免除、不减轻侵害人赔偿责任	减轻侵害人承担的损害责任

第三人的过失是指第三人对损害的发生或扩大具有过失。第三人的过失作为抗辩事由,后果有两种:一是免除行为人的侵权责任,当损害完全是第三人的过失造成的,就应当由该第三人承担责任,而免除行为人的责任;二是由行为人和第三人承担共同侵权责任,当第三人的过失不是损害发生的唯一原因,即侵害人的行为中介入了第三人的过失时,侵害人的行为和第三人的过失都是损害发生的原因,其后果是产生共同侵权责任,第三人和侵害人应对受害人的损害承担连带责任。

第三节　损害赔偿

损害是侵权行为所造成的一种后果,具体表现为受害人的死亡、人身伤害、精神痛苦及各种形式的财产损失,如图14-3-1所示。

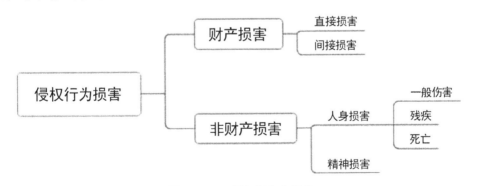

图14-3-1　侵权行为的损害

侵权损害赔偿有广义与狭义之分:广义的损害赔偿是指侵权行为的民事责任,即侵权责任;狭义的损害赔偿仅指赔偿损失的民事责任。这里的损害赔偿指的是狭义的损害赔偿。它主要包括财产损害和非财产损害两类,如表14-3-1所示。

表14-3-1　损害分类与赔偿原则

分类		损害作用特征	赔偿原则
财产损害	直接损失	侵权行为直接作用于受害人财产权的客体	应当全面赔偿
	间接损失	侵权行为造成预期可得财产利益的丧失	间接损失是否应当赔偿,主要取决于受害人在未来获得该可得财产利益可能性的大小
非财产损害	人身损害 一般伤害	对他人身体造成损害	身体价值损害赔偿,再加上受损身体恢复费用
	人身损害 残疾		
	人身损害 死亡		
	精神损害	对受害人的名誉权和隐私权等人格权造成侵害、精神上的侵害、无形损害	具有补偿、惩戒性,决定因素有:①侵权人过错程度;②侵害具体情节、手段、场合、行为方式;③侵权行为后果;④侵权人获利情况;⑤侵权人承担责任的经济能力;⑥受诉法院所在地的平均生活水平

一、财产损害赔偿

财产损害是指受害人因其财产受到侵害而造成的经济损失。它是可以用货币具体数额加以计算后的实际物质财富的损失。

财产损害可以分为直接损失和间接损失两种。

直接损失一般指侵权行为直接作用于受害人的财产权的客体所造成的财产损失。对于直接的财产损失,原则上应当全面赔偿。

间接损失是指受害人受到侵害而发生的可得的财产利益的丧失,如受害人可得的经营利润的丧失等。在相当一部分案件中,间接损失可得到赔偿;而在另一些案件中,受害人所主张的间接损失又得不到赔偿。间接损失是否应当得到赔偿,主要取决于受害人在未来得到该"可得的"财产利益的可能性大小。如果受害人将来得到该财产利益的可能性较大,该间接损失就应当得到赔偿,如果受害人得到该财产利益的可能性较小,该间接损失就不能成立,也不应予以赔偿。

二、人身损害赔偿

人身损害是指侵害他人身体所造成的物质机体的损害。根据损害程度不同,可以分为一般伤害、残疾和死亡三种类型。

无论是一般伤害、残疾还是死亡,均属于对他人身体的损害,因此,人身损害首先涉及的就是对他人身体造成的"物质"性损害而应承担的赔偿责任。然而,人身损害不能仅以受害人遭到损害的物质机体本身的价值作为赔偿的确定标准,而应考虑受损机体得以恢复所需的全部费用,表14-3-2列出了不同人身损害类型的赔偿范围。

表14-3-2　不同人身损害类型的赔偿范围

损害类型	赔偿范围
一般伤害	医疗费、误工费、护理费、交通费、住宿费、住院伙食补助费、必要的营养费
残疾	医疗费、误工费、护理费等；残疾赔偿金、残疾辅助器具费、被抚养人生活费、康复费用等
死亡	医疗费、被抚养人生活费、丧葬费、死亡赔偿金、受害人亲属办理丧葬事宜支出的交通费、住宿费和误工损失等

三、精神损害赔偿

精神损害是指当受害人的名誉权和隐私权等人格权受到侵害时精神上的痛苦。

《民法典》第九百九十五条规定：人格权受到侵害的，受害人有权依照本法和其他法律的规定请求行为人承担民事责任。受害人的停止侵害、排除妨碍、消除危险、消除影响、恢复名誉、赔礼道歉请求权，不适用诉讼时效的规定。第九百九十六条规定：因当事人一方的违约行为，损害对方人格权并造成严重精神损害，受损害方选择请求其承担违约责任的，不影响受损害方请求精神损害赔偿。《最高人民法院关于审理国家赔偿案件确定精神损害赔偿责任适用法律若干问题的解释》（以下简称《解释》）对精神损害赔偿的适用范围做了界定，扩大了赔偿范围。

精神损害是一种无形损害，它不能像财产损害那样，可以通过一定的标准加以确定，对于精神受到损害的人给予金钱赔偿，并不具有等价性，而是具有补偿、惩戒的特征。

《解释》列出了确定精神损害赔偿额的注意事项：

第八条　因侵权致人精神损害，但未造成严重后果，受害人请求赔偿精神损害的，一般不予支持，人民法院可以根据情形判令侵权人停止侵害、恢复名誉、消除影响、赔礼道歉。

因侵权致人精神损害，造成严重后果的，人民法院除判令侵权人承担停止侵害、恢复名誉、消除影响、赔礼道歉等民事责任外，可以根据受害人一方的请求判令其赔偿相应的精神损害抚慰金。

第十条　精神损害的赔偿数额根据以下因素确定：① 侵权人的过错程度，法律另有规定的除外；② 侵害的手段、场合、行为方式等具体情节；③ 侵权行为所造成的后果；④ 侵权人的获利情况；⑤ 侵权人承担责任的经济能力；⑥ 受诉法院所在地平均生活水平。

第四节　责任典型问题

一、产品责任

产品责任是指产品有缺陷造成他人财产和/或人身损害，产品制造者、销售者所应承担的民事侵权责任。

随着工业的发展,产品致人损害的案件层出不穷。最初,为了保护消费者免受缺陷产品的损害,使其在受到损害时能够得到比较公平的法律救济,立法者借助合同法来实现此目标,即明示担保与默示担保。随后,由于担保理论的局限,许多国家的产品责任法逐渐突破合同法的框架,产品责任被部分或全部地确认为侵权责任。图14-4-1所示为法律依据和产品责任。

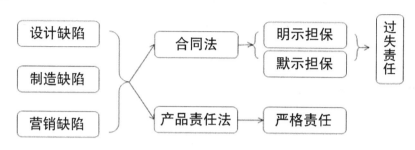

图14-4-1 法律依据与产品责任

(一)明示担保与默示担保

1.明示担保

明示担保是指产品制造者对其产品所做的明示说明,包括对其性能、质量、用途等的介绍,这种说明既可以是印刷在产品包装上的,也可以是通过新闻媒介的广告等方式展示给公众的。

产品制造者应保证其产品质量达到其所明示说明的质量标准,如果达不到这一标准而给他人造成损害,就会被认为是违反明示担保,应当承担相应的法律责任。

这种担保责任是以侵害人与受害人之间存在合同关系及明确的合同条款为前提的,如果受害人不是产品的直接购买者,与产品制造者之间不存在合同关系,则无法依明示担保寻求法律救济。

2.默示担保

默示担保是指产品制造者虽然没有做出明示的说明,但也应该承诺的一些方面。默示担保主要包括两个方面:一是对产品适销性的默示担保,即产品应该具有一般的效用、平均的品质且不含隐蔽的缺陷;二是对产品适合特定用途的默示担保。

无论是明示担保还是默示担保,都是试图在契约法的框架内解决缺陷产品致人损害的问题,但由于社会经济联系的日趋复杂,很多情况下,缺陷产品的受害人并不是产品的直接购买者,此时,基于契约的法律就无法向其提供法律保护。

(二)过失责任与严格责任

1916年开始,被有缺陷的产品伤害的消费者开始能够在民事侵权法的保护下得到损害赔偿。这一转变源于一个重要的案例:麦克弗森诉别克车生产商。案情是这样的,麦克弗森坐在他的别克轿车中时,车轮子上的木制轮辐突然断裂,导致他从车中摔出来并受了伤。从别克公司的角度来说,它把车轮的生产授权给了另一家公司,并把小轿车卖给了一个零售商,车是由零售商转售给麦克弗森的。如果按照以往合同法的要求,别克公司和麦克弗森之间不存在合同关系,那么麦克弗森也就无法从别克公司那里得到损失的赔偿,但在这一案例中,法庭认为别克公司应该对损害负有责任。

这一案例改变了最初产品责任的诉讼要求,受害方不需要合同关系,就可以从制造商那里获得损害的赔偿。也就是说,制造商对其产品给最终消费者带来的损害也是负有责任的,但是,这种责任在当时以过失要求权为基础,如果制造商没有疏忽,或消费者无法取证,那赔偿也难以得到。

随着过失责任的广泛应用,其不足越来越明显地暴露出来,法庭最终认为,即使制造商没有过失,也应该承担责任,因为制造商是产品风险最适合的承担者,产品责任的标准逐渐由过失责任转为严格责任。

与严格责任有关的一个重要案例是1944年的埃斯科拉诉可口可乐瓶装公司。案例是这样的,埃斯科拉正把一些瓶装可乐放入冰箱时,一个瓶子爆炸了,她的手被炸伤。尽管法庭并没有发现可口可乐瓶装公司有什么过失,但仍然判决它对埃斯科拉的受伤负责。

(三)缺陷

只有责任主体生产或销售的产品存在缺陷,才可能构成产品责任,因此,缺陷在产品责任中是一个十分重要的概念。《中华人民共和国产品质量法》(以下简称《产品质量法》)第四十六条规定:"本法所称缺陷,是指产品存在危及人身、他人财产安全的不合理的危险;产品有保障人体健康和人身、财产安全的国家标准、行业标准的,是指不符合该标准。"

通常,人们将缺陷分为三类:设计缺陷、制造缺陷和营销缺陷。

1.设计缺陷

如果产品带来的可预见性的伤害风险可以通过采取合理的、更为安全的设计而减少,就称为存在设计缺陷。

怎样判断产品存在设计缺陷?多大程度的安全才算足够安全?这些都是具有争议的问题。通常,讨论一件产品是否存在设计缺陷,应考虑当时的科技发展状况、有无类似的可以替代的设计方案及制造者的成本收益等。

2.制造缺陷

制造缺陷是指产品原材料或配件存在缺陷或者在装配成最终产品的过程中出现某种错误,导致产品具有不合理的危险性。制造缺陷主要是由产品原材料、配件及装配工艺的质量问题导致的。在埃斯科拉诉可口可乐瓶装公司的案例中,显然,爆炸的可乐瓶与正常产品不同,这个瓶子存在制造缺陷。

3.营销缺陷

制造商对其产品负有一些警示与说明的义务。当制造商没有提供警示或是没有正确解释与使用产品有关的风险,致使其产品在储运或使用等过程中具有不合理的危险时,就称为存在营销缺陷。

《产品质量法》第二十七条第五款规定:使用不当,容易造成产品本身损坏或者可能危及人身、财产安全的产品,应当有警示标志或者中文警示说明。该法第二十八条规定:易碎、易燃、易爆、有毒、有腐蚀性、有放射性等危险物品以及储运中不能倒置和其他有特殊要求的产品,其包装质量必须符合相应要求,依照国家有关规定作出警示标志或者中文警示说明,标明储运注意事项。

二、环境污染责任

环境污染是指自然因素的总体发生了不良变化,污染环境的行为通常表现为排放废水、废气、废渣(所谓"三废")、粉尘、恶臭气体、放射性物质及产生噪声、振动、电磁波辐射等对环境造成污染和危害的行为,以及一些直接破坏天然的自然因素(如植被等)而造成环境污染的行为。

近年来,日益严重的环境问题对人类生存与可持续发展的相关权益造成的侵害越来越严重,称为世界性"公害"。当污染环境造成他人损害时,污染环境者就应当承担赔偿责任。

(一)环境污染责任的承担

最初,在英美法系中,只有由突发事件引起的环境污染责任适用于严格责任,例如装载剧毒化学物质的卡车突然翻车,导致剧毒物质泄漏。如果要起诉环境污染的责任人,原告就必须证明危害是"严重的、连续的、不合理的"。随着科学的发展,人们提高了测量空气、水和土壤中含量微小的污染物的能力,并且一些污染物也被证明会导致疾病,这些进步使得法庭开始将污染纳入严格责任的范围。

一些国家还出台了与环污染责任有关的成文法,美国的《超级基金法》就是一个典型的法案。首先,美国国家环保局确定需要清理的废物堆积点;接下来,所有者、原所有者以及任何在此地点倾倒废物的人都在一种强制性的严格、可追溯和连带责任下被约束,缴纳清理所需的资金。除了这方面的收费之外,超级基金还来自对汽油和化学公司的税收。

《民法典》第一千二百二十九条规定:因污染环境、破坏生态造成他人损害的,侵权人应当承担侵权责任。第一千二百三十二条规定:侵权人违反法律规定故意污染环境、破坏生态造成严重后果的,被侵权人有权请求相应的惩罚性赔偿。第一千二百三十三条 因第三人的过错污染环境、破坏生态的,被侵权人可以向侵权人请求赔偿,也可以向第三人请求赔偿。侵权人赔偿后,有权向第三人追偿。《中华人民共和国环境保护法》第六十六条规定:提起环境损害赔偿诉讼的时效期间为三年,从当事人知道或者应当知道其受到损害时起计算。此外,《中华人民共和国海洋环境保护法》《中华人民共和国大气污染防治法》《中华人民共和国水污染防治法》《中华人民共和国环境噪声污染防治法》《中华人民共和国固体废物污染环境防治法》及《中华人民共和国放射性污染防治法》中都规定了相应的污染责任。

(二)环境污染责任的构成要件

环境污染责任的构成要件包括:存在环境污染的行为、污染造成损害的后果及污染行为和损害后果之间存在因果关系。只要存在这三个要件,环境污染责任即可构成。

1.须有环境污染的行为

除了排放废物等环境污染行为之外,在一定情况下,不作为也可以构成环境污染行为,如没有采取安全措施使得有害物质泄漏等。

2.须有环境污染的损害后果

环境污染损害和其他损害相比,具有复杂性、潜伏性、持续性和广泛性等特点。其中:潜伏性是指环境污染造成的损害,尤其是疾病损害,受害人往往不能及时发现,即使发现了也不能尽快消除,损害往往潜伏很长时间;持续性是指损害常常不会因污染物的停止排放而立即消除;广泛性是指受害地域、受害对象和利益具有广泛性。损害后果是污染者承担污染环境损害责任的基本条件。

③污染环境行为和污染损害后果之间须具有因果关系。

(三)环境污染责任的举证与抗辩

1.举证

因为一些污染环境行为的结果需要高水平的科技手段才能确定,污染环境行为和污染损害后果之间的因果关系有时候也很复杂,所以污染环境损害的举证责任在侵害人。《民法典》第一千二百三十条规定:因污染环境、破坏生态发生纠纷,行为人应当就法律规定的不承担责任或者减轻责任的情形及其行为与损害之间不存在因果关系承担举证责任。

2.抗辩

按照我国法律的规定,如果某些特殊原因造成污染损害,污染者可以通过抗辩免除责任。这些原因包括不可抗拒的自然灾害、受害者自身的责任、第三者的故意或者过失及其他抗辩事由,如《中华人民共和国海洋环境保护法》中就规定了完全由战争、负责灯塔或者其他助航设备的主管部门在执行职责时的疏忽或其他过失行为造成海洋环境污染损害的,污染者不承担赔偿责任。

三、员工伤害责任

员工伤害责任是指员工从事雇佣活动时遭受损害,雇主对此所应承担的赔偿责任。工伤事故是工业化社会中最先发生的社会问题,雇佣关系使得雇主对员工的安全承担一定责任。世界上许多国家都已经建立起约束员工伤害责任的法律体系。

(一)美国的员工赔偿制度

美国是员工赔偿制度比较完善的国家,1911年,美国颁布了《员工赔偿法》,这项法律彻底改变了雇主对员工工伤的义务。这里所说的员工工伤,是指在雇佣过程中发生的或者由于雇佣关系而引起的对员工的伤害。

《员工赔偿法》的最大改变体现在两个方面:第一,对于雇主来说,雇主必须对遭受工伤和由工作引起的疾病的员工的经济损失承担全部的责任,也就是说,这项责任是强制性的;第二,对于员工来说,适用唯一补偿原则,即员工从雇主那里得到的赔偿只能依照《员工赔偿法》的规定,对经济损失进行赔偿(《员工赔偿法》并没有要求雇主赔偿精神损失和痛苦损失),员工需放弃对雇主的起诉权,但如果除了雇主以外还有另一方也对伤害负有责任,则员工可以起诉这一方,要求赔偿痛苦和精神损失及不能由员工赔偿弥补的货币损失。

虽然《员工赔偿法》有了很大改进,但它并不是完美之策,实践证明它的实行又引发了新的社会问题:一方面,雇主的赔偿责任加重,雇主成本增加,利润减少,竞争力降低,这对雇主是极为不利的,尤其当雇主是小业主时,员工赔偿责任可能使其陷入破产的困境;另一方面,员工最终能否获得赔偿仍取决于雇主的经济能力,如果雇主没有支付损害赔偿的资金,即使根据法律认定员工的损害赔偿请求权,员工也不能得到满足的支付,在这种情况下,员工赔偿成为有名无实的赔偿;此外,员工仍需通过诉讼程序来获得赔偿,诉讼费的昂贵、法律知识的贫乏及在法律援助方面的困难使得许多受害员工被排除在法律保护的大门之外,更何况在很多情况下,员工仍存在败诉的可能性。

要克服上述种种缺陷,就必须超越"损失要么由侵害人承担,要么由受害人承担"这个条件,不能局限于从侵权行为法这一传统领域中寻求解决办法,而必须兼采其他法律部门中适宜的法律手段,组成一套综合的调整机制。于是,在商业保险领域,就有了责任保险及其他损失保险的发展;在社会保险领域,则有员工强制保险和其他社会保险的出现,以及相应法规的制定。

(二)中国的员工赔偿制度

中国没有单独的员工赔偿法。《最高人民法院关于审理人身损害赔偿案件适用法律若干问题的解释》(法释〔2003〕20号)中有涉及员工赔偿的相关规定,其中第十一条规定:"员工在从事雇佣活动中遭受人身损害,雇主应当承担赔偿责任。雇佣关系以外的第三人造成员工人身损害的,赔偿权利人可以请求第三人承担赔偿责任,也可以请求雇主承担赔偿责任。雇主承担赔偿责任后,可以向第三人追偿。

员工在从事雇佣活动中因安全生产事故遭受人身损害,发包人、分包人知道或者应当知道接受发包或者分包业务的雇主没有相应资质或者安全生产条件的,应当与雇主承担连带赔偿责任。

属于《工伤保险条例》调整的劳动关系和工伤保险范围的,不适用本条规定。

(三)员工赔偿的经济作用

美国的员工赔偿是强制性的,同时员工放弃了对雇主的起诉权。这种体系是否有助于达到最优安全激励和最优赔偿的目的?

首先,我们要了解雇主支付员工的伤害赔偿,实际支付者是员工自己,雇主是从员工的工资中抵扣这些费用的,员工的工资将随着时间的推移而减少。当利润处于竞争水平时,雇主也不会用减少利润的方式来支付赔偿。他势必会减少员工数量,或提高产品价格,所以,从长期来看,伤害成本最终是由员工来支付的。既然这样,对工伤提供赔偿的最好模式是什么?

(1)无强制给付,无民事侵权责任。

①安全激励。在没有强制给付也没有民事侵权责任的社会中,雇主并非没有一点对安全进行投资的动力,这个动力主要来源于员工和公众。

如果员工对工作中的风险有充分的了解,相当多的风险厌恶者就会宁愿放弃一部分工资而选择安全性较高的工作,如果员工放弃工资的数额在雇主看来是合算的,那么雇主就会在安全方面进行投入。

但是,很多工作环境和可能的伤害原因很复杂,员工不一定能获得有关安全的足够信息。如果员工低估了风险,可能就会接受较低的安全水平,无补偿体系就会提供过少的安全性。因此,强制给付和民事侵权责任的一个作用就是避免出现这种情况。

除了来自员工的激励之外,由于较大的工伤事故可能会造成不利的公众影响,雇主对自身及公司声誉的重视也会促使雇主在安全方面进行考虑。

②赔偿。如果员工没有工伤保险，发生工伤后，他既无法得到强制的赔偿，也无法到法庭上起诉雇主，自己承担的损失可能非常大，这时赔偿显然是不充分的。

（2）无强制给付，有民事侵权责任。

①安全激励。如果雇主的工伤责任是一种过失责任，即当雇主因疏忽而导致员工在工作中受伤，雇主就会被起诉，负担员工的损失，此时，雇主的安全激励是充分的。

②赔偿。为了使雇主能有充分的安全激励，民事侵权责任的赔偿中包括了精神和痛苦损失，这实际上是放弃了最优赔偿的目标。如果员工自己有相应的健康保险和其他人身保险，民事侵权责任也不排斥这种其他来源的赔偿，所以，当雇主有过失时，赔偿是过度的，而当雇主没有过失时，员工就会败诉，赔偿就是不充分的。

③存在的问题。在无强制给付、有民事侵权责任的体系模式下，存在这些问题：第一，如果雇主没有过失，员工很可能得不到赔偿，而如果有强制给付，这种情况就不会发生；第二，通过民事侵权责任体系来解决问题，涉及一系列取证的抗辩问题，这会带来大量的法律成本，而强制给付则好得多。

（3）有强制给付，无民事侵权责任。

①安全激励。在强制给付下，一旦发生了工伤事故，雇主必须做出赔偿，所以雇主的安全激励是充分的。

②赔偿。美国的员工赔偿不包括痛苦和精神赔偿，虽然与民事侵权责任的安全激励相比，员工赔偿的激励要低一些，但其在赔偿方面更为合理，而且其争议的解决成本更低一些。

（4）有强制给付，有民事侵权责任。

①安全激励。既有强制给付也有民事侵权责任，是指如果出现工伤，员工既可以从强制给付中得到大部分货币赔偿，还可以通过诉讼获得另外一些货币赔偿及非货币赔偿。这为雇主提供了充分的安全激励。然而，员工还可能要求精神和痛苦赔偿，加之处罚性赔偿金会导致更大的不确定性，这些作用于雇主的安全激励上，可能导致它过分。

②赔偿。非货币赔偿和惩罚性赔偿违背了最优赔偿的原则，因此，如果雇主有过失，赔偿就是过分的。

第五节 责任保险

责任保险是指以保险客户的法律赔偿风险为承保对象的一类保险。它属于广义财产保险范围，适用于广义财产保险的一般经营理论，但又具有自己的独特内容和经营特点，从而成为一类可以独成体系的保险业务。

首先，责任保险与一般财产保险具有共同的性质，即都属于赔偿性保险。

其次，责任保险承保的风险是被保险人的法律风险。

最后，责任保险以被保险人在保险期内可能造成他人的利益损失为承保基础。

根据是否出立专门的保单,责任保险可以分为独立的责任保险和附加的责任保险两大类。独立的责任保险主要包括公众责任保险、产品责任保险、雇主责任保险、职业责任保险;附加的责任保险有船舶碰撞责任保险、飞机旅客责任保险、建筑和安装工程的第三者责任保险等。

一、责任保险的基本特征

责任保险与一般财产保险相比较,其共同点是均以大数法则为数理基础,经营原则一致,经营方式相近(除部分法定险种外),均是对被保险人经济利益损失进行补偿,同时责任保险又具备一些自身特征。

(一)责任保险产生与发展基础的特征

责任保险产生与发展最为直接的基础是人类社会进步带来的法制的健全与完善。此外,各种民事法律风险的客观存在和社会生产力达到一定的阶段也是责任保险产生与发展的基础。

(二)责任保险补偿对象的特征

尽管责任保险中承保人的赔款是支付给被保险人,但这种赔款实质上是对被保险人之外的受害方即第三者的补偿,因此责任保险是直接保障被保险人利益、间接保障受害人利益的一种双重保障机制。

(三)责任保险承保标的的特征

责任保险承保的是各种民事法律风险,没有实体标的。保险人在承保责任保险时,通常对每一种责任保险业务规定若干等级的赔偿限额,由被保险人自己选择,被保险人选定的赔偿限额便是保险人承担赔偿责任的最高限额,超过限额的经济赔偿责任只能由被保险人自行承担。

(四)责任保险承保方式的特征

责任保险的承保方式具有多样化的特征。在独立承保方式下,保险人签发专门的责任保险单,它与特定的物没有保险意义上的直接联系,而是完全独立操作的保险业务。在附加承保方式下:保险人签发责任保险单的前提是被保险人必须参加了一般的财产保险,即一般财产保险是主险,责任保险则是没有独立地位的附加险。在组合承保方式下,责任保险双方既不必签订单独的责任保险合同,也无须签发附加或特约条款,只需要参加该财产保险便使相应的责任风险得到了保险保障。

(五)责任保险赔偿处理中的特征

一是每一起责任保险赔案的出现,均以被保险人对第三方发生损害并依法应承担经济赔偿责任为前提条件,必然要涉及受害的第三者,而一般财产保险或人身保险赔案只是保险双方的事情;二是责任保险赔案的处理以法院的判决或执法部门的裁决为依据,从而需要更全面地运用法律制度,责任保险中因是由保险人代替致害人承担对受害人的赔偿责任,被保险人对各种责任事故处理的态度往往关系到保险人的利益,从而使保险人具有参与处理责任事故的权利;三是责任保险赔款最后并非归被保险人所有,而实质上是付给了受害方。

二、责任保险的类别

(一)公众责任保险

公众责任保险,又称普通责任保险或综合责任保险,它以被保险人的公众责任为承保对象,是责任保险中独立的、适用范围最为广泛的保险类别。

所谓公众责任,是指致害人在公众活动场所的过错行为致使他人的人身或财产遭受损害,依法应由致害人承担的对受害人的经济赔偿责任。公众责任的构成,以在法律上负有经济赔偿责任为前提,其法律依据是各国的民法及各种有关的单行法规制度。

此外,在一些非公众活动场所,如果公众在该场所受到了应当由致害人负责的损害,亦可以归属于公众责任,因此,各种公共设施场所如工厂、办公楼、学校、医院、商店、展览馆、动物园、宾馆、旅店、影剧院、运动场所及工程建设工地等,均存在着公众责任事故风险。这些场所的所有者、经营管理者等均需要通过投保公众责任保险来转嫁其责任。

对应于这些公众责任,公众责任保险又可以分为综合公共责任保险、场所责任保险、承包人责任保险、承运人责任保险。

(二)产品责任保险

产品责任保险,是指以产品制造者、销售者、维修者等的产品责任为承保风险的一种责任保险,而产品责任的界定又以各国的产品责任法律制度为基础。产品责任保险承保的产品责任,是以产品为具体指向物,以产品可能造成的对他人的财产损害为具体承保风险,以制造或能够影响产品责任事故发生的有关各方为被保险人的一种责任保险。

(三)职业责任保险

职业责任保险,是指各种专业技术人员因工作中的疏忽或过失,造成合同对方或他人遭受人身伤害或财产损失,依法应承担的经济赔偿责任为承保风险的一种责任保险。由于职业责任保险与特定的职业及其技术性工作密切相关,在国外又称为职业赔偿保险或业务过失责任保险。一般而言,职业责任保险是由提供各种专业技术服务的单位,如医院、会计师事务所、律师事务所等单位投保的团体业务。我国现已面世的职业责任保险主要有注册会计师职业责任保险、律师职业责任保险、美容师职业责任保险、董事责任保险等。

职业责任保险在保险业发达国家被广为接受,而在我国由于人们职业风险意识有限,配套法律法规缺失等原因,对职业责任保险问津者寥寥无几。如平安保险早在2001年就推出了董事责任保险,至今投保公司寥寥,而在欧洲超过90%的公司都投保了董事责任保险。其他如注册税务师、注册会计师职业责任保险、美容师职业责任保险等也都遭遇了冷场。

(四)雇主责任保险

雇主责任保险,是以被保险人(即雇主)的雇员以在受雇期间从事业务时遭受意外导致伤、残、死亡或患有与职业有关的职业性疾病而依法或根据雇佣合同应由被保险人承担的经济赔偿责任为承保风险的一种责任保险。

保险人所承担的责任风险将被保险人(雇主)的故意行为列为除外责任,主要承保由被保险人(雇主)的过失行为所致的损害赔偿,或者将无过失风险一起纳入保险责任范围。构成被保险人责任的前提条件是被保险人与雇员之间存在着直接的雇佣合同关系。

雇主责任保险的保险责任,包括在责任事故中雇主对雇员依法应负的经济赔偿责任和有关法律费用等,这种赔偿产生的原因主要是各种意外的工伤事故和职业病。

但下列原因导致的责任事故通常除外不保:一是战争、暴动、罢工、核风险等引起雇员的人身伤害;二是被保险人的故意行为或重大过失;三是被保险人对其承包人的雇员所负的经济赔偿责任;四是被保险人的合同项下的责任;五是被保险人的雇员因自己的故意行为导致的伤害;六是被保险人的雇员由于疾病、传染病、分娩、流产及由此而施行的内、外科手术所致的伤害等。

(五)附加的责任保险

附加的责任保险,是指从属于某种财产保险而不需要出立专门保单的保险,如从属于建筑与安装工程一切险的第三者责任保险等。

三、责任保险费率与赔偿

(1)责任保险费率,通常根据各种责任保险的风险大小及损失率的高低来确定。从总体上看,保险人在制定责任保险费率时,主要考虑的影响因素应当包括如下几项:

①被保险人的业务性质及其产生意外损害赔偿责任可能性的大小;

②法律制度对损害赔偿的规定;

③赔偿限额的高低。

此外,承保中区域的大小、每笔责任保险业务的量及同类责任保险业务的历史损失资料亦是保险人在制定责任保险费率时必须参照的依据。

(2)从责任保险的发展实践来看,赔偿限额作为保险人承担赔偿责任的最高限额,通常有以下几种类型:

①每次责任事故或同一原因引起的一系列责任事故的赔偿限额,它可以分为财产损失赔偿限额和人身伤亡赔偿限额。

②保险期内累计的赔偿限额,它可以分为累计的财产损失赔偿限额和累计的人身伤害赔偿限额。

③在某些情况下,保险人也将财产损失和人身伤亡两者合成一个限额,或者只规定每次事故和同一原因引起的一系列责任事故的赔偿限额而不规定累计赔偿限额。

在责任保险经营实践中,保险人除通过确定赔偿限额来明确自己的承保责任外,还通常有免赔额的规定,以此达到促使被保险人小心谨慎,防止发生事故和减少小额、零星赔款支出的目的。

【微视频】
产品责任及产
品责任保险

【第十四章小结】

【第十四章练习】

第十五章
人身风险管理

► **知识目标**

通过本章的学习,您可以了解或掌握

1.人身风险的定义。

2.人身风险的特征。

3.人身风险的分类。

4.不同人身风险的损失测算。

5.人身保险与人身风险。

6.人身风险管理的市场实践。

【案例导读】
面对病毒爆发,全
世界都没准备好

► **章节导图**

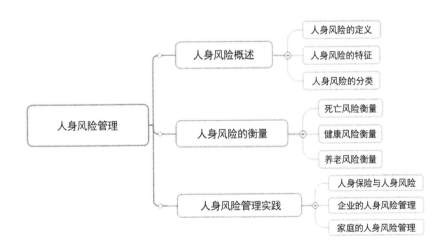

第一节　人身风险概述

一、人身风险的定义

"月有阴晴圆缺,人有旦夕祸福"是我们耳熟能详的一句话,这句话揭示了风险源于生活的道理,也提醒人们在漫长一生中遭遇各类风险的可能性。从而可知,风险具有客观性、必然性、普遍性和不确定性。但是通过对风险管理理论的理解和风险管理技术的掌握,人们在一定程度上可以控制风险。

本章我们讨论的风险为人身风险。什么是人身风险?人身风险是指在日常生活及经济活动过程中,人的生命或身体遭受各种形式的损害,从而造成人的经济生产能力降低或丧失的风险。其包括生命风险和健康程度风险,具体可细分为死亡、残疾、疾病、生育、年老等损失形态。

二、人身风险的特征

人身风险具有和风险一样的特征,是客观的、不确定的、普遍存在的,具有损失性。需要说明的是,死亡是人生命中必然发生的事,并无不确定性可言,但死亡发生的时间、造成死亡的原因却是不确定的;而健康风险则具有明显的不确定性,如伤残是否发生、疾病是否发生、其损害健康的程度大小等,均是不确定的。

我们之所以更关注人身风险,是因为与其他风险相比,人身风险是纯粹风险,只有损失的一面,而无获利的可能。对人身风险大小的衡量,实际上就是对生老病死残发生概率和造成损失大小的衡量。

三、人身风险的分类

人身风险可以分为死亡风险、失能风险、健康风险和失业风险。

(一)死亡风险

家庭成员的死亡对家庭产生的经济影响取决于该成员所提供的家庭收入或服务的多少,衡量损失常用的方法有生命价值法和家庭需求法。其中,生命价值法着重在评估个人供给遗族的收入或服务的价值;家庭需要法,则以估计个人在死亡、残疾、失业或退休后的额外收入为主。

(二)失能风险

失能是指意外伤害或疾病导致身体或精神上的损伤,造成部分或全部的工作能力受限,因而无法谋生。失去工作能力会致使收入中断,带来家庭丧失经济来源和庞大的医疗、看护费用支出等问题,其所形成的影响与伤害不见得会亚于死亡。而收入中断情形,往往是失能引起的。造成失能的原因大致可分为外来与内在两种。前者指的是意外事故(如车祸),后者指的是疾病(如肾脏病等需长期治疗的慢性疾病)。

国内外不少社会学者和保险界人士指出,对丧失工作能力的后果严重性应有足够的认识。他们认为,劳动者一旦丧失工作能力,他的收入中断与他已经死亡这两者所带来的后果毫无不同,在某种意义上说,这种"活着的死"要比真正的死更严重、更痛苦。如果一个人丧失了工作能力,那么由此产生的后果就不仅是他的家庭总收入减少,他的家庭总支出也必然会比以前增加许多,因为丧失工作能力的他将依靠家庭其他成员的收入来维持生活。倘若他的家庭其他成员没有任何收入来源的话,其后果则更不堪设想。

(三)健康风险

健康损失风险对个人及家庭产生的经济影响主要表现在收入损失和医疗费用风险两个方面。疾病风险是一种直接危及个人生存利益,可能给家庭造成严重危害的特殊风险。疾病会给个人生活和工作带来困难、造成损失,甚至让人失去生命。此外,疾病是无法回避的,且种类繁多,近年来重大疾病有患病年龄下降及疾病率上升的趋势,即使是正值花样年华的青壮年族群,也都可能因患癌症、肝病、肾衰竭等疾病,而使得年轻灿烂的生命骤然失色。

(四)失业风险

失业人员是指在法定劳动年龄内,有工作能力,无业,且要求就业而未能就业的人员。其中,将虽然从事一定社会劳动,但劳动报酬低于当地城市居民最低生活保障标准的,视同失业。家庭主要收入者失业意味着收入能力的中止或暂时中止,会影响家庭的经济安全,但其影响程度低于疾病和残疾。失业者一般可通过提高自身职业技能素质来创造就业条件、积极、主动地寻找或开辟新的就业岗位,抓住所有就业机会,尽快实现再就业。

第二节 人身风险的衡量

一、死亡风险衡量

死亡风险可以分为早逝风险和由于供养者的死亡而被供养者经济困难的风险两类。我们可以从两个维度来衡量死亡风险:一是死亡风险发生的概率;二是死亡风险发生造成的经济损失的大小。根据我国2019年国民经济和社会发展统计公报的数据,2019年年末全国内地总人口14亿人,比上年末增加467万人。全年出生人口1465万人,出生率为10.48‰;死亡人口998万人,死亡率为7.14‰;自然增长率为3.34‰。根据2010年第六次全国人口普查详细汇总资料计算,我国人口平均预期寿命达到74.83岁,比2000年的71.40岁提高3.43岁。从性别分布看,男性为72.38岁,女性为77.37岁,男女平均预期寿命之差与年前相比,由3.70岁扩大到4.99岁。2010年世界人口的平均预期寿命为69.60岁,其中高收入国家及地区为79.80岁,中等收入国家及地区为69.10岁。一般说来,平均预期寿命越高,提高速度越慢。但随着医药技术的发展和改善,一些平均预期寿命已处于较高水平的国家同期提高的速度也比较快,人口平均预期寿命的提高,是各年龄死亡率水平下降综合作用的结果,而婴儿死亡率的下降起着尤为重要的作用。2010年我国婴儿死亡率为13.93‰,比2000年的28.38‰下降14.45‰。

在衡量死亡对个人及家庭所造成的经济损失大小时,我们往往借鉴保险公司计算寿险保险金额的方法,主要有遗属需求法和生命价值法。其中,生命价值法是人们在购买寿险产品时确定购买保额值的方法,其计算出的生命价值,可以看成若发生死亡风险对家庭造成的经济损失。例如,陈先生今年30岁,假设其60岁退休,退休前年平均收入是15万元,平均每年有6万用于自我消费,剩余部分留给家人,即给家人9万元。那么,按生命价值法则(不考虑收入增长及贴现等因素),陈先生的生命价值是:(60岁−30岁)×(15万元−6万元)=270万元。

二、健康风险衡量

健康风险主要指生病及因此遭受经济损失或者丧失劳动能力的风险。据统计,我国2019年全年总诊疗人次[①]85.2亿,出院人数[②]2.7亿。国家卫生健康委发布的《2019年我国卫生健康事业发展统计公报》显示,2019年我国居民人均预期寿命由2018年的77.0岁提高到2019年的77.3岁,孕产妇死亡率从18.3/10万下降到17.8/10万,婴儿死亡率从6.1‰下降到5.6‰。2019年全国卫生总费用预计达65195.9亿元,其中:政府卫生支出17428.5亿元,占26.7%;社会卫生支出29278.0亿元,占44.9%;个人卫生支出18489.5亿元,占28.4%。人均卫生总费用4656.7元,卫生总费用占GDP百分比为6.6%。图15-2-1所示为2019年中国人健康状况大数据。

中国人健康大数据不容乐观,疾病总人口和发病率数据超乎你的想象

1	70%中国人有过劳死危险
2	76%白领亚健康
3	20%患慢性病
4	慢性病死亡率占86%
5	中年死亡的原因中22%是心脑血管病
6	1.6亿:血脂异常的有1.6亿人(含高血脂)
7	1亿:患高血脂的有1亿多人
8	2.7亿:中国高血压人口有2.7亿人
9	9240万:糖尿病患者达到9240万人
10	2亿:超重或者肥胖症患者有7000万~2亿人

图15-2-1 2019年中国人健康状况大数据

①总诊疗人次指所有诊疗工作的总人次数,包括门诊、急诊、出诊、预约诊疗、单项健康检查、健康咨询指导(不含健康讲座)人次。
②出院人数指报告期内所有住院后出院的人数,包括医嘱离院、医嘱转其他医疗机构、非医嘱离院、死亡及其他人数,不含家庭病床撤床人数。

通过住院费用的统计图,我们可以发现癌症患者的住院费用在2011年到2015年逐年递增,其中:肺癌患者的住院费用最高,接下来依次是结肠和直肠癌、胃癌的治疗费用,如图15-2-2所示。

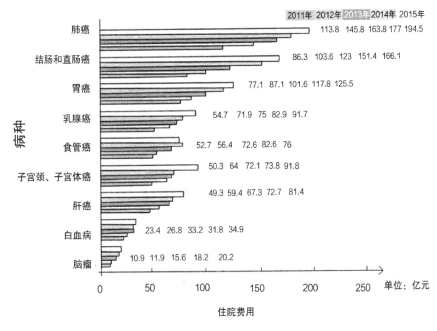

图15-2-2　2011—2015年住院费用统计图

三、养老风险衡量

　　养老风险主要是指因为年老而丧失劳动能力的风险。养老风险的日益累积与全球老龄化程度不断加深密不可分。人口老龄化是当前许多发达国家所面临的难题,只有充满活力而年轻的劳动力才可以创造繁荣的经济。一个国家,如果老年人过多而可以提供劳动力的年轻人太少,就容易影响国内经济水平甚至引发经济危机。但很多发达国家因为人民生活水平高,思想前卫,缺乏养儿防老的心理认知,所以国民的生育意愿普遍不高,人口老龄化已成为了许多国家发展过程中的通病。近30年来,随着老年人口的数量不断增加,中国也迈入了老龄化社会。为此,我国分别在2014年、2015年、2016年相继调整生育政策,但是与专家预料不一致的是在全面开放二孩政策以后,2017年出生的人口依然比2016年减少63万,这就意味着我国老龄化程度还在继续加深。

　　与欧美发达国家的人口老龄化不同,我国的人口老龄化有着鲜明的中国特色。第一,绝对数量大,发展态势迅猛。世界老年人口总数的20%都被我国老年人口所占据,老年人口年均增长率约为总人口增长率的5倍,从2011年到2015年全国60岁以上的老年人由1.78亿增加到2.21亿,老年人口的比重由13.3%增加至16%。第二,地区间发展不均衡,城乡倒置。一方面,20世纪70年代受少生优生、晚婚晚育的计划政策影响,城镇生育率比农村生育率低;另一方面,农村大量年轻劳动力去往一线二线城市发展,农村老年人口增多,尤其空巢老人和独居老人居多,农村老龄化越来越严重,这些因素导致人口老龄化地区间发展不平衡。第三,高龄化趋势加强,我国每年新增100万高龄老年人口这种大幅度增长的态势,将一直持续到2025年。第四，独居老人和空巢老人增速加快，由于家庭模式小型化，加之城市生活节奏加快，年轻子女陪伴父母的时间越来越少，我国传统的家庭养老功能正在逐渐弱化。

我国人口老龄化的这些特点导致了很多社会问题。第一，对老年人身心健康产生不利的影响，这当中包括生活自理的问题、健康问题、心理问题；第二，人口老龄化使家庭养老问题突出，解决中国老龄化的问题需要各方努力，需要国家、社会、家庭的相互结合；第三，老龄化进一步加重了我国的经济负担，2017年12月人事部的社保报告显示，2016年黑龙江养老保险收不抵支，扣除2015年结余的88亿元，总欠账达到了232亿元，成为全国首个养老金结余被花光的省份；第四，老龄化对社会稳定产生影响，城镇化进程使我国农村的劳动力转移到城市，在弥补了城市劳动力缺乏的同时也给城市带来了巨大的压力，例如资源紧张、就业压力、社会保障压力等，由于农村生产力的大量转移，农村生产匮乏，呈现严重空巢现象；第五，人口老龄化还对我国的一些文化产生影响，尤其给孝道和尊老思想带来了不小的冲击。

第三节　人身风险管理实践

一、人身保险与人身风险

人身保险经历了漫长的发展历程，有着丰富的思想基础及操作实践。自然界和人类社会中存在着各种各样的风险，人身风险只是其中的一小部分，然而它对人类的生存与发展的影响却是巨大的。我们发现风险和保险之间是互相促进、互相制约的关系。保险人丰富的风险管理经验能够促进被保险人的风险管理，完善风险管理的实践，而被保险人风险管理的加强和完善反过来会促进保险业的健康稳定发展。

（一）人身保险的特征

1.保险标的的不可估价性

人身保险的保险标的是人的生命或身体，不具有商品性质，因此不能用货币来衡量其实际价值的高低，即存在不可估价性。

2.保险金的定额给付性

在人身保险中，当保险事故发生后，其损失金额除医疗费支出可以估价外，其余均无法估价。因此，人身保险金额给付除医疗费用外，均采用定额给付方式。

在人身保险中，若发生第三方造成被保险人死亡、伤残等事故，则保险人和第三方应各自分别对被保险人承担责任。保险人依据定额保险金额给付保险金，第三方依据民事损害赔偿的规定支付赔偿金。因此，代位追偿原则不适用于人身保险。

3.保险利益的特殊性

人身保险只要求有保险利益,而对保险利益没有金额的规定。此外,在人身保险中,只要求投保人在投保时对被保险人具有保险利益,此后即使保险利益发生变化,也并不影响保险合同的效力和保险人给付保险金的条件,发生保险事故后,保险人仍要给付保险金。

4.储蓄性

人身保险不仅能提供经济保障,而且大多数人身保险还兼有储蓄性质。长期寿险纯保险费中的大部分是用来提存准备金的,它是保险人的负债,如同储蓄存款一样。

5.保险期限相对较长

在人身保险中,虽然期限长短不一,但有相当一部分属于长期合同,特别是人寿保险合同,短则三五年,长则十几年甚至几十年。

(二)人身保险的分类

1.按保障范围,人身保险可分为人寿保险、人身意外伤害险、健康保险

人寿保险是以人的生命为保险标的,它是人身保险主要的和基本的险种,占全部人身保险业务的绝大部分。

人身意外伤害保险是以被保险人遭受意外伤害事故造成的死亡或残废为保险事故的人身保险。其特点是保费较低,保单不具备现金价值。

健康保险是以被保险人因意外事故、疾病、生育所致的医疗费支出和工作能力丧失、收入减少为保险事故的人身保险。

2.按实施方式,人身保险可分为自愿保险和强制保险

自愿保险是投保人和保险人依照平等互利的原则,自愿签订保险合同而形成的保险关系。在这里,保险人可以选择被保险人,投保人在一定条件下有退保的权利。

强制保险又称法定保险,它是基于国家有关法律或有关规定而形成的保险关系。

3.按能否分红,人身保险可分为分红保险和不分红保险

分红保险是指保险人将其经营成果的一部分每隔一定时期,以一定的方式分配给保单所有人。其费率一般高于不分红保险。保单所有人所得红利的高低,取决于保险公司的经营业绩。当保险公司取得利润时,把一部分利润以红利方式分配给保单所有人;当保险公司发生亏损时,则会减少或不做红利分配。

与分红保险相对,不分红保险是指投保人不分享保险公司的经营业绩,保单所有人所获得的保险利益与保险公司的效益无关。其费率一般低于分红保险。

4.按风险程度,人身保险可分为标准体保险和次健体保险

标准体保险(Standard Insurance)又称为强体或健康体保险,是指被保险人身体、职业、道德等方面没有明显的缺陷,可用正常费率来承保。标准体保险是可以用正常费率来承保的人身保险。人身保险的大部分险种都属于这种保险。

次健体保险(Substandard Insurance)又称为弱体、非标准体保险,是指被保险人的身体、职业、道德等方面有明显的缺陷,其风险程度超过了标准体风险程度,只能用特殊条件加以承保。次健体保险也就是不能用正常费率来承保的人身保险。

二、企业的人身风险管理

对于企业来讲,人身风险又称为人力资本损失风险,是指由于个人的死亡、疾病、年老退休或失业等原因而造成的损失的不确定性。人力资本是企业除资产(实物资产和金融资产)之外的又一生产性资源,员工的伤病死亡,不仅影响其工作能力,也影响家庭生计。另外,常见的人力资本损失风险可以分为三类:生命相关的风险、健康相关的风险、收入损失相关的风险。

(一)人力资本损失原因分析

造成人力资本损失的原因大致可以分为三类:过早死亡、健康状况恶化、失业或退休。

【延伸阅读】
美国遭遇空前
失业潮

1.过早死亡

对于一个企业来讲,过早死亡是指一个受雇于他人或自己拥有的一家企业中的关键人员的死亡,由于其在公司中起着不可替代的关键作用,这样的关键人员的过早死亡会给企业产生不利冲击。

2.健康状况恶化

导致个人健康状况恶化的原因很复杂,它可能是意外事故,也有可能是家族遗传基因、个人体质、饮食习惯、生活环境甚至文化因素。

【案例讨论】
用弹性延迟退休
缓解养老金压力

3.失业或退休

除了过早死亡和健康状况恶化会引起人力资本损失外,失业和退休也会导致收入损失。

经济学家常将失业定义为在一定劳动年龄范围内,有劳动能力和劳动意愿的人口没有就业机会的经济现象。失业给那些没有足够储蓄,并且过度依赖工作收入养家糊口的家庭带来巨大的风险暴露。

和失业造成的收入损失相比,人们似乎更容易忽视年老退休带来的损失风险。而实际上,老年人的收入会大大减少,有的甚至完全没有收入,但是老年人的支出不会随之减少。

(二)人力资本损失价值评估

1.过早死亡损失的计价

第一种方法是生命价值法。

例如,某人30岁时,每年可挣得50 000元,假设他的收入预计以每年10%的速度递增,估计他每年的税收支出约占总收入的20%,并且每年总收入的30%左右将用于个人生活费用支出。如果他打算工作到65岁,则根据上述假设条件以年利率6%计算的生命价值等于1759781元[①](详细计算见表15-3-1)。

---

①陈凯.用弹性延迟退休缓解养老金压力[N].中国银行保险报,2020-06-12(006).

表15-3-1 生命价值计算例表

(1)	(2)	(3)	(4)	(5)
年龄	总收入	扣除税收及费用后净收入	以年利率6%计算的现值因子	净收入现值[(3)×(4)]
30	50000	25000	1.00000	25000
31	55000	27500	0.94340	25943
32	60500	30250	0.89000	26922
33	66550	33275	0.83962	27938
34	73205	36603	0.79209	28993
35	80526	40263	0.74726	30087
36	88578	44289	0.70496	31222
37	97436	48718	0.66506	32400
38	107179	53590	0.62741	33623
39	117897	58949	0.59190	34892
40	129687	64844	0.55839	36208
…	…	…	…	…
60	872470	436235	0.17411	75953
61	959717	479859	0.16425	78819
62	1055689	527844	0.15496	81793
63	1161258	580629	0.14619	84880
64	1277383	638692	0.13791	88083

另一种估计人力资本损失的方法称为需求法(needs approach)。这是一种寿险公司度量家庭寿险需求较为常用的方法。需求法估计的是雇员家属为保持当前的生活水平所需收入的现值,它不需要考虑雇员的收入,只需要考虑家属的正常支出,以及这种正常支出如何受员工死亡的影响。主要包括:个人死亡后所产生的丧葬费用支出;维持健在者正常生计的需要,包括幸存子女、配偶和其他健在的被抚养者(如年老双亲)的潜在需要;偿还雇员死前所遗留下来的各类债务,如住房贷款、汽车贷款等。

2.健康损失的计价

健康问题导致的损失大致可以分为两类:一是因伤病增加的医疗费用和住院费用,称为额外费用损失(extra expenses loss);二是因为伤病收入中断或减少,称为收入能力损失(earning power loss)。

(三)人力资本管理的必要性

人力资本管理最基本的作用就是降低企业的人力成本。人力资本管理并不是如人力资源管理一样去缩减人力成本,而是通过一种对人力的投资来达到降低人力成本目的的方式。简单来说,我们根据企业的战略发展定位对现有的员工进行技能培训,使员工已经具备胜任新工作或新岗位的能力,这正是人力资本管理通过将员工转换成一种资本,通过对员工这种资本的投资,使企业在未来获得回报,达到降低企业成本的目的。

不仅如此,人力资本管理可以提高员工对于企业的满意度和忠诚度。技术的进步和经济的增长创造了更多对复杂的高技术工作的需求,从而使得企业对高技术人才的需求加大,伴随着全球化和人才争夺的兴起,全球人才的竞争也进一步加剧。同时,由于劳动力老龄化、科技进步和对职业技能培训与教育的投资缺乏,可用的技术性劳动力在减少,技能空缺不断地被加大。企业在雇用员工、保留员工、提高生产力和提高业务绩效上面临长时间的困境。一个关键岗位员工的流失、一个关键岗位长时间空缺意味着企业将丧失前期的大量投入和成本,同时还要面临业务被竞争对手获得的风险。人力资本管理将企业的员工拧成一股绳,通过职业开发、员工核心能力开发、沟通和绩效管理等方式,提升员工对于企业的满意度和忠诚度,使得企业能够避免过多的损失。

合理有效地针对中小企业存在的人身风险进行管理,对中小企业发展具有十分重要的意义。

(1)提高中小企业竞争力。

中小企业在招聘时,雇主许诺的福利待遇比其竞争者更有吸引力时,往往可以吸引优秀的人才。团体人身保险作为员工福利计划的重要组成部分,是健全人力资源管理的有力保障,可以提高中小企业的竞争力,帮助中小企业吸引和留住优秀的雇员。

(2)有利于中小企业降低运作成本,促进财务稳健。

中小企业承担着提供社会福利和保障的职责,通过购买团体人身保险可以弥补社会保障的不足。对中小企业的某些风险进行合理转嫁,避免资金的管理漏洞和浪费,有利于中小企业降低成本,合理运用和节约资金,使中小企业减轻负担,轻装上阵。员工福利计划就是未雨绸缪,能够帮助中小企业建立财务平滑机制,为中小企业健康发展服务。

(3)有利于中小企业减轻税负,形成良性的分配机制。

企业在缴纳商业养老保险时,保险费在工资总额4%之内的部分可以税前列支;企业为职工购买的补充医疗保险,保费在工资总额4%以内的部分,从职工福利费中列支,福利费不足列支的部分,经市财政、税务部门核准后列入成本。这些政策实际上是对中小企业建立补充养老保险和补充医疗保险所出资部分实行一定额度的免税。另外,团体人身保险有利于中小企业形成良性的分配机制。

(4)提高员工的工作积极性和劳动生产率。

对在职员工提供医疗保险、人身意外伤害保险及退休后的养老保险等方面的保障,可以减少员工对于自己经济状况的忧虑,有效地调动员工的工作积极性,培养对企业的忠诚,减少流动性,鼓励为企业长期服务,从而提高劳动生产率。

(5)增强中小企业的凝聚力和向心力,提高领导威信。

以团体保障为核心的员工福利计划可以使员工老有所养、病有所医,对中小企业起到了"稳定器"的作用,同时,也是中小企业人事制度和财务制度的重要环节。中小企业可以根据员工的去留、晋升等因素,对保障的程度进行调整,以满足人力资源管理的需要。操作这样的员工福利计划,不仅需要优质的保险服务,更需要团体、单位、决策人物的远见卓识和魄力。操作得好,领导受员工拥护,威信提高,从而增强中小企业的凝聚力和向心力,这正是科学管理要达到的目的。可见,在很多情况下,以团体人身保险为核心的员工福利计划可以起到其他福利

【延伸阅读】
福利回归本质,
为员工满意出发

待遇无法替代的作用。

三、家庭的人身风险管理

(一)家庭人身风险的识别和衡量

一般人身风险的识别和衡量所使用的方法和第四、第五章中的描述相类似。对家庭而言,人身风险主要是:家庭收入来源的损害、人身意外伤害及疾病造成的额外费用的增加。

通常来说,家庭人身风险的衡量可以通过保险设计完成。其步骤如下:

首先,分析整个家庭的需求,并按照需求的迫切性进行顺序排列。一般家庭的需求可分为七项:①基本生活费用;②抚养子女的费用;③家庭成员的意外保险保障;④养老的生存年金;⑤抵押债务;⑥子女教育基金;⑦紧急情况花费。

其次,估计能够满足家庭人身需求的财务来源。一般来讲,家庭的收入来源有:①工资薪金,包括工资、奖金、津贴、补贴、以现金发放的劳保福利、医疗费;②其他与社会工作角色相关的收入,例如兼职收入、自谋职业收入、偶然所得、其他通过劳动所得的合法收入;③家庭进行金融投资所得,例如存款及利息、有价证券及红利;④家庭进行实业投资所得,例如生产、经营所得和对企事业单位承包、承租经营所得。

最后,决定采取何种风险管理方法。这就涉及风险管理决策的内容,需要家庭成员根据家庭风险管理的具体目标,合理地选择风险处理的技术和手段。每个家庭的风险管理目标不同,每个家庭的风险承受能力不同,加之任何风险管理手段或多或少会产生成本,不同的家庭在面临同种风险时采用的方法往往不相同。

(二)家庭人身风险的应对

在处理家庭人身风险时,借助家庭内部和家庭亲戚的帮助是非常传统的方式。风险自留和损失控制是另外两种运用较多的风险管理技术。

1.风险自留

自留家庭人身风险是通过一些预先的财力和心理准备来应对将来可能发生的收入损失和医疗费用的额外支出。显然,风险自留不能处理所有的家庭人身风险,如长期的收入损失、巨额的医疗费用支出等,只能用来对付短期收入损失、较少的医疗费用支出及为退休做长期准备。储蓄(平时的积累)是最典型的风险自留形式。

2.损失控制

这里的损失控制,是指家庭成员有意识地防止或减少人身风险事故的发生及相关风险发生后的经济损失控制。根据之前篇章的描述,损失控制有两方面的含义:在损失发生之前全面地消除损失产生的根源,并尽量降低致损事故发生的概率;在损失发生后减轻损失程度。根据风险管理的目标,损失控制的目的在于最大限度地降低致损事故发生的概率和减小损失幅度。

所以,人身风险的损失控制最重要的就是要保证家庭成员的人身安全与身体健康,对有可能会威胁安全和健康的不利因素进行及时处理。一般来讲,家庭成员每年安排体检及了解保健知识是十分必要的。但是,人身风险是无法完全依靠损失控制来处理的,因为这类措施及其效果在不同的家庭中会有很大的差异,毕竟不同家庭成员的身体素质各异,不同家庭的生活习性、遗传特性等也不一样。

3.风险转移

风险转移是指企业或个人为避免承担风险损失,而有意识地将损失或与损失有关的财务后果转嫁给其他单位或个人的风险管理方法。这种以转移风险成本为特征的财务处理方法包括非保险转移和保险转移。

非保险转移往往是通过订立经济合同,将损失与损失有关的财务后果转移给其他单位或个人。一般适用于企业风险管理,经济单位在从事经济活动过程中,可以利用合同条款等将有关活动的潜在风险损失转移给他人承担。非保险转移的优点在于应用范围很广、费用低廉、灵活性强。但是值得注意的是,非保险转移会受到法律的限制,某些风险根本无法通过非保险转移方法来处理。

从风险管理角度来说,家庭人身风险的管理比较适用保险转移。因为保险转移是以保险费为条件的,转移之前就发生了风险处理成本,所以,考虑保险转移时,应充分考虑保险转移的成本问题。

(三)家庭保险规划

我们以一个三口之家为例来考虑家庭风险管理的规划,设计的顺序可以如下安排。

第一步:为什么要买保险? 给谁买?

了解家庭所追求的美好生活和自己可能有的担忧,清楚保险能帮自己解决什么问题,买给最需要的人。

第二步:需要转移什么风险? 哪些保险能起到作用?

从目前个人及家庭所面对的风险缺口开始梳理,对自身实际保障需求有清晰的了解,确定自己所需保险类型,找到保险中当下最适合自己的保障型险种。

第三步:家庭成员各自承担的角色,具有哪些责任? 需要多少保额?

对个人及家庭的财务情况进行系统梳理,清楚各自的家庭责任,明确各险种所需的保障额度,确保风险发生时能够获得足够的保障。

第四步:家庭经济实力如何? 适合花多少钱买保险?

让预算决定具体的保险产品,而不是让产品去决定保费预算。制定合理的保险预算,不能让保费成为负担。

第五步:什么是家庭的主要风险? 请认真排序。

根据个人及家庭所处人生阶段的特征,合理安排保险产品的投保顺序,给个人及家庭建立起系统和全面的保障。

根据家庭生命周期理论,三口之家的风险需求特征有以下六个方面:①收入稳定,希望生活安定;②家庭财产较多,要求保全;③储蓄增加,有投资需求;④赡养老人、抚养子女的责任较重;⑤身体渐渐开始出现疾病;⑥注重感情和家庭和睦。从保险配置的角度来说,这个阶段是最好的保障配置时段,过早,需求不全面,过晚,因保费上涨太多而失去性价比。

处于这一时期,家庭寿险、重疾险和意外险是最佳的保障配置。对于三口之家来说,保险保障的配置顺序如下：①家庭支柱的定期寿险（如夫妻收入相近就都需要）；②一家三口的重大疾病险；③一家两口的意外险（小朋友非必须）；④非经济支柱（另一半）的寿险；⑤全家的医疗险（如产品合适且有预算）。

三口之家的小朋友是否需要配置保险？如果大人的保障已经比较完善，那么可以花一些不多的钱，给小朋友配置一些保险。从转移风险和保障的角度，给孩子买保险可以首选保障足、保费少、性价比高的消费型少儿重疾险。

▶ **实例15-3-1**

张某，42岁，月工资8000元，享有社保，个人养老账户余额8万元；妻子39岁，家庭妇女，无固定收入；儿子13岁。三人目前月生活费3500元。张某父亲65岁，母亲60岁，均依靠张某每月寄钱600元。张某家有15万元存款和10万元股票。2000年花60万元购入一商品房用于出租，房租月收入2000元。该房目前还有38万元贷款本利没有还清。假定生活费每年上涨3%，并且退休准备金投资收益率为5%，张某应该购买多少寿险来保障家人？

解答：

张某一家的现金流充裕，财务情况良好，但由于张某是全家唯一的经济支柱，潜伏很大的风险，张某应该以自己为被保险人购买寿险，来保障家人未来生活幸福平安，具体计算如下：

第一步：计算家庭生活保障需求。

1. 偿还债务备用金需求 = 38万元（房贷本利）；

2. 丧葬善后等其他费用 = 5000元；

3. 儿子教育备用金需求 = 10万元；

4. 遗属必要生活备用金需求 = 张太太的生活费用（预备30年） + 小张大学毕业前的生活费用（预备9年） + 张先生父母的生活费用（根据评价寿命预备15年），经过测算，遗属必要生活备用金总需求94万元左右。

这一部分总保障需求金额为142.5万元。

第二步：计算家庭生活保障已有资源。

1. 个人养老账户余额8万元；

2. 股票10万元；

3. 房产投资22万元；

4. 丧葬补助和一次性抚恤金1万元；

5. 家庭存款15万元。

综合上述5个部分，张先生的家庭生活保障已有资源总计56万元。

第三步：计算家庭生活保障净需求。

家庭生活保障净需求 = 家庭生活保障需求 − 家庭生活保障已有资源 = 142.5万元 − 56万元 = 86.5万元

因此，根据测算结果，为了确保家人未来生活幸福平安，张先生现在应购买大约88万元保险金额的人寿保险。

【微视频】
企业人身风险
分析

【第十五章小结】

【第十五章练习】

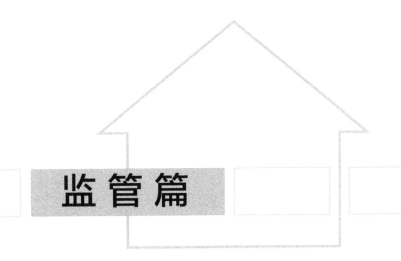

监管篇

第十六章
金融监管

【案例导读】
2007 年美国次
贷危机

309

章节导图

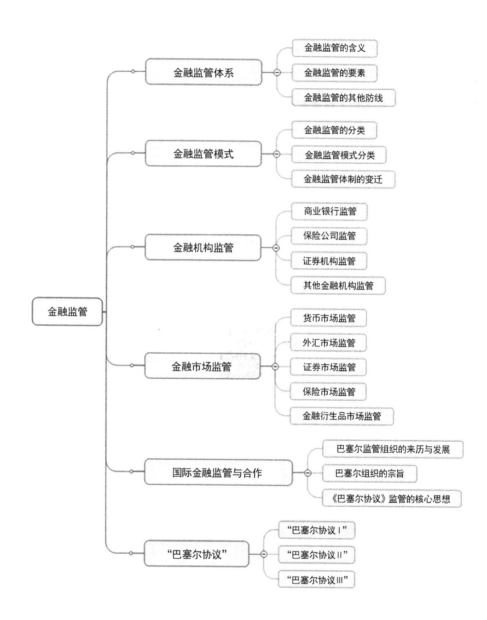

第一节　金融监管体系

一、金融监管的含义

金融在市场资源配置中起着重要作用,金融安全是一个国家经济安全的核心。金融机构和金融市场具有内在脆弱性,外加金融资产价格的波动性和金融风险的传染性,极易引发金融危机。实施金融监管不仅有利于维护金融市场稳定,防范金融风险,同时也有利于维护社会信用活动的良性运转,以及一国货币政策的有效执行。

金融监管是指一个国家(地区)的中央银行或其他金融监督管理当局依据国家法律法规的授权,对金融业实施监督管理。金融监管有狭义和广义之分,前者仅包括一国(地区)中央银行或其他金融监管当局对金融体系的监管,后者还包括金融机构的内部控制、同业自律性组织(如行业协会)的监管、社会中介组织(如会计事务所)的监管等。

二、金融监管的要素

金融监管体系包括以下四个基本要素:第一,谁来监管,即监管的主体(监管当局);第二,监管谁,即监管的客体(监管对象);第三,监管什么,即监管的内容;第四,怎么监管,即监管手段(各种监管方式、方法)。

(一)金融监管主体

金融监管当局是依法对金融业实施监督与管理的政府机构,是金融业监督和管理的主体。金融监管是政府行为,其目的是维护公众对金融体系的信心,控制金融体系风险,提升金融系统运作效率,为国民经济和社会发展创造一个稳定的金融环境。目前,各国采取不同的监管模式,因此各国的金融监管当局各不相同,但中央银行一般都承担着重要的监管角色。为了更有效地实施监管,许多国家从中央银行分离出更多的监管职能,并设置专门的监管机构。例如,在我国,1984年至1991年中国人民银行作为中央银行对金融业实施统一监管;1992年设立中国证券监督管理委员会,实施证券监管职能;1998年设立中国保险监督管理委员会,实施保险监管职能;2003年设立中国银行业监督管理委员会,实施银行监管职能;2017年成立国务院金融稳定发展委员会,旨在维护金融稳定与发展;2018年整合银监会和保监会,组建中国银行保险监督管理委员会。

(二)金融监管客体

金融监管的对象,即被监管者,是专门从事金融业经营和投资活动的企业、组织、单位和个人,主要包括银行业监管对象、证券期货业监管对象和保险业监管对象三大类。

第一,银行业监管对象。银行业监管对象是从事商业银行业务的金融机构,不管其称谓如何,凡是吸收存款、发放贷款、办理资金清算、信托投资、财务管理、参与货币市场融资交易活动等的机构都是银行业的监管对象。这些机构包括商业银行、政策性银行、信用合作机构、专业储蓄机构、专业信贷机构、信托投资公司、财务公司、金融租赁公司、典当行等。如果其他非银行性金融机构参与货币市场融资和交易活动,如保险公司、证券公司等,也将作为银行业特定的监管对象。

第二,证券期货业监管对象。证券业监管的对象是从事证券融资和交易活动的企业、机构与个人,期货业监管的对象是从事期货投资交易活动的企业、机构和个人。另外,提供证券和期货交易场所的组织机构也是重要的监管对象。证券类监管对象主要包括经纪公司、上市公司、投资基金、投资者和证券交易所等。期货类监管对象主要包括期货经纪公司、期货投资者、期货交易所及其附属储备库等。

第三,保险业监管对象。保险业监管对象是从事保险经营和投资保险的企业、机构和个人,主要包括保险公司、人寿保险基金等。

(三)金融监管内容

从监管的主要内容或范围看,主要分为市场准入监管、业务运营监管和市场退出监管三个方面。

第一,市场准入监管。市场准入监管是指政府行政管理部门按照市场运行规则设立或准许某一行业及其所属机构进入市场的一种管制行为。金融机构的设立申请一般包括三个条件:一是注册资本(营运资本),主要监管资本充足率指标;二是具有素质较高的管理人员;三是具有最低限度的认缴资本额。对新设金融机构的审批,即是市场准入。

第二,业务运营监管。实践表明,金融风险大多发生在金融机构的经营活动中。金融机构业务运营活动面临着各种各样的风险,并且贯穿日常业务运营过程的每个环节。因此,金融机构经批准开业后,还要对其业务运营过程进行有效的监管,以便更好地实现监控目标的要求。业务运营监管是对金融机构的各项经营行为的监管。对金融机构业务运营监管的具体内容是根据其业务经营情况的特点而实施的。虽然各国金融监管部门并不完全相同,但其监管内容通常体现在保证金融机构经营安全性、流动性、营利性三个方面。近年来,随着各种金融创新的发展,监管的要求越来越高,内容也越来越复杂,监管方式也在不断地修订和完善。目前,我国对金融机构业务运营的监管主要包括:业务经营的合法合规性,资本充足性,资产质量的稳妥可靠性、流动性、营利性,内部管理水平和内控制度的健全性。

第三,市场退出监管。市场退出监管是指监管当局对金融机构退出金融业、破产倒闭或合(兼)并、变更等的管理。金融机构退出市场,表明该金融机构已经停止经营金融业务,依法处理其债权债务,分配剩余财产,注销工商登记,其最终结果是该金融机构法人资格的灭失。金融机构市场退出的原因和方式可以分为两类:主动退出和被动退出。主动退出指金融机构因为分立、合并或者出现公司章程规定的事由需要解散,因而退出市场,主要特点是主动地自行要求解散。被动退出则指由于法定的理由,如由法院宣布破产或因严重违规、资不抵债等原因,中央银行将金融机构依法关闭,取消其经营金融业务的资格,金融机构被迫退出市场。被动退出监管主要考核支付存款本金和利息的债务清偿额(比例)指标等,包括六个方面:接管、收购、分立或合作、解散、吊销经营许可证、破产。

(四)金融监管手段

金融监管的手段,是指金融监管主体为实现金融监管目标而针对金融监管客体采取的各种监管方式、方法和措施。从世界各国的金融监管实践来看,金融监管主体主要是通过法律手段、行政手段和经济手段来对金融活动实施监管。

三、金融监管的其他防线

各国金融监管的实践表明,要对金融业实施有效的监管,仅仅依靠政府监管当局的监管是远远不够的,除了建立政府监管这一道防线之外,实施金融监管还需要建立其他监管防线作为补充和配合,这些防线包括金融业的内部控制,以及行业自律、市场约束和存款保险制度等。金融机构内部控制在第八章中已有阐述,这里主要介绍行业自律、市场约束和存款保险制度。

(一)行业自律

成立金融业自律组织是各国加强金融业行业自律和服务的普遍做法。金融业自律组织一般由金融业同业自愿组成,以谋取和增进全体会员机构的共同利益为宗旨。由于金融市场主体众多,竞争激烈,容易出现部分金融机构缺乏自律意识,为追逐利益,盲目竞争、冒险经营甚至违规操作的情况,进而加大整个金融系统的风险。建立行业自律组织,可以督促会员机构自觉执行国家金融法律法规和规章,协调金融同业在竞争和发展中的关系,从而为金融业的发展创建一个公平、合理、规范的竞争秩序。尤其在一些法律体系及政策配套不健全、金融市场不成熟的国家,行业自律组织的作用更加突出。

(二)市场约束

市场机制的约束和淘汰作用是保证整个金融体系长期稳健运行的必要条件,是现代金融监管体系中不可或缺的一个组成部分。市场约束(market discipline)是指通过信息披露的方式由金融机构赖以生存的市场和客户来约束其经营行为,影响金融机构的市场份额,以迫使金融机构努力提高经营管理水平和竞争能力,维持整个金融业的稳健运行。信息披露是对金融机构实施监督的重要环节,而公开的信息披露使市场得以发挥约束作用。规范信息披露并增加透明度,有利于金融市场的高效运转及市场参与各方实施有效的监督。在《巴塞尔协议Ⅱ》中,市场约束与最低资本规定、监管部门的监督检查并称为商业银行监管的"三大支柱"。

(三)存款保险制度

存款保险制度是为了保护存款人的合法利益,维护金融体系的安全与稳定,设立专门的存款保险机构,规定经办存款的金融机构必须或自愿根据存款额大小按一定的费率向存款保险机构投保,当投保的存款机构出现经营危机或陷入破产境地时,由存款保险机构向其提供流动性支持或直接向存款人支付部分或全部存款的一种制度。我国于2015年5月1

日起正式实施存款保险制度。

到目前为止,从已经实行存款保险制度的国家来看,有三种具体组织形式:一是官方建立存款保险机构,如美国、英国、加拿大等;二是由官方和银行界共同建立存款保险机构,如日本、比利时等;三是在官方的支持下,由银行同业合建存款保险机构,如德国、法国、荷兰等。实行正式存款保险制度的国家,都建立了存款保险基金。我国的存款保险制度属于第一种,其存款保险基金存放在中国人民银行。

【微视频】
金融监管体系
和监管模式

第二节　金融监管模式

一、金融监管的分类

金融监管主要分为两种类型:机构监管和功能监管。

(一)机构监管

机构监管(institutional regulation 或 entity regulation)是指将类型作为划分不同监管者之间权限的依据,同一类型金融机构均由特定的监管者监管,例如由银监会负责监管商业银行和信托投资公司,证监会则负责监管证券公司和基金管理公司,保监会监管保险公司。在这样的体制下,监管者权力行使的指向主要是金融机构本身,而不是针对金融机构的某项业务或某种产品。对银监会而言,只要是商业银行的经营活动,都被纳入其监管范围之内,而不问商业银行的具体业务或产品在法律定性上属于存贷款业务还是证券业务(最典型的就是银行理财产品)。

在分业经营的格局下,机构监管模式可以较好地确保各金融监管部门守土有责。然而这样的一种"铁路警察,各管一段"的监管体制无法适应事实上已经处于混业经营状态(例如:已经出现大量的金融控股公司及大量的跨市场金融产品)的中国金融市场,极易滋生"监管套利"(例如:各监管部门对资管产品的监管要求不一从而导致金融机构通过层层嵌套等方式来规避监管)或者"监管空白"(例如:非持牌机构所发行金融产品的监管责任主体不明确)等问题。

(二)功能监管

功能监管(functional regulation)是按照经营业务的性质来划分监管对象,如将金融业务划分为银行业务、证券业务和保险业务,监管机构针对业务进行监管,而不管从事这些业务的机构性质如何。其主张依据金融体系的基本功能来设计监管制度,实现对金融业跨产品、跨机构、跨市场的协调。

功能监管的优势在于:监管的协调性高,对监管中发现的问题能够及时处理和解决;金融机构资产组合总体风险容易判断;可以避免重复和交叉监管现象的出现。

二、金融监管模式分类

(一)分业监管模式

分业监管模式,也称分头监管模式,在银行、证券和保险领域内分别设置独立的监管机构,专门负责本领域的监管,包括审慎监管和业务监管。实行分业监管模式的代表性国家有德国、波兰,2018年机构改革前中国的"一行三会"模式也是分业监管模式。

(二)集中监管模式

集中监管模式,也称为统一监管模式,或混业监管模式,只设一个统一的金融监管机构,对金融机构、金融市场和金融业务进行全面监管。监管机构可能是中央银行,也可能是其他专设监管机构。实行集中监管模式的代表性国家有日本、韩国和新加坡等。

(三)混合监管模式

混合监管模式又分为牵头监管模式、"双峰"监管模式、伞式+功能监管模式等。

牵头监管模式是指在分业监管机构之上设置一个牵头监管机构,负责不同监管机构之间的协调工作,在分业监管主体之间建立一种合作、磋商与协调机制。代表性国家是法国。

"双峰"监管模式(twin peaks model)是近年来在国际范围内较为流行的一种金融监管模式。其依据金融监管目标设置两类监管机构:一类机构专门对金融机构和金融市场进行审慎监管,以控制金融业的系统性风险;另一类机构专门对金融机构的经营业务和相关机构的金融业务进行监管,以规范金融经营行为,保证金融业稳健运行,维护正常的金融与经济秩序。实行"双峰"监管模式的代表性国家有澳大利亚、英国、荷兰、加拿大、南非等。

三、金融监管体制的变迁

金融监管模式决定了一国的金融监管体制。金融监管体制是由一系列监管法律法规和监管组织机构组成的体系。监管体制的演变与金融机构的经营方式有密切关系,大致可以划分为混业经营与集中监管、分业经营与分业监管、金融再度混业经营下的监管体制变革三个阶段。

【延伸阅读】
监管体制的演变与中国金融监管模式变迁

第三节　金融机构监管

一、商业银行监管

商业银行的监管主要包括市场准入监管、日常经营监管和市场退出监管。

（一）市场准入监管

审批制是现代商业银行市场准入的通行制度。我国《中华人民共和国商业银行法》第十一条规定："设立商业银行,应当经国务院银行业监督管理机构审查批准。未经国务院银行业监督管理机构批准,任何单位和个人不得从事吸收公众存款等商业银行业务,任何单位不得在名称中使用'银行'字样。"

银行业的市场准入条件包括三个方面,即机构准入、业务准入和高级管理人员准入。机构准入是指依据法定标准,批准金融机构法人或其分支机构的设立;业务准入是指按照审慎性标准,批准金融机构的业务范围和开办新的业务品种;高级管理人员准入是指对金融机构高级管理人员任职资格进行核准或认可。

（二）日常经营监管

一般来说,商业银行日常审慎监管的主要内容包括资本充足率监管、资产质量监管、流动性监管和内控性监管。

以资产质量监管为例,资产质量的好坏不仅直接关系银行的盈亏,更会影响银行资本充足率,最终影响银行的效率和安全,因此资产质量监管是商业银行日常审慎监管的重要内容。资产质量监管主要包括贷款分类制度和贷款损失准备金计提标准。目前,大多数国家和地区实行的贷款分类是五级分类,即正常贷款、关注贷款、次级贷款、可疑贷款和损失贷款(后三类为不良贷款)。正常贷款是指借款人能够履行合同,没有足够理由怀疑贷款本息不能按时足额偿还;关注贷款是指尽管借款人目前有能力偿还贷款本息,但存在一些可能对偿还产生不利影响的因素;次级贷款是指借款人的还款能力出现明显问题,完全依靠其正常营业收入无法足额偿还贷款本息,即使执行担保,也可能会造成一定损失;可疑贷款是指借款人无法足额偿还贷款本息,即使执行担保,也肯定要造成较大损失;损失贷款是指在采取所有可能的措施或一切必要的法律程序之后,本息仍然无法收回,或只能收回极少部分。

为了减少不良贷款损失对银行运营的影响,商业银行需要预留应付坏账的款项,即计提贷款损失准备金。贷款损失准备包括一般准备、专项准备和特种准备。一般准备是根据全部贷款余额的一定比例计提的,用于弥补尚未被识别的可能性损失的准备。专项准备是指根据《贷款风险分类指导原则》,对贷款进行风险分类后,按每笔贷款损失的程度计提的用于弥补专项损失的准备。特种准备是指针对某一国家、地区一类贷款风险计提的准备。银行应按季计提一般准备,一般准备年末余额不低于年末贷款余额的1%。银行提取的一般准备,在计算银行资本充足率时,按《巴塞尔协议》的有关原则,纳入银行的附属资本。银行可参照以下比例按季计提专项准备:对于关注类贷款,计提比例为2%;对于次级类贷款,计提比例为25%;对于可疑类贷款,计提比例为50%;对于损失类贷款,计提比例为100%。其中,次级和可疑类贷款的损失准备,计提比例可以向下浮动20%。特种准备由银行根据不同类别(如国别、行业)贷款的特殊风险情况、风险损失概率及历史经验,自行确定按季计提比例。

我国《商业银行资本管理办法(试行)》规定在贷款损失准备监管方面建立两项制度。一是建立贷款拨备率和拨备覆盖率监管标准。贷款拨备率是指银行计提的贷款损失准备金占贷款余额的比例,原则上应不低于2.5%;同时,贷款损失准备金占不良贷款的比例,即不良贷款拨备覆盖率原则上应不低于50%。二是建立动态贷款损失准备制度。监管部门将根据经济发展的不同阶段、银行业金融机构贷款质量差异和盈利状况的不同,对贷款损失准备监管要求进行动态化和差异化调整。

(三)市场退出监管

市场退出监管包括问题银行的处理、纠正性监管、救助型监管和市场退出。

1.问题银行的处理

处理问题银行的措施包括贷款挽救、担保、并购、设立过渡银行、设立专门的问题银行处理机构。根据《商业银行法》和《公司法》,我国对问题银行的处理办法包括接管、兼并、破产三种。

2.纠正性监管

根据风险的严重程度,纠正性措施可分为两类:一类属建议性或参考性措施,另一类为带有强制性或监控性的措施。通过纠正性监管,使得银行能及时弥补经营中出现的问题,确保银行的稳健性经营以及整个银行体系的稳定。

3.救助型监管

对有问题的机构,要及时采取救助性措施,包括调整决策层和管理层并实施资产和债务重组、外部注资、变现资产、股东增资、冻结大额开支和股息红利分配、停止部分业务,以及实施兼并、合并等。监管当局应当根据有问题机构的不同情况,给出相应的救助性措施。

4.市场退出

金融机构的市场退出,是指停止办理金融业务,吊销金融营业许可证,取消其作为金融机构的资格。金融机构市场退出的形式,可以划分为自愿退出和强制退出。自愿退出指金融机构根据其章程或股东大会决议,经监管当局批准,自行终止其金融业务,注销其法人资格的行为;强制退出指金融监管当局发布行政命令关闭金融机构,或者法院裁定金融机构破产。

二、保险公司监管

保险公司的监管主要包括四个方面:机构监管、业务监管、财务监管和偿付能力监管。

(一)机构监管

国家对保险机构的监管主要体现在对保险机构组织形式、设立条件、营业范围、解散和清算的管理等方面,其依据是《中华人民共和国保险法》(以下简称《保险法》)。

根据我国《保险法》和《保险公司管理规定》,设立保险公司或保险公司设立分支机构必须经中国保监会批准。非经中国保监会批准,任何单位、个人不得在中华人民共和国境内经营或变相经营商业保险。

根据我国《保险法》第六十八条规定,设立保险公司应当具备以下条件:①主要股东具有持续盈利能力,信誉良好,最近三年内无重大违法违规记录,净资产不低于人民币两亿元;②有符合本法和《中华人民共和国公司法》规定的章程;③有符合本法规定的注册资本;

④有具备任职专业知识和业务工作经验的董事、监事和高级管理人员;⑤有健全的组织机构和管理制度;⑥有符合要求的营业场所和经营业务相关的其他设施;⑦法律、行政法规和国务院保险监督管理机构规定的其他条件。

(二)业务监管

保险业务监管主要包括保险条款和费率的监管、经营行为的监管、再保险监管等内容。

以保险条款和费率的监管为例,我国《保险法》第一百三十五条规定:关系社会公众利益的保险险种、依法实行强制保险的险种和新开发的人寿保险险种等的保险条款和保险费率,应当报国务院保险监督管理机构批准。国务院保险监督管理机构审批时,应当遵循保护社会公众利益和防止不正当竞争的原则。其他保险险种的保险条款和保险费率,应当报保险监督管理机构备案。《保险公司管理规定》第四十三条规定:保险机构应当公平、合理地拟定保险条款和费率,不得损害投资人、被保险人和受益人的合法权益。第四十八条规定,保险机构不得将其保险条款、保险费率与其他公司的类似保险条款、保险费率或者金融机构的存款利率进行片面比较。

《保险法》第一百三十六条规定:保险公司使用的保险条款和保险费率违反法律、行政法规或者国务院保险监督管理机构的有关规定的,由保险监督管理机构责令停止使用,限期修改;情节严重的,可以在一定期限内禁止申报新的保险条款和保险费率。

(三)财务监管

保险公司的财务监管即对其资产负债经营的监管,包括资产监管、资金运用监管、准备金监管。

【延伸阅读】
偿付能力监管

我国《保险法》和《保险公司管理规定》就保险公司的资金运用作了规定。目前,保险资金可投资于债券、股票、证券投资基金、股权、银行次级债券、投资性房地产及间接投资基础设施债券投资计划等。

(四)偿付能力监管

保险公司偿付能力监管是保险监管的核心内容。所谓偿付能力,是指保险公司清偿到期债务的能力。

【微视频】
偿付能力监管

三、证券机构监管

证券公司是指依照《中华人民共和国公司法》(以下简称《公司法》)规定和国务院证券监督管理机构依法审查批准设立的从事证券经营业务的有限责任公司或者股份有限公司。证券机构属于特许经营行业,只有经证券监督管理机构审查批准,由工商部门注册的合法证券公司才能从事承销证券发行、自营买卖证券、代理买卖证券、资产管理、兼并与收购、研究及咨询、代理上市公司还本付息或支付红利等各项证券业务。为了将证券机构的经营活动纳入规范化轨道,《中华人民共和国证券法》(以下简称《证券法》)第六章专门对证券公司的设立、业务范围、经营规则等做出了具体规定。为了加强对证券公司的监督管理,规范证券公司行为,证监会根据《证券法》和《公司法》的有关规定,于2008年6月1日起施行《证券公司监督管理条例》。

证监会对证券经营机构的监管包括三个方面：一是对证券经营机构设立、变更和终止的监管；二是对证券从业人员的管理；三是对证券经营机构的日常监管和检查。

目前，我国证券经营机构设立和变更的法律依据主要包括《公司法》《证券法》和《证券公司监督管理条例》。

2000年12月，中国证监会为加强对证券公司的监管，规范证券公司运作，维护投资者利益，防范金融风险，根据国家法律、法规制定了《证券公司检查办法》。

四、其他金融机构监管

此外，金融机构的监管还包括对信托机构的监管、对租赁机构的监管、对财务公司的监管、对汽车金融及消费金融公司的监管等。

第四节　金融市场监管

一、货币市场监管

货市市场又称为短期资金市场，一般是指融资期限在一年以下的金融市场，它又可进一步细分为商业票据市场、同业拆借市场、债券回购市场等具体的市场类型。

《中华人民共和国中国人民银行法》（以下简称《银行法》）第四条明确规定，中国人民银行履行的市场监管职责：监督管理银行间同业拆借市场和银行间债券市场；实施外汇管理，监督管理银行间外汇市场；监督管理黄金市场。第三十一条明确规定：中国人民银行依法监测金融市场的运行情况，对金融市场实施宏观调控，促进其协调发展。我国于2003年4月25日成立了中国银行业监督管理委员会（即银监会），主要对银行业实行监管。由于银行是货币市场主要的活动主体，银监会实际上从机构监管的角度对货币市场实施监管。

可见，从狭义的金融市场监管角度来看，我国货币市场的监管主体主要是中央银行，同时，银监会从机构监管的角度配合央行对货币市场实行监管。中央银行对货币市场的监管包括对商业票据市场、同业拆借市场和国债市场这三大货币市场的监管。

二、外汇市场监管

外汇市场是从事外汇买卖的交易场所，或者说是各种不同货币彼此进行交换的场所。外汇市场的形态有两种：一是外汇交易所这样有固定场所的有形市场；二是电话、电传、电报和计算机交易系统等各种现代通信工具所构成的交易网络，是无形的市场。现代的外汇交易大部分在无形市场上进行。

西方发达国家的货币基本上实现了自由兑换，除了中央银行偶尔入市干预外，其外汇市场也是自由化的市场。我国的人民币尚未实现完全的自由兑换，因此，对外汇市场的监管仍然很重要。《银行法》第四条明确规定的中国人民银行履行职责中包括实施外汇管理,监督管理银行间外汇市场。银监会则通过机构监管的方式,限制银行可以从事的外汇交易的类型、施加内部控制和风险管理要求等从一定程度上协助中央银行加强对外汇市场的监管。我国外汇市场监管主要包括对银行结售汇市场和银行间外汇市场的监管。

从1996年12月1日起,我国实现了人民币经常项目下的可兑换,但对资本项目下的人民币与外币之间的兑换仍实行严格管制。这是目前我国对银行结售汇进行监管的基本原则。中国人民银行授权国家外汇管理局,对外汇业务和外汇市场实行监管。根据我国《中华人民共和国外汇管理条例》和《结售汇及付汇管理规定》等法规,目前我国对银行结售汇的监管包括:对外汇账户(境内)的监管、对收汇和结汇的监管、对购汇和付汇的监管、对外汇买卖价格的监管、对外汇指定银行业务的监管、违规处罚。

银行间外汇市场通常指的是狭义的外汇市场。在当今世界主要外汇市场上,银行及大型金融机构间进行的外汇交易是市场的核心内容和主要形式,如在伦敦、纽约外汇市场上,95%的外汇交易是在银行间外汇市场上进行的。我国的银行间外汇市场是指经国家外汇管理局批准可以经营外汇业务的境内金融机构(包括银行、非银行金融机构和外资金融机构)之间通过中国外汇交易中心(以下简称交易中心)进行的人民币与外币之间的交易市场。外汇市场由中国人民银行授权国家外汇管理局监管,交易中心是在中国人民银行领导下的独立核算、非营利性的事业法人,交易中心在国家外汇管理局的监管下负责外汇市场的组织和日常业务的管理。监管内容包括:对外汇市场组织机构的监管、对外汇市场交易参与者的监管和对交易行为的监管。

三、证券市场监管

(一)对内幕交易的监管

证券内幕交易,又称知情证券交易,是指证券交易内幕信息的知情人员利用内幕信息进行证券交易活动。《证券法》第七十五条明确规定了内幕信息的含义为"证券交易活动中,涉及公司的经营、财务或者对该公司证券的市场价格有重大影响的尚未公开的信息"。

内幕人员是指由于持有发行人的证券,或者在发行人或与发行人有密切联系的公司中担任董事、监事、高级管理人员,或者由于其会员地位、管理地位、监督地位和职业地位,或者作为雇员获得内幕信息的人员。内幕人员又称为知情人员、专业顾问,是能够接触或者获得内幕信息的人员。《证券法》第七十四条对证券交易内幕信息的知情人做出了明确界定。

(二)对证券欺诈的监管

证券欺诈行为是指以获取非法利益为目的,违反证券管理法规,在证券发行、交易及相关活动中从事欺诈客户、虚假陈述等行为。

在证券交易中,禁止证券公司及其从业人员从事上述损害客户利益的欺诈行为。行为人以损害客户利益为代价来为自己牟取暴利,从事证券欺诈行为,危害性极大,这不仅会损害客户的利益,而且也会扰乱证券市场的秩序。

为了禁止证券欺诈行为,维护证券市场秩序,保护投资者的合法权益和社会公共利益,我国法律法规禁止任何单位或个人在证券发行、交易及其相关活动中欺诈客户。规定证券经营机构、证券登记或清算机构及其他各类从事证券业的机构有欺诈客户行为的,将根据不同情况,限制或者暂停证券业务或给予其他处罚。因欺诈客户行为给投资者造成损失的,应当依法承担赔偿责任。

(三)对市场操纵的监管

证券市场中的操纵市场行为,是指个人或机构背离市场自由竞争和供求关系原则人为地操纵证券价格,以引诱他人参与证券交易,为自己牟取私利的行为。我国《证券法》第七十七条规定,禁止任何人以下列手段操纵证券市场:①单独或者通过合谋,集中资金优势、持股优势或者利用信息优势联合或者连续买卖,操纵证券交易价格或者证券交易量;②与他人串通,以事先约定的时间、价格和方式相互进行证券交易,影响证券交易价格或者证券交易量;③在自己实际控制的账户之间进行证券交易,影响证券交易价格或者证券交易量;④以其他手段操纵证券市场。操纵证券市场行为给投资者造成损失的,行为人应当依法承担赔偿责任。

对市场操纵的监管包括事前监管和事后救济。事前监管是指在发生操纵行为前,证券管理机构采取必要手段以防止损害发生。为实现这一目的,各国证券立法和证券管理机构都在寻求有效的约束机制。如美国《证券交易法》第二十一条赋予证券管理机构广泛的调查权,以约束种类繁多的市场危害行为。事后救济是指证券管理机构对市场操纵行为者的处理及操纵者对受损当事人的损害赔偿。主要包括两个方面:第一,对操纵行为的惩罚;第二,操纵行为受害者可以通过民事诉讼获得损害赔偿。

四、保险市场监管

保险市场的监督管理是指政府通过法律和行政的手段对保险市场的构成要素(如保险人、保险中介等)进行的监督和管理,是对保险行业行为进行的宏观调控。

各国保险业均处在政府的严格监督和管理之下。世界各国之所以对保险业进行严格管理,是因为保险业具有不同于其他行业的特殊性:第一,社会公益性;第二,技术的特殊性;第三,偿付能力的重要性。

保险监管的目标包括:第一,保护被保险人及受益人的合法利益,保证保险人具有足够的偿付能力,这是保险业监管的最主要目的,也是保险业立法的主要目的;第二,维护公平竞争的市场秩序;第三,维护保险体系的安全和稳定。保险欺诈几乎与保险业相伴而生,一直是困扰保险业健康发展的重大障碍。保险欺诈既有投保人一方的欺诈,也有保险人一方的欺诈,还有保险中介人的欺诈。投保人的欺诈,主要表现为以各种手段骗取保险金。保险人的欺诈,主要表现为缺乏必要的偿付能力和非法经营保险业,以及非保险从业者非法经营保险业务。保险中介人处于保险人和投保人(包括被保险人和受益人)之间,他们可能分别代表保险人或者投保人的利益,是保险业务活动的具体操作者。由于获取佣金是保险中介生存的主要方式,采用欺骗手段不惜损害保险人或投保人的利益去获取更多的佣金,是保险中介市场存在的最普遍的问题。《保险法》对保险中介人采取与对保险人一样的严格监管。

五、金融衍生品市场监管

金融衍生工具既有规避风险、提高金融体系效率的积极作用,也有刺激投机、加剧金融体系脆弱性的消极作用。20世纪的最后10年,国际游资在全球金融市场游荡,其投机行为曾冲击许多国家,尤其是经济较为脆弱的发展中国家,甚至引起部分国家和地区大规模的金融动荡和经济衰退,而国际游资运动所借助的基本形式之一就是金融衍生产品交易。对金融衍生产品市场的监管已日益引起各国监管机构的重视,成为20世纪90年代以来各国尤其是发达国家金融监管当局的监管重点。

关于金融衍生产品交易监管的原则性要求,主要包括以下几个方面:从事金融衍生产品交易的机构及主管当局必须制定一套完善的风险管理、交易咨询收集的制度,促使金融衍生产品的交易透明化,防范交易损失与不当交易;交易所、票据交换所与中央银行必须强化交易、清算乃至交割管理,着重于将交易日到交割日的期限标准化,增加市场的流动性,进而增强市场抵抗突发风险事件冲击的能力;根据各项金融衍生产品的特性,将需要上报的信息资料标准化,确保监管当局能够借此正确评估交易本身及双方的风险;金融衍生产品的投资人,尤其是市场大户必须与监管当局合作,遵从相关的交易法令,促进市场稳定;要严格对衍生交易员的选择与管理,加强操作规程控制和权力制约,防止交易员违规操作。

金融衍生市场监管分为场内交易市场的监管和场外交易市场的监管。

第五节　国际金融监管与合作

在金融国际化背景下,金融监管的国际化已经成为当代金融发展不可逆转的趋势。金融监管国家间的协调与合作,主要是指国际经济组织、金融组织与各国之间,在金融政策、金融行动等方面采取共同步骤和措施,通过相互间的协调与合作,达到协同干预、管理与调节金融运行并提高其运行效率的目的。由于国际金融体系的稳定及公平竞争的经营环境是各国的共同利益所在,加强金融监管的国际协调与合作便是各国共同的选择。下面重点介绍巴塞尔银行监管委员会。

一、巴塞尔监管组织的来历与发展

20世纪70年代以来,全球经济一体化和金融国际化趋势不断增强,跨国银行在经济中扮演的角色越来越重要,但是,跨国银行在全球多个国家设立分支机构,母国和东道国的监管当局均不能对其实施有效、及时和全面的监管。此外,各国对跨国银行缺乏统一的监管规则,更容易形成监管上的漏洞。1974年,德国赫斯塔特银行和美国富兰克林银行相继倒闭,给国际货币和银行市场造成巨大影响,各国监管当局高度重视,制定统一的国际银行监管规则被提上了议事日程。1974年年底,美国、英国、法国、德国、意大利、日本、荷兰、加拿大、比利时、瑞典十国集团中央银行行长在瑞士巴塞尔成立巴塞尔银行监管委员会（Basel Committee on Banking Supervision，以下简称"巴塞尔委员会"）。巴塞尔委员会作为国际清算银行（Bank for International Settlements，BIS）的一个正式机构，其第一次会议于1975年2月召开，此后每年定期召开三四次会议。

2009年3月16日，巴塞尔委员会决定吸收澳大利亚、巴西、中国、印度、韩国、墨西哥和俄罗斯为该组织的新成员。2009年6月10日，巴塞尔委员会邀请二十国集团（Group of 20，简称G20）中的非巴塞尔委员会成员、新加坡及中国香港加入委员会。新加入巴塞尔委员会的G20成员国包括阿根廷、印度尼西亚、沙特阿拉伯、南非和土耳其。至此，巴塞尔委员会的成员扩展到世界上27个主要国家和地区。

二、巴塞尔组织的宗旨

巴塞尔委员会的主要宗旨在交换各国在监管安排方面的信息，改善国际银行业务监管技术的有效性，建立资本充足率的最低标准及研究在其他领域确立标准的有效性。需要强调的是，委员会并不具备任何凌驾于国家之上的正式监管特权，其文件从不具备亦从未试图具备任何法律效力。不过，它制定了许多监管标准和指导原则，提倡最佳监管做法，期望各国采取措施，根据本国的情况，通过具体的立法或其他措施予以实施。委员会鼓励采用共同的方法和共同的标准，但并不强求成员国在监管技术上的一致。该组织最大的贡献在于颁布和实施了全球银行业监管的重要文件——《巴塞尔协议》。截至目前，已有三个版本的《巴塞尔协议》，分别为《巴塞尔协议 I》《巴塞尔协议 II》和《巴塞尔协议 III》。下面我们对三个版本的巴塞尔协议进行介绍。

三、《巴塞尔协议》监管的核心思想

不管是哪一个版本的《巴塞尔协议》，其核心始终围绕商业银行的资本充足率监管展开。下面，我们用一个简单的例子来阐述什么是资本充足率监管及如何监管。

▶ **例16-5-1**

下面是一家商业银行经简化的资产负债表　　　　　　　　　　　　单位：亿元

资产		负债与所有者权益	
现金、经合组织政府债券	50	居民存款	955
经合组织银行债券	250		
住房抵押贷款	300		
企业贷款	400		
总资产	1000	所有者权益	45

请问：

①这家银行的资本充足率是多少？

②假定《巴塞尔协议》资本充足率要求达到8.0%，这家银行是否达到监管的最低资本下

限要求?

③如果未达到,它需要做怎样的调整?

解答:

①资本充足率的计算分为三个步骤:

第一步,明确资本组成。本例中,资本仅包含45亿元所有者权益;

第二步,根据不同资产风险权重计算风险加权资产。本例中,现金和经合组织(OECD)政府债券的风险权重为0%、经合组织银行债券的风险权重为20%、住房抵押贷款的风险权重为50%、企业贷款的权重为100%,因此风险加权资产为:

风险加权资产 = 50 × 0% + 250 × 20% + 300 × 50% + 400 × 100% = 600(亿元)

第三步,计算资本充足率

$$资本充足率 = \frac{资本}{风险加权资产} \times 100\% = \frac{45}{600} \times 100\% = 7.5\%$$

这家银行的资本充足率是7.5%。

②显然,根据《巴塞尔协议Ⅲ》资本充足率监管要求,该银行的一级资本充足率仅为7.5%,低于监管8%最低资本充足率下限的要求。

③调整思路有两种:第一种方案是让分子变大,这时银行就要追加资本,减少负债规模;第二种方案是通过调整银行的资产业务让分母变小,在保持自有资本和资产规模不变的条件下,银行唯一可以做的就是减少自己持有的高风险等级资产总量,将其转换为安全性更高的资产。例如:银行减少100亿元高风险企业贷款,转换为100亿元住房抵押贷款,这时,分母中的风险加权资产总量便成为550亿元,分子中的自有资本维持45亿元不变,总资本充足率便可以超过8%了。

资本充足率是一个十分精妙的设计,它把复杂的商业银行风险管理工作变得具有很强的可操作性。实际上,在刚刚提出资本充足率监管方案的时候,有很多质疑的声音,但最终监管方案以良好的实践结果证明了其可行性和科学性,最终成为世界各国普遍接受的共同标准。

当然,我们这里讲解的例子是简化版的,它与实际的商业银行资本充足率测算存在很大差距。这个例子中,我们重点围绕商业银行的资产负债表,所以监管的风险为信用风险,它并没有包括银行复杂的表外业务,也没有把其他风险(如市场风险、操作风险等)测算进去。在量化风险的时候,采用的是较为简单的标准测量法,但实际上银行还可以采用更复杂的内部模型法来计量不同类型的风险。

我国《商业银行资本管理办法(试行)》提出了两种计量信用风险资本的方法:权重法和内部评级法。权重法是指将全部资产按照监管规定的类别进行分类,并采用监管规定的风险权重计量信用风险加权资产的方法(例16-5-1就属于权重法)。对于不实施内部评级法的商业银行,需要运用权重法计算全行表内外资产的信用风险加权资产;对实施内部评级法的银行,内部评级法覆盖的表内外资产使用内部评级法计算信用风险加权资产,内部评级法未覆盖的表内外资产使用权重法计算信用风险加权资产。内部评级法的相关内容我们已在第十二章中做了介绍。

【微视频】
什么是资本充
足率监管

第六节　《巴塞尔协议》

一、《巴塞尔协议Ⅰ》

(一)《巴塞尔协议Ⅰ》的产生

鉴于20世纪80年代初发生的国际债务危机给银行业带来的重大损失,以及由于各国银行资本要求统一所造成的不公平竞争,1988年7月,巴塞尔委员会发布了《关于统一国际银行资本衡量和资本标准的协议》(International Convergence of Capital Measurement and Captital Standards),简称《1988年资本协议》,我们称之为《巴塞尔协议Ⅰ》,业内也称为《巴塞尔旧资本协议》。该协议建立了一套完整的、国际通用的、以加权方式衡量表内与表外风险的资本充足率标准,从实施的角度来看,更具有可行性和可操作性,有助于银行更全面有效地管理风险,维护存款人的正当利益,增强公众对银行的信心。巴塞尔委员会推出的这些规定不具有法律约束力,但十国集团监管机构一致同意在规定时间内在十国集团实施。经过一段时间的检验,鉴于其合理性、科学性和可操作性,许多非十国集团监管机构也自愿地遵守了《巴塞尔协议Ⅰ》,特别是那些国际金融业务参与度高的国家。随着金融创新的不断发展,新的重要性风险不断涌现,《巴塞尔协议Ⅰ》也面临着更新的需求。1996年1月,巴塞尔委员会公布了《资本协议市场风险补充规定》,强调了市场风险的重要性,对市场风险敞口提出了资本计提要求。

【延伸阅读】
《巴塞尔协议Ⅰ》
的产生背景

(二)《巴塞尔协议Ⅰ》的主要内容

《巴塞尔协议Ⅰ》提出了统一的国际资本充足率标准,并且覆盖了信用风险和市场风险,使得全球银行经营从注重规模转向注重资本、资产质量等元素,体现了资本质与量的统一,从而掀开了国际金融监管的重要一幕。《巴塞尔协议Ⅰ》主要由《关于统一国际银行资本衡量和资本标准的协议》《资本协议市场风险补充规定》(以下简称《补充规定》)两份文件组成。

《关于统一国际银行资本衡量和资本标准的协议》是《巴塞尔协议Ⅰ》的主要组成部分,协议从资本标准和资产风险两个方面对银行提出了明确要求,确立了以资本充足率监管为核心的资本监管框架。对商业银行资本管理思想产生了深刻影响。它主要由四方面组成:第一,资本的组成。巴塞尔委员会认为银行资本分为两级。第一级是核心资本,要求银行资本中至少有50%是实收资本及从税后利润保留中提取的公开储备。第二级是附属资本,其最高额可等同于核心资本。附属资本由未公开的储备、重估储备、普通准备金(普通呆账准备金)、带有债务性质的资本工具、长期次级债务和资本扣除部分组成。第二,风险加权制。《巴塞尔协议》确定了风险加权制,即根据不同资产的风险程度确定相应的风险权重,计算加权风险资产总额。表内和表外资产的风险权数均为四个档次,0、20、50、100。表外资产通过先计算等价信用量(Credit Equivalent Amount),然后再与对应的风险权数相乘得到风险加权资产。第三,目标标准比率。总资本与加权风险资产之比为8%,其中核心资本部分至少为4%。银行资本充足率=总资本/加权风险资产。第四,过渡期和实施安排。过渡期从协议发布起至1992年底止,到1992年底,所有从事大额跨境业务的银行资本金要达到8%的要求。

《补充规定》针对银行与日俱增的市场风险,提出对应的资本准备金要求,以补充和完善《巴塞尔协议Ⅰ》的风险覆盖范围。该规定主要由风险测量框架和资本要求两部分组成。在风险测量框架方面,商业银行必须以量化的方式,准确计量出自己所承受的市场风险,既包括银行从事交易性债券、股票和相关表外科目时所承受的价格变动风险,也包括银行所承受的外汇买卖和商品(如贵金属)买卖风险,而所采用的量化模型则包括标准测量法和内部模型法;在资本要求方面,增加了三级资本的概念,在资本比率计算时,将市场风险的预测值乘以12.5,加入到原协议中的加权风险资产,作为总的加权风险资产,分子则是一级、二级、三级资本的总和。《补充规定》是在《巴塞尔协议Ⅰ》基础上的自然延伸,它重申了资本金占风险加权资产不能低于8%的要求,商业银行要达到这一要求,不仅要考虑按风险权重加权后的资产总额,还得考虑自身所承受的市场风险,这也意味着商业银行最低资本金要求相应增加了。

(三)《巴塞尔协议Ⅰ》的主要特点

《巴塞尔协议Ⅰ》具备三个主要特点:第一,它是国际银行监管合作的一次重大实践,开创了统一的国际银行监管合作的先河;第二,首次提出了完备的资本充足率监管方案并付诸实施;第三,风险覆盖范围囊括信用风险和市场风险两大类。

【微视频】巴塞尔监管组织和《巴塞尔协议Ⅰ》

二、《巴塞尔协议Ⅱ》

(一)《巴塞尔协议Ⅱ》的产生

1997年东南亚金融危机的爆发引发了巴塞尔委员会对金融风险的全面而深入的思考,1997年9月推出的《有效银行监管的核心原则》(以下简称《核心原则》),是继《巴塞尔协议Ⅰ》后国际银行业监管的又一指导性文件,它进一步提出了比较系统全面的风险管理思路,着眼于银行监管的全方位和有效性,这表明巴塞尔委员会在制定监管规则方面实现了重大突破。如果把巴塞尔资本协议(《巴塞尔协议Ⅰ》《巴塞尔协议Ⅱ》《巴塞尔协议Ⅲ》)看作银行监管的框架,则《核心原则》更像是践行框架的具体标准。

国际银行业的运行环境和监管环境在20世纪90年代发生了巨大变化,信用风险和市场风险以外的风险,如操作风险、流动性风险等的破坏力也日趋体现,故而逐渐暴露了《巴塞尔协议Ⅰ》的局限性。1999年6月,巴塞尔委员会第一次发布了修订1988年巴塞尔资本协议的征求意见稿,随后又分别于2001年6月和2003年4月推出了第二稿和第三稿,其间还在全球范围内进行了三次大型的定量影响分析,最终在2004年6月,十国集团的央行行长一致通过了后来被惯称为巴塞尔新资本协议的《资本计量和资本标准的国际协议:修订框架》,我们称之为《巴塞尔协议Ⅱ》。《巴塞尔协议Ⅱ》延续了《巴塞尔协议Ⅰ》以资本监管为核心的风险监管思路，并对银行资本监管规则进行了一次根本性的推陈出新，除此以外，又增加了外部监管和市场约束两大支柱内容。它不仅为银行的内部风险管理提供了可供参考的统一框架，同时也为各国及地区的银行监管当局提供了有力的监管工具和标准，在国际金融环境日益复杂的背景下为越来越多的国家和地区所采纳。

（二）《巴塞尔协议Ⅱ》的主要内容

《巴塞尔协议Ⅱ》将风险扩大到信用风险、市场风险和操作风险，并提出“三个支柱”（最低资本规定、监管当局的监督检查和市场纪律），要求资本监管更为准确地反映银行经营的风险状况，进一步提高金融体系的安全性和稳健性。

【延伸阅读】《巴塞尔协议Ⅱ》三大支柱

（三）《巴塞尔协议Ⅱ》的主要特点

三大支柱支撑起《巴塞尔协议Ⅱ》完整的体系框架，构成了《巴塞尔协议Ⅱ》的主要内容。《巴塞尔协议Ⅱ》的主要特点：第一，延续了《巴塞尔协议Ⅰ》的监管原则，同时对《巴塞尔协议Ⅰ》中存在的不足进行了修订和完善；第二，根据形势的变化，将监管的风险覆盖到信用风险、市场风险和操作风险三大类，尽管最低资本充足比率没有调整，但实际监管标准有所提高（尽管《巴塞尔协议Ⅱ》最低资本充足率和核心资本充足率仍然维持8%和4%不变，但因为测算的风险加权资产范围变得更广了，所以实现的难度加大了）；第三，强化了监管当局的权力与职责范围，对银行的信息披露提出了明确要求。

三、《巴塞尔协议Ⅲ》

（一）《巴塞尔协议Ⅲ》的产生

在2007年年初《巴塞尔协议Ⅱ》开始全面实施的时候，谁都不会想到，一年后一场席卷全球的金融危机将《巴塞尔协议Ⅱ》迅速推向《巴塞尔协议Ⅲ》。此次金融危机暴露了《巴塞尔协议Ⅱ》的诸多不足，如现行监管体系对系统性风险、顺周期效应考虑不足，尚未对杠杆率进行一致监管等。针对上述问题，巴塞尔委员会不断推出新的风险管理准则和计量方法来加强银行业稳健经营和公平竞争，并将这些作为《巴塞尔协议Ⅲ》核心内容的改革举措，在巴塞尔委员会的监管机构——中央银行主管和监管首脑理事会（Group of Governors and Heads of Supervision，GHOS）于2010年7月和9月召开的会议上得到确认并通过。巴塞尔委员会最终于2010年12月16日正式公布了《巴塞尔协议Ⅲ》的文本终稿，确认此前二十国集团首尔峰会及各国中央银行行长和监管当局负责人会议（GHOS）通过的监管框架改革的所有关键指标与生效时间，并正式明确了《巴塞尔协议Ⅲ》的内容和范围。由此，一个新的国际金融监管标准正式确立，并在全球范围内得到普遍支持。

（二）《巴塞尔协议Ⅲ》的主要内容

《巴塞尔协议Ⅲ》旨在从银行个体和金融系统两方面加强全球金融风险监管。在单个银行实体（微观审慎）层面，意图提高银行及其他金融机构在市场波动时期的恢复能力，使银行能够更好地抵挡经济金融风险的压力。主要内容包括对原有资本监管要求的完善和流动性标准的建立。在整个金融体系(宏观审慎)层面,力求减少具有潜在系统性风险的银行对整个金融业的影响,以对全球长期的金融稳定和经济增长起到支持作用。主要内容是在资本框架中加入逆周期机制,包括逆周期资本缓释和资本缓释。

微观审慎监管方面:第一,提升资本质量。巴塞尔委员会对现有的监管资本定义进行了修订,主要体现在:首先,在资本结构上重新细化,将监管资本分为核心一级资本(CET1)、一级资本和二级资本;其次,制定了资本工具的合格性标准,以提高一级资本工具吸收损失的能力;再次,统一了资本扣除和调整项目,并在普通股权益层面上实施扣除;最后,提高资本结构的透明度,要求银行披露监管资本的所有要素,以及与财务报告科目之间的对应关系。第二,提高资本充足率监管标准。在加强对银行资本质量监管的同时,巴塞尔委员会也会重新审视《巴塞尔协议Ⅱ》中关于资本充足率的监管标准。第三,引入杠杆率作为风险资本的补充。巴塞尔委员会提出将杠杆率监管引入《巴塞尔协议Ⅱ》的第一支柱下,以弥补资本充足率监管的单一化缺陷。杠杆率定义为一级资本与总风险敞口(表内和表外)的比率,监管红线被确定在3%,作为基于风险的资本指标的补充,它不仅有助于防止银行利用风险资本要求的漏洞,也有助于防止模型风险和计量错误的发生。第四,流动性风险监管。为了降低银行体系的流动性风险,引入了流动性监管指标,包括流动性覆盖率和净稳定资产比率。同时,巴塞尔委员会提出了其他辅助监测工具,包括合同期限错配、融资集中度、可用的无变现障碍资产和与市场有关的监测工具等。

宏观审慎监管方面:第一,逆周期资本缓释。所谓逆周期资本监管,是指监管当局在经济上升期提高对银行的资本要求,增加超额资本储备,用于经济衰退期弥补损失,以保证商业银行能够迅速达到最低资本要求,维持正常的信贷供给能量。第二,留存资本缓释。巴塞尔委员会认为,金融危机期间许多银行仍在回购股份、分发红利和发放奖金,主要原因是如果其他银行都在这么做,自己不这么做的话就会被认为是经营有问题。这种情况对银行未来的竞争将产生不利影响,最终结果是所有的银行都要这样做,导致银行体系无法从内源融资渠道补充资本。因此,解决问题的根本方法就是在市场繁荣时期保留一部分资本作为危机时期的资本缓释。第三,系统重要性银行及其相关的监管。本次危机凸显了解决"大而不倒"机构道德风险问题的迫切性,对此,《巴塞尔协议Ⅲ》提出了系统重要性银行增加额外资本要求,或有资本和自救债务要求等。但到目前为止,具体的内容还在磋商研究之中。

(三)《巴塞尔协议Ⅲ》的主要特点

《巴塞尔协议Ⅲ》的主要特点包括:第一,不仅大幅提高了资本充足率监管标准(核心一级资本充足率标准提高到4.5%,一级资本充足率标准提高到6%,总资本充足率标准维持不变,仍为8%,同时还要预留2.5%的资本留存缓冲,0%~2.5%逆周期资本缓冲),而且对资本金作了更加严格的要求(资本构成分为核心Ⅰ类资本、附加Ⅰ类资本和Ⅱ类资本);第二,首次引入杠杆率、逆周期缓冲资本、留存资本缓冲等工具作为风险资本的补充;第三,监管的范围覆盖到除信用风险、市场风险、操作风险之外的流动性风险、系统性风险等。

【延伸阅读】
《巴塞尔协议》
在中国的实施
状况

【微视频】
巴塞尔监管组
织和《巴塞尔
协议Ⅱ》

【第十六章小结】

【第十六章练习】

全书公式汇总表

全书 Excel 函
数汇总表

参考文献

1. N.L. 鲍尔斯. 风险理论[M]. 上海: 上海科学技术出版社, 1995.

2. 卜全民, 王涌涛, 汪德爟. 事故树分析法的应用研究[J]. 西南石油大学学报, 2007(4).

3. 陈凯. 用弹性延迟退休缓解养老金压力[N]. 中国银行保险报, 2020-06-12(006).

4. 陈忠阳. 金融机构现代风险管理基本框架[M]. 北京: 中国金融出版社, 2006.

5. 杜海燕. 福利回归本质, 为员工满意出发[J]. 人力资源, 2019(4).

6. 冯文权. 经济预测与决策技术[M]. 5 版. 武汉: 武汉大学出版社, 2008.

7. 高璟. 风险自留集团: 美国 ART 市场的新宠[J]. 上海保险, 2005(9).

8. 高盛集团, 瑞银华宝德威. 风险管理实务[M]. 北京: 中国金融出版社, 2000.

9. 郭田勇. 金融监管学[M]. 3 版. 北京: 中国金融出版社, 2014.

10. 国家癌症中心. 2019 全国癌症统计报告 https://www.sohu.com/a/296354370_707276.

11. 何文炯. 风险管理[M]. 大连: 东北财经大学出版社, 2005.

12. 胡宣达, 沈厚才. 风险管理学基础: 数理方法[M]. 南京: 东南大学出版社, 2001.

13. [加]约翰 C·赫尔. 风险管理与金融机构[M]. 3 版. 王勇, 董方鹏, 译. 北京: 机械工业出版社, 2013.

14. 李波, 孙依婷. 应对新冠病毒疫情促进就业行动的难点问题分析及建议[J]. 中国就业, 2020(6).

15. 李加明. 财产与责任保险[M]. 北京: 北京大学出版社, 2012.

16. 李三喜, 徐荣才. 3C 框架: 全面风险管理标准[M]. 北京: 中国市场出版社, 2007.

17. 李素鹏. ISO 风险管理标准全解[M]. 北京: 人民邮电出版社, 2012.

18. 李悦. 我国保险竞合及其处理实务的研究[D]. 成都: 西南财经大学, 2014.

19. 刘新立. 风险管理[M]. 北京: 北京大学出版社, 2006.

20. C. 小阿瑟·威廉斯, 迈克尔·L. 史密斯, 彼得·C. 扬. 风险管理与保险[M]. 8 版. 马从辉, 刘国翰, 译. 北京: 经济科学出版社, 2000.

21. COSO. 企业风险管理: 应用技术[M]. 张宜霞, 译. 大连: 东北财经大学出版社, 2006.

22. 埃里克·班克斯. 流动性风险: 企业资产管理和筹资风险[M]. 褚韵, 译. 北京: 经济管理出版社, 2005.

23. 安东尼·桑德斯, 马西娅·米伦·科尼特. 金融风险管理[M]. 5 版. 王中华, 陆军, 译. 北京: 人民邮电出版社, 2012.

24. 丹·安德森. 企业生存: 可持续风险管理[M]. 郑伟, 等, 译. 北京: 经济科学出版社, 2007.

25. 菲利普·乔瑞. 风险价值 VAR[M]. 陈跃, 等, 译. 北京: 中信出版社, 2004.

26. 弗雷德里克·S. 米什金. 货币金融学[M]. 11 版. 郑艳文, 译. 北京: 中国人民大学出版社, 2016.

27. 哈林顿, 尼豪斯. 风险管理与保险[M]. 2版. 陈秉正, 王珺, 周伏平, 译. 北京: 清华大学出版社, 2005.

28. 米什金. 货币金融学[M]. 6版. 刘毅, 等, 译. 北京: 中国人民大学出版社, 2005.

29. 米歇尔·科罗赫, 丹·加莱, 罗伯特·马克. 风险管理[M]. 曾刚, 罗晓军, 卢爽, 译. 北京: 中国财政经济出版社, 2005.

30. 乔治·E.瑞达. 风险管理与保险原理[M]. 8版. 申曙光, 译. 北京: 中国人民大学出版社, 2005.

31. 托马斯·L.巴顿, 威廉·G.申克, 保罗·L.沃克. 企业风险管理[M]. 王剑峰, 寇国龙, 译. 北京: 中国人民大学出版社, 2004.

32. 沃尔特V.小哈斯莱特. 风险管理[M]. 郑磊, 王盛, 吴天颖, 等, 译. 北京: 机械工业出版社, 2017.

33. 詹姆斯·S.特里斯曼, 桑德拉·G.古斯特夫森, 罗伯特·E.霍伊特. 风险管理与保险[M]. 11版. 裴平, 主译. 大连: 东北财经大学出版社, 2002.

34. 毛通. 风险管理[M]. 北京: 中国金融出版社, 2010.

35. [日]松本浩二. 风险管理中风险坐标图(R-Map)的应用[J]. 中国质量, 2010(09).

36. 瑞士再保险. 2007年的自然灾害与人为灾难: 欧洲损失惨重[J]. Sigma, 2008(1).

37. 瑞士再保险. 素描ART[J]. Sigma, 2003(1).

38. 瑞士再保险. 责任保险损失的经济学: 如何承保日益增长的责任风险[J]. Sigma, 2004(6).

39. 宋鸿兵. 货币战争5[M]. 武汉: 长江文艺出版社, 2014.

40. 宋明哲. 现代风险管理[M]. 北京: 中国纺织出版社, 2003.

41. 王晓群. 风险管理[M]. 上海: 上海财经大学出版社, 2003.

42. 王绪瑾. 财产保险[M]. 北京: 北京大学出版社, 2017.

43. 王勇, 隋鹏达, 关晶奇. 金融风险管理[M]. 北京: 机械工业出版社, 2014.

44. 吴清烈, 蒋尚华. 预测与决策分析[M]. 南京: 东南大学出版社, 2004.

45. 武汉大学公共卫生治理研究课题组. 防疫常态化下公共卫生治理的思考与建议[J]. 学习与探索, 2020(6).

46. 谢志刚, 韩天雄. 风险理论与非寿险精算[M]. 天津: 南开大学出版社, 2006.

47. 熊福生. 风险理论[M]. 武汉: 武汉大学出版社, 2005.

48. 徐静. 人身保险[M]. 2版. 北京: 中国人民大学出版社, 2016.

49. 许飞琼, 郑功成. 财产保险[M]. 北京: 中国金融出版社, 2015.

50. 许飞琼. 责任保险[M]. 北京: 中国金融出版社, 2010.

51. 许谨良. 风险管理[M]. 2版. 上海: 上海财经大学出版社, 2007.

52. 维克托·麦尔-舍恩伯格, 肯尼斯·库克耶. 大数据时代[M]. 盛杨燕, 周涛, 译. 杭州, 浙江人民出版社, 2013.

53. 严武, 等. 风险决策与统计分析[M]. 北京: 经济管理出版社, 1999.

54. 阎春宁. 风险管理学[M]. 上海: 上海大学出版社, 2002.

55. 银行业专业人员职业资格考试办公室. 风险管理(中级)[M]. 北京: 中国金融出版社, 2016.

56. 原震,陈国良,等.2008北京奥运会开幕式火灾风险分析与评估[J].消防科学与技术,2009(1).

57. 张秉正.公司整体化风险管理[M].北京:清华大学出版社,2004.

58. 张桂喜,马立平.预测与决策概论[M].北京:首都经济贸易大学出版社,2006.

59. 张金清.金融风险管理[M].2版.上海:复旦大学出版社,2016.

60. 张琴、陈柳钦.风险管理理论沿袭和最新研究趋势综述[J].金融理论与实践,2008(10).

61. 张琴,陈柳钦.企业全面风险管理(ERM)理论梳理和框架构建[J].当代经济管理,2009(7).

62. 张应语,等.中央企业年度风险管理报告若干问题探讨[J].科学学与科学技术管理管理,2009(4).

63. 张应语,李志祥,支东生.中央企业年度风险管理报告若干问题探讨[J].科学学与科学技术管理,2009(4).

64. 赵承建.液氨储罐火灾爆炸事故树分析[J].石油和化工设备,2012(8).

65. 郑荣寿,孙可欣,张思维,等.2015年中国恶性肿瘤流行情况分析[J].中华肿瘤杂志,2019,41(1).

66. 周伏平.个人风险管理与保险规划[M].北京:中信出版社,2004.

67. 周华林,郭金龙,周小燕,等."偿二代"与"偿一代"的比较及风险管控分析[J].保险理论与实践,2017(10).

68. 周庆华.COSO企业风险管理框架及其对我国企业强化风险管理的启示[J].企业改革与管理,2019(17).

69. 周友梅,胡晓明.资产评估学基础[M].上海:上海财经大学出版社,2007.

70. 卓志.风险管理理论研究[M].北京:中国金融出版社,2006.

71. 邹公明,范兴华.风险理论[M].上海:上海财经大学出版社,2006.

72. 邹晓梅,张明,高蓓.美国的资产证券化实践:起因、类型、问题与启示[J].国际金融研究.2014(12).

73. Smith, Clifford W., Stulz, Ren M. The Determinants of Firms' Hedging Policies[M]. Cambridge University Press, 1985.

74. Shimpi P.A. Integrating Corporate Risk Management [M] .NY:Texere LLc,2001.

75. Society of Actuary. Enterprise Risk Management Specialty Guide[D] .2005:8-10.